스페인 언어문화사 I

기원부터 서고트 시대까지

이강국 지음

HU:iNE

* 이 저서는 2017년 정부(교육부)의 재원으로 한국연구재단의 지원을 받아 수행된 연구임 (NRF 2017S1A6A4A01021067).

** 이 저서는 2022학년도 한국외국어대학교 교내학술연구비의 지원에 의하여 이루어진 것임.

스페인 언어문화사 I

기원부터 서고트 시대까지

이강국 지음

HU:iNE

머리말

스페인어사를 전공한 사람으로서 오래전부터 이에 관한 책을 쓰고 싶었고 또 써야겠다고 생각하고 있었으나 워낙 방대한 작업이라 엄두가 나지 않았다. 구체적이고 세분화된 주제에 대해 깊이 파고드는 박사학위 논문과는 달리, 이 책은 깊이보다는 넓이에 더 집중할 수밖에 없었기 때문에 수집해야 하는 자료의 양이 무척 방대했다. 박사학위 논문도 읽어야 할 자료의 양이 많았지만 그래도 그것은 단일한 주제를 다룬 것이라 그리 복잡하지 않았는데, 수천 년에 걸친 언어사를 제한된 지면에 최대한 많은 내용을 넣으려다 보니 시간도 훨씬 더 오래 걸렸고 또 체계적으로 구성하는 것이 여간 어려운 일이 아니었다. 어떤 내용을 넣고 어떤 내용을 뺄까 크게 고민하지 않을 수 없었다. 이 경우에 가장 중요한 기준으로 삼은 것은 스페인어와 스페인 문화를 공부하는 독자들이 무엇에 관심을 둘까, 무엇을 배워야 할까 하는 점이었다. 스페인어사 관련 서적이라면 스페인을 비롯한 외국에서 출판된 것들이 시중에 많이 나와 있지만, 그들 대부분은 그 나라 독자들의 수준과 관심에 맞게 쓰여 있지 우리 상황에 맞는 것은 아니다. 개인적으로 편하게 가고 싶었다면, 적당한 책을 한 권 골라서 번역했을 것이다. 그러나 그보다는 그동안 내가 공부한 내용을 정리도 할 겸 직접 쓰는 것이 개인적으로나 독자들에게 도움이 되는 일이며, 전공한 학자로서의 도리라고 생각했다. 그런 의미에서, 가급적 스페인어를 공부하는 우리나라 독자들이 꼭 알아야 하는 문화사적 내용을 중심으로 책을 구성했으며, 제목도 『스페인 언어문화사』로 정했다. 덕분에, 힘은 들었지만, 오랜만에 학위 논문 쓸 때와 같은 집중력과 성취감을 느낄 수 있었다. 준비한 원고는 한 권으로 묶을 수 없을 만큼 양이 많아 부득이하게 두 권으로 나누어 출판할 수밖에 없었다. 아무쪼록, 이 책이 스페인어와 스페인 문화를 공부하는 사람들에게 조금이나마 도움이 되길 바랄 뿐이며, 내용이나 표기상의 오류는 전적으로 저자의 책임임을 밝힌다. 이 책이 빛을 볼 수 있도록 저술지원을 해주신 한국연구재단에 감사드리며, 출판을 허락해주신 한국외국어대학교 출판부에도 감사드린다.

2022년 3월

이강국

차례

1

제1장

인도유럽어와 로망스어

1.1. 인도유럽어의 갈래와 스페인어

현재 유럽에서 사용되고 있는 대부분의 언어를 인도유럽어 계통의 언어라고 부른다. 인도유럽어란 이 언어들이 과거에 하나의 공통 조어(祖語)에서 유래됐을 것이라는 가정하에서 붙인 이름이다. 그러나 이 인도유럽어가 정확하게 언제 어디에서 어떤 모습을 하고 있었는지에 대해서는 거의 알려진 바가 없다. 이는 후세에 유럽의 각 언어 상호 간의 음성적, 형태적 또는 문법적 유사성에 근거해, 상호 비교를 통해 이전 언어 단계를 재구성한 가상의 언어 단계일 뿐이다.[1]

인도유럽어 또는 그 언어를 사용했던 종족의 기원에 관한 가설로는 다음과 같은 것들이 있다.

1 언어의 재구 연구는 19세기 초 유럽 학자들이 인도의 산스크리트어를 접하게 됨으로써 활발하게 진행되기 시작해 20세기 초 소쉬르가 등장하기 전까지 언어 연구의 주류를 이루었다. 이러한 연구를 비교역사언어학이라 부른다. Helbig, Gerhard(1984:11-23)와 Schmoeckel, Reinhard(2013:46-54) 참조.

먼저, 가장 일반적으로 받아들여지는 설은 쿠르간 가설로써, 1956년에 리투아니아의 마리야 김부타스가 제기한 이론이다. 약 5-6천 년 전 현 우크라이나에 해당하는 흑해와 카스피해 북쪽에서 발달한 '쿠르칸 문명'에서 발원했다는 주장이다.[2] 이 밖에도, 1987년 영국의 앤드류 콜린스 렌프루는 약 8-9천 년 전 현 터키에 해당하는 아나톨리아에서 발원했다는 아나톨리아 가설을 주장했으며, 2015년 알렉산더 나쉬는 아르메니아 기원 가설을 주장했다.[3]

쿠르간 가설에 따르면, 유럽 각 언어의 조어(祖語)라고 가정되는 원 인도유럽어를 썼을 것이라고 추정되는 종족을 '아리아족'이라고 부르는데, 기원전 25-20C 경 또는 더 이전에 코카서스 지방에서 유럽, 중앙아시아, 이란, 인도 등지로 퍼져나갔다고 한다.[4] 이런 이유로 유럽, 중앙아시아, 페르시아, 인도의 여러 언어가 서로 많은 유사성을 갖고 있다는 것이다. 인도유럽인들은 13세기경 중부 유럽에서 남하하기 시작했으며, 차츰 이베리아반도까지 들어왔다고 한다.[5]

그렇다고 해서 현재의 스페인어가 이 인도유럽어 조어(祖語)로부터 직접 유래된 것은 아니다. 발전 단계별로 각 언어가 분할된 분지의 마디에

2 리투아니아 태생의 고고학자이다(1921-1994). 본명은 Marija Gimbutienė인데, 흔히 영어식으로 Marija Gimbutas라고 부른다. 유럽의 신석기 및 청동기 문명을 깊이 연구한 학자로서, 특히 고대 여신 문명에 깊은 관심을 기울였다. Gimbutas, Marija(2016)와 Schmoeckel, Reinhard(2013), 특히 쿠르간 종족에 대해서는 제5장, pp.118-136 참조.

3 아나톨리아 가설은 Collins Renfrew, Andrew(1987), 아르메니아 가설은 Nash, Alexander (2015) 참조.

4 Benveniste, Émile(2014) 참조. aria란 산스크리트어와 아베스타어 arya에서 나온 것으로 'noble, gentil, de alto rango'의 의미라고 한다. http://etimologias.dechile.net/?ario 참조.

5 Tuñón de Lara, Manuel, *et. al.*(1991:23) 참조.

해당하는 언어 단계들이 중간 자리를 차지하고 있다. 인도유럽어는 크게 사템어군과 켄툼어군으로 대별된다. satem '사템'은 슬라브어로 100을, centum '켄툼'은 라틴어로 100을 가리키는 말이다. 즉, 100을 가리키는 어휘의 유사성을 중심으로 크게 둘로 나눈 것이다. 사템어군에는 발트-슬라브어족, 인도-이란어족, 아르메니아어족, 알바니아어족이 포함되며, 켄툼어군에는 게르만어족, 켈트어족, 그리스어족, 라틴어족이 포함된다. 이 중에서 스페인어는 켄툼어군의 라틴어족에서 갈라져 나온 로망스어에 속한다.[6]

6 Vàrvaro, Alberto(1988:71-75)와 Alatorre, Antonio(1989:11-17) 참조.

1.2. 로망스어의 분포 상황

로마 제국 지배하에 있던 각 지역의 라틴어가 제국 멸망 후 독자적으로 발전해 독립된 언어로 분화된 상태를 로망스어라고 한다. 이를 크리스티안 디에스의 분류법에 따라 지리적으로 구분하면, 크게 서부 지역 로망스어와 동부 지역 로망스어로 나뉜다. 이탈리아반도를 기점으로 서부 지역에는 다시 이베리아 로망스어와 갈리아 로망스어로 나뉘고, 동부 지역에서는 이탈리아 로망스어, 레시아 로망스어, 발칸 로망스어로 나뉜다.[7] 이를 다시 국가별로 세분해 보면 다음과 같이 나눌 수 있다.[8]

[스페인]

• 스페인어(español): 이베리아반도 Castilla '카스티야' 지역의 언어, 즉

7 독일의 저명한 문헌학자인 Friedrich Christian Diez(1794-1876)가 『Gramática de las lenguas románicas』(1836-1844)에서 제시한 분류법이다. Vàrvaro, Alberto(1988:52)에서 재인용했음을 밝힌다.

8 로망스어의 형성, 유형 및 개별 언어들의 양상에 대해서는 이문수 & 이창순(2006) 참조.

castellano로써, 그 정치, 문화적 우월성으로 인해 스페인의 대표 언어가 되었다. 현재는 스페인어와 동일한 의미로 쓰이고 있다. 이베리아 반도에 라틴어가 본격적으로 들어온 것은 기원전 218년 제2차 포에니 전쟁이 끝난 이후이다. 스페인의 전국 공용어이다.[9]

• 카탈루냐어(catalán)와 발렌시아어(valenciano): 바르셀로나를 중심으로 하는 Cataluña '카탈루냐' 지역과 발렌시아를 중심으로 하는 Valencia '발렌시아' 지역에서 사용되고 있다. 두 지역에서는, 같은 카탈루냐어이지만, 서로 다른 언어라고 주장한다. 바르셀로나 백작령의 기원은 9세기 초 프랑크 왕국에서 이슬람교도들의 북상을 저지하기 위해 설치한 것이다. 발렌시아는 711년 이슬람교도들에게 점령되었다가 1238년 아라곤의 하이메 1세에 의해 재정복된 지역이다. 따라서 바르셀로나와는 역사와 문화가 상이하므로 언어도, 유사하긴 하지만, 동일하지는 않다.[10]

---

9 1978년에 제정된 스페인 헌법의 제3조 1항에서는 'castellano를 스페인 전국의 공용어'로 규정하고 있으며, 2항에서는 '각 지방 자치단체도 규정에 따라 공용어를 둘 수 있도록' 규정하고 있다. 헌법 전문은 https://www.boe.es/boe/dias/1978/12/29/pdfs/A29313-29424.pdf 참조. Instituto Cervantes에 따르면, 2020년 현재 전 세계 20개 국가에서 489백만 명이 모국어로 사용하고 있으며, 사용 가능자는 585백만 명으로 추산하고 있다. https://cvc.cervantes.es/lengua/espanol_lengua_viva/pdf/espanol_lengua_viva_2020.pdf, p.5 참조.

10 카탈루냐어는 다시 바르셀로나와 발렌시아의 언어로 나뉜다. 발렌시아주에서는 발렌시아어를 독립된 언어로 간주한다. Academia Valenciana de la Lengua 홈페이지 http://www.avl.gva.es/ 참조. 2021년 현재 카탈루냐주의 인구는 약 780만 명이고 발렌시아주의 인구는 약 510만 명이지만, 이들이 모두 배타적으로 지역 언어만을 쓰는 것은 아니다. 언어 배타주의가 특히 심한 곳이 카탈루냐주인데, 2012년 대법원에서 언어 장벽으로 인한 국가 통일성 결여와 국가 경쟁력 하락을 막기 위해 공립학교에서 스페인어도 가르치도록 결정한 바 있다.

• 갈리시아어(gallego): 이베리아반도 북서부에 위치한 Galicia '갈리시아' 지역에서 사용되는 언어이다. 갈리시아는 10세기 초 레온 왕국의 백작령으로, 후에는 카스티야 왕국의 백작령으로 발전한 지역이다.[11]

• 아란어(aranés): 피레네 산간의 Arán '아란' 계곡에서 사용되는 언어이다. 본래는 남프랑스 오키타니아어의 한 갈래인데, 아란 계곡은 스페인 영토에 속하므로 스페인의 한 지역 언어로 분류된다.[12]

[포르투갈]

• 포르투갈어(portugués): 이베리아반도의 서부, 즉 현 Portugal '포르투갈'의 언어이다. 포르투갈어는 본래 갈리시아어에서 파생된 언어로 동일 계열이므로, 이를 함께 분류해 gallego-portugués '갈리시아-포르투갈어'로 부르기도 한다. 기원은 12세기 초 카스티야 왕국이 갈리시아 남부 지역, 즉 지금의 오포르토에 포르투갈 백작령을 설치한 데서 비롯되었다. 1144년 레온으로부터 독립했으며, 언어도 독자적으로 발전해 나갔다.[13]

---

11 2021년 현재 갈리시아의 인구는 약 270만 명이다. 갈리시아어의 역사에 관한 자세한 사항은 Real Academia Gallega 홈페이지 https://2012.academia.gal/ 참조.

12 arán이란 바스크어로 valle '계곡'이라는 의미라고 한다. Lapesa, Rafael(1981:30). 현재는 Arán이 고유명사화되어 의미를 따지지는 않지만, 엄밀하게 말하자면 Valle de Arán은 '계곡의 계곡'이 되는 것이다.

13 2021년 현재 전 세계 8개국, 약 2억 명 이상의 인구가 사용하고 있다. 포르투갈어의 역사에 관해서는 Castro, Ivo(2013) 참조.

[프랑스]

- 프랑스어(francés): 프랑스 북부의 파리를 중심으로 하는 Galia '갈리아' 지역의 언어인데, 이 또한 그 지역의 정치, 문화적인 우월성으로 인해 현재는 프랑스어와 동일한 의미로 쓰이고 있다. 흔히 랑그 도일(langue d'oïl)이라고 불리는 언어로, 라틴어가 정착된 것은 카이사르에 의해 정복된 기원전 50년 이후이다.[14]

- 오키타니아어(occitano): 프랑스 남부 Occitania '오키타니아'의 언어이다. 흔히 랑그독(langue d'òc)이라고 불리는 언어이다.[15] 라틴어가 도입된 것은 기원전 121년 갈리아 트란살피나라는 이름으로 처음 로마의 속주가 된 이후이다.[16] 오키타니아는 이 속주와 남서부의 아키타니아 지역을 합친 지역에 해당한다. 피레네 남부 스페인 영토인 아란 계곡에서는 이 언어의 한 갈래인 아란어가 쓰이고 있다.

이 밖에도, 모나코와 제노바 등을 중심으로 하는 남부 지중해 지역에

---

14 '랑그 도일'은 Île-de-France '일드프랑스' 지역의 언어이다. ile de France란 'isla de Francia'라는 의미로 파리와 그 주변 지역을 이르는 말이며, 랑그 도일(langue d'oïl)이란 프랑스어의 긍정 부사 oui '예'에 해당하는 말을 북부 갈리아에서는 oïl이라고 한 데서 비롯된 명칭이다. oïl은 프랑스 고어에서 나온 말이다. 프랑스어의 역사에 관해서는 이창순(2000)과 Lodge, R. Anthony(2015) 참조. 프랑스어는 2021년 현재 전 세계 30개국, 3억 명 이상의 인구가 사용하는 언어이다.

15 프랑스어의 긍정 부사 oui에 해당하는 말을 북부 갈리아에서는 oïl이라고 한 데 반해, 남부 오키타니아에서는 oc이라고 한 데서 비롯된 분류 명칭이다. oïl은 프랑스 고어에서 나온 것인 데 반해, oc는 라틴어 hoc에서 유래한 말이다. 모두 sí '예'에 해당하는 말이다.

16 갈리아 트란살피나(Galia Transalpina)란 로마 시대의 행정구역명으로써 이탈리아에서 봤을 때 '알프스 저쪽의 갈리아'라는 뜻이다. 반대로, 현 토리노 일대의 이탈리아 북부는 '알프스 이쪽의 갈리아'라는 의미에서 갈리아 키살피나(Galia Cisalpina)라고 불렀다.

서 사용되는 리구리아어와 코르시카섬에서 사용되는 코르시카어도 독립된 언어로 분류된다. 프랑스 남부 프로방스 지방에서는 프로방스어가 사용되는데, 독립된 언어는 아니지만 언어사에서는 중요한 언어이다. 주요 도시인 마르세유는 이미 기원전 600년경에 그리스계 포케아인들이 세운 도시이다.[17] 이탈리아반도 바깥에서 가장 먼저 라틴어가 정착된 곳이기도 하다. 프로방스는 과거 프랑스 남부 일대를 아우르는 말이었는데, 현재는 오키타니아의 동부, 즉 칸느와 니스를 중심으로 하는 좁은 지역을 이르는 말이 되었고 언어도 오키타니아어의 한 방언으로 분류된다. 사용되는 지역은 스위스, 이탈리아와의 접경지대로 사용 인구가 급격하게 줄어들고 있다고 한다. 그러나 중세적 요소를 많이 간직하고 있으므로 언어사에서는 매우 중요한 언어이다.[18]

[이탈리아]

- 이탈리아어(italiano): 이탈리아 중북부의 피렌체를 중심으로 하는 Toscana '토스카나' 지역의 언어인데, 현재는 이탈리아어와 동일시되고 있다. 라틴어의 본 고장에서 발전한 언어이다.[19]

---

17 Caius Plinius가 쓴 『Naturalis Historia』'자연사', https://archive.org/details/historianatural00segogoog/page/n471/mode/2up 참조. 포케아인들은 서쪽으로 더 나아가 기원전 575년경에는 이베리아반도에서 암푸리아스를 세웠다고 한다.

18 Fernández González, José Ramón(1985)과 Wartburg, Walther von(1979), 제4장 2절, pp.87-148 참조.

19 이탈리아어 역사에 관해서는 Migliorini, Bruno & Baldelli, Ignazio(1967)와 Migliorini, Bruno(1971) 참조. 사용 국가로는 바티칸과 산마리노를 포함하여 3개국이며, 약 8,500만 명이 사용하고 있다고 한다.

• 사르데냐어(sardo): 이탈리아 서부 지중해 상에 있는 Cerdeña '사르데냐' 섬에서 쓰이고 있는 언어로써, 그 지리적 폐쇄성으로 인해 고형을 많이 보존하고 있는 언어이다.[20]

[루마니아]

• 루마니아어(rumano): 현 Rumania '루마니아'의 언어이다. 대부분의 주변 국가들에서는 슬라브어를 사용하고 있는 데 반해, 동유럽에서 유일하게 로망스어를 사용하고 있는 국가이다. 루마니아라는 국명도 '로마 제국의 지배 영역'을 가리키는 Romania에서 나온 것이다. 로마 시대의 Dacia '다키아'가 이에 해당한다. 로마의 지배를 받은 시기는 107년부터 271년까지, 약 170년간이다. 이후에는 고트족과 주변 슬라브족의 언어로부터 많은 영향을 받았으나 로망스어로 분류된다.[21]

이 밖에도, 이탈리아 북부와 스위스 남부에 걸쳐 있는 Recia '레시아' 지역에서 사용되고 있는 retorromance 또는 ladino가 있다. 레시아는 콘스탄츠호수부터 인강 사이의 지역에 해당하며, 사용 인구가 매우 적어 소멸 위기에 처해 있는 상태라고 한다.[22]

---

20 이탈리아어로는 Sardegna이고, 스페인어로는 Cerdeña이다. 우리말로는 원어 발음에 따라 표기한다. 2021년 현재 사용 인구는 약 165만 명이라고 한다.

21 2021년 현재 루마니아와 몰다비아에서, 약 2,800만 명이 사용하고 있다. 루마니아어의 역사에 관해서는 Sala, Marius(2016) 참조.

22 라틴어로 Raetia로 부르던 곳이라 '레티아'라고 부르기도 한다. 콘스탄츠호수는 독일, 오스트리아, 스위스 국경을 이루는 호수이고, 인강은 오스트리아의 인스부르크를 지나는 다뉴브강의 지류이다. 2021년 현재 거주 인구는 약 68만 명 정도라고 하는데, 거주민 전체가 이 언어만을 쓰는 것은 아님을 염두에 둬야 한다. 레토-로망세에 관해서는 Haiman, John(1997), 〈제10장 Rhaeto-

이 이외에도 나라별로 라틴어로부터 유래된 각 지역의 많은 방언이 있으나, 위 언어들처럼 독자적인 음성, 어휘, 문법 체계를 갖추지는 못해 독립 언어로는 인정되지 않고 위 언어들의 사투리로 취급되고 있다.

한 가지 특기할 만한 것은 이베리아반도에 로망스어가 아닌 이질적인 언어가 하나 있는데, 바로 반도 북부의 바스크에서 사용되고 있는 바스크어이다.[23] 이 언어는 비 인도유럽 계통의 언어라는 것 정도만 알려져 있을 뿐, 기원과 전파 경로 등에 대해서는 명확하게 밝혀진 것이 거의 없다. 이 바스크어를 포함해서, 현재 스페인에서 쓰이고 있는 언어는 모두 6개이다: 카스티야어, 갈리시아어, 카탈루냐어, 아란어, 발렌시아어, 바스크어. 이 가운데 전국 공용어는 카스티야어 하나뿐이고, 나머지는 모두 지역 공용어이다.[24]

Romance〉, en Harris, Martin & Vincent, Nigel, (ed.)(1997:351-390) 참조.

23 바스크어는 바스크와 나바라 두 지역에서 약 300만 명의 인구가 사용하고 있다. 바스크어에 대한 자세한 사항은 Real Academia de la Lengua Vasca 홈페이지 https://www.euskaltzaindia.eus/ 참조.

24 스페인의 전국 공용어와 지역 공용어에 관한 자세한 정보는 〈Lenguas cooficiales en España〉, Gobierno de España, Ministerio de Política Territorial y Función Pública, http://www.mptfp.es/portal/politica-territorial/autonomica/Lenguas-cooficiales.html 참조.

2

제2장

로마 이전의 반도 상황과 언어

2.1. 시대 상황

이베리아반도에 거주했던 선사시대 원주민에 관한 자료는 그리 많지 않다. 그중 구석기 시대의 것으로 가장 특기할 만한 것은 후기 구석기 시대(기원전 4만–1만 년 전)에 산탄데르 지방의 산티야나 델 마르 인근에서 발견된 알타미라 동굴벽화일 것이다.[1] 1879년 지역 주민들에 의해 발견되었으며, 구석기 시대에 그려진 인류 최고의 회화 가운데 하나로 평가받고 있다. 당시의 주된 사냥감이었을 들소의 모습이 사실적으로 생동감 있게 잘 묘사되어 있다. 1985년 세계문화유산으로 등록되었으며, 현재는 보존을 위해 일반인의 관람이 제한되고 있다. 대신 그 옆에 새로 만든 관람용 동굴이나 마드리드에 있는 고고학박물관에서는 누구나 알타미라의 유적을 감상할 수 있다.

동굴에서 주로 생활하고 수렵 활동을 했던 구석기 시대와는 달리 신

1 동굴과 벽화에 관한 자세한 사항은 https://santillanadelmarturismo.com/altamira/ 또는 http://www.cuevasturisticas.es/cueva_15.asp?c=18 참조.

석기 시대(기원전 5천–4천년 전)에 들어서는 도구가 발달하면서 농경 생활로 접어들었다. 이베리아반도에 많은 원시 부족들이 존재했었으나, 현 스페인의 언어나 문화와 관련이 깊은 대표적인 원시 부족으로는 북부 산악지대에 거주하던 바스크족, 반도 중앙부의 카르페타노족, 남부 안달루시아에 거주하던 타르테소스족 등을 들 수 있다.

외래 기원이지만 토착화된 종족으로는 피레네산맥을 넘어와 반도 북부와 서부에 정착한 켈트족과 남쪽으로부터 지중해를 건너와 주로 반도의 동부와 남부 해안 지대에 정착한 햄족 계열의 이베로족이 있다. 이 켈트와 이베로족은 후에 반도 중앙부에서 만나 융합되면서 셀티베로라는 새로운 부족으로 발전해 현 스페인인들의 직계 조상이 되었다. 따라서 이들은 지금까지도 여러 가지 언어, 문화적 흔적을 남기고 있다.

이들과는 달리, 이베리아반도를 주로 상업적 목적으로만 이용했던 지중해의 종족들도 있다. 페니키아, 그리스, 카르타고가 그 주인공들인데, 이들은 반도에 정착하지 않고 식민 도시들을 건설해 주로 교역에 종사했다. 그러나 이들 역시 스페인 문화 및 언어에 흔적을 남겼다.[2]

---

2 본 절에서 로마 이전 이베리아반도 원주민의 역사에 관해서 주로 참조한 저서는 Lapesa, Rafael(1981), 『Historia de la lengua española』, 제1장, pp.13-52; Tuñón de Lara, Manuel, *et. al.*(1991), 『Historia de España』, Barcelona: Labor, 제1,2장, pp.11-33이다.

2.2. 원주민 부족

2.2.1. 바스크족

바스크족은 선사 부족 중에서 가장 신비의 베일에 싸여 있는 부족으로 피레네-칸타브리아 지역에 거주하던 원시 종족들 가운데 하나이다. 이베리아반도에서 가장 오랜 역사를 가진 종족으로 기원에 대해서는 여러 가지 설이 있으나, 아직 명확하게 밝혀진 바는 없다. 구석기 시대부터의 토착설, 크로마뇽인과 같은 종족이라는 설, 아프리카 기원설, 약 7천 년 전 인도유럽인들과 함께 들어왔다는 설, 영국의 종족들(아일랜드, 웨일스, 스코틀랜드, 브리튼인들)과 같은 계통이라는 설 등도 제기되고 있다. 언어적으로도 주변의 어떤 언어와도 친족 관계가 규명되지 않은 고립된 어족이다. 유럽에서 사용되고 있음에도 교착어적인 요소를 많이 갖고 있으며, 기원에 관해서는 토착설이 우세한 가운데 중앙아시아의 코카서스 계통 설과 신체 조건이나 부족 전설, 당시의 항해 경로 등을 토대로 아일랜드 계통설도 제기되고 있다. 그러나 여러 가지 설들만이 제기되고 있을 뿐 명확하게 밝혀진 것은 거의 없는 상황이다. 비교적 확실한 것은 언어적으로 비 인도유럽어계통이라는 것과 신석기 시대부터 이 지역에 거주한 것으로 보인다는 것이다. 즉 인도유럽인들이 들어오기 전부터 이베리아반도 북부에 정착해 살고 있었던 원시 토착 종족의 후예라는 것이다. 언어 구조상 햄어와 유사한 부분도 있으나, 이는 햄족 계통인 이베로족과 오랜 세월에 걸친 교류로 영향을 받았기 때문으로 추정된다. 이들은 현재에도 북부의 바스크와 나바라에서 독자적인 언어와 문화를 지키며 살아가고 있다. 이 언어가 현 스페인어에 끼친 영향은 상당히 많다. 이는 오랜 세월 동안 주변의 타 종족들과 접촉하고 교류하며 살아왔고 서로 많은 영향을 주고 받아왔기 때문에 당연한 일이다. 이 바스크어가 끼친 영향 중에는 라틴어가 들어 왔을 때 끼친 기층적 영향이 주목할 만하다.[3]

종족 명인 vasco는 라틴식 표기이다. 이들이 역사에 등장하는 것은 로마인들과의 조우를 통해서이다. 의미는 명확하지 않으며 아마도 바스크인들이 자신들을 그렇게 부른 것을 로마인들이 따라 부른 데서 기인한 것으로 추정된다. 주변의 칸타브리아족과 함께 로마에 최후까지 저항했던 종족이다.

476년 서로마 제국이 멸망한 후 게르만족이 유입되던 시기의 역사에 대해서도 뚜렷하게 알려진 바가 별로 없다. 서로마 제국이 멸망한 후 포

---

3 바스크어의 역사에 대해서는 Lapesa, Rafael(1981:51-52); Michelena, Luis(1982), 〈Sobre la historia de la lengua vasca〉, file:///C:/Users/user/Downloads/7596-37-28410-1-10-20130302.pdf; 〈El misterioso origen del euskera, el idioma más antiguo de Europa〉, https://www.bbc.com/mundo/vert-tra-40783435; https://cvc.cervantes.es/obref/congresos/rosario/ponencias/aspectos/knorr_h.htm 참조.

르투갈 중북부에서 갈리시아에 이르는 지역과 칸타브리아산맥 북부 지역은 게르만족의 일파인 수에보족이 지배했다. 여기에는 바스크 지역도 상당 부분 포함된다. 수에보족의 뒤를 이어 들어온 서고트족은 초기에는 반도의 중앙부에 정착했다가 점차 반도 전체로 영향력을 확대했다. 서고트족이 갈리시아와 바스크 일대를 정복한 것은 586년 레오비힐도 때이다.

711년 이슬람교도들이 이베리아반도를 정복하자 피레네 산간의 바스크인들도 이들의 영향력하에 놓였다. 때로는 종속 관계로, 때로는 적대적인 관계로 지냈다. 이러한 관계는 북부의 프랑크 왕국과도 마찬가지였다. 778년 사라고사를 침공했던 샤를마뉴의 군대를 론세스바예스에서 공격한 것도 바스크인들이었다. 9세기에 두 왕국 사이에서 이니고 아리스타(816–852)가 팜플로나 왕국을 건설했다. 후에 현재 바스크의 동부 지역은 팜플로나 왕국에서 발전한 나바라 왕국에 의해, 서부 지역은 카스티야 왕국에 의해 분할되었다. 나바라는 1513년 카스티야에, 피레네 북부는 프랑스에 각각 합병되었다.

전통적으로 바스크는 크게는 비스카야, 기푸스코아, 알라바 세 지방, 작게는 도시별로 fuero라고 불리는 자치법을 근거로 자치를 누려왔다. 그러나 1936년에 일어난 내전에서 프랑코가 이끄는 군부에 패해 일부 지방에서는 자치권이 박탈당했다.[4] 이 시기에는 정치적 자유는 물론이고 고유의 언어 사용과 문화 활동까지 철저하게 제한되었다. 이에 대한

---

4 바스크주를 구성하는 세 지방 중에서 비스카야와 기푸스코아의 자치권은 박탈당했고, 알라바는 유지되었다. 나바라주도 자치권이 유지되었다.

반발로 1958년 분리주의 단체인 ETA가 결성되었다.[5] 자치권은 1978년에 제정된 헌법에 가서야 부활되었으며, 1979년 바스크 자치법이 통과됨으로써 자치주가 되었다.

현재 바스크어가 쓰이고 있는 지역은 바스크와 나바라뿐이지만, 지명에 나타나는 바스크어의 흔적을 더듬어 올라가 보면 과거에는 현재보다 훨씬 더 넓은 지역에서 쓰였을 것으로 추정된다. 라틴어 이전에 남긴 언어적 흔적으로는 일부 지명과 인명에서 찾아볼 수 있다. 우선 마드리드 근교의 Aranjuez는 기푸스코아 지방의 Aranzazu와 형태적 관련성이 매우 높고,[6] Guadalajara는 바스크의 옛 이름인 Arriaca가 아랍화 된 것이다. 또한 우에스카 지방의 Alcubierre와 카스티야 고원의 Valderaduey 강 역시 바스크식 지명이다. 이로 미루어 보아 과거 이들이 거주했거나 활동했던 지역은 현재보다 훨씬 더 넓었을 것으로 보인다. 그러나 주변의 다른 셀티베로인들과의 교류로 인해 그 언어적 흔적이 유입되었을 가능성도 있으므로 확실한 것은 아니다. 언어란 늘 주변 지역과 서로 영향을 주고받는 관계에 있기 때문에 이 지역들이 직접적으로 바스크인들이 살았었거나 지배를 받았던 지역인지, 주변 종족들이 바스크어를 차용한 것인지, 아니면 위 지명들이 바스크어와 유사하긴 하지만 정확하게 바스크어에서 유래된 것인지에 대해서는 더 많은 연구가 필요하다. 다만 드러난 사실들만 놓고 봐도 활동 범위가 지금보다는 훨씬 더 넓었

5 Euskadi Ta Askatasuna의 약자이며 'País Vasco y Libertad'이라는 의미이다. 바스크의 독립을 목표로 하는 무장 투쟁 단체로 많은 테러를 자행했다. 스페인 정부와 2010년 휴전에 합의했으며, 2017년 무장해제, 2018년 5월 최종 해체를 선언했다.

6 두 어휘 모두 espino '가시'라는 의미의 바스크어 aranz에서 나온 것이라고 한다. Lapesa, Rafael(1981:33)과 (1992:172) 참조.

을 것이라는 추정은 가능하다.

이들이 남긴 또 다른 흔적으로는 인명이 있다. García, Iñigo, Javier, Jimeno 등이 대표적인 예이다.

이 밖에도 고대 바스크어에서 유래한 일반 어휘들로써는 다음과 같은 것들이 있다.

arroyo 개천, 시내 (arroil 'foso, canal'이 라틴어화 된 arrugia에서 유래)[7]

chatarra 쇳조각, 고철 (zatar 'trozo'에서 유래)[8]

izquierdo 왼쪽 (<[바] eker)[9]

minio [광] 적연(赤鉛), 연단(鉛丹) (min 'encendido'에서 유래)[10]

pizarra 흑판, 칠판 (pizar 'fragmento'에서 유래)[11]

urraca 까치 (이 새의 울음소리인 urrac에서 유래)[12]

---

7 Del lat. *arrugia* 'galería de mina', 'arroyo', voz de or. hisp. https://dle.rae.es/arroyo?m=form 참조.

8 Del vasco *txatarra* 'lo viejo'. https://dle.rae.es/chatarra?m=form 참조.

9 Del vasco *ezkerra* 'izquierda'. https://dle.rae.es/izquierdo?m=form 참조. 라틴어 기원의 해당 어휘는 (sinister>) siniestro이다. 본래 의미는 '왼쪽의' 이외에도 '불길한, 운이 나쁜'이라는 의미로도 쓰였다. '왼쪽'이 나쁜 징조를 나타내던 고대 관습에서 나온 말이다. 두 어휘가 충돌하자 izquierdo는 '왼쪽'으로, siniestro는 '불길한'으로 의미 수행 기능이 분화되었다. Del lat. *sinister, -tri;* la forma f., del lat. sinistra. https://dle.rae.es/siniestro?m=form. 의미 획득 과정에 대해서는 Gil, Juan, *et. al.*(2015:288) 참조.

10 Del lat. *minium*, voz de or. hisp. https://dle.rae.es/minio?m=form 참조.

11 Lapesa, Rafael(1981:51)는 이 어휘를 바스크어의 잔재라고 보고 있으나, DRAE에서는 De or. inc. 라고 규정하고 있다. https://dle.rae.es/pizarra?m=form. 아마도 izquierdo와 마찬가지로 바스크어에 영향을 끼친 이베로어 기원으로도 분류될 수도 있기 때문일 것이다. Alatorre, Antonio(1989:28) 참조. 여기서는 Rafael Lapesa의 견해에 따라 바스크 기원어로 분류한다.

12 DRAE에서는 Del n. p. *Urraca; cf. marica*, lat. tardío *gaia*, fr. *margot* e ingl. *mag*, denominaciones de la urraca provenientes de n. p. de mujer.라고 정의하고 있다. https://dle.rae.es/urraca?m=form 참조. 그러나 Corominas & Pascual(1991:RI-X, p.722)는 어원은 명확하지 않지만 로마 이전의 원주민어 기원인 것은 분명하다고 주장하고 있다. 바스크어로 '금'을 뜻하는 urre와

vega 광야, 평야, (baika 'ribera'에서 유래)[13]

형태-음운론적인 측면에서 고대 바스크어의 영향은, 우선 라틴 어두 자음군인 cl-, fl-, pl-가 ll로 변한 것을 들 수 있다 (clamare>llamar, flamma>llama, plorare>llorar). 라틴 어두 r- 앞에 어두음을 첨가해, 예를 들면 repentire가 arrepentir로, rugare가 arrugar로 변한 것도 바스크어의 영향이다. 또한 라틴 어두 f-를 기식음 h-로 발음하는 현상도 바스크어의 영향으로 간주된다. 기식음 h는 후에 묵음화되었다 (ferrum>*[hieru]>hierro [yero]). 이러한 현상들은 바스크어의 고유한 것이며, 기록상 바스크 인근 지역인 가스코뉴와 카스티야에서부터 확산되기 시작한 현상들이다. 따라서 그 기원을 바스크어에 두는 것이다.

2.2.2. 카르페타노족

로마가 들어오기 이전에 이베리아반도 중부에도 여러 부족이 있었으나, 특기할 만한 대표적인 부족으로는 카르페타노족을 들 수 있다. 이들은 바스크족과는 달리 고유의 언어를 남기지는 못했으나 몇 가지 기억해둘 만한 언어-문화적 흔적을 남기고 있다. 가장 대표적인 것이 Madrid이라는 도시의 기원과 명칭에 관한 전설이다.

관련이 있다고 보는 견해도 있으므로 여기서는 바스크어 기원으로 분류한다. http://etimologias.dechile.net/?urraca 참조.

13 De la voz prerromana **vaica*. https://dle.rae.es/vega?m=form 참조.

마드리드의 기원에 관해서는 여러 가지 설이 있다. 대부분의 학자가 인정하는 바는 모하멧 1세(852–886)가 남하해 오는 가톨릭교도들로부터 톨레도를 방어하기 위해 만사나레스강 언덕 위에 세운 Magerit이라는 이름의 성채가 기원이라는 것이다. 올리베르 아신은 Madrid의 어원을 Mağrīţ에서 나온 것이라고 보았다. 의미는 '하상(河床)' 또는 '샘'을 뜻하는 아랍어 mağra에 로망스어 접미사 -it가 붙은 것으로 해석했다. -it는 '풍부함'을 뜻하는 라틴어 -etum에서 나온 것이라고 한다.[14] 로망스어로 표기하면 Magerit이다. 마드리드가 본래 물이 풍부한 지역이라는 사실과 연관된 설이다. 그러나 이에 대해 코로미나스는 Mağrīţ은 아랍어에서 나온 것이 아니라 로망스어 Matrich가 아랍어화 된 후에 자위전환을 겪어 변화된 것이라고 주장했다. Matrich는 라틴어 Matrice에서 유래된 형태로써, 본래의 의미는 '자궁, 근원'인데, 여기서는 물이 나오는 곳, 즉 '샘'을 가리키는 말이라고 한다. 이 역시 마드리드가 예부터 물이 풍부한 곳이라는 사실에 근거한 설이다. 현재로서는 언어학적으로 가장 보편적으로 받아들여지는 설이다.[15]

다른 한 편으로는, Madrid이라는 명칭은 시벨레스 여신의 다른 이름에서 나온 것이라고도 한다. 후안 데 메나가 전하는 마드리드 전설에 따르면,[16] 도시를 건설한 사람은 트로이가 함락될 때 도망쳐 나온 비아노

---

14 Oliver Asín, Jaime(1959) 참조. Lapesa, Rafael(1992:183-184)도 올리베르 아신의 이 주장을 인용하고 있다.

15 Corriente, Federico(1992), "El nombre de Madrid", en Valdés Fernández, Fernando(ed.)(1992)에서 재인용.

16 Mena, Juan María de(1990:13-18) 참조.

르라는 왕자라고 한다. 배를 구하지 못한 비아노르는 일족을 거느리고 육지로 탈출했다. 발칸반도를 거쳐 이탈리아 북부에 도착해 파도바를 건설했다. 파도바는 그의 어머니의 이름에서 따온 것이라고 한다. 그러나 이 도시는 신이 계시한 곳이 아니었다. 일행이 도시에 안주해 나태와 향락에 빠지자 주피터는 이 도시에 페스트를 퍼트려 멸망시켰으며, 이 과정에서 비아노르도 사망했다. 다시 일행을 이끌고 여행을 시작한 이는 같은 이름을 가진 자손이다. 꿈속에서 신의 계시를 들었으므로 '예언을 듣는 자'라는 의미에서 Ocno Bianor '오크노 비아노르'라고 불리게 되었다. 일족을 거느리고 별이 인도하는 대로 서쪽으로 여행을 계속했다. 험한 산을 넘고 깊은 물을 건너 마침내 이베리아반도 중앙부에 도착했다. 이때 만난 부족이 바로 카르페타노족인데, los sin ciudad '도시가 없는 자들'이라는 뜻이라고 한다. 본래는 해안에서 거주했었는데, 다른 부족들에게 밀려 내륙으로 들어온 것이었고, 신의 계시에 따라 지도자를 기다리고 있다는 것이었다. 일행은 주변 산간에 흩어져 있던 촌락들을 규합해 도시를 건설했다. 도시를 다 짓고 나자 어느 신을 수호신으로 모실 것인지의 문제를 놓고 마을 간에 분쟁이 일어났다. 마을마다 자신들이 모시는 신을 주신으로 삼을 것을 주장했다. 어느 날 오크노 비아노르는 주피터로부터 '네가 도시를 지배하고자 한다면 도시는 곧 멸망할 것이요, 그렇지 않으면 도시는 영원히 번성할 것이다'라는 예언을 들었다. 도시가 분열될 위기에 놓이자 오크노 비아노르는 신이 계시한 대로 깊은 구덩이를 파고 그 속에 들어가 기도를 올렸다. 며칠 후 비가 억수같이 쏟아지는 어느 날, 먹구름이 양쪽으로 갈라지며 하늘에서 눈부시게 아름다운 여신이 사자 두 마리가 이끄는 마차를 타고 내려와 오크노 비아노를 데리고 올라갔다. 이 여신이 바로 '대지와 곡식의 신'인

Cibeles '시벨레스' 여신이며, 다른 이름으로 Metragirta라고도 불렸다. 이로써 마드리드의 수호신은 자연스럽게 결정되었으며, 주민들의 불화도 사라지고 신의 약속대로 마드리드는 번성했다. 이 여신의 다른 이름인 Metragirta가 Magerit을 거쳐 Madrid로 변한 것이라고 한다.

아랍인들이 세웠다는 성채의 이름인 Magerit과 중첩되는 부분이다. 아랍인들이 이 이름을 새로 붙인 것이지, 아니면 이전부터 내려오던 명칭을 차용해 쓴 것인지는 명확하지 않으나 역사와 전설의 톱니바퀴가 묘하게 들어맞는 것만은 분명하다. 그렇다고 해서 이 Magerit이 Madrid의 어원이라고 단언할 수는 없다. 고형인 것은 맞지만, Magerit 또한, 학술적으로든 전설에 따른 것이든, 별도의 원 어원을 갖고 있을 것이기 때문이다. 코로미나스가 주장하는 라틴어 Matrice가 그중 하나이다.

여기에서 등장하는 시벨레스 여신은 현 터키 중부에 해당하는 프리기아 지방에서 오랜 옛날부터 '대지의 모신(母神)'으로 추앙받던 여신으로, 라틴식으로는 Cibele '키벨레' 여신이라고 한다. 다산과 풍요, 죽음과 재생을 관장하며, '백수의 여왕'이라는 별명답게 늘 사자를 데리고 다녔다고 한다. 키벨레 여신 숭배는 소아시아 일대에서 유행하다가 그리스로 전해졌다. 그리스인들은 이 여신을 자신들의 대지의 모신(母神)인 가이아나 제우스의 어머니인 레아와 동일시했다. 키벨레 여신은 따라서 크레타, 아테네, 에게해 일대, 알렉산드리아 등에서도 '대지의 여신'이자 '모든 신의 어머니'로 추앙받았다. 로마로 전해진 것은 제2차 포에니 전쟁이 한창이던 기원전 204년이라고 한다. 한니발에 의해 궁지에 몰려있던 로마는 신탁을 청했다. 신탁에 따르면 Magna Mater, 즉 '위대한 대지의 모신'을 로마에 모시면 외적을 물리칠 수 있다고 했다. 이에 원로원은 프

리기아에서 키벨레 여신을 모셔왔다고 한다.[17]

이는 어디까지나 전설에 불과하지만, 마드리드 역사의 장구함과 역사 이전부터 소아시아와 교류가 있었음을 부각시키고 싶어 하는 심정을 엿볼 수 있는 대목이다. 이때 오크노 비아노르를 도와 도시를 건설한 대표적인 종족이 카르페타노족이며, 마드리드의 수호신이 된 '시벨레스 여신'은 1782년 벤투라 로드리게스의 손을 빌려 현재의 모습으로 다시 태어났다. 지금도 이 여신은 시벨레스 광장에서 두 마리의 사자가 끄는 마차를 타고 마드리드를 지키고 있다. 왼손에는 마드리드 성문의 열쇠를, 오른손에는 신권을 상징하는 홀(笏)을 들고 있으니, 마드리드의 수호 여신임이 분명하다. 카르페타노족은, 언어적으로는 족적을 남긴 것이 없으나, 이러한 문화적 흔적을 남기고 셀티베로족과 융합되어 역사의 뒤안길로 사라졌다.[18]

2.2.3. 타르테소스족

비슷한 시기에 이베리아반도 남부에는 타르테소스인들이 매우 발달된 문명을 이루고 있었다. 이들은 땅이 비옥하고 자원이 풍부한 안달루시아의 서부 지역에 주로 거주하면서 이미 기원전 12-11세기부터 페니키아인들과의 교역을 통해 부를 축적했다. 타르테소스의 위치가 정확하

17 〈Cybèle〉, http://www.cosmovisions.com/$Cybele.htm 참조.

18 현재 Carpetano라는 이름은 지명 Montes Carpetanos에서 찾아볼 수 있다. 마드리드와 세고비아 지방 경계에 걸쳐 있는 Sierra de Guadarrama '과다라마산맥'의 북쪽 경사면 부분을 Montes Carpetanos라고 부른다. 길이 약 50km에 달하며, 최고봉은 Peñalara(2428m)이다.

게 어디인지에 대해서는 자세하게 밝혀진 것이 없으나, 세비야와 그 주변 지역에서는 Tartessos라는 이름을 어렵지 않게 찾아볼 수 있다.[19] 이로 미루어 보아 과달키비르강 하류 세비야 부근에 주로 거주했을 것으로 추정된다. 기원전 600년경 이베리아반도 남부의 금과 은 광산을 개발해 페니키아 및 그리스인들과 교역을 했다.[20]

Tartessos라는 도시명은 구약성서에도 여러 차례 나오는 Tharsis '다르싯'이라는 도시의 그리스식 이름이다. 열왕기 상편에 보면, "또 왕(Salomón)은 다르싯(Tharsis) 상선대를 조직하여 히람 상선대와 함께 해상 무역에 종사하도록 하였다. 다르싯 상선대로 금, 은, 상아, 원숭이, 공작새 등을 해외에서 한 번 실어 오는 데 삼 년이 걸렸다(10:22)"라는 구절이 나오고, 이사야서에는 "다르싯(Tharsis)의 배와 값진 화물을 모두 침몰시키는 날(2:16)"이라는 말이 나온다. 또한, 에제키엘서에는 "다르싯(Tharsis)은 너에게 있는 온갖 많은 물자를 다 사 갔다. 은과 쇠와 흑연과 납을 주고 네 상품을 가져갔다(27:12)"라는 구절이 나온다. 에제키엘은 Tharsis를 이처럼 〈multitud de todas riquezas en plata, hierro, estaño y plomo〉 '은, 철, 주석, 납 등이 모두 풍부한 곳'이라고 평하고 있다.[21]

---

19 세비야 시내에서는 Calle Mateos Gago에 있는 음식점 이름, Calle Parque Montaña에 위치해 있는 고등학교 이름, Calle Amador de los Ríos에 있는 호프집 이름 등에서 찾아볼 수 있고, 세비야 주변의 도시들에서는 Escena del Campo, Castilleja de la Cuesta, Pilas, Olivares, Mairena del Aljarafe 등에서 거리 이름으로 쓰이고 있음을 확인할 수 있다.

20 타르테소스족에 대한 자세한 사항은 Celestino Pérez, Sebastián & López-Ruiz, Carolina(2020) 참조.

21 https://bible.godpia.com/etc/search.asp 참조.

이들은 이베로족과 같은 북아프리카 기원이지만, 독자적인 문자와 언어를 갖고 있었으며 이베리아반도에서 최초로 문자를 사용한 종족이었다. 이는 일찍부터 페니키아인들과 교류를 해왔기 때문으로 추정된다. 현재 그 흔적은 비문 등에 일부 남아 있으나 단편적으로만 알려져 있을 뿐이며, 이베로족과의 관계 또한 자세하게 밝혀진 것은 거의 없는 상태이다. 이들은 기원전 5세기에 카르타고인들에게 정복되었으며 기원전 3세기에는 로마화 되어 자신들의 언어를 잃어버렸다. 그래도 구약성서에 이름을 남겼으니 여한은 없을 것이다.

2.3. 토착화된 외래 부족

2.3.1. 켈트족

기원전 11-10세기경 유럽 중-북부에 거주하던 인도유럽 계통의 켈트족이 이베리아반도로 들어오기 시작했다.[22] '켈트'라는 말은 그리스인들이 부르던 말로, 주로 라인강 서쪽의 갈리아, 즉 현 프랑스 땅에 거주하던 종족들을 통틀어 일컫는 말이며, 로마인들은 이들을 '갈리아인'이라고 불렀다.[23] 이들은 단일 종족이거나 단기간에 유입된 것이 아니라 수 세기에 걸쳐 꾸준히 유입되었다. 따라서 여기서 켈트란 피레네 북부

22 García de Cortázar, F. & González Vesga, J.M.(1996:59) 참조. 인도유럽인들이 유럽 중부에서 남하하기 시작한 것은 기원전 13세기경이라고 한다. 기원전 11-9세기경에는 반도 북부로 유입되어 점차 전역으로 퍼져나갔다고 한다. 따라서 여기서는 대략 10세기경이라고 하는 것이다. Díaz-Plaja, G.(1972:22)는 켈트족의 유입 시기를 기원전 9세기라고 보고 있다.

23 celta에 대해서는 Del lat. *Celta*, y este del gr. Κελτός *Keltós* o Κέλτης *Kéltēs*, voz de or. celta. https://dle.rae.es/celta?m=form; galo에 대해서는 Del lat. *Gallus*. https://dle.rae.es/galo?m=form 참조.

에서 이주해온 종족 전체를 가리키는 말이다. 이들 가운데는, 가까운 피레네 북쪽의 아키타니아 지방에서 넘어온 이들도 있었겠지만, 좀 더 먼 유럽 중-북부에서 건너온 이들도 있었을 것이다. 어쨌든 이들은 주로 이베리아반도의 북부와 서부 지역에 정착했다.

켈트인들은 땅을 일구며 정착해 살았던 것이 아니라, 자기들끼리 또는 주변의 다른 부족들을 약탈하며 살아가던 매우 호전적인 종족이었다. 제대로 된 도시와 문명을 건설하지 못하고 수렵이나 유목, 약탈 등에 주로 종사했다.

켈트어의 영향은 주로 지명에 많이 남아 있다. 도시를 건설하지 못하고 사냥과 유목에 주로 종사했으며 약탈을 일삼던 이 종족의 특성상, 이들이 남긴 지명에는 주로 전쟁이나 힘과 관련된 용어들이 많이 남아 있다. 예를 들면, 접미사 -briga 'fortaleza'를 갖는 (Conimbriga〉) Coímbra, (Segobriga〉) Segorbe; 접두사 sego-, segi- 'victoria'를 갖는 (Segontia〉) Sigüenza, (Segovia〉) Segovia; 접미사 -dunum 'fortificación'을 갖는 (Salardunum〉) Salardú, (Verdunum〉) Verdú, (Bisaldunum〉) Besalú; 접두사 bedus- 'arroyo'를 갖는 (Bedunia〉) Bedoña; 접두사 arganto- 'metal brillante'를 갖는 Arganda; 접두사 turas- 'poderoso'를 갖는 Turobriga 등이 모두 켈트어 기원의 어휘들이다. 이 밖에도 마드리드 지방의 Buitrago del Lozoya와 같이 형용사형 어미 -acu '-의'를 갖는 지명이나[24] '신'을 뜻하는 인도 유럽 기원의 deva (〉라틴어 divus, deus)

---

24 Buitrago는 소리아 북동부 약 12km 떨어진 곳에도 있다. Menéndez Pidal, Ramón(2005:169)에 따르면, 어원은 이탈리아 남부 포텐자주에 있는 산 이름 Vultur에서 파생된 Vulturius에 켈트어 접미사가 -acu가 붙은 Vulturiacum이라고 한다. 이것이 변해 Buitrago가 되었다고 한다. 현재는 Monte

와 합성된 Ríodeva 등도 켈트어 기원의 지명이다. andariego, labriego, mujeriego, nocheriego, palaciego, solariego 등과 같이 접미사 -iego를 갖는 어휘들도 켈트어 기원이다.[25]

어휘 면에서, 켈트어 기원의 어휘들로는 다음과 같은 것들이 있다. 이 단어들은 모두 먼저 라틴어화 된 이후에 스페인어에 남은 것들이다.[26]

(alauda>) alondra 종달새

(*brigos>) brío 힘

(capanna>) cabaña 오두막

(camisĭa>) camisa 셔츠

(cerevisĭa>) cerveza 맥주[27]

(catus>) gato 고양이[28]

(*pěttĭa>) pieza 쪼가리

(taurus>) toro 황소

(vasallus>) vasallo 신하

(braca>) braga 반바지

(caballus>) caballo 말

(camminus>) camino 길

(carrus>) carro 마차

(cunicŭlus>) conejo 토끼

(lancĭa>) lanza 창

(porcus>) puerco 돼지

(salmo>) salmón 연어

Vulture라고 불리며 포텐자 북쪽 약 56km쯤에 위치해 있는 사화산이다. Lozoya는 이 마을을 감돌아 흐르는 강의 이름이다. 동일한 접미사 -acu가 붙어서 형성된 지명으로는 과달라하라 지방의 Luzaga와 사모라 지방의 Sayago 등을 더 들 수 있다. Buitrago와 같은 어원에서 유래한 어휘가 bochorno '열풍, 무더위, 얼굴 붉힘'이다. Del lat. *vulturnus* 'viento del sudeste'. https://dle.rae.es/bochorno 참조.

25 Alatorre, Antonio(1989:29) 참조.

26 Menéndez Pidal, Ramón(2005:59-60) 참조.

27 Del lat. *cervesĭa*, voz de or. celta. https://dle.rae.es/cerveza?m=form 참조. '맥주'의 기원에 대해서는 Celdrán Gomáriz, Pancracio(1995:245-247) 또는 Gil, Juan, *et. al.*(2015:96) 참조.

28 라틴어에서는 '고양이'를 feles라고 한다. 스페인어에서 명사형은 쓰이지 않고, 형용사형 felino(a)만 쓰인다. Del lat. *felīnus*. https://dle.rae.es/felino?m=form 참조.

음운론적인 면에서 주목할 만한 것은 라틴 자음군 -ct-가 이완되어 /-it-/로, 심지어는 /c/ (철자 ch)로까지 변화됐다는 것이다. 예를 들어, 라틴어 noctem은 켈트어의 영향을 받지 않은 지역에서는 notte (이), noapte (루)로 대체로 라틴 자음군 -ct-가 보존되어 있는 반면에, 켈트족 거주 지역에서는 noite (포), nit (카탈), nuit (프)로 변했으며, 카스티야와 프로방스에서는 각각 noche와 nuech로 변했다. 이러한 변화는 켈트족 거주 지역과 일치하므로, 이를 라틴어에 끼친 켈트어 기층의 영향이라 부른다. factum〉fet (카탈), fait (프); feito (포); hecho (카스), fach (프로) 변화도 마찬가지이다.[29]

두 모음 사이에 끼인 자음이 약화되는 현상, 즉 무성음의 유성음화와 유성음의 약화도 켈트어의 영향으로 간주된다. 이베리아반도 중북부 지역, 즉 켈트족 거주 지역의 비문에서는 Visalicorum 대신에 Visaligorum이, immutavit 대신에 imudavit으로 쓰인 예들이 발견된다. 그러나 에브로강 유역이나 안달루시아 지역에서는 이러한 현상들이 발견되지 않고 있다. 이와 더불어 faci〉feci, agi〉egi 등과 같이, -i 모음에 의한 닫힘 현상도 켈트어의 영향으로 간주되지만, 이 두 현상은 자연스럽고 보편적인 언어 현상으로 볼 수도 있으므로 반드시 켈트어의 영향이라고만 단정하기는 힘든 면이 있다. 그러나 어쨌든 이 또한 켈트족 거주 지역에서 주로 발견되는 현상이므로 대체적으로 켈트어의 영향으로 간주된다.

켈트족이 세운 대표적인 도시로는 Segovia를 들 수 있다. 마드리드에서

---

29 켈트어의 영향에 관한 자세한 사항은 Lapesa, Rafael(1981:50-51) 참조.

북서쪽으로 약 90km쯤 떨어져 있다. 도심은 고대 도시답게 적당히 높은 구릉 위에 세워져 있다. 도시가 본격적으로 발전한 것은 로마 시대 들어서이지만, 기원은 켈트족으로 거슬러 올라간다. 구릉 위 도심으로 물을 끌어오기 위해 건설한 거대한 로마 수도교가 아직도 건재하다. 1세기 말에서 2세기 초에 건설된 것으로 추정된다. 길이는 약 818미터이고 최대 높이는 29미터, 아치의 수는 170개에 이른다. 수 킬로미터 밖에 있는 산의 수원지에서 물을 끌어오는 용도로 쓰였다.[30] 구도심은 공중에서 보면 마치 길쭉한 배와 같은 모양을 하고 있으며, 사방이 벼랑으로 이루어져 있어 방어에 유리한 요새이다. 수도교가 위치해 있는 지역이 선미에 해당한다면, 배의 중앙부에는 대광장과 성당이 위치해 있다. 성당은 스페인에서 고딕 양식으로 지어진 마지막 성당으로 16세기 중반에 건설되었다. 그 아름다움으로 인해 Dama de las Catedrales '성당들 중의 귀부인'이라는 별명을 갖고 있다.[31] 선수 부분에 해당하는 곳의 벼랑 위에 Alcázar '별궁'이 우뚝 서 있다.[32] 정확하게 언제 건설되기 시작했는지는 알려지지 않았으나, 1122년의 문서에 처음 등장한다고 한다. 로마네스크와 고딕 양식이 혼합되어 있고, 장식은 무데하르 양식이 주를 이루고 있다. 균형미가 뛰어나고 카스티야의 평원을 굽어보면서도 주변 풍경과 조화를 잘 이룬 아름다운 건축물이다.

30 〈Nuevos estudios arqueológicos sitúan la construcción del Acueducto de Segovia en el siglo II en lugar del I〉, https://elpais.com/cultura/2016/10/31/actualidad/1477929489_402129.html 참조.

31 https://catedralsegovia.es/ 참조.

32 alcázar는 castillo, fortaleza '성, 요새'라는 의미인데, 대문자로 쓰면 '왕궁, 별궁'이라는 의미가 된다. Del ár. hisp. *alqáṣr*, este del ár. clás. *qaṣr*, y este del lat. *castra* 'campamento'. https://dle.rae.es/alc%C3%A1zar. 세고비아 알카사르에 관한 자세한 사항은 https://www.alcazardesegovia.com/#section-historia 참조.

이 지역 특산 요리로는 새끼 돼지를 바삭하게 구운 cochinillo '코치니요'가 유명하다.[33] 1985년 구도심과 수도교는 유네스코 세계문화유산으로 등록되었다.[34]

포르투갈 중북부에 위치해 있는 Coímbra는 같은 켈트 계열의 코니족이 세운 도시이다.[35] Coímbra라는 이름은 Conimbriga에서 나온 것으로, 본래 Coni '코니족'이 세운 도시이고 -briga는 켈트어로 '성채, 마을'을 뜻하므로, '코니족의 성채'라는 뜻이다. 포르투갈 중북부 내륙의 작은 마을에 지나지 않던 곳이 역사에 등장하기 시작한 것은 1064년 레온의 페르난도 1세에 의해 재정복되면서부터이다. 후에 1093년 카스티야의 알폰소 6세가 이 지역에 백작령, 즉 Condado Portucalense를 세우고 수도로 삼은 것이다. 1255년 수도를 리스본으로 옮길 때까지 북부에서 가장 중요한 도시였다. 이 도시에서 가장 유명한 것은 단연 대학교이다. 처음에는 1290년 리스본에서 개교하고 1308년 코임브라로 옮긴 이후 여러 차례 리스본과 코임브라를 왔다 갔다 하다가 1537년 코임브라에 최종 정착했다. 포르투갈에서 가장 오래된 대학교이며, 유럽에서도 손꼽히는 오랜 역사를 가진 대학교이다.[36]

지금까지 흔적을 남기고 있는 또 다른 부족으로는 현 포르투갈 지역에 정착한 루시타노족을 들 수 있다. 현재에도 이 지역은 이 종족

---

33 cochino '돼지'의 축소사로 '새끼돼지 구이'이다. cochino는 cocho '돼지'에서 유래되었다. De *cocho*. https://dle.rae.es/cochino?m=form 참조.

34 세고비아의 역사와 문화에 대한 자세한 사항은 http://www.segovia.es/ 참조.

35 코임브라에 대한 자세한 사항은 https://www.cm-coimbra.pt/ 참조.

36 코임브라대학교에 대한 자세한 사항은 https://www.uc.pt/ 참조.

의 이름에서 따와 Lusitania라고 불린다. 포르투갈어를 쓰는 브라질을 Lusoamérica라고 부르는 이유이다.

2.3.2. 이베로족

켈트족과 비슷한 시기에 통칭 '이베로'라고 불리는 햄족 계열의 종족이 팔레스타인 지역과 북아프리카에서 지중해를 건너와 동부 해안 지대에 정착하기 시작했다. 이들은 해안을 따라 북쪽으로는 프랑스 남부, 남쪽으로는 알메리아 지역까지 퍼져나갔다. 이 명칭 또한, 켈트와 마찬가지로, 특정한 한 종족을 지칭하는 것이 아니며, 그리스인들이 이베리아반도에 처음 들어왔을 때 지중해 연안에 거주하고 있던 종족들을 통틀어 부르던 이름이다. 이들도 역시 여러 세기에 걸쳐 들어왔고 기원 또한 다양하지만, 종교나 생활 풍습, 언어 등이 유사하고 각 부족이 서로 밀접하게 교류하며 생활해 대체로 단일 종족으로 간주된다. 켈트족이 주로 현재의 칸타브리아, 아스투리아스, 갈리시아와 포르투갈 등지에 정착한 반면에, 이베로족은 주로 동부와 남부 해안 지대에 정착했다. 그리스인들은 이 종족이 주로 거주하고 있던 지역을 Iberia '이베리아'라고 불렀으며, 이 지역을 흐르는 강을 Iber라고 불렀다. 여기서 나온 것이 Ebro이다. 현재 스페인을 지칭하는 이베리아라는 명칭은 이처럼 그리스인들이 이 종족명에서 따와 붙인 이름으로, 이들에 의해 점차 에브로강 유역뿐만 아니라 이베리아반도 전체를 가리키는 말로 일반화되었다.[37]

37 iber 자체가 '강'이라는 뜻이며, Iberia는 '이 강 주변의 땅'이라는 의미라고 한다. http://etimologias.

이들이 남긴 최고의 유물로는 알리칸테 지방의 엘체에서 발견된 여인 조각상이 있다. 1897년 마을의 농부들이 들에서 일하던 중에 발견했다고 한다. 기원전 5-4세기경에 만들어진 것으로 추정되는 여인의 상반신상으로 Dama de Elche '엘체의 귀부인'이라고 불린다. 높이는 약 56cm 넓이는 약 45cm이며, 등 뒷부분에 18cm 정도 넓이의 구멍이 파여 있다. 양쪽 귀 옆에 둥근 모양의 커다란 장식을 한 것이 이채롭다. 인물의 이목구비와 장신구 묘사가 매우 정교하고 사실적이다. 현재 마드리드에 있는 고고학박물관에 소장되어 있다.[38]

이베로족의 언어로부터 유래된 것으로 추정되는 어휘들로는 다음과 같은 것들이 있다.

가장 대표적인 예가 páramo라는 단어이다. 2세기경 툴리우스라는 사람이 지금의 티에라 데 캄포스 지역에서 사냥한 후에 숲의 여신인 디아나에게 감사하는 의미에서 석판에 비문을 새겼는데, 그중에 〈in parami aequore〉라는 구절이 나온다.[39] 글자 그대로 해석하면 〈en la llanura del páramo〉가 되는데, 문제는 라틴어에는 *paramus라는 단어가 없다는 것이다. 넓은 평원이 드문 로마에서는 육지건 바다건 평평한 곳을 모두 aequor라고만 했을 뿐이었다. 따라서 이 (*paramus의 소유격인) parami라는 어휘는 이베리아반도에서만 쓰이던, 넓은 의미의 이베로 어휘인 것

---

dechile.net/?Iberia 참조.

38 〈Dama de Elche〉, http://www.man.es/man/coleccion/catalogo-cronologico/protohistoria/dama-elche.html와 Vives Boix, F. (2000), 〈La Dama de Elche en el año 2000. Análisis tecnológico y artístico.〉, Valencia: Tilde, http://damadeelche.me/wp-content/uploads/2020/03/DamaElche2000-ocr2.pdf 참조.

39 Menéndez Pidal, Ramón(2005:56-57) 참조.

이다.[40]

이처럼 이베리아반도의 비문에서만 발견되는 어휘들로는, 이 밖에도, balsa와 losa 등이 있다. arroyo, coscojo, gordo, sarna 등뿐만 아니라, perro, beleño 등도 스페인어에서만 쓰이는 어휘이고, rebaño, sapo도 스페인어와 포르투갈어에서만 쓰이는 것으로 보아 이들 또한 이베리아반도 고유의 어휘들이다. carrasca는 베레베르 기원으로, gándara는 일리리아–리구리아 기원으로, izquierdo와 pizarra는 바스크어 기원으로 간주되기도 하지만, 스페인어 izquierdo와 바스크어 ezker(r)는 공통 이베로어에 뿌리를 두고 있다고도 볼 수 있으므로 기원을 단정하기는 어려운 어휘들이다.[41]

peñasco, nevasca, borrasca 등에서 쓰인 비강세 접미사 '-asco와 galápago, ráfaga 등에서 쓰인 비강세 접미사 '-ago도 이베로어 기원이다. lámpara와 relámpago에서 어간을 형성하는 lámp-는 라틴 기원이지만 어휘 자체는 이베리아반도 고유의 것이다. 라틴어 murem caecum '눈먼 생쥐'는 murciego로 변했다. 이것이 murciégano〉murciégalo로 변했다가 이베로어 비강세 접미사 '-ago로 인해 murciélago '박쥐'로 변했다. tártago, tráfago, lóbrego, muérdago, bálago, ciénaga 등도 모두 이와 마찬가지로 형성된 어휘들이다. 비강세 접미사 '-ano가 붙은 cuévano, médano, sótano 등도 마찬가지이며, 이로 인해 cándalo, carámbalo가 각각 cándano, carámbano로 바뀌었다. 이 밖에도 gándara, légamo 등

---

40 Del lat. *parămus*, voz de or. prerromano. https://dle.rae.es/p%C3%A1ramo 참조.

41 Alatorre, Antonio(1989:28) 참조.

에서 쓰인 접미사도 이베로 기원으로 간주된다.[42]

barro, gorra, zurra, perro, becerro, cencerro, chaparro, pizarra, zamarra, chamorro, cigarra 등에서 쓰이는 접미사 -rro (또는 -rra)도 이베로어 기원이다. pan, macho, buho 등은 라틴어로부터 유래된 것들이지만, 여기에도 강조 형태의 접미사가 붙어 panarra, machorro, buharro 등이 만들어졌으며, baturro, cachorro, cotorra, gamarra, guijarro, chamorro, modorra, pachorra 등도 같은 맥락에서 만들어진 어휘들이다.[43]

Lupus〉López, Petrus〉Pérez, Martinus〉Martínez 등과 같이 -z로 끝나며 성(姓)을 나타내는 어휘들도, 어간은 라틴어이지만, 어미 -z는 이베로어 기원이다. 그러나 Múñiz, Múñoz, Ferruz 등의 -z를 리구리아 기원으로 보는 견해도 있다. 나름대로 근거가 있는 말이긴 하지만, 어쨌든 널리 쓰인 곳은 이베로족 거주 지역이었으므로 총체적으로 이베로어 기원으로 분류한다. 흔히 쓰이는 이베로어 기원의 어휘들을 정리하면 다음과 같다.

abarca (옛) 샌들 | ardilla 다람쥐 | arroyo 시냇물
balsa 통나무 | barranco 벼랑[44] | barro 진흙
becerro 송아지 | beleño 싸리풀 | bruja 마녀

42 Menéndez Pidal, Ramón(2005:62-63) 참조.

43 Menéndez Pidal, Ramón(2005:65-66) 참조.

44 같은 의미의 despeñadero와 precipicio는 라틴어 기원이다. despeñadero는 라틴어 de+ex(〉desde)에서 나온 des와 '바위'를 뜻하는 peña가 합쳐진 것이며. precipicio는 라틴어 praecipitium에서 나온 것이다. https://dle.rae.es/precipicio?m=form 참조.

carrasca 떡갈나무[45]	cencerro 방울	cigarra 매미
coscoja 떡갈나무	chamorro 머리털을 민 (동물)	chaparro 땅딸막한 (사람)
galápago 큰 거북이	gándara 질퍽한 잡초지	gordo 뚱뚱한[46]
gorra 모자	légamo 진흙탕, 늪지	losa 반반한 돌
manteca 버터	morcilla 순대(의 일종)	muñeca 인형
nava 평지	páramo 황무지	perro 개[47]
pizarra 석판[48]	ráfaga 돌풍	rebaño 떼
sapo 두꺼비[49]	sarna 옴	urraca 까치
vega 광야	zamarra 양피	zurra 무두질

이 어휘들이 모두 다 정확하게 이베로어로부터 나온 것이라고 단정하기는 어렵다. 예를 들어, ardilla는 harda에서 기원한 arda의 축소사인데, DRAE에 따르면 harda의 어원은 명확하지 않으며,[50] pizarra 또한 어원이 명확한 어휘는 아니다.[51] 대체로 이베로족 거주 지역에서 주로 사용된 흔적 때문에 이베로어 기원이라고 하는 것이지만, 이는 켈트어

45 carballo, chaparro, encina, quejigo, roble 등도 모두 '떡갈나무' 종류이다.

46 같은 의미의 라틴어 기원 어휘는 obeso(Del lat. *obēsus*. https://dle.rae.es/obeso?m=form)와 corpulento(Del lat. *corpulentus*. https://dle.rae.es/corpulento?m=form)이다.

47 명사는 이베로어 기원이지만, 형용사인 canino는 라틴 기원이다. 라틴어에서는 '개'가 canis였다. Del lat. *canīnus*. https://dle.rae.es/canino?m=form 참조.

48 어원이 명확하지는 않다. 그러나 라틴 기원은 아니므로 폭넓게 보아 이베로 기원어로 분류한 것이다. De or. inc. https://dle.rae.es/pizarra?m=form 참조.

49 Voz prerromana, de or. onomat., por el ruido que hace al caer en un charco o en tierra mojada. ₩https://dle.rae.es/sapo?m=form 참조. 라틴어 기원의 '개구리'는 rana이다. Del lat. *rana*. https://dle.rae.es/rana?m=form 참조.

50 De or. inc. https://dle.rae.es/harda?m=form 참조.

51 De or. inc.. https://dle.rae.es/pizarra?m=form 참조.

기원일 수도 있고 바스크어 또는 다른 종족 기원일 수도 있다. 그러나 분명한 것은 라틴어 기원은 아니라는 것이다. 따라서 여기서 이베로어 기원이라고 하는 것은 라틴어 기원이 아닌 이베리아반도 고유의 어휘로써 명백한 켈트어나 바스크어 기원이 아닌 어휘들을 통틀어 부르는 명칭으로 폭넓게 해석할 필요가 있다. 그 사용 흔적이 주로 이베로족 거주 지역과 일치하므로 그렇게 추정하는 것이다.

2.4. 교역 목적으로 온 외래 부족

켈트와 이베로족의 뒤를 이어 지중해 동부로부터 해상 종족들이 들어왔다. 가장 대표적인 종족이 페니키아인과 그리스인이다. 카르타고는 페니키아인들이 북아프리카 튀니지에 세운 식민 도시였으나, 후에 독자적으로 발전한 곳이다. 이들은 모두 뛰어난 항해술을 바탕으로 차례로 이베리아반도에 진출했다. 켈트족이나 이베로족과는 달리 이들은 주로 교역에 종사했을 뿐 대규모로 정착하지는 않았다.

2.4.1. 페니키아

2.4.1.1. 기원과 발전

지중해 동부의 해안지역을 중심으로 발전했던 도시국가 연합체이다. 지금의 레바논을 중심으로 시리아와 이스라엘 북부까지 아우르는 지역이다. 주요 도시로는 베이루트, 티레, 트리폴리, 시돈, 비블로스 등이었다. 강력하게 통일된 중앙집권 국가는 아니었고, 독립된 도시국가들의 연합체 성격이 강했다.[52]

이들의 기원에 대해서는 정확하지 않으나, 기원전 약 30세기경 셈어를 사용하는 종족이 페르시아만 지역에서 서쪽으로 이동한 것으로 추정된다. 기원전 15세기경까지는 이집트의 영향력하에 있었다. 기원전 14세기 들어 이집트의 힘이 약화되자 점차 독자적인 해양 세력으로 성장했다. 기원전 12세기경 동 지중해의 무역을 장악하고 전성기를 누렸다. 뛰어난 선박 건조술과 항해술을 바탕으로 이베리아반도까지 진출한 것도 이 당시였다. 동지중해와 에게해를 벗어나 서쪽으로 세력을 확장한 것이었다. 시칠리아와 북아프리카를 거쳐 이베리아반도를 지나 영국과 아프리카 서해안까지 진출했다. 교역했던 주요 품목은 목재와 상아, 귀금속, 염료와 염색 옷감, 유리 공예품, 도자기, 소금 등이었으며, 이베리아반도에서는 주로 철, 주석, 은, 소금 등을 수입해 갔다고 한다.[53]

이베리아반도에서 이들이 교역을 행한 주요 대상은 남부의 타르테소스인들이었다. 이들이 무역 거점으로 해안에 건설한 도시로는 Cádiz (<Gaddir, 라틴어 Gades, 아랍어 Qadis, 'lugar fortificado')와 Málaga 'factoría' 등이 남아 있으며, 'isla de Bes'라는 의미의 Ibiza (<Ebussus) 도 이들이 붙인 이름이다. 유럽에 알파벳을 전했을 정도로 발달된 독자적인 문자 체계를 갖고 있었던 이들은 언어적으로 현재 스페인어에 매

52 페니키아의 역사에 대한 자세한 사항은 Córdoba de la Cruz, José Luis(2017) 참조.

53 민석홍 & 나종일(2007:29), 김형곤(2006:49-51), 김진홍 외(2009:40-41) 참조.

우 중요한 흔적을 남기고 있다. 현 España의 어원인 Hispania라는 명칭은 라틴어에서 유래된 것이지만, 그 이전에 이미 페니키아인들이 반도에 첫발을 내디뎠을 때, 이 지역을 Sphan이라고 부른 데서 비롯되었다고 한다. 이 말의 의미로는 여러 가지가 제기되고 있으나, 가장 보편적으로 받아들여지는 설은 tierra de conejos '토끼가 많은 땅'이라는 것이다.[54] 이것이 로마인들에게 전해져 Hispania로 변한 것이다.[55]

그리스인들은 이들을 phoínikes라고 불렀는데, 이는 '자색(紫色)을 잘 쓰는 사람들'이라는 뜻이라고 한다.[56] 염료가 부족했던 당시에 자색은 가장 귀하고 비싼 염료였다. 특정 조개에서 추출해야 했으므로 원료를 구하기도 어렵고 염색 기술도 까다로웠기 때문이었다. 이들의 종족명은 당시 가장 귀하고 비싼 이 자색 염료와 천을 주로 생산하고 교역했기 때문에 붙여진 것이었다. 이 염색 기술은 항해술, 표음문자 사용과 더불어 페니키아인들을 특징 지우는 항목이었다.

페니키아인들은 제례에 사용하기 위한 종교적인 목적과 자색(紫色) 염료를 좀 더 쉽게 얻기 위한 목적으로 석류를 많이 재배했다고 한다. 페

---

54 대표적으로 Lapesa, Rafael(1981:15)와 Alatorre, Antonio(1989:24) 참조. 그러나 Lapesa, Rafael(1992:184) 자신도 인정하는 바와 같이 'tierra de conejos'만이 인정되는 것은 아니다. 그에 따르면 'tierra del Norte'라는 의미도 제기된다고 한다.

55 어간에 Hi-가 붙은 것은 라틴어에서는 sp-로 시작되는 어휘 앞에 i-나 e-가 첨가되는 경향 때문에 붙은 것이고, -ia는 Italia, Francia, Britania 등에서처럼 '-의 땅'이라는 의미에서 붙은 것으로 해석되는데, Cano Aguilar, Rafael(1988:25)는 *i-sephan-im 'isla(또는 costa) de conejos'에서 나온 것이라고 한다.

56 http://etimologias.dechile.net/?fenicio 참조. phoínikes는 phoinix에서 나온 말인데, 이는 color rojo escarlata o color rojo púrpura '자색' 또는 '자색(púrpura) 염색'을 뜻한다고 한다. 결국, '자색을 잘 쓰는 사람들'이라는 뜻이다.

르시아가 원산지로 남아시아와 중동에서 주로 재배했다고 한다.[57] 석류의 학명은 punica granatum이다. punĭcus는 로마인들이 페니키아인들을 부르던 명칭이었으며 granatum은 라틴어로 grano '곡식, 낟알'이라는 뜻이므로, 결국 '페니키아 알갱이'라는 의미이다. 이 과일을 쪼개면 과육 속에 씨앗이 하나씩 들어 있어 마치 곡식의 낟알 모양과 같았기 때문에 붙여진 이름이다.[58]

페니키아인들이 이베리아반도, 더 나가서는 인류 문명사에 가장 크게 기여한 바로는 알파벳의 발명과 전파를 꼽을 수 있을 것이다. 이들이 가장 뛰어났던 점은 주변 국가들과의 활발한 교역이었다. 정확한 상거래를 위해서는 무엇보다도 간결하고 의미 전달이 명확한 문자가 절실했을 것이다. 계약서, 거래 품목, 수량, 날짜 등을 상세하고 정확하게 기록해야만 했기 때문이다. 처음에는 이집트의 상형문자를 도입해 사용했으나 곧 한계에 부딪히자 독자적인 표음문자 체계를 개발해 냈다. 이미 기원전 15세기경에 22개의 자음으로 이루어진 고유의 문자 체계를 갖고 있었다고 한다. 이 문자 체계는 후에 그리스인들에게 전해져 오늘날 서양 알파벳의 원형이 되었다.[59]

---

57 후에 베르베르인들이 이베리아반도로 들여왔다고 한다. 이집트 서쪽의 북아프리카에 넓게 분포해 살고 있던 종족으로 그라나다를 건설한 종족이기도 하다.

58 phoenus 또는 punĭcus는 본래는 로마인들이 페니키아인들을 부르던 말이었으나 후에는 카르타고인들을 부르는 말이 되었다. 카르타고는 페니키아가 북아프리카에 세운 식민 도시였기 때문에 그들을 동일시했던 것이었다. 우리는 '포에니'라는 말을 로마가 카르타고와 세 번에 걸쳐 치른 전쟁의 명칭에서 쉽게 접할 수 있다. '포에니 전쟁'은 모두 세 차례에 걸쳐 진행되었다: 제1차 전쟁(기원전 264-241년), 제2차 전쟁(기원전 218-201년), 제3차 전쟁(기원전 149-147년).

59 Gaur, Albertine(1995)과 Fischer, Steven Roger(2010), 페니키아 문자에 대해서는 pp.116-120, 그리스어 알파벳에 대해서는 pp.159-174 참조.

기원전 9세기 들어 북부의 아시리아가 팽창하면서 세력이 축소되고 해상 패권을 상실했다. 기원전 6세기에는 신바빌로니아에 의해, 기원전 332년에는 마케도니아의 알렉산드로스에 의해 정복되었다. 기원전 64년에는 로마의 속주로 편입되어 역사 속으로 사라졌다.

2.4.1.2. 멜카르트의 기둥

페니키아인들은 오래전부터 뛰어난 선박 건조술과 항해술을 보유하고 있었다. 특히 해시계를 이용해 망망대해에서 자신들의 위치를 측정할 수 있었고, 이는 곧 원양 항해를 가능하게 해주었다. 다른 종족들보다 한발 앞서 지중해 해상권을 장악하고 멀리 이베리아반도까지 진출할 수 있었던 원동력이었다. 또한 자신들이 개척한 항로를 철저하게 비밀에 부치고 무력으로 보호해 다른 국가의 선박들이 진출하지 못하도록 막았다.

지중해 동쪽에서 서쪽으로 항해하다 보면 끝에 가서 지브로올터 해협을 만나게 된다. 병의 목처럼 좁아지는 이 해협의 넓이는 약 14km에 지나지 않는다. 한눈에 건네다 볼 수 있는 짧은 거리이다. 페니키아인들, 그중에서도 특히 티레인들은 이 해협의 전략적 중요성을 일찍부터 간파하고 있었다. 해협을 지나면 망망대해 대서양이지만, 북으로는 이베리아반도 서해안을 따라 갈리시아를 거쳐 아일랜드까지 항해가 가능하고 남으로는 북아프리카 서해안을 따라 지속적인 교역이 가능했기 때문이었다. 아일랜드까지의 먼 항해는 구리를 단단한 청동으로 만드는데 필수적인 주석을 얻는 데 필요했으며, 아프리카에서는 귀한 금과 노예를 얻었다. 티레인들은 이 교역을 통해 막대한 부를 축적했다. 자신들의 맞수인 그리스인들뿐만 아니라 이집트나 타 국가들에 맞서 항로를 지켜야 할 충분한 이유가 있었고, 해협은 이를 지배하기에 더없이 좋은 입지 조건을 제공하고 있었다.

티레인들은 이 해협을 '멜카르트의 기둥'이라고 불렀다. 자신들이 섬기는 신인 멜카르트의 신전에 두 개의 기둥이 있었는데, 해협을 사이에 두고 마주 보고 있는 두 산이 그 기둥에 상응한다고 여겼기 때문이었다.[60] melqart란 melk 'rey'와 qart 'ciudad'이 합성된 형태라고 한다. 즉, rey de la ciudad '도시의 왕'이라는 의미이다.[61] 티레가 멸망하고 난 후에는 그들의 후예인 카르타고인들과 그리스인들이 이 해협을 지배하기 위해 다투었다. 그 과정에서 그리스인들이 승리를 거두었고, 이제 승자의 신화에 따라 '헤라클레스의 기둥'으로 바뀌게 되었다.

2.4.1.3. 페니키아인들이 세운 도시

[카디스]

페니키아인들이 세운 대표적인 도시로는 Cádiz를 들 수 있다. 페니키아인 중에서도 티레인들이 세운 도시이다.[62] 지브로올터 해협을 지

---

60 지브로올터에 있는 해발 426m의 Peñón de Gibraltar와 북아프리카 세우타에 있는 해발 204m의 Monte Hacho를 가리키는 말이다.

61 Krahmalkov, Charles R.(2001), 〈1. The Phoenician language〉, *A Phoenician-Punic Grammar*. Leiden, Boston, Köln: Brill 참조.

62 Tuñón de Lara, Manuel, *et. al.*(1991:27)에 따르면, 문학 작품에서는 카디스가 기원전 1100년에 건설되었다고 하지만, 고고학계에서는 대체로 기원전 800-775년 사이에 건설된 것으로 본다고 한다. 문학 작품에서는 트로이가 함락된 지 80년 후인 기원전 1104년경 건설되었다고 하는 설도 있는데, 고대 도시들의 정확한 건설 연도를 적시하는 것은 매우 어려운 일이므로 참고만 할 뿐이다. http://www.spanisharts.com/arquitectura/protohistoria_fenicios.html 참조.

나 대서양이 시작되는 지점에 위치해 있으며, 이베리아반도에서는 가장 중요한 교역 중심지였다. 도시명은 Gadir 'castillo, fortaleza, recinto amurallado'였으며, 후에 로마인들은 Gades, 아랍인들은 Qadis로 불렀다.[63] 즉, '성벽으로 둘러싸인 요새'라는 의미이다. 육지에서 가까운 섬이므로 방어에 유리하고 지중해와 대서양을 동시에 아우를 수 있는 위치에 있어, 고대로부터 군사와 교역의 중심지로 발전했다.

[메디나 시도니아]

Medina Sidonia는 카디스 지방에 위치해 있는 마을이다. 카디스에서 동쪽으로 약 45km쯤 떨어진 내륙에 위치해 있다. 마을은 사방이 탁 트인 평야 한복판, 해발 고도가 약 337쯤 되는 구릉 위에 형성되어 있다. 마을 뒤편 구릉 위에 Castillo de Medina Sidonia 성터가 남아 있다. Medina는 아랍어에서 온 것으로 '도심'이라는 의미이고, Sidonia는 페니키아의 Sidón '시돈'에서 나온 것이라고 한다.[64] 16세기 펠리페 2세 때 무적함대를 이끌었던 함대 사령관 메디나-시도니아 공작으로 인해 많이 알려진 도시이다.[65]

---

63 Lapesa, Rafael(1981:15) 참조. 그리스 신화에 따르면, 도시명은 아틀라스왕의 동생으로 아틀란티스의 섬들 중 하나인 Gadeira를 다스리던 Gadiro로부터 나온 것이라고도 한다.

64 Cano Aguilar, Rafael(1988:25) 참조.

65 제7대 공작이었던 Alonso Pérez de Guzmán el Bueno(1550-1615)를 가리키는 것이다. 이 도시에 관한 자세한 사항은 http://www.medinasidonia.com/ 참조.

[말라가]

Málaga도 기원전 8세기 티레인들이 세운 도시로 Malaka로 불렸다. 주변에서 은과 구리 광산이 있어 제철업이 발달했다. 티레인들이 모시던 최고의 신은 Melqart였다. 이는 Melk 'rey'+ qart 'ciudad', 즉 'rey de la ciudad'이라는 의미라고 한다.[66] Malaka라는 지명은 이 신의 이름에서 유래했을 것이라는 설이 제기되는 이유이다. 굳이 의미를 붙이자면, '멜카르트의 도시'가 될 것이다. 천연 항구가 발달해 어업과 제염업이 성행했고 이를 바탕으로 소금과 염장 건어물의 교역이 활발했다. 기원전 6세기 후반 페니키아의 세력이 약화된 틈을 타 카르타고인들이 지배하기 시작했다. 기원전 218년 로마인들이 점령했을 때 이 도시는 Malaca라고 불렸다.[67]

[이비사]

Ibiza는 데니아에서 동쪽으로 약 80km쯤 떨어져 있는 지중해 상의 섬이다. 메노르카와 마요르카 및 주변의 다른 작은 섬들과 더불어 발레아레스 제도를 형성하고 있다. 지중해 동부와 이베리아반도 간의 교역로 상에 위치해 있어 고대로부터 각광을 받은 해상 교통의 요지로 이미 페니키아인들에 의해 개발된 곳이다. 이름은 'Bes신의 섬'이라는 의미에서 'ībošim이라고 불렸고, 이것이 로마인들에게 전해져 Ebusus가 된 것

---

66 Blázquez Martínes, José María(2007), 〈Últimas aportaciones a la presencia de fenicios y cartagineses en Occidente〉, http://www.ucm.es/BUCM/revistas/ghi/02130181/articulos/GERI0707240009A.PDF 참조.

67 이 도시의 역사에 관한 자세한 사항은 http://www.malaga.eu/la-ciudad/historia-de-la-ciudad/ 참조.

이라고 한다.[68] Ibiza는 여기서 나온 것이다.[69]

2.4.1.4. 페니키아 문자

중동–북아프리카 지역에서 문자의 기원은 이집트 상형문자로 거슬러 올라간다. 이미 기원전 40세기경에 카르낙 신전의 오벨리스크에 기록된 것이 최초의 기록 중 하나라고 한다. 상형문자는 escritura jeroglífica라고 한다. jero-는 '신성한'이라는 의미이고, glífico는 '기록하다'라는 의미의 동사에서 파생된 형태이므로, 결국 '신성한 문자'라는 뜻이다.[70] 이런 이유로 '신성문자(神聖文字)'라고도 한다. 이 문자는 대상의 형상을 본떠 만든 표의문자이다.[71]

페니키아인들도 처음에는 이집트의 영향을 받아 상형문자를 썼을 것으로 추측되지만, 기원전 15세기경에는 이집트어에서 분리되어 원 시나이어라 불리는 언어를 썼으며 기원전 13세기경에는 원 페니키아어를 썼

---

68 Lapesa, Rafael(1981:15) 참조. 그러나 Lapesa, Rafael(1992:184) 자신도 언급하는 바와 같이, 어원의 의미로 'isla de Bes'만 인정되는 것은 아니다. 이 밖에도 'isla de los pinos', 'isla del pueblo de los perfumes' 등도 제기된다.

69 최근 들어 이비사가 각광을 받는 것은 '밤 문화' 관광 때문이다. 밤만 되면 광란의 도가니로 변하는 수많은 대형 클럽들이 전 세계 젊은이들을 불러 모으고 있다. 특히 한여름 성수기 때는 세계적으로 유명한 가수들과 DJ들이 모여들어 밤새 청춘을 불사르고자 하는 젊은 남녀들의 원초적인 본능을 부추긴다. 밤새 술과 약에 취해 놀고 낮엔 졸린 눈으로 거리를 비틀거리는 나날이 반복된다. 때문에 당국에서는 가족 동반의 조용하고 깨끗한 피서지 이미지를 심으려고 노력하고 있지만, 마약과 매춘, 동성애 등 부정적인 이미지도 부각되고 있는 실정이다. 명이 있으면 암도 있는 법이다. 이비사에 대한 자세한 사항은 https://www.conselldeivissa.es/home 참조.

70 Del desus. *hieroglífico*, este del lat. tardío *hieroglyphĭcus*, y este del gr. ἱερογλυφικός *hieroglyphikós*, de ἱερός *hierós* 'sagrado' y γλύφειν *glýphein* 'cincelar, grabar'. https://dle.rae.es/jerogl%C3%ADfico 참조.

71 문자의 기원과 발달과정에 대해서는 김하수 & 연규동(2015) 참조.

을 것으로 추측된다. 더 나아가 기원전 11-10세기경에는 22개의 자음으로 인간의 자연음을 표기하는 표음문자 체계로 발전시켰다.[72] 모음은 문맥에 따라 삽입되는 체계였으므로 따로 표기하지 않았다.[73]

알파벳	명칭	발음	고전 그리스어	알파벳	명칭	발음	고전 그리스어
𐤀	'alp ('alep)	[ʔ]	Α alpha	𐤋	lamd	[l]	Λ lambda
𐤁	bet	[b]	Β beta	𐤌	mem	[m]	Μ mẏ
𐤂	gaml (gimel)	[g]	Γ gamma	𐤍	nun	[n]	Ν nẏ
𐤃	delt (dalet)	[d]	Δ delta	𐤎	semk	[s]	Ξ xi
𐤄	he	[h]	Ε épsilon	𐤏	ʿain	[ʕ]	Ο ómicron Ω omega
𐤅	wau	[w]	Υ ẏpsilon	𐤐	pe	[p]	Π pi
𐤆	zai	[z]	Ζ dseta	𐤑	ṣade	[ṣ], [ts]	불명
𐤇	ḥet	[ḥ]	Η eta	𐤒	qop	[q]	Ϙ qoppa
𐤈	ṭet	[ṭ]	Θ theta	𐤓	roš	[r]	Ρ rho
𐤉	yod	[j]	Ι Iota	𐤔	šin	[š]	Σ sigma
𐤊	kap	[k]	Κ kappa	𐤕	tau	[t]	Τ tau

'alp 또는 'alep라고도 부르는 첫 글자의 음가는 성문 폐쇄음이다. 따

72 Ouaknin, Marc-Alain(2008:55)와 Fischer, Steven Roger(2010:116) 참조. 상형문자로 추측되는 이유는 각 문자가 동물의 형상을 본뜬 것이었기 때문이다. 예를 들어, 'alep는 '소', bet는 '집', gaml은 '낙타', delt는 '문' 등의 의미가 있다. 후에 이것이 표음체계로 변한 것이다. 최초의 표음체계는 메소포타미아의 수메르어로 간주되지만, 두 언어 간의 영향 관계는 명확하지 않다. 오히려 이집트 상형문자의 영향을 받은 시나이문자(기원전 18-16세기)의 영향 가능성이 제기된다.

73 페니키아 문자의 발전에 관한 자세한 사항은 Ouaknin, Marc-Alain(2008:49-55)과 Fischer, Steven Roger(2010:116-120) 참조.

라서 음가를 /ʔ/로 표기한 것이다. 이 자음은 그리스어에는 해당 음이 없으며, 모음 A(alpha)로 전용되었다. 다섯 번째 철자인 he도 페니키아어에서는 무성 성문 마찰음이었으나, 그리스어에서는 해당 음이 없었고 모음 E(épsilon)로 전용되었다. 여섯 번째 철자인 wau는 유성 연구개 마찰음으로, 그리스어에서는 모음 V로 쓰였다. 여덟 번째 철자인 ḥet은 무성 인두 마찰음이었으며, 그리스어에는 해당 음이 없었고 가장 유사한 음인 H(eta)가 되었다. 열 번째 철자인 yod는 유성 경구개 마찰음이었으며, 그리스어에서는 모음 I(iota)가 되었다. 열여섯 번째 철자인 'ain은 유성 인두 마찰음이었으며, 그리스어에는 해당 음이 없었고 모음 O로 전용되었다. 그리스어에서 /o/ 음가를 갖는 것은 ómicron과 omega 두 개가 있으며, 라틴어에서는 모두 O로 변했다. ṣade라고 불리는 열여덟 번째 철자인 M ᴍ는 무성 경구개 파열음 /ṣ/(=/ts/)였으나, 그리스어에서는 해당 음이 없어 쓰이지 않았다.

그리스어의 Φ φ phi, X χ chi, Ψ ψ psi는 페니키아어의 해당 음이 무엇이었는지 명확하지 않으며, omega는 ómicron과 마찬가지로 'ain에 상응하는 음이었다.

2.4.2. 그리스

2.4.2.1. 기원과 발전

에게해 지역은 사철 기후가 순하고 항해에 적합해 고대로부터 문명이 발달했다. 이미 크레타 문명(BC 3000–1400년)과 미케네 문명(BC 14000–

1200년)이 융성했던 곳이다. 그러나 이 지역은 산악지형인 데다가 많은 섬으로 이루어진 관계로 통합된 정치 세력이 형성되지 못하고 독립된 자치 도시가 발달했다. 기원전 9세기경부터 자치 도시인 polis '폴리스'가 본격적으로 발달하기 시작했다.[74] 그리스는 아테네와 스파르타로 대표되는 도시국가들의 연합체이며, 헬레니즘 문화로 요약되는 고대 서양 문화의 원류이다. 현재까지도 정치, 문화, 예술 등 많은 분야에서 영향을 남기고 있다.[75]

그리스인들은 자신들을 '헬레네인'이라고 지칭하기도 하는데, 이는 프로메테우스의 손자인 '헬레네의 후손'이라는 뜻이라고 한다.[76] 그의 자손들이 그리스 전역으로 퍼져나가 나라를 세웠기 때문이라는 것이다. 여기서 후에 '헬레니즘'이라는 말이 생겨났으며, 마케도니아의 알렉산드로스가 그리스와 소아시아, 이집트, 페르시아, 더 나가서는 인도 북부까지 정복한 후 그리스 문화와 오리엔트 문화가 융합되어 탄생한 새로운 문화를 일컫는 말이 된다.[77]

여성형은 Hellene이다. 그리스 신화에 따르면, 헬레네는 스파르타의

---

74 polis란 '도시(πόλις)'라는 뜻이다. https://dle.rae.es/poli-#TW46U3C 참조. metrópoli가 대표적으로 이 어휘에서 파생된 어휘이다. Del lat. tardío metropŏlis, y este del gr. μητρόπολις mētrópolis. https://dle.rae.es/metr%C3%B3poli 참조. metro-는 그리스어 meter-에서 나온 것으로 '어머니(madre)'라는 뜻이다. 즉, metrópoli는 '모도(母都), 수도, (식민지의) 본국'이라는 의미이다. '다수'를 뜻하는 접두사 poli-도 그리스 기원어이지만 이는 어원이 다르므로 주의를 요한다 (πολυ-).

75 그리스의 역사와 문화에 대해서는 Kitto, H.D.F.(2004), 김진경(2009), Thomas R.(2015) 참조.

76 '헬레나'는 '횃불(antorcha)'라는 뜻이므로 여기서 파생된 Elena는 '밝게 빛나는, 아름다운'이라는 의미라고 한다. http://blog.pompilos.org/archivo/ardiente-helena 참조.

77 Del lat. mod. hellenismus, y este del gr. ἑλληνισμός hellēnismós. https://dle.rae.es/helenismo?m=form 참조.

왕인 메넬라오스의 왕비로 트로이의 왕자인 파리스에게 납치되어 트로이전쟁이 일어나게 한 절세 미녀이다.[78] 스페인어에서는 Elena이다. 모든 Elena가 다 이 정도의 미녀인지는 알 수 없으나, 고대로부터 미녀를 이르는 이름이었던 것은 분명해 보인다.

폴리스의 대표 격인 Atenas는 그리스 신화에 나오는 지혜의 여신 '아테네(Ἀθῆναι; 라틴어 Athēnai)에서 나온 것이다. 따라서 지금도 ateneo는 '현자들의 모임'이라는 의미에서 '(과학이나 문학, 예술의) 학회, 모임'이라는 뜻이다. 이는 아테네에 있는 아테네 여신의 신전인 Athenaeum에서 유래된 말이다.[79]

도시국가 아테네는 기원전 7세기경부터 상공업이 발달하기 시작하고 주변 지역으로 영향력을 확대해 나갔다. 신화에 따르면, 이 도시를 크게 부흥시킨 인물은 크레타섬의 미궁에 들어가 미노타우르스를 죽인 테세우스라고 한다. 그러나 이 자는 미궁에 들어가기 전에 자기에게 반해 칼과 실을 준 왕녀 아리아드네를 낙소스섬에 버리고 여인 왕국인 아마존의 여왕을 잡아 오는 등 못된 짓을 하기도 했다. 초기에는 왕정과 후에는 귀족정을 실시했으나, 평민들에게도 참정권을 부여한 솔론(기원

78 납치된 것이 아니라 따라갔다고도 한다. Bulfinch, Thomas(2017:255)에 따르면, '불화의 여신' 에리스는 펠레우스왕과 바다의 요정 테티스의 결혼식에 초대받지 못하자 심술이 나 '가장 아름다운 여신에게'라고 쓰인 황금 사과 한 개를 잔칫상에 던졌다고 한다. 이에 헤라, 아테네, 아프로디테 세 여신이 나섰고, 난처해진 제우스는 트로이의 왕자인 파리스에게 판정을 맡겼다고 한다. 헤라는 '부와 명예'를, 아테네는 '지혜'를, 아프로디테는 '미녀'를 각각 약속했다. 이에 파리스는 아프로디테의 손을 들어 주었고, 그 대가로 얻은 여인이 바로 스파르타 왕의 부인인 헬레나였던 것이다. 이로 인해 트로이 전쟁이 벌어진 것이었다. 이에 관해서는 같은 책 pp.255-281; Köhlmeier, Michael(2004:191-207), 김원익(2011:314-328) 참조.

79 Del lat. *Athenaeum*, y este del gr. Ἀθήναιον *Athḗnaion* 'templo de Atenea', situado en Atenas. https://dle.rae.es/ateneo 참조.

전 640−560)과 도편추방제를 실시한 클레이스테네스(기원전 570−508) 등을 거치면서 차츰 민주정치가 확립되고 상공업과 문화가 발달했다.[80] 아테네가 특히 발전하는 계기는 페르시아와의 두 차례에 걸친 전쟁이었다. 기원전 490년에 일어난 일명 '마라톤 전쟁'과 기원전 482년에 일어난 '살라미스 해전'이 그것이다. 이 두 전쟁에서 승리한 아테네는 폴리스의 맹주가 되었다. 페리클레스(기원전 495−429)는 페르시아와의 전쟁으로 피폐해진 도시를 재건하고 아테네식 민주정치를 완성했다.[81] 이 당시가 아테네의 최전성기였다. 그러나 스파르타를 중심으로 하는 다른 폴리스들과의 불화로 인해 일어난 펠로폰네소스 전쟁(기원전 404)에서 패함으로써 아테네의 전성기도 막을 내렸다. 기원전 4세기 들어 북부의 마케도니아가 팽창하면서 아테네와 스파르타를 중심으로 하는 폴리스 시대도 종말을 고했다. 기원전 338년 그리스는 마케도나아에 합병되었으며 알렉산드로스(기원전 336−323) 사후에도 과거의 영광을 되찾지 못했다. 기원전 146년 로마의 속주로 편입되었으나, 아테네와 스파르타만은 과거의 업적을 인정받아 자치를 누렸다.

2.4.2.2. 그리스어의 기원과 알파벳의 발전

그리스어의 기원은 까마득한 옛날 올림포스의 신들이 활동하던 시대

80 '도편추방제'는 ostracismo라고 한다. 이로 미루어 보면, 추방대상자의 이름을 '굴껍질'에 적어 낸 것처럼 보이는데, 실제로는 주로 굴껍질처럼 생긴 '도자기 조각'에 적어냈기 때문에 생긴 이름이라고 한다. Del gr. ὀστρακισμός *ostrakismós*. https://dle.rae.es/ostracismo?m=form 참조.

81 '민주정치'는 democracia이다. demo- '대중, 민중'과 -cracia '권력, 체제'의 합성어이다. Del lat. tardío *democratĭa*, y este del gr. δημοκρατία *dēmokratía*. https://dle.rae.es/democracia?m=form 참조.

로 거슬러 올라간다. 물론 당시 제우스가 인간 여인인 에우로페를 어떤 말로 유혹했는지, 어떤 글로 연애편지를 썼는지에 대해서 흔적을 찾는 것은 불가능하다. 신들끼리도 서로 사랑하고 치고받고 싸우기도 했으니 분명 무슨 말이 오갔을 테지만, 그것이 뭔지는 알 길이 없고 단지 있었을 것이라고 추정만 할 뿐이다. 이 시기를 '원시 그리스어'라고 부른다.

우리가 흔적을 찾아볼 수 있는 것은 크레타의 미노스 문명 때부터이다. 기원전 약 19–15세기경에 해당한다. 이 당시에는 끝이 뾰족한 것으로 판 위에 그림과 선을 그어 기록한 원시 문자가 남아 있다. 이를 '선형문자 A'라고 부른다. 그 뒤를 이은 기원전 17–12세기경의 미케네 문명에서는 좀 더 발전된 형태의 선형문자가 쓰였다. 이를 '선형문자 B'라고 부른다. 여기서는 '남자, 여자, 바퀴, 항아리, 포도주, 올리브' 등의 그림이 좀 더 뚜렷하게 그려져 있어, 의미를 비교적 명확하게 파악할 수 있다.[82]

기원전 10–9세기경, 페니키아로부터 표음체계인 알파벳이 도입되었다. 이로 인해 그리스 문자에도 획기적인 변화가 발생했다. 문자가 표의체계에서 표음체계로 변했으며, 그리스어에 없는 발음을 표기하던 페니키아 문자는 모음으로 바꾸어 썼다.[83] 가장 대표적인 것이 'alep로, 페니키아어에서는 성문 폐쇄음이었으나, 그리스어에서는 모음 A가 되었다.

82 박기용(1997:11-26) 참조. 선형문자 B의 해독과정을 비교적 쉽게 풀이해 놓은 책으로는 Chadwick, John(2012) 참조.

83 모음의 사용은 이미 우가리트어에서 /a/, /i/, /u/ 세 개의 모음을 사용했는데, 그리스어에서 더욱 발전한 것이라고 한다. Fischer, Steven Roger(2010:163) 참조. Ludwig, Otto(2013:42)에 따르면, 모음은 이미 고대 페르시아와 인도어에서도 등장하고, 페니키아어에서도 등장한다. 따라서 그리스어에서 처음 사용하기 시작한 것은 아니었으나, 가장 체계적이고 본격적으로 쓰기 시작한 것은 사실이다.

이런 식으로 변형되어 현재 유럽에서 쓰이는 알파벳의 원형이 만들어졌다. 대체로 24개의 음소가 존재했다. 이 문자를 '고전 그리스어' 또는 '고대 그리스어'라고 부른다. 기원전 4세기까지에 해당하는 단계로, 페니키아로부터 알파벳이 도입되어 다듬어지고 정착된 시기이다. 호머, 헤시오도스, 헤로도투스, 히포크라테스 등이 쓰던 언어였으며, 소포클레스, 에우리피데스, 아리스토파네스, 투키디데스, 데모스테네스 등이 쓰던 언어이기도 했다.[84]

그다음은 koiné, 즉 '표준 그리스어' 단계이다. 기원전 4세기 이후, 즉 알렉산드로스(기원전 356−323년)가 지중해 세계를 통일하던 시기에 해당한다. 당시에 출신 지역이 다양한 병사들이 각기 다른 방언을 사용했으므로, 언어를 통일시킬 필요성이 대두되었다. 이때 만들어진 개념이 koiné '코이네' 그리스어이다.[85] '공통 그리스어' 또는 '표준 그리스어'라고 번역할 수 있으며, 알렉산드로스 사후 헬레니즘 세계에서 보편적으로 쓰이던 언어이다. 신약성서가 번역된 언어이며, 기원전 1세기 카이사르가 이집트를 정복했을 당시 프톨레마이오스 왕조의 클레오파트라가 쓰던 언어이기도 하다.[86]

그 이후는 '중세 그리스어'라고 부른다. 대략 기원후 330년 콘스탄티

---

84 그리스어에는 이미 당시에 여러 방언이 존재했다. 주요 방언으로는 크게 에올리아, 도리아, 이오니아, 아티카 방언을 꼽는다. 이 중에서 호머 등이 쓴 것이 이오니아 방언이었고 소포클레스 등이 쓰던 언어는 아티카 방언이었다. 차츰 아티카 방언을 중심으로 통일되면서 코이네로 이전되었다. 그리스어의 발전 과정은 하성수 & 강지숙(2005:27-31) 참조.

85 Del gr. κοινή *koinḗ*; literalmente 'común'. https://dle.rae.es/koin%C3%A9 참조.

86 이화남(2001:1)과 안병철(1993:11) 참조.

노폴리스로[87] 천도한 이후부터 1453년까지 쓰였던 언어로, 동로마 제국의 언어였다. '표준 그리스어'와 유사한 언어 단계로 단지 시기적으로 나눈 것뿐이다.

그 뒤를 이은 현대 그리스어는 1453년 오스만투르크에 의해 비잔틴 제국이 멸망한 이후부터 현재에 이르는 언어 단계이다. 이 또한 단지 편의상 시기적으로 나눈 것뿐이지, 정치사와 언어사가 반드시 일치하는 것은 아니므로 주의할 필요가 있다.[88]

아래의 표는 고전 그리스어의 알파벳이다. 현대 그리스어와 일부 명칭과 발음에서만 약간 다를 뿐 큰 차이는 없다.[89]

알파벳	명칭	발음	라틴어	알파벳	명칭	발음	라틴어
Α/α	alpha	[a]	A	Ν/ν	nẏ	[n]	N
Β/β	bēta	[b]	B	Ξ/ξ	xi	[ks]	X
Γ/γ	gamma	[g]: [a,o,u]와 자음 앞 [j]: [e,i] 앞	C	Ο/ο	ómicron	[o]	O
Δ/δ	delta	[ð]	D	Π/π	pi	[p]	P
Ε/ε	épsilon	[e]	E	Ρ/ρ	rho	[r]	R
Ζ/ζ	dzēta	[z]	Z	Σ/σ	sigma	[s]	S
Η/η	ēta	[eː]	Ē, H	Τ/τ	tau	[t]	T
Θ/θ	thēta	[θ]	Th	Υ/υ	ẏpsilon	[ü]	V, Y

87 Constantinopolis는 말 그대로 천도 당시의 황제였던 Costantinus와 '도시'를 뜻하는 polis가 결합된 지명이다. 결국 '콘스탄티누스의 도시'라는 뜻이다. 이스탄불은 오스만투르크 때 공식화된 이름이다.

88 그리스어 문자의 발전에 대해서는 Fischer, Steven Roger(2010:159-174) 참조.

89 그리스어 알파벳에 대해서는 이화남(2001:1-2), 하성수 & 강지숙(2005:35), 권세라 & 임혜림(2019) 참조. 아래 도표는 Ouaknin, Marc-Alain(2008:119)와 Fischer, Steven Roger(2010:164)를 기초로 만든 것임을 밝힌다.

Ι/ι	Iota	[i]	I	Φ/φ	phi	[ph]	Ph
Κ/κ	kappa	[k]: a,o,u와 자음 앞 [c]: e,i 앞	K	Χ/χ	chi	[x]: a,o,u와 자음 앞 [ç]: e,i 앞	X, Ch
Λ/λ	lambda	[l]	L	Ψ/ψ	psi	[ps]	Ps
Μ/μ	mẏ	[m]	M	Ω/ω	ōmega	[o:]	Ō

라틴어와 비교해 봤을 때, 여기에는 라틴어의 G, F, Q에 해당하는 철자가 없다. 먼저, 라틴어 G는 로마에서 그리스어 Gamma의 유성음을 표기하기 위해 C에 한 획을 더해 고안해 낸 것이다. 라틴어 F는 Digamma라고 불리는 그리스어 의고어(擬古語) F에서 가져온 것이다. 라틴어 Q는 Qoppa로 불리는 그리스어 의고어 Ϙ에서 유래된 것이다.[90]

2.4.2.3. 그리스인들이 세운 도시

기원전 8세기 중반, 그리스인들은 이탈리아와 남프랑스를 거쳐 이베리아반도의 북부와 동부 해안 지대까지 진출해 식민 도시를 건설하고 교역 활동을 전개했다. Iberia라는 용어는 이 지역이 'ibero들의 거주지'라는 의미에서 그리스인들이 붙인 것이다.

페니키아인들은 반도의 남부에 도시를 세운 반면에, 그리스인들은 주로 북부와 동부 지역을 중심으로 진출했다. 이베리아반도에 들어오기

90 고전 그리스어에서 잘 쓰이지 않던 의고어는 Digamma(F), Stigma(Ϛ), Heta(Ͱ), San(Ϻ), Qoppa(Ϙ), Sampi(Ͳ), Sho(Ϸ) 등 7개가 있었다. 이들 또한 대부분 페니키아어의 영향을 받은 것으로, 그리스어에는 해당 음이 없어 잘 쓰이지 않던 철자들이다.

전 기원전 600년경에 남프랑스에 세운 도시가 마르세이유이다.[91] 이베리아반도에서는 북부의 Rosas, Ampurias 등과 동부의 Denia, Alicante 등을 세웠다.

Rosas는 로도스인들이 세운 도시로 처음엔 Rhode라고 불렸다. 로도스는 터키 해안에서 10km 쯤 떨어져 있는 섬으로 기후가 온화하고 그리스와 소아시아, 이집트 중간에 위치해 중계무역으로 발달한 곳이었다. '장미의 섬'이라는 뜻이다. 이미 기원전 10세기 이전부터 그리스인들이 정착했으며, 그리스와 로마 시대에 학문과 문화의 중심지로 번영을 누리던 곳이었다. 로사스는 이 로도스인들이 세운 도시로 바르셀로나 북쪽 프랑스와의 국경 부근에 위치해 있다. 굳이 뜻을 밝히자면 '장미의 도시'가 될 것이다.[92]

Ampurias는 그리스어로 Emporion이라고 불렸으며 '시장, 무역항'이라는 뜻이다. 기원전 6세기 후반에 건설되었으며, 바르셀로나 북쪽에 위치해 있다.[93]

Denia는 Hēmeroskopeion '전망대'이 변한 이름이다.[94] 지리적으로 바다로 툭 튀어나온 곳이므로 항해하는 선박들을 감시하기에 좋은 곳이었다. 발렌시아 남쪽에 위치해 있으며 현재는 휴양지로 유명한 곳이다.

Alicante는 그리스어 Akra Leuka '흰 곶'에서 나온 것이다. 기원전

---

91 마르세이유의 역사에 관해서는 https://www.marseille.fr/decouvrir-marseille/histoire-de-marseille/pr%C3%A9sentation 참조.

92 Nieto Ballester, Emilio(1997:303) 또는 Celdrán Gomáriz, Pancracio(2004:678) 참조.

93 Alatorre, Antonio(1989:24) 참조.

94 Denia는 라틴식 이름이다. 로마 시대에 Diana 여신에서 따와 Dianium이라고 불렀고, 아랍인들은 Daniya라고 불렀다고 한다. 이것이 Denia로 변한 것이다. Nieto Ballester, Emilio(1997:147) 참조.

201년 제2차 포에니 전쟁 당시 로마인들은 이곳을 점령하고 Leukante라고 불렀다고 한다. 라틴식 이름은 Lucentum이다. 아랍인들은 자신들의 관사를 붙여 Al-laqant라고 불렀다. 이것이 전해져 발렌시아 방언으로는 Alacant가 되었고, 카스티야어로는 Alicante가 된 것이다. 백사장이 발달해 현재는 지중해의 대표적인 휴양 도시로 꼽히고 있다.[95]

2.4.2.4. 헤라클레스의 전설과 이베리아반도

그리스 신화를 보면, 헤라클레스는 가족을 죽인 죄로 열 가지의 어려운 과제를 수행하게 되는데, 그중 두 가지가 이베리아반도에서 이루어진다. 아마도 그 당시 그리스인들에게는 아득히 먼 세상의 서쪽 끝이었으니, 신비로운 지역이었을 것이다.[96]

[게리온의 양 떼 훔치기]

이는 단순한 전설인가, 아니면 역사적 사실의 상징인가? 헤라클레스의 열 번째 임무는 게리온이라는 몸이 세 개인 거인이 키우는 양 떼를 훔쳐 오는 것이었다. 이 괴물이 사는 곳은 세상의 서쪽 끝에 있는 Eritia라는 작은 섬이었다. 현재 카디스 남쪽에 있는 Isla de León을 가리키는 것이라고 한다. 헤라클레스는 히드라의 피가 묻은 독화살로 게리온을

95 이 도시의 역사에 관해서는 https://www.alicante.es/es/contenidos/ciudad-alicante 참조.

96 헤라클레스의 12가지 과업에 대해서는 Bulfinch, Thomas(2017:177-187); Köhlmeier, Michael(2004:333-350); 김원익(2011:172-211) 참조. 본 절에서 인용한 그리스 신화에 관한 여러 에피소드는 앞의 책들 이외에도 유재원(2015), 전2권; 박홍순(2019); Fry, Stephen(1957)을 참조했음을 밝힌다.

쏴 죽이고 양 떼를 훔치는 데 성공했다.

이 지역은 일찍부터 페니키아인들이 진출해 있던 곳이었다. 카디스와 말라가가 이들이 세운 대표적인 도시이다. 안달루시아에서는 원주민인 타르테소스족이 도시를 건설하고 페니카인들과 교역을 하고 있었다. 뒤늦게 이베리아반도에 들어온 그리스인들은 주로 반도의 북부와 동부 해안지대에 도시를 건설했고, 점차 남부로 세력을 확장해 나갔다. 따라서 헤라클레스가 행한 게리온의 양 떼 훔치기는 점차 세력을 확장해 가는 그리스인들과 기존의 페니키아인들 사이의 상업적 투쟁으로 해석되기도 한다. 장소는 페니키아인들이 먼저 진출해 있던 반도 남서부 해안지대였다. 역사적 사실을 신화화해서 표현한 것이라는 설이다. 신화는 단지 신화일 뿐이라고 할 수도 있지만, 신화를 역사와 연관 지어 해석하려는 사람들 입장에서는 흥미로운 이야기일 수도 있을 것이다. 대부분의 신화가 역사적 사실을 바탕으로 시작되었고, 시간이 지나면서 확대 재생산되며 변형된 결과이기 때문이다.[97]

---

97 이런 경우에 문제가 되는 것은 그리스 신화의 연대와 실제 그리스인들이 이베리아반도에 진출한 시기 사이에 시간 차이가 너무 크다는 것이다. 아직 고대 그리스의 신들이 활동하고 있던 트로이 전쟁의 경우를 예로 들어보면, 이 전쟁이 실제로 있었다면 기원전 13세기경의 일이라고 한다 (헤로도토스[기원전 430] 참조. 이 전쟁의 발발 시기에 대해서는 학자들마다 이견이 있는데, 여기서는 헤로도토스의 견해에 따라 기원전 1250년으로 본다.) 이 전쟁에는 우리에게 낯익은 많은 그리스의 신들이 개입해 영웅들과 도시의 운명을 좌지우지했다. 역사적으로 보면, 이 시기에는 아직 그리스인들이 이베리아반도까지는 진출하지 못하고 있었다. 그러나 후세인들에게는 수백 년의 시차 정도는 아무것도 아닌 모양이다. 이베리아반도의 많은 해안 도시들이 그리스 신화에 등장하는 영웅들과 관련이 있다고 전해지고 있는 것으로 보아 후에 그리스인들의 진출과 신화 상의 영웅들의 행위를 교묘히 끼워 맞춘 게 아닌가 하는 생각이 든다. 어쨌든 결과적으로 페니키아인들의 뒤를 이어 지중해의 해상권을 장악한 것은 그리스인들이었다. 이베리아반도 서부 해안 도시들의 기원에 나타난 그리스 영웅 신화 연구에 대해서는 이강국(2013a) 참조. 기타, 역사와 신화 간의 관계에 대한 여러 이론은 서울대학교 종교문화연구소 편(2003) 참조.

이 모험을 수행하는 과정에서 헤라클레스는 자신의 업적을 기념하기 위해 땅을 유럽과 아프리카로 쪼개 두 개의 기둥을 세웠다고 한다. 유럽 쪽에는 Calpe를, 아프리카 쪽에는 Abila를 각각 세운 것이었다. 스페인어로는 각각 Gibraltar와 Ceuta이다.[98] 따라서 이 두 산을 '헤라클레스의 기둥'이라고 한다. 당시에는 이곳을 세상의 끝이라고 여겼으므로 선원들에게 '더는 나가지 말라'는 경고의 의미로 Non Plus Ultra라고 써 놓았다고 한다.[99] 후에 이 기둥은 카를로스 1세 황제가 자신의 문장에 차용했으며 스페인 국기에도 채택되었다. 그러나, 이때는 이미 아메리카대륙이 발견된 이후였으므로 세계로 '더 뻗어 나가'라는 의미에서 Non을 빼고 Plus Ultra만을 넣었다. 'Más allá'라는 의미이다.

[황금사과 훔치기]

헤라클레스의 모험 중 열한 번째 임무는 헤스페리데스의 정원에서 헤라 여신의 황금사과를 훔쳐 오는 일이었다.[100] 이 황금사과는 대지의 모신(母神)인 가이아가 헤라에게 제우스와의 결혼 선물로 준 것으로 불사

---

98 Gibraltar는 711년 이베리아반도에 처음 상륙한 이슬람군 장군의 이름인 Tárik에서 나온 것으로 '타릭의 산 (또는 바위)'라는 뜻이며, Ceuta는 라틴어 '7'을 의미하는 septem이 아랍어화 된 결과라고 한다. 로마인들이 그 지역에 있는 '7개의 산'을 septem fratres '7형제'라고 부른 데서 나온 것이라고 한다. 인도유럽어에서 '7'은 septṃ이라고 한다. 산스크리트어에서는 saptá, 그리스어에서는 hept가 되었다. 이에 관해서는 Roberts, Edward A. & Pastor, Bárbara(2007:155) 참조.

99 헤라클레스가 활동했던 신화시대에는 아직 로마도 라틴어도 존재하지 않았다. 그런데 어떻게 헤라클레스가 그리스어도 아닌 라틴어로 글을 썼는지는 알 수 없으나, 이 역시 신들의 일이니 너무 깊이 개입하지는 않기로 한다. '헤라클레스의 기둥'에 관해서는 http://www.diegosalvador.com/Antigua_columnas_hercules.htm 참조.

100 본래는 열 가지 임무를 수행하게 되어 있었는데, 중간의 두 가지는 남의 도움을 받았다는 이유로 취소되어 총 열두 가지가 되었다.

의 영과(靈果)이다. 헤라는 헤스페리데스라는 세 요정에게 '세상의 서쪽 끝'에 있는 정원에서 이 사과나무를 가꾸도록 했다. 그리스인들이 생각한 세상의 서쪽 끝은 바로 이베리아반도이다.[101] 따라서 이 지역을 '헤스페리데스의 정원'이라는 의미에서 Hesperia라고 부르게 된다. 이곳, 즉 서쪽에서 뜨는 '샛별'이라는 의미의 Héspero는 여기서 파생된 어휘이다.[102] 라틴어에서는 Vesper이며, 스페인어에서 Véspero로 발전했다.[103] 두 단어 모두 저녁이면 서쪽 하늘에 나타나는 아름다운 '샛별'이라는 뜻이다.[104] 이런 의미에서 보면, 이베리아반도는 곧 '황금사과의 정원'이자 '샛별의 고향'이다.

황금사과를 훔치는 과정에서 만나는 인물이 두 어깨로 하늘을 떠받치고 있는 아틀라스이다. 헤스페리데스 요정들의 아버지라고 한다. 헤라클레스는 황금 사과를 훔치기 위해 아틀라스를 이용했다. 자기가 대

101 그리스의 지리학자인 스트라본이 쓴 『Geographika』 <제3권 이베리아반도, 2장>에 따르면, 에리테이아(Erytheia)는 카디스 인근에 있는 섬이다: "The ancients seem to have called the Baetis River "Tartessus"; and to have called Gades and the adjoining islands "Erytheia" [...]". 헤스페리데스는 이 카디스 인근에 위치해 있었다고 한다: "the expedition of Heracles in quest of the kine of Geryon and likewise the expedition which he made in quest of the golden apples of the Hesperides — even calling by name certain Isles of the Blest, which, as we know, are still now pointed out, not very far from the headlands of Maurusia that lie opposite to Gades." 여기서는 『지리지』, <제3권 2장>, 영문판 https://penelope.uchicago.edu/Thayer/E/Roman/Texts/Strabo/3B*.html을 참조했음을 밝힌다. 고대 그리스의 작가인 헤시오도스는 카디스의 옛 이름인 에리테이아가 곧 헤스페리데스의 다른 이름이라고 한다.

102 Del lat. Hesperĭus, y este del gr. Ἑσπέριος Hespérios. https://dle.rae.es/hesperio#8neNcF3. 이에 상응하는 로마의 신은 Lucifer이다.

103 Del lat. vesper, -ĕri. https://dle.rae.es/v%C3%A9spero 참조. 초저녁에 뜨는 샛별(lucero)로 Venus의 다른 이름이다.

104 '샛별'은 처음엔 헤스페리데스 여신들의 별이었는데, 후에 더 예쁜 비너스 여신에게 바쳐져 Venus라고 불리게 되었다.

신 하늘을 떠받치고 있는 동안 황금 사과를 가져오게 한 것이다. 이를 훔치는 데 성공한 아틀라스는 이 기회에 황금 사과도 차지하고 무거운 하늘도 헤라클레스에게 떠넘기려고 했다. 이를 눈치챈 헤라클레스는 자신이 계속 하늘을 짊어지고 있겠다고 아틀라스를 안심시켰다. 그 대신 짊어지기 편하게 망토를 정리하는 동안 잠깐만 들고 있어 달라고 넘겨주었다. 이에 속은 아틀라스는 불쌍하게 하늘도 다시 짊어지게 되었고 사과도 빼앗기고 말았다. 오늘날까지도 북아프리카의 뜨거운 사막 한가운데서 분을 삭이며 무거운 하늘을 짊어지고 서 있다. 아버지 제우스와 그 아들 헤라클레스에게 연이어 당한 것이었다. 오죽 억울하고 화가 났으면 돌로 변했겠는가?[105] 하늘은 오늘도 그가 돌로 변한 채 떠메고 있는 덕분에 무너지지 않고 있으니 고맙고도 미안할 따름이다.

2.4.2.5. 그리스 신화 기원의 지명들

[Amazona]

그리스 신화에서 전쟁의 신 아레스와 님프 아르모니아의 딸들로 나온다. 아버지를 닮아 매우 사납고 용맹하며, 활을 잘 쏘기 위해 오른쪽 가슴을 자른 것으로 묘사되어 있다. 이 어휘에서 현재의 아마존강과 밀림명이 유래되었다. 그리스에서 멀고도 먼 지역이 이렇게 명명된 유래는 1542년 스페인의 탐험가인 프란시스코 오레야나가 이 지역을 탐험할

---

105 실제로 돌로 변한 이유는 페르세우스가 괴물 고르곤을 퇴치하고 돌아가는 길에 그를 찾아가 잠잘 곳을 청했다가 거절당하자 화가 나 고르곤의 머리, 즉 메두사를 내보였기 때문이라고 한다. 사람들은 이 이야기를 북아프리카에 있는 아틀라스산맥과 연관시켰다. 이 산맥의 최고봉인 투브칼(4,167m)이 지중해 일대에서 가장 높으며 이베리아반도에서 지척에 있기 때문일 것이다.

때, 어느 부족의 여성들로 구성된 전사들과 전투를 벌였다고 한다. 이를 계기로 이 지역을 Amazona라고 부르기 시작했는데, 차츰 강과 밀림 전체를 가리키는 말로 확대된 것이라고 한다.[106]

이 어휘의 기원에 관해서도 여러 가지 설들이 있다.[107] 하나는 그리스어 mazon '가슴'에 '박탈'을 나타내는 접사 a-가 붙어 만들어졌다는 것이다. 이는 신화에 나오는 여성들이 한쪽 가슴이 없는 것처럼 나오기 때문이다. 그러나 당시의 그림들을 보면 아마존의 여전사들은 양쪽 가슴을 모두 갖고 있는 것으로 묘사되어 있으므로 이는 신빙성이 없다는 설도 제기되고 있다. 가장 일반적으로 받아들여지는 것은 페르시아의 한 부족으로 '전사들'이라는 의미를 갖고 있는 ha-mazan에서 나왔다는 설이다. 어쨌든, 16세기 중반 오레야나가 아마존강을 탐사할 때 벌였던 전투를 계기로 이 지명이 차츰 일반화된 것이라고 한다. 이에 따라 amazona는 '아마존'이라는 의미 이외에도 '(그리스 신화에 나오는) 여전사'라는 의미를 갖게 되었으며, 형용사형인 amazónico(a) 역시 '아마존강의' 이외에도 '여전사 같은, 용맹한'이라는 의미를 갖고 있다.[108] 현재 스페인어로 '밀림 전체'는 Amazonia라고 부르고, '아마존강'은 Río Amazonas라고 부른다.

[Asia와 Europa]

그리스 신화에 따르면, Asia라는 지명은 터키 아나톨리아 지방의 모

106 Gil, Juan, *et. al.*(2015:44) 참조.

107 http://etimologias.dechile.net/?Amazonas 참조.

108 Del lat. *Amāzon, -ōnis,* y este del gr. Ἀμαζών *Amazṓn*. https://dle.rae.es/amazona?m=form 참조.

신(母神) 이름에서 나온 것이다. 아시아는 오케아노스와 테티스의 딸로 티탄족인 이아페토스의 아내이다. 아틀라스, 프로메테우스, 에피메테우스, 메노이티오스 등 4명의 아들을 낳았다고 한다. 본래 아나톨리아 지방에서 숭배되던 여신이었으나 그리스에서도 받아들여진 것이다. 그리스인들은 이 여신의 고향인 아나톨리아 지역을 그녀의 이름에서 따와 Asia라고 불렀던 것이다. 초기에는 소아시아 지역만을 지칭하던 용어였으나 점차 적용 범위가 확대된 것이다.[109]

언어학적으로, Europa가 '해가 지는 곳'이라는 의미일 것으로 추정되는 반면에, Asia는 '해가 뜨는 곳'이라는 의미일 것으로 추정된다. 고대의 '아시리아'나 현재의 '시리아' 등이 아시아와 음 형태가 유사한 것으로 미루어 보아 아마도 셈어 어간 asu에서 파생되었을 것이라는 주장도 있다.[110]

Europa는, 그리스 신화에 따르면, 아게노르와 텔레파사의 딸로 페니키아의 공주이다. 어느 날 바닷가에서 놀고 있는 에우로파를 보고 사랑에 빠진 제우스는 흰 황소로 변해 다가갔다. 황소의 아름다움에 넋을 빼앗긴 에우로파가 등에 올라타자 황소는 그녀를 태우고 바다를 건너 크레타로 갔다. 여기서 에우로파는 미노스와 사르페돈을 낳았다. 후에 사람들은 소아시아의 서쪽 땅, 즉 에우로파가 건너간 곳을 그녀의 이름을 따서 Europa라고 부르게 된 것이다.[111] 언어학적으로, 이 단어의 어원을 찾는 것은 매우 어려운 일이지만, 대부분의 학자는 '태양이 지는 곳'이라는 의미의 셈어 어간 hrb에서 유래했을 것이라는 데 동의하는 입장

109 http://etimologias.dechile.net/?Asia 참조.

110 https://www.etymonline.com/word/Asia 참조.

111 Del lat. *Europaeus*, y este del gr. Εὐρωπαῖος *Eurōpaîos*. https://dle.rae.es/europeo?m=form.

이다.[112] 소아시아에서 보면 유럽은 태양이 지는 서쪽에 있기 때문이다.

스페인어에서 '동쪽'이라는 의미로 가장 흔히 사용되는 어휘는 este이다. 이 어휘는 고대 영어 ēast에서 나와 프랑스어 est를 거쳐 형성된 것이다.[113] 라틴어에서 파생된 '동쪽'은 levante이다. 이는 동사 levar에 능동분사 어미 -nte가 붙어서 파생된 어휘이다.[114] 본래는 지중해의 동쪽, 즉 지금의 팔레스타인 지역을 이르는 말이었는데, 스페인에서는 발렌시아와 무르시아 지역을 이르는 말로 쓰인다. '동풍'이라는 의미로도 쓰인다. 유사한 의미로, '여명'은 albo이다. 이는 라틴어 albus에서 나온 것으로, "primera luz del día antes de salir el sol"을 가리키는 말이다.[115] '일출'이라는 의미의 orto는 라틴어 ortus에서 유래된 어휘이다.[116] 여기서 파생된 것이 oriente이다. 이는 라틴어의 형태 수동 동사 orīri '나타나다, 태어나다'의 능동분사인 orĭens, -entis로부터 유래된 것이다. '태양이 뜨는 곳'이라는 의미이다.

'서쪽, 해가 지는 곳'이라는 의미의 oeste 역시 마찬가지로 고대 영어 west에서 나와 프랑스어 ouest를 거쳐 형성된 것이다.[117] 이 이외에

---

112 이것이 irib 또는 ereb 등으로 모음이 전사된 후 변화된 것으로 본다. http://etimologias.dechile.net/?Europa 참조.

113 Quizá del fr. *est*, y este del ingl. ant. *ēast*. https://dle.rae.es/este?m=form 참조.

114 라틴어 levare '일어나다'에서 파생된 것이 llevar와 levantar이다. llevar는 어두 음이 변한 것이고, levantar는 능동분사 levans, -tis에서 다시 파생된 것이다. https://dle.rae.es/levante?m=form 참조.

115 albo는 '밝은 아침 햇살'을 표현한 색깔이다. https://dle.rae.es/albo?m=form 참조. 라틴어에서는 candidus (>candido)와 함께 '흰색'이라는 의미로도 쓰였다. blanco는 게르만어에서 들어온 어휘이므로 라틴어에서는 존재하지 않았다.

116 같은 형태의 접두사 orto- '올바른, 곧은'의 어원은 그리스어 ὀρθο-이다: ortodoxia, ortografía 등. 형태가 같다고 해서 어원이 같은 것이 아님에 주의해야 한다. https://dle.rae.es/orto-#RFs5n8G 참조.

117 https://dle.rae.es/oeste?m=form. 따라서 oeste는 그리스어나 라틴 기원의 어휘가 아니다. 현재 포

도 occidente와 poniente가 있다. occidente는 라틴어 동사 occidĕre 'caer'의 능동분사인 occĭdens, -entis로부터 유래된 것이다. 과거분사인 occāsus는 ocaso로 변해 '낙조'가 되었다. poniente도 라틴어 동사 ponĕre 'poner'의 능동분사인 ponens, -entis로부터 유래된 것이다. 여기서 과거분사 positus가 변해 '낙조' puesta (del sol)이 파생된 것이다. 다른 한편으로, crepúsculo '낙조'는 라틴어 crepuscŭlum에서 유래된 것으로써, DRAE의 정의에 따르면 "claridad que hay desde que raya el día hasta que sale el Sol, y desde que este se pone hasta que es de noche"이다. 즉 '낮과 밤의 경계'인 ocaso와 '밤과 낮의 경계'인 orto를 동시에 이르는 말이다. 주로 '어떤 시간이나 일의 마지막 무렵'을 가리킬 때 쓰인다.[118]

[Océano Atlántico, 사라진 아틀란티스의 흔적?]

Océano는 우라노스와 가이아가 낳은 열두 티탄들 중의 하나로, '대지를 감싸고 있는 거대한 강의 신'이다. 그리스인들은 이 세상이 거대한 강으로 둘러싸여 있다고 생각했으며, 이곳을 지배하는 신을 Ōkeanós라고 불렀다. 이 어휘가 라틴어 oceănus를 거쳐 스페인어 océano로 변한 것이다. 따라서 '대양(大洋)', 구체적으로는 '세상을 감싸고 있는 강'을

르투갈 남부 지역을 가리키는 명칭인 Algarve는 아랍어 al-Garb '서쪽'에서 유래한 것이다. 본래는 아라비아의 서쪽, 즉 북아프리카를 가리키는 말이었는데, 여기서는 '알 안달루스의 서쪽', garb al-Andalus이라는 의미에서 나온 지명이다.

118 Del lat. *crepuscŭlum*. https://dle.rae.es/crep%C3%BAsculo 참조.

océano라고 부르게 된 것이다.[119]

Atlántico는 그리스 신화에서 하늘을 떠받치고 있는 거인 Atlas에서 파생된 형용사 Atlantĭcus에서 나온 것이다.[120] 티탄족인 이 거인은 제우스에 맞서 싸우다 패해 두 어깨로 하늘을 떠받치는 벌을 받았다. 그리스인들은 그 장소를 아프리카 서북단에 높이 솟아 있는 산맥이라고 생각해 이름을 '아틀라스산맥'이라고 불렀다. 이 아틀라스산맥과 인접한 바다, 즉 '아틀라스의 바다'가 곧 mar Atlántico가 된 것이다. 한자어로 대서양(大西洋)이 된 것은 이 바다가 그 이전에는 '서쪽에 있는 큰 바다'라고 불렸기 때문이다. 즉 유럽에서 보면 '서해'였던 것이다.

Atlantis는 Atlas의 속격 형태이므로 '아틀라스의'라는 의미이다. 지브로올터 서쪽 바다 어딘가에 있다가 가라앉았다고 전해지는 전설의 섬을 가리켜 라틴어로 (insŭla) Atlantis라고 부르던 것이, 속격만 남아 전설에서 전해 내려오는 사라진 초고대 문명을 가리키는 말이 된 것이다.[121] 스페인어로 아틀란티스는 Atlántida라고 하며, 형용사는 atlante이다.[122]

그런데, 왜 '지도책'을 atlas라고 하는 것일까? 지도를 나타내는 어휘는 둘이 있다. 하나는 mapa이고 다른 하나는 atlas이다. mapa의 어원은 후기라틴어 mappa이다. 의미는 '수건(toalla), 약도(plano)'라고 한다. '수건'인 이유는 당시에는 아직 종이가 없었으므로 중요한 지도를 천에

---

119 Del lat. *Oceănus* 'el océano Atlántico'. https://dle.rae.es/oc%C3%A9ano 참조.

120 https://dle.rae.es/atl%C3%A1ntico. 라틴어의 Atlas는 속격이 Atlantis로 변하는 제3변화 명사였다. 이를 안다면 형용사가 어미 -nticus를 갖고 있는 것이 쉽게 이해될 것이다.

121 아틀란티스의 전설에 관해서는 Castleden, Rodney(2004) 또는 Collins, Andrew(2006) 참조.

122 Del pl. lat. *Atlantes* 'telamones', 'atlantes, antigua nación norteafricana', y este del pl. gr. Ἄτλαντες *Átlantes*. https://dle.rae.es/atlante?m=form 참조.

그렸기 때문이다.[123] 이 mapa를 묶어서 책으로 만든 것, 즉 '지도책'이 atlas이다. 어원은 물론 그리스 신화에서 나오는 거인족 Atlas이다. 그런데 atlas가 '지도책'이 된 이유는 무엇일까?

16세기 들어 지도가 발달하면서 지도책에 하늘을 짊어지고 있는 아틀라스를 그려 넣는 것이 유행했다고 한다. 특히 플랑드르의 지도 제작자인 메르카토르가 1594년 자신의 지도책에 제목으로 Atlas를 쓰면서 일반화되었다고 한다. 그는 1538년에 처음으로 세계지도를 그렸으며, 1554년에는 대유럽지도(15매)를, 1564년에는 영국지도(8매)를 제작했다. 1569년에는 세계지도를 완성했다.[124]

이는 곧 '지도의 역할'을 강조한 것으로 해석된다. 지도란 한 나라의 위치와 지형뿐만 아니라 기후, 생산물, 자원 등 모든 인문 지리적인 정보까지 담겨 있는 정보의 총체이다. 단순히 도로나 강, 산 등만을 표시하는 것이 아니다. 이런 이유로 과거에는 지도를 국가 기밀로 유지했던 것이다. 지도란 한 나라의 거울이라고 해도 과언이 아니다. 이처럼 국가의 많은 정보를 담고 '떠받치고 있다'라는 의미에서 Atlas의 역할과 연관시킨 것이다. 이 단어는 그리스어 동사 tlaos 'portar, llevar'에서 나온 것이다. 즉 atlas는 '운반자(portador)'인 것이다. 하늘을 짊어지고 있는 것도 아틀라스요, 한 국가에 내포된 모든 정보를 짊어지고 있는 것도 아틀라스라고 보았기 때문이다.[125]

---

123 Del b. lat. *mappa* 'mapa', y este del lat. *mappa* 'servilleta, pañuelo'. https://dle.rae.es/mapa?m=form 참조. 의미 획득 과정에 대해서는 Gil, Juan, *et. al.*(2015:202) 참조.

124 Gil, Juan, *et. al.*(2015:56); 손일(2014); Taylor, Andrew(2007) 참조.

125 Del lat. *Atlas*, y este del gr. Ἄτλας *Átlas* 'Atlas', gigante de la mitología grecolatina que sostenía

2.4.2.6. 그리스 신 기원의 어휘들

그리스인들이 서양 문화와 인류 문명사에 끼친 영향은 아무리 강조해도 지나치지 않을 것이다. 그리스인들은 페니키아인들로부터 전수받은 알파벳 체계를 발전시켜 로마인들에게 전해주었다. 또한, 풍부한 감성과 이성을 바탕으로 문학, 예술, 철학 등 학문을 발전시켜 유럽 문화의 원천이 되었다. 많은 언어-문화사적 자료들이 그 태고의 샘에 뿌리를 두고 있는 이유이다. 그리스 문화의 가장 큰 영향이라면 단연 인간의 상상력을 일깨웠다는 점을 꼽을 수 있을 것이다. 동서고금을 막론하고 밤하늘을 보면서 별자리를 그리고 각 별자리에 이야기를 부여한 것은 인간의 원초적인 감성이다. 유럽에서 이 일을 주로 한 것이 그리스인들이었고, 그 중심에 '그리스 신화'가 있다. 스페인 또한 그리스와 로마의 문화에 뿌리를 두고 있으므로 그 영향에서 자유롭지 못하며, 그 흔적은 고스란히 언어에 남아 있다.

[afrodisíaco(a) '최음의, 음란한, -m. 최음제, 흥분제']

그리스 신화에서 사랑의 여신 Afrodita '아프로디테'에서 파생된 형용사이다. 이는 그리스어 aphros '거품'에서 유래된 어휘이다. 따라서 어원상 '거품이 준 여인' 또는 '거품에서 태어난 여인'이라는 뜻이다. 신화에 따르면, '시간의 신'인 Cronos가 자식들을 잡아먹는 아버지 Urano의 성기를 잘라 바다에 던졌다고 한다. 아프로디테는 바로 그 바다의 '정액

---

con sus hombros la bóveda celeste, motivo por el cual solía dibujársele en la portada de las colecciones de mapas. https://dle.rae.es/atlas?m=form 참조.

거품' 속에서 태어난 여신이다. 따라서 태생적으로 '관능'과 '섹스'를 상징하는 여신이다. 여기서 유래된 말이 성적 흥분을 고조시키기 위해 사용되는 '최음제'인 afrodisíaco라는 어휘이다. afrodisia -f. '성욕을 돋움' 또한 여기서 파생된 어휘이다.[126]

이런 이유로 접미사 -frodita는 '성'을 나타낸다. 예를 들어, afrodita는 '非, 無'를 뜻하는 접두사 a-가 붙어 구근식물과 같이 '무성생식 생물(=asexual)'을 가리키며,[127] hermafrodita는 '자웅동체, 양성 생물(=bisexual)'을 가리킨다. herma-는 전령의 신 Hermes '에르메스'에서 나온 것으로, 남성을 대표하는 에르메스와 여성을 대표하는 아프로디테가 결합된 어휘이다.[128] 이 아프로디테 여신에 상응하는 로마의 여신은 Venus이다. '성병'을 가리키는 venéreo는 여기서 유래된 것이다.[129]

[araña '거미']

그리스어 인명 Aracne에서 나온 어휘이다. 라틴어 araněa를 거쳐 araña로 변했다.[130] 그리스 신화에서 Aracne는 천 짜는 솜씨가 매우 뛰어난 처녀이다. 자신의 솜씨에 자부심이 지나친 그녀는 감히 아테네 여신과 솜씨를 겨루게 되었고, 그 기고만장함에 대한 벌로 여신은 그녀를

---

126 기원과 의미 생성 과정에 대해서는 Gil, Juan, *et. al.*(2015:33) 참조.

127 Del lat. tardío *Aphrodīta* 'Afrodita', diosa del amor, y este del gr. Ἀφροδίτη *Aphrodítē*. https://dle.rae.es/afrodita 참조.

128 Del lat. *hermaphrodītus*, y este del gr. ἑρμαφρόδιτος *hermaphróditos*, infl. en su t. por *Afrodita*. https://dle.rae.es/hermafrodita 참조.

129 Del lat. *venereus*. https://dle.rae.es/ven%C3%A9reo 참조.

130 Del lat. *aranea*. https://dle.rae.es/ara%C3%B1a?m=form 참조.

평생을 '천을 짜야 하는' 거미로 만들었다고 한다. arácnido(a) '거미류의, -m. pl. '거미류', aracnología '거미류학' 등이 여기서 파생된 어휘들이다. 그리스 신화의 신 이름에서 나온 것은 아니지만, 신과 관련이 있어 여기에 포함시켰다.

[eco '메아리']

그리스 신화에서 에코는 아름다운 목소리를 가진 산의 님프이다. 바람둥이 제우스가 님프들과 바람피우는 것을 눈치챈 부인 헤라가 쫓아갔으나, 목소리로 주의를 돌리는 바람에 놓치고 말았다. 이에 격분한 헤라는 에코에게 벌을 내려 다른 사람이 한 말의 마지막 단어 밖에는 말을 할 수 없도록 만들어 버렸다고 한다. 여기서 나온 어휘가 eco '메아리'이다.[131]

어느 날 에코는 나르키소스를 보고 사랑에 빠졌다. 그러나 말을 할 수 없었던 에코는 자신의 마음을 표현할 수 없었고, 나르키소스는 말 못 하는 에코를 비웃었다. 이에 에코는 낙담해 산속에 깊이 숨었다고 한다. 자만심이 대단해 다른 사람은 안중에도 없던 나르키소스는 이에 대한 벌을 받았다. 어느 날, 샘에 비친 자신의 얼굴에 반해 사랑에 빠졌으며, 끝내 자리를 뜨지 못하고 죽었다고 한다. 여기서 나온 말이 narcisismo '자아도취'이며, 나르키소스가 죽은 자리에 핀 꽃이 narciso

---

131 Del lat. *echo*, y este del gr. ἠχώ *ēchṓ*. https://dle.rae.es/eco?m=form 참조. 형태가 같은 접두사 eco-는 그리스어 οἰκο- *oiko*-에서 나온 것으로 어원이 다르다. 의미는 'casa', 'morada' o 'ámbito vital'이다: Ecología, ecosistema. 등. https://dle.rae.es/eco-#EKhuh9g 참조. 의미 획득 과정에 대해서는 Gil, Juan *et. al.*(2015:130) 참조.

'수선화'라고 한다.[132]

[hermético(a) '연금술의; 밀폐, 밀봉한, 굳게 감춘, 신비적인']

그리스 신화에서 제우스의 아들이자 '신들의 전령', '상인과 도둑의 신'으로 묘사되는 Hermes '에르메스'로부터 파생된 어휘이다. 그런데 hermético가 왜 '밀폐된, 밀봉된, 신비로운'이라는 의미를 갖게 되었을까? 이는 이 신의 역할에서 비롯된 것이다. '전령'이라는 특성상 늘 메시지를 굳게 '밀봉한' 상태로 움직여야 했고, 따라서 '굳게 감춘' 이미지를 가질 수밖에 없었던 것이었다.[133]

다른 한편으로, 이와는 관련이 없는 '연금술의'라는 의미를 갖게 된 것은 연유를 달리하고 있다. 에르메스는, 로마에서 머큐리와 동일시된 것과 마찬가지로, 이집트에서 '연금술의 신'인 토스에 상응하는 존재로도 받아들여졌다. 연금술사들 또한 차츰 hermético라고 불리게 되었는데, 이 역시 그들만의 '비밀을 간직하고' 있었다는 데서 유래된 것이다. 따라서 '뭔가 폐쇄적이고 비밀스러운' 것을 가리킬 때 이 어휘가 사용되게 된 것이다.[134]

---

132 '수선화'의 학명은 Narcissus로 '수선화속'에 속하며, 꽃말은 '자존심, 자기도취'이다. Del lat. *narcissus*, y este del gr. νάρκισσος *nárkissos*. https://dle.rae.es/narciso?m=form 참조.

133 Gil, Juan, *et. al.*(2015:177) 참조.

134 Del lat. mediev. *hermeticus*, y este der. del lat. tardío *Hermes [Trismegistus]* 'Hermes [Trimegisto]', nombre griego del dios egipcio Tot, a quien le atribuyeron conocimientos esotéricos y de alquimia. https://dle.rae.es/herm%C3%A9tico 참조.

[hespérido(a) '[시] 샛별의; 서쪽 나라의, 서쪽의']

그리스 신화에서 황금의 사과 정원을 지키던 세 자매인 Hespérides에서 파생된 것이다.[135] 이들은 Atlas와 Hésperis의 딸들인데, 특히 Hésperis는, Eos가 '여명(amanecer)의 여신'인 반면에, '황혼(atardecer)의 여신'이다. 따라서 그녀의 딸들인 Hespérides에서 파생된 héspero 역시 해 거름에 나타나는 '샛별(estrella vespertina)'을 가리키게 된 것이다. 이 이름에서도 알 수 있듯이 이들이 지키는 헤라 여신의 황금사과 정원은 그리스에서 봤을 때 해가 지는 먼 서쪽 끝 어딘가에 있을 뿐 정확한 위치는 나오지 않는다. 따라서 이탈리아라는 주장, 이베리아반도라는 주장, 북아프리카의 아틀라스산맥이라는 주장 등이 있으나, DRAE의 정의에 따르면 Hesperia는 이베리아반도나 이탈리아를 가리킨다고 한다. 그리스에서 봤을 때 모두 서쪽에 있는 먼 나라들이다. 이 중에서 특히 이베리아반도를 가리키는 것이라고 보는 견해가 제기되는 이유는 유명한 헤라클레스의 모험 중 하나와 관계가 깊기 때문이다. 즉 헤라클레스가 해결해야 했던 과제들 가운데 하나가 서쪽 끝 어딘가에 있는 정원에서 사과를 훔쳐 오는 것이었는데, 전설에 따르면, 이때 헤라클레스가 서쪽 땅끝에 가서 세운 기둥, 즉 이른바 '헤라클레스의 기둥'이 바로 지브로올터와 세우타를 가리키는 것이기 때문이다. 따라서 Hesperia를 '서쪽 나라', 즉 '이베리아반도'를 가리키는 말이라고 보는 것이다.[136]

---

135 1898년 영국의 화가인 Frederic Leighton이 그린 『El jardín de las Hespérides』에 보면 세 명으로 나온다. 각자의 이름은 별로 중요한 여신이 아니어서 그런지 잘 알려져 있지 않다. 흔히 Egle, Aretusa, Eritia라고 하는데, 이것도 정확한 것은 아니다. 주로 세 명을 함께 Hespérides라고 부른다.

136 Del lat. *Hesperĭus*, y este del gr. Ἑσπέριος *Hespérios*. https://dle.rae.es/hesperio. Natural de una

[iris '무지개']

그리스 신화에서 '신들의 전령'으로 나온다. 특히 헤라 여신의 전령으로써, 헤르메스와 유사한 역할을 수행한다. 즉, 인간들에게 신들의 메시지, 특히 폭풍우가 끝났음을 알리는 역할을 한다. 이로부터 스페인어에서는 '무지개'를 iris 또는 arco iris라고 하는 것이다. '서풍의 신'인 세피로스의 아내이다. Iris는 제우스의 명령으로 Estigia '삼도천(지옥에 있다는 늪)'의 물을 담은 항아리를 들고 다니며 거짓을 일삼는 자들을 잠들게 한다. 스페인어에서 이 Estigia로부터 유래된 어휘가 바로 estigio(a) '삼도천의, [시] 지옥의, 저승의 (=infernal)'이다.[137]

[morfina '모르핀']

그리스 신화에서 나오는 '꿈의 신'인 Morpheus로부터 유래된 것이다. 19세기에 아편으로부터 추출한 진통제의 이름이 되었다. 모르페우스는 다른 '꿈(sueño)의 신'인 Hipnos의 아들이다. 이로부터는 hipnosis '최면(상태)', hipnótico(a) '최면의', hipnotizar '(–에게) 최면을 걸다' 등이 유래되었다. 이에 해당하는 로마의 신은 Somnus이다. 이로부터는 sueño '잠, 꿈', somnambulismo '몽유병', somnífero(a) '잠자게 하는, 최면의 (=hipnótico)', somnolencia '꿈결, 반수 상태' 등이 유래되었다.[138]

---

u otra Hesperia, es decir, España o Italia 참조.

137 Del lat. *Stygĭus*, y este del gr. Στύγιος *Stýgios*. https://dle.rae.es/estigio?m=form 참조.

138 Del fr. *morphine*, y este de *Morphée* 'Morfeo', dios del sueño, e *-ine* '-ina'. https://dle.rae.es/morfina?m=form 참조. 의미 획득 과정에 대해서는 Gil, Juan *et. al.*(2015:220) 참조.

[música와 museo '음악과 박물관']

그리스 신화에 나오는 '뮤즈 여신' Musa에서 파생된 용어들이다. 이 여신들은 '음악과 시'를 담당하는 여신들이다. 그리스어로 música '음악'이란 'el arte de las musas'라는 뜻이다. museo는 본래 '뮤즈들의 신전'을 가리키는 용어였으나, 이들이 '기억의 여신'이기도 했으므로 후세 사람들이 기념할 만한 것들을 모아 놓은 곳을 museo라고 부르게 된 것이다.[139]

로마 신화에서 이에 상응하는 여신은 Carmenas이다. '노래, 시'를 뜻하는 라틴어는 carmen, -inis이다. 여기서 스페인어 carmen 'verso o composición poética'과 인명이 유래된 것이다.[140]

[pánico '공포스러운, 공황적인, -m. 공황, 공포의 대상']

그리스 신화에 등장하는 반인반신인 Pan에서 나온 것이다. 반은 사람이고 반은 양의 모습으로 그려지는 이 반신은 '목자들의 신'이다. 또한 지칠 줄 모르는 남성의 성적 에너지와 다산을 상징한다. 따라서 신화에서는 종종 숲속에서 님프들을 쫓아다니며 자신의 성적 욕구를 채우는 것으로 나온다. 이처럼 이 반인반신은 거침없이 자연을 내달리며 들판과 가축 떼를 관리하고 생산을 지배한다. 원시 자연을 대표하는 신으로 나온다. 따라서 고대인들은 자연으로부터 발생하는 '가공할 자연재해'가 그의 분노 때문이라고 보았다. 이로부터 pánico라는 어휘가 유래되었으며, 그 의미는 "천둥과 번개로 가축 떼들이 집단으로 겪는 극심한

---

139 Gil, Juan, *et. al.*(2015:223) 참조.

140 라틴어에서 '노래하다'는 canere였는데, 대중적으로 많이 쓰이던 cantare가 살아남아 cantar가 되었다. https://dle.rae.es/cantar?m=form 참조.

공포"이다.[141]

[perdiz '자고새']

그리스 신화에서 Perdix는 유명한 장인(匠人)인 데달로스의 조카이자 제자이다. 그러나 재능이 뛰어나 스승을 능가하게 되자, 이를 질시한 스승은 그를 아크로폴리스에 있는 아테네 여신의 신전 꼭대기에서 밀어 떨어뜨렸다. 그의 재능을 아깝게 여긴 여신이 떨어지는 그를 새로 변하게 했다고 한다. 이 새가 바로 perdiz '자고새'이며, 이때의 기억 때문에 이 새는 높이 날지 않고 낮은 곳에 둥지를 튼다고 한다.[142]

[sirena '경보']

그리스 신화에서 Seirēnes는 상반신은 여자, 하반신은 새의 모습을 한 바다의 요정들이다. 암초가 많은 이탈리아 서부의 Sirenum Scopuli라는 섬에 거주하며, 지나가는 배의 선원들을 아름다운 노래로 유혹해 배를 난파시켰다.[143] 이 유혹을 이겨낸 인물이 두 명이 있다. 한 명은 더 아름다운 노래를 불러서 이겨낸 오르페우스이고, 다른 한 명은 몸을 돛대에 묶어 유혹을 이겨낸 오디세우스라고 한다. 이 어휘에서 나온 것이 sirena '사이렌, 경보'이다. 스페인어로는 '인어공주'를 sirenita라고 한다.

---

141 Del lat. mod. *panicus*, y este del gr. Πανικός *Panikós*. https://dle.rae.es/p%C3%A1nico 참조.

142 Del lat. *perdix, -īcis*, y este del gr. πέρδιξ, -ικος *pérdix, -ikos*. https://dle.rae.es/perdiz?m=form.

143 Del lat. tardío Sirēna, este del lat. *Siren, -ēnis*, y este del gr. Σειρήν *Seirḗn*. https://dle.rae.es/sirena 참조.

[volcán '화산']

그리스 신화에서 '불의 신'은 헤파이스토스인데, 이 어휘는 이에 상응하는 로마의 신 Volcanus로부터 유래한 것이다. 이 역시 '불과 화산의 신'답게 주로 다른 신들을 위해 무기 만드는 일을 한다. DRAE에 의하면, 스페인어의 이 어휘는 주피터와 주노의 아들이자 비너스의 남편인 Volcanus로부터 유래된 어휘로 포르투갈어 volcão으로부터 차용된 것이다.[144]

'바람'의 명칭들도 그리스 신들로부터 유래했다.

[astro '천체, 별']

그리스 신화에서 Astraios는 '별들의 신'이다. 그리스어 '별'은 ἄστρον [ástron]인데, 라틴어 astrum을 거쳐 astro '천체'가 되었으며, 여기서 '별'들과 관련된 astrología '점성술', astronave '우주선', astronomía '천문학' 등이 파생되었다. '여명의 여신'인 Eos와의 사이에서 네 아들을 두었는데, 모두 '바람의 신'이다.[145]

'별'이라는 의미로 라틴어에서 유래된 어휘는 estrella이다. 어원은 stella이다.[146] 변화 과정은 먼저 라틴 어두음 st- 앞에 e-가 첨가되었고,

---

144 Del port. *volcão*, y este del lat. *Vulcānus* 'Vulcano', dios romano del fuego. https://dle.rae.es/volc%C3%A1n 참조. Corominas, Joan & Pascual, José A.(1991:RI-X, p.838) 역시 이 어휘가 포르투갈어 volcão을 거쳐 들어온 것임을 확인해 주고 있다.

145 Del lat. *astrum*, y este del gr. ἄστρον *ástron*. https://dle.rae.es/astro?m=form 참조.

146 Del lat. *stella*. https://dle.rae.es/estrella?m=form. 유사한 형태의 estela '항적(航跡)'은 어원이 다른 어휘이다. 형태가 같거나 유사하다고 해서 어원이 모두 같은 것은 아니므로 주의해야 한다. Del lat.

발음상의 편의를 위해 -r-가 삽입되어 현재의 형태가 만들어진 것이다. 파생형에서는 estelar '별의', estelífero '[시] 별이 빛나는', esteliforme '별 모양의' 등처럼 -ll-가 단음화되었다.

[eolio(a) '바람에, 바람에 의한']

그리스 신화에서 '바람의 신'은 Anemoi ([복] Ἄνεμοι, 'vientos')이다. 이로부터 파생된 어휘들이 anemómetro '풍력계', anemógrafo '자기풍력계', anemoscopio '풍신기' 등처럼 접두사로 anemo-를 갖고 있는 것들이다.[147]

그런데, 어떻게 eolio(a)도 '바람의'라는 의미를 갖게 된 것일까?[148] 이 신들은 종종 다른 형태로 나타나곤 했는데, 주로 Eolia 지방의 왕인 Eolo의 형상으로 나타나곤 했다고 한다. 이런 이유로 Eolo도 '바람의 신'으로 불리게 되었으며, 여기서 파생된 것이 eolio(a)인 것이다. 따라서 anemoi와 동일한 의미를 갖게는 되었지만, anemoi가 접두사 anemo-로만 쓰이는 데 반해, eolio(a)는 '바람의'라는 단독 어휘로 쓰이고 있다.[149]

그럼 왜 '바람의 신들'은 복수일까? 바람은 계절에 따라 동서남북 사방에서 불기 때문에 하나가 아니라 여럿이다. 그리스 신화에 따르면, '바람의 신'은 넷이며, '별들의 신'인 Astraios와 '여명이 여신'인 Eos의 자

aestuaria, pl. n. de *aestuarium* 'agitación del agua'. https://dle.rae.es/estela?m=form 참조.

147 '풍력학'이라는 의미로 인터넷에서는 eolionimia라는 어휘가 쓰이고 있으나, 아직 DARE에는 실려 있지 않다.

148 라틴어에서 '바람'은 ventus이며, 여기서 유래된 것이 viento와 ventana이다. 따라서 본래 '창문'의 주요 기능은 '통풍'이다. Der. del lat. *ventus* 'viento'. https://dle.rae.es/ventana?m=form 참조.

149 Del lat. *Aeolĭus*, y este del gr. Αἰολεύς *Aioleús*, der. de Αἴολος *Aíolos* 'Eolo', dios de los vientos y padre del pueblo eolio en la mitología clásica. https://dle.rae.es/eolio?m=form 참조.

식들이다.[150] 다음과 같이 구분된다.

[euro '동풍']

'동풍의 신'으로, 이로부터 euro '동풍'이 유래되었다. 특정 계절과는 관계없이 불며, 고온과 폭우를 동반하므로 물을 쏟아붓는 항아리가 상징이다. 이에 상응하는 로마 신화의 신은 Vulturnus이다. 이로부터 스페인어의 bochorno '열풍'이 유래되었다. 자음 앞의 l가 모음화 되면서 yod가 야기되었고, 이것이 자음군을 구개음화 시켜 ch가 야기된 것이다. 교양어는 vulturno '열풍'이다.[151]

[céfiro '서풍']

'서풍의 신'으로 봄과 초여름에 부드러운 미풍을 일으키는 봄의 전령이다. 이로부터 céfiro '서풍'이 유래되었다. 이에 상응하는 로마 신화의 신은 Favonius 'favorable'로써, 이로부터 céfiro의 동의어인 favonio '서풍'이 유래되었다.[152]

---

150 바람의 신들에 대해서는 Bulfinch, Thomas(2017:215-216) 참조. 크게 동서남북 네 방향의 바람만을 이르는 것이며, 이외에도 cecias '북동풍', coro '북서풍', euro austro/- noto '남동풍', ábrego '남서풍' 등이 더 있다. Eos에서 나온 어휘로는 eolítico '원(原) 석기시대의'가 있다. 구석기 시대(periodo paleolítico) 이전, 그야말로 '여명의 시대'를 가리키는 어휘이다. 로마 신화에서는 Aurora이다.

151 Del lat. *vulturnus* 'viento del sudeste'. https://dle.rae.es/vulturno?m=form 참조. 신의 이름에서 유래된 것은 아니지만, 스페인에서 부는 '동풍' 중에는 Extremadura와 Castilla-La Mancha에서 부는 뜨겁고 습한 바람인 (lat. solānus>) solano도 있다. Del lat. *solānus*. https://dle.rae.es/solano?m=form. 또한 levante도 '동풍'이라는 의미로 쓰인다. 본래는 지중해의 동부 지역, 즉 팔레스타인 지역을 이르는 말이었는데, 스페인에서는 동부 지중해 지역, 즉 발렌시아와 무르시아 지방을 가리키는 말로도 쓰인다.

152 poniente도 '서풍'이라는 의미로 쓰인다. Del lat. *ponens, -entis*, part. pres. act. de *ponĕre* 'poner',

[noto '남풍']

'남풍의 신'으로 하지(夏至) 이후 시리아로부터 뜨겁고 건조한 바람을 실어 오며 늦여름과 가을에는 폭풍우를 일으키는 신이다. 이로부터 noto '남풍'이 유래되었다. 이에 상응하는 로마 신화의 신은 Auster이다. 이로부터 noto의 동의어인 austro '남풍'이 유래되었다.

'남동풍'은 euro austro 또는 euro noto라고 하고, '남서풍'은 ábrego라고 한다. ábrego는 Afrĭcus에서 나온 것으로, 그리스 신화의 '남서풍의 신' Libis에 상응하는 로마의 신이다. 이것이 후에 áfrico 또는 ábrego로 변한 것이다.[153]

[bóreas '북풍']

'북풍의 신'으로 겨울철에 북쪽으로부터 차가운 바람을 가져오는 신이다. 이로부터 bóreas '북풍'이 유래되었다.[154] 로마 신화에서는 Aquilo이며, 여기서 유래된 것이 aquilón '북쪽, 북풍, 삭풍'이다.[155]

그리스 신화에서 '북동풍'은 Cecias이며, 로마에서 이에 상응하는 신은 Caecius이다. 여기서 유래한 것이 cecias이다.[156] 반면에, '북서풍'은

'deponer, cesar'. https://dle.rae.es/poniente?m=form 참조.

153 Del lat. *Afrĭcus*; propiamente 'africano'. https://dle.rae.es/%C3%A1brego 참조.

154 신의 이름에서 유래된 것은 아니지만 스페인에서는 '북풍'으로 tramontano도 쓰인다. 본래는 알프스산맥을 넘어 부는 바람을 가리키는 말이었는데, 스페인에서는 피레네산맥을 넘어 부는 바람을 가리킨다. https://dle.rae.es/tramontano 참조.

155 '북풍'이라는 의미로 septentrión로 있지만, 잘 쓰이지 않으며, 신화에서 유래한 이름이 아니다. DRAE에 따르면, septentrión은 라틴어 septentrio, -ōnis에서 나온 것인데, 이는 septem 'siete'과 trio, -ōnis 'buey de labor'가 합성된 어휘이다. https://dle.rae.es/septentri%C3%B3n 참조.

156 Del lat. *caecĭas*, y este del gr. καικίας *kaikías*. https://dle.rae.es/cecias?m=form 참조.

coro이다. 그리스 신화에서 '북서풍의 신'은 Skirion인데, 이에 상응하는 로마의 신은 Caurus이다. 여기서 단모음화된 대중어 형태 coro가 유래된 것이다.[157]

4대 주신(主神)에는 들지 못하지만, 그리스 신화에서 유래한 다른 바람들도 있다.[158]

[oreo '산들바람, 미풍']

숲과 동굴을 관리하고 보호하는 요정인 Oréades에서 파생된 것이다.[159] 이 요정 중에서 가장 유명한 것이 헤라 여신의 분노를 사 평생 남의 목소리만 흉내 내게 된 Eco이다. 동의어로는 brisa '미풍, 북동풍'이 있으나, 이는 어원이 불분명한 어휘이다.[160] 대응되는 바람인 vendaval '남서풍'은 프랑스어 vent d'aval 'viento de abajo'에서 나온 것이다. 이 바

157 cierzo도 '북서풍'이라는 의미로 쓰인다 (<lat. *cercĭus*, por *circĭus*). 이 바람은 보통 스페인 북부 지방에서 부는 '북풍(=mistral)'으로 해석되기도 하지만, DRAE의 정의에 따르면 "Es el viento septentrional más o menos inclinado a levante o a poniente, según la situación geográfica de la región en que sopla"이므로 '북서풍' 또는 '북동풍'으로 해석될 수도 있다. https://dle.rae.es/cierzo?m=form 참조.

158 모든 바람이 다 그리스 신화에서 유래된 것은 아니다. 예를 들어, 지중해에서 부는 huracán '허리케인'은 마야 신화에서 '불과 바람의 신'으로서, 신들을 분노케 한 최초의 인간들을 대홍수로 멸하고 옥수수로 새로운 인간들을 만드는 데 기여한 신이다. 인도양에서 부는 ciclón '사이클론'은 그리스어 kyklon에서 나온 것으로 círculo en movimiento '회전 운동'이라는 뜻이다. 인도양에서 부는 '계절풍'인 monzón '몬순'은 아랍어 موسم [mosem]에서 나온 것으로 '계절(estación)'이라는 뜻이다. DRAE에 따르면 이는 del port. monção o moução을 통해 들어온 어휘이다. 인도양, 특히 아라비아해에서 반년은 남서풍, 반년은 북동풍으로 부는 바람이다.

159 oreo는 orear에서 파생된 것인데, 이 동사는 라틴어 *aura* 'aire'에서 나온 것이다. https://dle.rae.es/orear#RAMcKgR 참조.

160 De or. inc. https://dle.rae.es/brisa?m=form 참조.

람은 폭풍우에는 미치지 못하지만 비바람을 동반한 강풍이다. 이 또한 brisa와 마찬가지로 그리스 신의 이름으로부터 유래된 것이 아니다.[161]

[tifón '태풍']

그리스 신화에 따르면, 대지의 여신 가이아와 타르타로스 사이에서 태어난 '태풍의 신' Typhôeus에서 나온 어휘이다. DRAE의 정의에 따르면, 여기서 나온 그리스어 Τυφών [Typhôn]이 라틴어에서는 typhōn 'torbellino'이 되었으며, 스페인어에서는 tifón이 되었다. '지중해에서 부는 돌풍'이다.[162]

이 밖에도 스페인어에는 caja de Pandora '판도라의 상자', complejo de Edipo '오디푸스 콤플렉스', complejo de Electra '엘렉트라 콤플레스', efecto Pigmalión '피그말리온 효과', mano de Midas '마이다스의 손', tendón de Aquiles '아킬레스건' Vía Láctea '은하수' 등 그리스 신화와 관련된 수많은 어휘 및 용어들이 있다. 일일이 모두 언급하는 것이 불가능할 정도이다. 이러한 용어들은 스페인 언어 및 문화에 토대가 된 것이니만큼 자세하게 알아둘 필요가 있으며, 실생활에서도 비유적으로 쓰

---

161 Del fr. *vent d'aval* 'viento de abajo'. https://dle.rae.es/vendaval 참조.

162 Del port. *tufão*, este del urdu *ṭūfān*, y este del gr. τυφών *typhṓn* 'torbellino'. https://dle.rae.es/tif%C3%B3n 참조. 이 명칭이 남태평양에서 발생하는 열대성 저기압 '태풍(颱風)'과 어떤 어원적 관련이 있는지에 대해서는 여러 의견이 있으나, 16세기 영국과 포르투갈인들이 중국 남부에 진출한 이후 이 명칭이 사용되기 시작했다는 의견이 우세하다. 중국인들이 이 바람을 tai fung (또는 광동어로 tai feng)이라고 발음한 것을 한자로 표기한 것이 '태풍(颱風)'인데, 한자 형태로 보아 외래어를 음차한 것이라고 한다. https://www.etymonline.com/word/typhoon 참조.

기에 매우 유용한 표현들이다.

2.4.2.7. 그리스 철학 기원의 어휘들

[피타고라스, cosmos '우주'에서 '화장품'으로]

피타고라스(BC582?-BC497?)는 그리스의 철학자이자 수학자이다. 일반적으로 수학자로 더 널리 알려져 있지만, 그가 집착했던 수학은 자신의 철학적 신념을 표현하는 한 방법이었다. 탈레스의 제자였으며 이집트에서 23년간 유학을 하다가 이집트가 페르시아에 의해 점령당하자 바빌로니아로 끌려가 12년간 포로 생활을 하기도 했다. 56세에 귀국해 이탈리아 남부의 크로토네에 정착해 공동체를 만들고 학문 연구에 몰두했다. 이집트와 메소포타미아 문명을 익힌 그는 당시 유행하던 영혼 불멸, 윤회, 사후 심판 등 오르페우스교의 교리를 일부 받아들여 교단을 조직했다고 한다.[163]

당시의 그리스 철학자들이 만물의 근원을 대체로 물, 불, 흙, 공기 등과 같은 물질에서 찾으려고 한 데에 반해, 피타고라스는 물질 간의 관계에 주목했다. 즉, 사물들 사이에 내재하는 질서와 이를 지배하는 원리의 존재와 이를 표현할 수 있는 방법으로써 수학에 주목한 것이다. 여기서 cosmos라는 개념이 등장한다. 본래의 의미는 chaos '카오스'에 대응하는 개념으로 '질서, 정돈'이라는 단순한 의미였다가 점차 '자연계의 질서'를 나타내는 것으로, 피타고라스에 이르러서는 '질서 정연한 우주'

163 피타고라스의 철학에 대해서는 Lamprecht, Sterling P.(1992:27-31); Copleston, Frederic Charles(1998:55-65); Russell, Bertland(2001:77-82); Hirschberger, Johanes(2017:28-34) 참조.

라는 의미로 변했다.[164] 이 '질서, 정돈'이라는 개념에서 파생된 어휘가 cosmético '화장품'이다.[165]

피타고라스와 그의 제자들은 우주의 만물은 서로 간의 질서와 조화에 의해 움직인다고 보았고, 이러한 불변의 진리는 수학적으로 표현이 가능하다고 생각했다. 그들이 수에 집착했던 이유이다. 그와 그의 제자들이 음악, 수학, 천문학 등을 연구한 목적은 자신들의 교의에 따라 세상의 질서를 구체적으로 드러내기 위한 수단이었다. 현재는 그의 수학적 업적이 철학적 업적을 능가하고 있다.[166]

[소피스트, '현자'에서 '궤변론자'로]

우리는 논리에 맞지 않는 말, 거짓을 참인 것처럼 꾸미는 말을 '궤변'이라고 한다. 스페인어로는 sofisticación이다. '속임수, 위조'라는 뜻이다. 이는 "falsificar o corromper algo"라는 의미의 동사 sofisticar에서 파생된 것인데, 이 단어는 '지혜'를 뜻하는 그리스어 sophia에서 나왔다.[167]

---

164 '우주'를 뜻하는 어휘로는 espacio, universo, cosmos가 있다. espacio는 말 그대로 공간적 개념의 우주이다. 일반적으로 대기권을 벗어난 우주를 가리킨다. universo는 공간에 시간적 개념을 더한 우주이다. 따라서 천문학에서 주로 쓰이는 용어로 공간과 더불어 빅뱅에서부터 현재까지의 시간까지도 포괄한다. 천체의 생성과 소멸, 빛의 이동 등이 주 연구 대상이 된다. cosmos는 철학적 개념의 우주이다. 따라서 운행과 조화, 질서 등의 개념이 포함된다. 민영기 외(1994)와 Karttunen, Hannu, *et. al.*(2012) 참조.

165 Del gr. κοσμητικός *kosmētikós* 'relativo al adorno'. https://dle.rae.es/cosm%C3%A9tico 참조.

166 그가 불변의 진리로 정의한 가장 유명한 법칙은 '피타고라스의 정리'로 알려진 것이다. 즉, '직각 삼각형 빗변(c)의 제곱은 다른 두 변(a와 b) 각각의 제곱의 합과 같다 ($a^2+b^2=c^2$)'는 것이다. 이 개념은 이미 고대 바빌로니아, 이집트, 인도, 중국 등에서부터 알려진 것이었지만, 피타고라스에 의해 수학적으로 증명되어 그의 이름이 붙은 것이라고 한다. 〈피타고라스의 정리〉, https://www.doopedia.co.kr/doopedia/master/master.do?_method=view&MAS_IDX=101013000706493 참조.

167 그러나 sofisticado는 'falto de naturalidad, afectadamente refinado' 뿐만 아니라 'elegante, refinado'

'지혜'가 어느 순간 '궤변'으로 변한 것이었다.

소피스트라 불리는 철학자들이 등장한 시기는 기원전 5세기경이다. 당시 아테네는 페르시아와의 전쟁에서 승리한 후 델로스 동맹의 맹주로서 정치, 경제, 문화적으로 최고의 번영을 누리고 있었다. 지중해의 무역 패권 역시 그들의 차지였다. 물질적 풍요로움은 자연스럽게 기존의 자연주의적 철학 사조에서 벗어나 현실 세계와 인간 중심의 사고를 불러왔다. 사회의 전반적인 교양 수준과 민도가 높아짐에 따라 정치 참여 욕구도 높아져 민회나 법정에서 연설 기교가 중요하게 취급되었다. 이에 따라 말을 화려하게 치장하는 수사학과 설득력을 높여주는 변론술이 인기를 얻었다. 이러한 풍조에 발맞추어 등장한 일단의 철학자들을 소피스트라 부른다. Sophista란 본래 '지혜로운 자' 혹은 '현명한 자'라는 의미의 그리스어 sophia '지혜'에서 나온 말이다.[168]

소피스트는 단일한 사고 체계를 가진 학파의 학자들을 가리키는 것이 아니라, 당시 유사한 경향 또는 목적으로 활동했던 여러 철학자를 한데 묶어 지칭하는 말이다. 관점과 활동 면에서 서로 차이를 보였기 때문에 이들을 하나로 묶는 것은 쉬운 일이 아니지만, 일반적으로 다음과 같은 세 가지 특징을 지닌다.[169]

첫째, 그동안의 철학이 자연에 초점을 맞추었던 것과 달리 인간을 중

라는 반대의 의미도 갖고 있음에 주의해야 한다. 따라서 예를 들어 una mujer sofisticada라고 하면 '우아한 또는 고급 취향의 여자'를 가리킨다. https://dle.rae.es/sofisticado?m=form 참조.

168 Del lat. *sophista*, y este del gr. σοφιστής *sophistḗs*. https://dle.rae.es/sofista?m=form 참조.

169 소피스트 철학에 대해서는 Lamprecht, Sterling P.(1992:44-51); Copleston, Frederic Charles(1998:122-129); Hirschberger, Johanes(2017:66-75) 참조.

심으로 사고하기 시작했다. 이들의 가르침은 현실 세계에서의 활용에 목적을 두고 있었다. 소피스트 이전에 활동했던 대부분의 철학자는 절대적인 존재와 자연의 궁극적 원리에 대한 탐구를 최우선 과제로 삼았다. 이에 반해 소피스트들은 보편적인 진리의 존재에 대해 의문을 품고 추상적 실존보다는 경험 세계를 더 중요한 것으로 생각했다. 이는 현실 속 인간과 사회에 대한 관심을 불러일으켰다. 따라서 자연히 철학적 문제도 자연과 우주에서 폴리스에서의 바람직한 인간 존재 방식을 묻는 것으로 변하게 되었다.

둘째, 현실 세계의 삶에 관심을 두다 보니 자신의 욕구를 충족시키기 위해 타인과의 관계에서 지적, 논리적으로 우위에 설 수 있는 능력이 요구되었다. 이에 소피스트들은 설득과 변론의 도구로서 언어의 중요성을 강조했다. 그들의 강의는 당시 아테네의 민주정치에서 중요했던 웅변술과 수사학을 가르치는 데 상당한 비중을 두었다. 이를 통해 문법학, 수사학, 논리학 등이 발달하게 되었다.

셋째, 인간 사유의 한계를 직시했다. 인간의 사고는 불완전하고 가변적인 것이므로 그로부터 나온 제도, 윤리, 정의 또한 보편성을 갖기 어렵다고 보았다. 따라서 세상 만물을 상대주의적인 잣대로 이해하고자 했다. 대표적인 소피스트인 프로타고라스(기원전 485–415)는 '인간은 만물의 척도이다'라는 말로 절대적이며 객관적인 진리를 부정하고 진리의 주관성과 상대주의를 설파했다.

소피스트들이 아테네의 문화를 대중적 차원으로까지 발전시켰고 사고 체계를 자연철학에서 정신철학으로 전환한 공로는 인정된다. 또한 논리학과 문법 발전에 영향을 끼쳤으며, 윤리, 종교, 제도 등의 가치 기준을 상대적인 것으로 파악함으로써 절대적인 가치로만 여겨지던 것들을 이성적으로 고찰할 수 있는 기회를 제공한 것도 긍정적으로 평가된다. 그러나 인간의 문제를 제기하면서도 설득력 있는 해결책을 제시하기보다는 지나친 상대주의나 회의론에 빠진 단점을 안고 있다. 상대주의적 관점에서 보면 인간의 집단적인 관습과 전통에 기인하는 지식도 시대에 따라서 집단마다 다르게 나타난다. 이러한 상대주의에 지나치게 깊숙이 들어가면 회의주의에 빠진다. 고르기아스(기원전 483-375)는 모든 지식 자체를 부정하는 허무주의로 흘렀다. 그에 의하면, '아무것도 존재하는 것은 없다. 만약 어떤 것이 존재한다고 하더라도 그것을 인식할 수 없다. 만약 인식하더라도 남에게 전할 수 없다'라고 하였다. 후기 소피스트들은 개인적인 욕망 달성이 바로 사회정의를 실현하는 것이라고 생각하게 되었고, 끝내는 도덕 파괴 행위로까지 흘러갔다. 수사학자인 트라시마코스는 '보편적 정의란 없으며 정의는 강자의 이익에 따라 만들어진 것'이라고까지 주장했다.

이에 플라톤과 아리스토텔레스 같은 철학자들은 그들의 강의를 '철학적 사유를 담지 못한 공허한 말장난이나 언어의 기술적인 면만을 강조하는 궤변'이라고 비난했다. 특히 후기 소피스트들의 주장은 형이상학에 대한 진지한 성찰도 지혜도 아니며 엄밀한 의미의 학문도 아니라는 비판을 받았다. 이로 인해 이들을 지칭하던 '현자'라는 의미가 '궤변론자'가 된 것이다.

[소크라테스와 ironía '아이러니']

우리는 흔히 말과 행동 간의 모순이나 부조화를 표현할 때 '아이러니하다'라는 표현을 쓴다. 예를 들어 겉으로는 개성의 시대라고 하면서 독특한 차림새를 한 사람을 비웃는 행위, 깨끗하고 공정한 사회를 만들어야 한다고 외치면서 편법을 일삼는 행위 등 겉으로 드러난 것과 실제 사이의 괴리를 '아이러니'라고 한다. 국립국어원의 정의 따르면, "표현의 효과를 높이기 위하여 실제와 반대되는 뜻의 말을 하는 것"으로, 예를 들면 못난 사람을 보고 '잘났어'라고 하는 것 따위이다. 또는 "예상 밖의 결과가 빚은 모순이나 부조화"를 뜻하기도 한다. 반어 또는 역설과 동의어로 쓰인다.[170]

이 ironía라는 어휘는 본래 '모르는 척하기, 위장'이라는 의미의 그리스어 eironeia에서 유래한 것이다.[171] 소크라테스(기원전 470−399)는 자신의 교육법으로 이 방법을 채택했다. 본래의 의미는 '알면서도 모른 척하며 난처한 질문을 계속 던져 상대의 무지나 오류가 드러나게 하는 행위'를 가리키는 말이었다. 소크라테스가 유식한 척하는 소피스트 철학자들의 무지와 모순을 드러내기 위해 자신은 철학에 대해 잘 모르는 척하면서 대답하기 곤란한 질문을 계속 던졌던 대화 방식이다. 이를 가리켜 ironía socrática '소크라테스적 아이러니'라고 한다. 그러나 ironía는 시간이 지나면서 다양하고 포괄적인 의미로 변질되었다.[172]

우선, 수사학의 한 기법으로서 주로 반어적 의미로 쓰이게 되었다. 예를 들어 적군의 용맹을 찬양해 아군의 분노를 촉발시키고 사기를 진작시키거나, 부정부패를 저지른 정적을 능력이 대단해 그런 일을 한 것인 양 크게 칭찬해 공분을 야기하는 행위 등을 들 수 있다. 이것을 '언어적

---

170 https://stdict.korean.go.kr/search/searchView.do?word_no=217614&searchKeywordTo=3 참조.

171 Del lat. *ironīa*, y este del gr. εἰρωνεία *eirōneia*. https://dle.rae.es/iron%C3%ADa 참조.

172 소크라테스의 철학에 대해서는 Lamprecht, Sterling P.(1992:51-56); Copleston, Frederic Charles(1998:141-166); Russell, Bertland(2001:141-156); Hirschberger, Johanes(2017:76-93) 참조.

아이러니'라고 한다. 이러한 반어적 표현은 선의로 쓰면 해학이나 기지가 되고 악의적으로 쓰면 풍자나 조롱으로 변질된다.

연극이나 작품에서 쓰이는 것을 '상황적 아이러니'라고 하는데, 관객들은 상황이 어떻게 전개되는지 알고 안타까워하는데 정작 주인공 자신만 모른 채 비극적 상황으로 치닫는 경우를 일컫는 데 쓰인다. '극적 아이러니'라고도 한다. 대표적인 예가 오디푸스나 로미오와 줄리엣의 경우이다. 이 개념은 특히 17세기 이후에 각광을 받았으며, 많은 작가와 철학자가 다양한 용도로 즐겨 씀으로써 한마디로 정의하기 매우 어려운 용어로 변했다. 그러나 대부분 말과 의미, 행위와 결과, 외양과 실제 사이의 '불일치나 부조화' 또는 '부조리와 역설'의 상황을 표현하는 의미로 사용되었다. 그러다 보니 본래의 '위장'이라는 소크라테스적인 의미와는 사뭇 다르게 변질되어 현재는 주로 '반어나 역설' 또는 '빈정거림이나 비꼼'과 같은 다소 부정적인 의미로 쓰이고 있다.

'소크라테스의 아이러니' 다음 단계는 mayéutica '산파술'이다. 즉, 학생이 알고 있으면서도 모른다고 착각하고 있는 것을 머릿속에서 끄집어내는 대화술이다. 선생님은 학생에게 주제의 핵심에 접근할 수 있는 질문을 계속 던져 학생이 '아, 이게 그것이었구나'라고 깨닫거나 '아, 그래서 그런 것이었구나'라고 스스로 답을 찾게 도와주는 대화법이다. 즉, 확정된 진리를 단순히 전달해주는 것이 아니라 학생에게 계속 질문을 던져 올바른 대답을 유도하는 방식을 통하여 깨달음을 끌어내는 방법이다. 진리를 찾을 수 있도록 도와준다는 의미에서 '산파술'이라고 부른다.[173]

173 그렇다고 해서 소크라테스의 이 교육 방식이 상대방을 비꼬거나 빈정거리기 위한 것은 절대 아니었다. 오히려 질문을 계속 던져 상대가 스스로 자신의 무지나 오류를 깨닫게 하려는 것이 목적이

소크라테스는 종래의 유물론적인 자연철학에 대립하여 '너 자신을 알라'는 델포이 신전의 격언을 기초로 영혼에 대해 깊이 통찰하면서 삶의 온당한 방법을 아는 것이 지식의 목적이라 설파했다.[174] 이를 이루기 위해서는 도덕적 행위를 고양시켜야 한다고 역설했다. 무지에 대한 스스로의 자각과 영혼의 내면적 탐구는 철학적 관점이 자연에서 인간으로 이행되었다는 것을 보여준다.

그를 추종하는 젊은이들이 늘어나자 당시 아테네의 귀족들은 자신들의 기득권에 위협을 느끼고 아테네의 젊은이들을 현혹하고 실정법을 위반했다는 이유로 기소해 사형에 처했다. 그의 '현인에 의한 통치, 화려한 연설에 대한 비난, 스스로의 무지에 대한 자각' 등의 가르침이 아테네 민주정치에 대한 위협으로 간주되었기 때문이었다.

[플라톤과 idea '이데아']

소크라테스의 제자인 플라톤(기원전 427?–347?)은 그의 영혼에 관한 관념론적인 학설을 계승해 '이데아론'으로 발전시켰다. 플라톤의 주장에 따르면, 이데아는 모든 사물의 원인이자 본질로써 현상 세계 배후에 존재한다. 즉, 현상 세계의 각 사물 배후에 존재하는 추상적인 실재이다. 현상 세계의 모든 사물은 모양이 제각각이고 죽거나 낡아 사라지는 데

었다. 이러한 방식을 mayéutica '산파술(產婆術)'라 부르는데, 아이 낳는 것을 도와주듯이 '상대방이 지혜를 터득하도록 도와주는 방식'이라는 데서 나온 명칭이다. Del gr. μαιευτικός *maieutikós*; propiamente 'perito en partos'; la forma f., de μαιευτική *maieutikḗ*; propiamente 'técnica de asistir en los partos'. https://dle.rae.es/may%C3%A9utico 참조.

174 이 말은 델포이의 아폴로 신전에 쓰여있던 말이라고 한다. 그리스어로는 γνωθι σεαυτόν, 라틴어로는 temet nosce 또는 nosce te ipsum, 스페인어로는 Conócete a ti mismo라고 번역된다.

반해, 이데아는 단일하며 시간의 흐름에도 모습이 변치 않는다. 생성하고 소멸하는 감각 세계의 사물은 이데아를 본떠 이루어진 것일 뿐 진실한 존재가 아니다. 따라서 이데아야말로 궁극의 진실을 추구하는 철학의 진정한 목적이다.[175]

이후 신플라톤주의의 대표적인 철학자인 플로티노스(205?–270)는 플라톤의 이데아를 '지고한 일자(一者)'라 칭하고, 세계를 일자(一者), 정신, 영혼, 저차원의 물질로서 이루어진 위계 구조로 분류했다. 낮은 계층일수록 불완전하며 더 상위의 계층을 모방하려고 애쓴다. 인간도 감각적인 것을 벗어나 일자를 향해 관조함으로써 그와 합일되기를 갈구해야 한다고 주장했다. 이 '제1자' 개념은 아우구스티누스, 그레고리우스 등 초기 가톨릭 교부들뿐만 아니라 토마스 아퀴나스에게도 영향을 끼쳤다. 이들은 시공을 초월한 비물질적인 영원한 실재이자 참다운 실재라는 이 '궁극의 이데아'를 '신'이라는 개념과 결부시켰다. 이에 따라 중세 교부철학에서 신(神)은 정신 속에 있는 원형으로서의 이데아에 따라서 여러 가지 사물을 창조했다는 사상이 지속되었다. 근세에 이르러 데카르트와 그리스의 경험론 등에 의해서 이데아는 심리적인 관념의 의미로 바뀌었다. 칸트는 세계, 영혼, 신 등 경험을 초월한 대상의 개념을 '선험적 이데아' 또는 '순수이성'이라고 명명하고, 이것은 이론적 인식의 대상이 될 수 없다고 주장했다. 헤겔은 이데아가 절대적으로 실재한다는 절대적 관념론을 전개했다. 그는 이데아를 논리적인 이데아, 자연, 정신의 3단계를 통해서 변증법적으로 자가 발전하는 것으로 보았다.

---

175 플라톤의 철학에 대해서는 Lamprecht, Sterling P.(1992:56-87); Copleston, Frederic Charles(1998:182-363); Russell, Bertland(2001:171-244); Hirschberger, Johanes(2017:94-194) 참조.

idea라는 용어는 본래는 그리스어 동사 idein '보다, 알다'의 과거형으로 'yo ví'라는 뜻이었으나, 플라톤 철학에 이르러 '보이는 것, 모양, 모습'이라는 뜻으로 쓰이게 된 것이다.[176] 마치 videre 'ver'의 1인칭 현재형인 video가 '비디오'라는 명사형으로 쓰이게 된 것과 같은 과정이다. 플라톤적인 개념으로는 인간의 눈이 아니라 영혼의 눈으로만 볼 수 있는 형상을 의미한다. 그런데, 철학적으로 이렇게 심오한 의미를 담고 있는 어휘가 현재는 단순히 '생각, 사고' 또는 '아이디어'라는 개념으로 쓰이고 있다. 아마도 불가시적인 궁극의 이데아를 추구하는 것은 결국 이성적 '사고'를 통해서만 가능하기 때문일 것이다. 이 용어의 의미 역시 많은 개념이 범용화되었듯이 시간이 지나면서 점차 일상화, 대중화된 것이다.

[아리스토텔레스와 peripatos '소요학파']

peripatos '소요학파'의 형용사인 peripatético는 왜 '소요학파의, 아리스토텔레스 이론의'라는 본연의 의미 이외에 ridículo '우스꽝스러운' 또는 extravagante '어처구니없는'이라는 다소 부정적인 의미를 갖게 되었을까?[177]

플라톤의 제자인 아리스토텔레스(기원전 384–322)는 학생들과 리케이온 주변을 peripatein '산책하면서' 강의하고 토론하는 것을 즐겼다고 한

---

176 Del lat. *idĕa* 'imagen, forma, apariencia', y este del gr. ἰδέα *idéa*. https://dle.rae.es/idea?m=form 참조.

177 Del lat. *peripatetĭcus*, y este del gr. περιπατητικός *peripatētikós*; propiamente 'que pasea', porque paseando enseñaba Aristóteles 참조. DRAE에 따르면, 심지어는 prostituta callejera '길거리 창녀'라는 의미로도 쓰인다. https://dle.rae.es/peripat%C3%A9tico 참조.

다. 이 peripatos '산책'에서 '소요학파(逍遙學派)'라는 말이 유래된 것이다.[178] Lykeion은 아리스토텔레스가 아테네 교외에 개설한 학교이다. 따라서 여기서 유래된 liceo는 아직도 '학교, 학원'이라는 의미로 쓰인다.[179] 특히 프랑스에서는 고등학교를 lycée '리세'라고 한다.

아리스토텔레스는 스승인 플라톤의 관념 철학에서 많은 영향을 받았으나 뒤에 독자적인 철학 체계를 구축하였다. 플라톤이 현실 세계와는 유리된 초감각적인 이데아의 세계를 탐구의 중심으로 삼은 데 반해, 그는 인간을 포함한 지각 가능한 자연물을 연구의 출발점으로 삼고 이를 지배하는 동인을 탐구하고자 하는 현실주의적 입장을 취했다. 존재의 구성 원리와 기원을 탐구하는 형이상학, 삶의 방식을 다루는 윤리학, 창조적 활동을 대상으로 하는 시학 등 다방면에 걸쳐 연구했다.[180]

그는 플라톤의 사물에 외재하는 초월적인 이데아론에 비판적인 입장을 취하고, 개별 사물들에 내재하는 보편성을 탐구했다. 따라서 학문은 감각적으로 지각할 수 있는 개별 사물들 속에 있는 일반성을 인식함으로써 성립하며, 감각을 통하지 않고는 체험할 수 없다고 보았다. 그는 사물 생성의 조건으로 질료(質料), 형상(形相), 운동의 시원(始原), 목적 네 가지를 들었다. 그에 따르면, 모든 존재는 질료와 형상이 결합된 것

---

178 국립국어원에 따르면, 소요(逍遙)란 '자유롭게 이리저리 슬슬 거닐며 돌아다님'을 뜻한다. 스페인어의 어원은 그리스어 περίπατος '산책'으로 거슬러 올라간다. Del gr. περίπατος *perípatos* 'paseo', porque paseando enseñaba Aristóteles. https://dle.rae.es/peripato?m=form 참조.

179 Del lat. *Lycēum* 'Liceo', gimnasio donde Aristóteles impartía sus enseñanzas, y este del gr. Λύκειον *Lýkeion*. https://dle.rae.es/liceo?m=form 참조.

180 아리스토텔레스의 철학에 대해서는 Lamprecht, Sterling P.(1992:87-120); Copleston, Frederic Charles(1998:364-512); Russell, Bertland(2001:245-310); Hirschberger, Johanes(2017:194-310) 참조.

으로서 나름의 목적성이 부여된다. 이 운동을 주재하는 것이 운동의 시원, 즉 '스스로는 움직이지 않으면서 다른 것을 움직이게 하는 것'이다. 이로써 단순히 초월적인 이데아론에서 한발 더 나아가 신(神)적인 개념을 논리적으로 검증하고자 했다. 그는 플라톤의 초월적인 이데아를 비판하면서도 나름대로 관념론적 입장을 보이며, 동시에 자연을 논하는 경우에는 개별 사물의 관찰을 중시함으로써 유물론적 색채 또한 농후하다. 개별 사물에서 출발하는 경험주의, 궁극적인 근거에까지 거슬러 올라가는 그의 근원성 탐구와 논리적인 분석 등은 후세의 연구 방법론에 많은 영향을 끼쳤다.

아리스토텔레스가 죽은 뒤로는 형이상학에 대한 관심이 줄어들고, 대신 제자들에 의해 식물학, 지리학, 자연과학 등 개별 과학에 대한 연구가 성행했다. 529년 유스티니아누스가 고대 철학 교육을 금지한 후 아리스토텔레스 연구의 중심은 이슬람 세계로 이동했다. 특히 초기 가톨릭 세계에서는 플라톤의 초월적 이데아론이 각광을 받은 반면에, 신의 존재를 이성적으로 논증하려는 그의 사상은 배척되었다. 이런 가운데서 아리스토텔레스의 많은 저서, 특히 형이상학에 관한 저서들은 대부분 유실되었고, 그의 이론 또한 경시되고 더 나아서는 희화화되기에 이르렀다. peripátetico(a)가 비유적으로 ridículo '우스꽝스러운, extravagante '어처구니 없는'이라는 부정적인 의미를 갖게 된 이유이다. 플라톤에서 파생된 platónico(a)라는 형용사가 amor platónico나 sentimiento platónico 등에서처럼 espiritual '정신적인', honesto '정결한'이라는 좋은 의미로 쓰이는 것과는 대조적이다.

peri-는 '둘레, 주변'이라는 의미로 그리스어에서 유래된 접두사이다. 이를 토대로 파생된 어휘들이 periferia '주위, 주변, 외곽', periférico(a);

perífrasis '우설법, 알아듣기 힘들게 빙 돌려서 하는 말', perifrástico(a); periscopio '전망경, 잠망경', periscópico(a) '사방이 확 트인, 울퉁불퉁한, 요철의' 등이다.

그리스어 πάθος '파토스'는 '고통, 경험'이라는 뜻이다. 수사학, 문학, 연극 등의 예술 장르에서 사용하던 의사소통의 한 기교로 청중의 감성에 호소하는 방식이다. 따라서 '감상, 감성'이라는 의미가 추가된다. 한국어에서는 주로 영어 발음을 그대로 차용해 '페이소스'라고 한다. 여기서 파생된 어휘가 patetismo '감상성, 애절', patético(a) '감상적인, 애절한'이다. 이 두 어휘가 합쳐진 것이 peripato '산책, 소요학파', peripatético(a) '소요학파의'인 것이다. 본래의 뜻은 이처럼 '주변을 감상하며 산책'하거나 '주변을 산책하며 사색'하는 것을 의미했으나, 차츰 형이상학적인 존재를 이성적으로 증명하려는 시도가 정도(正道)를 이탈하다 보니 후세에 의해 ridículo '우스꽝스러운, extravagante '어처구니없는'이라는 부정적인 의미가 부여된 것이다. 지성이 쇠락하니 이처럼 언어의 의미도 따라서 퇴색했다.

[퀴니코스학파와 cinismo '냉소주의']

기원전 4세기 중반 고대 그리스에서 형성된 금욕주의 학파이다. 소크라테스의 제자인 안티스테네스(BC 445?-BC 365?)가 창시했다. 소크라테스의 철학 가운데 극기 부분을 특히 강조해 쾌락을 멀리하고 검소한 삶을 추구할 것을 역설했다. 행복의 조건으로 정신적 수행과 자족적인 삶, 권력이나 세속적인 일에 속박되지 않는 자유를 꼽았으며, 개인의 도덕적 책임과 의지의 우월성을 강조했다. 그러나 철학적 해석이 지나쳐 극단주의로 흘렀다. 대표적으로 디오게네스(BC 412?-BC 323)의 경우에는 '아무것도 필요로 하지 않는 것이 신의 특징이며, 필요한 것이 적을수록 신에 가까운 자유로운 인간'이라는 신념을 갖고 있었다. 따라서 평생 남루한 옷을 걸치고 걸식생활을 했으며 나무통에서 살았다고 전해진다. 알렉산드로스가 찾아와 소원을 물었을 때조차도 '아무것도 필요없으니 햇빛이나 가리지 말고 비켜달라'고 했다는 말은 유명하다. 이러한 '떠돌이 개'와 같은 걸식생활에서 '견유학파'라는 말이 생겼다. 기존의 제도나 관습을 무시하고, 학문이나 예술에 대해서도 부정적이고 냉소적인 태도를 취했다.[181]

퀴니코스라는 말은 이 유파의 창시자인 안티스테네스가 가르치던 학교가 아테네의 Kynosarges에 있었기 때문이라는 설도 있고, 그리스어 kyon 'perro'에서 유래되었다는 설도 있다. 특히 후자의 경우에는 디오게네스가 '떠돌이 개와 같은 삶'을 살았다는 데서 설득력을 얻고 있다.[182] 퀴니코스라는 말은 후에 이 유파 철학자들의 냉소적인 자세를 일컬어 라틴어 cynicus의 어원이 되었고, 후에 스페인어 cínico(a) '냉소적인, 비꼬는'가 되었다. cinismo '냉소주의'라는 말도 이 학파의 가르침뿐만 아니라, 기존의 질서와 관습, 도덕 등을 무시하는 냉소적인 태도를 의미한다.[183]

이들의 사상은 후에 스토아 학파의 금욕주의에도 영향을 끼쳤다.

---

181 퀴니코스 학파의 철학에 대해서는 Russell, Bertland(2001:339-353); 디오게네스의 철학에 대해서는 Hirschberger, Johanes(2017:64-66) 참조.

182 https://iep.utm.edu/cynics/ 참조.

183 Del lat. *cynismus*, y este del gr. κυνισμός *kynismós*. https://dle.rae.es/cinismo?m=form 참조.

stoa라는 말은 그리스어로 '회랑'라는 뜻이다.[184] 기원전 301년 이 학파의 창시자인 제논이 아테네 광장에 있던 공회당의 '회랑'에서 제자들을 가르쳤기 때문에, 그 일파를 '회랑의 사람들'이라는 의미에서 '스토아파'라고 부른 것이라고 한다. 스페인어에서는 estoico(a), estoicismo, estoicidad 등이 파생되었다. 이 사상을 신봉하는 사람들의 모임 장소에서 유래된 어휘이다.

이 학파와 대비되는 학파로 '에피쿠로스 학파'가 있다. 흔히 '쾌락주의' 철학이라고 부르는 이 학파는 창시자인 Epikuros(기원전 h.341–270)의 이름에서 나온 것이다. 스페인어에서는 epicúreo(a) '쾌락적인, 관능적인'가 파생되었다.[185] 창시자의 철학적 신념이 의미화된 경우이다.

2.4.2.8. 그리스어 기원의 접두사와 접미사

어휘는 대체로 크게 단일어와 복합어로 나뉜다. 단일어는 하나의 실질형태소로 구성된 어휘이며(예: 집, 사람 등), 복합어는 하나의 실질형태소에 접사가 붙거나 두 개 이상의 실질형태소가 결합된 말이다(예: 덧신; 집안 등). 접사에는 접두사, 접중사, 접미사가 있으며, 여기에 실질형태소가 붙은 것을 '파생어'라고 한다. 반면에 두 개 이상의 실질형태소가 결합된 것은 '합성어'라고 한다.[186] 본 절에서는 그리스 기원의 '파생어', 즉,

---

184 Del lat. *Stoĭcus*, y este del gr. Στωϊκός *Stōïkós*, der. de στοά *stoá* 'pórtico', por el paraje de Atenas así denominado en el que se reunían estos filósofos. https://dle.rae.es/estoico?m=form 참조.

185 Del lat. *Epicurēus*, y este del gr. Ἐπικούρειος *Epikoúreios*. https://dle.rae.es/epic%C3%BAreo 참조.

186 예를 들어, 그리스 기원의 iconoclasta '성상파괴주의자'는 두 실질형태소 eikon '성상'과 clao '파괴

실질형태소에 접두사나 접미사가 결합된 어휘들만을 집중적으로 다룰 것이다.[187]

[접두사]

a- '결여(缺如), 비(非), 무(無)'[188]

anormal 비정상적인 [normal '정상적인']

ateísmo 무신론 [teo- '신']

→ teología 신학, teológoco(a), teólogo(a), -m.f. 신학자

acrónico(a) 해진 뒤의, 해거름의 (별 등) [crono- '시간']

↔ crónico(a) 만선의, 연래(年來)의

agnosticismo 불가지론, agnóstico(a) [gnosis '영적직관(靈的直觀)']

↔ cognición 인식, 인지

agramatical 비문법적인 [gramatical '문법적인']

→ gramática 문법

하다'가 결합된 '합성어'이므로 본 절에서는 다루지 않는다. 물론, 여기에 '-주의자, -하는 사람'이라는 의미의 -ista가 붙어 파생어로 분류할 수도 있지만, 여기서는 그 정도의 자세한 사항은 다루지 않을 것이다. Del lat. tardío *iconoclastes*, y este del gr. bizant. εἰκονοκλάστης *eikonoklástēs*; propiamente 'rompedor de imágenes'. https://dle.rae.es/iconoclasta 참조.

187 '접사(接辭)'는 afijo라고 한다. 라틴어 어간 fixus (>fijo)에 '-에'를 의미하는 ad-가 붙은 것이다. '접두사(prefijo)'는 어간에 '앞'을 의미하는 pre-가, '접중사(infijo)'는 어간에 '안'을 의미하는 in-이, '접미사(sufijo)'는 어간에 '밑'을 의미하는 su(b)-이 붙은 것이다. 스페인어의 '파생'과 '합성'에 관해서는 Alvar Ezquerra, Manuel(1993)과 Varela Ortega, Soledad(2005) 참조. 그리스 기원의 접사에 대한 자세한 자료는 Lang, M.F.(1990); Varela Ortega, Soledad(2005); Real Academia Española & Asociación de Academias de la Lengua Española(2009), 『Nueva gramática de la lengua española』, vol.I, 특히 접두사에 관해서는 제10장. pp.663-734.; Real Academia Esapñola(2014) 참조.

188 명사나 형용사를 타동사화시키는 데 쓰이는 a-와 '방향, 움직인, 경향, 근접, 부가' 등의 의미를 부여하는 데 쓰이는 a-는 라틴어 ad-에서 유래된 것이다: brazo→abrazar, claro(a)→aclarar, cómodo→acomodar; ceder→acceder, mirar→admirar, meter→ admitir 등. Del lat. *ad*. https://dle.rae.es/a?m=form 참조.

anestesia 마취, 무감각 (<[그] aisthesis '감각')[189]

anorexia 식욕감퇴, 식욕부진증, 거식증(拒食症) (<[그] órexis '식욕')[190]

↔ polifagia 다식증(多食症)[191] [poli- '다수(多數); -fagia '-을 먹음(食)']

amorfia 무정형(=amorfismo) [morfo- '형태']

→ morfología 형태론

ápodo(a) [동] 다리가 없는, -m.f. 무족동물 [podo-, -podo '다리']

→ podología 발 전문과, podólogo(a) 발 전문의사[192]

acro- '정상, 최고'

acrobacia 곡예 (<[그] bainō '가다')

→ acrobacia aérea 공중곡예

acrofobia 고소공포증 [-fobia '싫어함, 공포']

acrofobia 고소공포증, acrófobo(a)

claustrofobia 폐소공포증, claustrófobo(a)

hidrofobia '공수병(恐水病)'(=rabia), hidrófobo(a)

xenofobia 외국인 혐오증, xonófobo(a)

acrópolis (고대 스리스의) 높은 언덕 위의 성채, 광장 [-polis '도시']

→ metrópoli 수도, 대도시, metropolitano(a)

necrópolis 공동묘지 (=cementerio, camposanto) [necro- '시체, 죽음']

---

189 Del lat. cient. *anaesthesia*, y este del gr. ἀναισθησία *anaisthēsía* 'insensibilidad'. https://dle.rae.es/anestesia?m=form 참조. a가 비강세 모음 앞에서 an-이 된 것이다.

190 Del lat. cient. *anorexia*, y este del gr. ἀνορεξία *anorexía* 'inapetencia', de ἀν- *an-* 'an-' y un der. de ὀρέγειν *orégein* 'apetecer, desear'; *cf.* ὄρεξις *órexis* 'apetito, hambre'. https://dle.rae.es/anorexia?m=form 참조.

191 Del gr. πολυφαγία *polyphagía* 'voracidad'. https://dle.rae.es/polifagia?m=form 참조.

192 같은 '다리'라는 의미라도 podo-는 그리스어 기원인 데 반해, pede-는 라틴어 기원이다: (pede>) pie '발', pedestre '도보의'. Del lat. *pes, pedis*. https://dle.rae.es/pie?m=form 참조.

→ necrología 부고, 사망 기사

necromancia 강신술,

necropsia 검시(檢屍), 시체 해부(=autopsia)

aero-, aeri- '공기, 항공'

aerodinámica 기체역학, 공기동력학 [dinámico(a) '힘의, 동력의']

aerolínea (=aerovía) 항공로, 항공사 [línea '선, 노선']

aerolito (=meteorito) 운석 [lito- '돌']

aerología 기체학, 공기 물리학 [logo- '말']

aerómetro 공기측정기 [metro- '자, 측정']

aeronáutica 항공공학, aeronáutico(a), aeronauta 우주비행사 [náutica '항해학, 항해술']

aeronave (우주) 비행선 [nave '배, (사원의 기둥 사이의) 홀']

aeropostal 항공우편(의) (=vía aérea) [postal '우편의, -f. 우편엽서']

aeropuerto 공항 [puerto '항구, 고개(嶺)']

aeroterapia 대기요법, 공기요법, aeroterápico(a) [terapia '요법, 치료법']

aerotransportación 항공 수송, aerotransportado(a) [transportación '수송']

ana- '반대, 재(再), 상(上), 분리'

anabolismo [생] 동화작용 (<[그] bole '던짐' (<ballein '던지다'))

↔ catabolismo [생] 이화작용

anacoreta 은둔 수도자 (<[그] khoros '공간'+ta '-하는 사람')

anacronismo 시대착오, 케케묵음 [cróno- '시간']

anafilaxia (약물에 대한) 과민반응 (<[그] phylaxis '보호, 보살핌')

analgesia [의] 통증 마비, 무감각 (<[그] algos '통증'+어미 ía)

análisis 분석 (<[그] -luō '잃다')

analogía 유사, 유추 (<[그] ana '위'+logo '말'+어미 ía)

↔ diferencia 차이, 다름

anamorfosis (식물의) 기형, 변형 [morfosis '기관의 형성 과정']

anemo- '바람'

anemófilo(a) 바람을 좋아하는 (식물) [-filo '좋아하는']

anemómetro 풍력계 [metro '미터, 자, 박자']

anemoscopio 풍향계 [scopio '봄(vista)' (<[그] skopein '관찰하다')]

anemone [식] 아네모네[193] (<[그] anemos '바람')

anfi- '양쪽의'

anfibio 양서류 [bio- '생명']

→ reptil 파충류, mamífero 포유류

anfígamo(a) 남녀 양성의, 자웅동체의 [-gamia '결혼' (<[그] gamos)]

→ monogamia 단혼, bigamia 중혼; homogamia [생] 자웅동체, dicogamia [생] 자웅이체; endogamia 족내혼, exogamia 족외혼

anfiteatro 원형극장 [-teatro '극장'][194]

anti- '반(反), 반대'[195]

antibiótico 항생제 [bios '생명']

---

193 Del lat. *anemōne*, y este del gr. ἀνεμώνη *anemṓnē*. https://dle.rae.es/anemone?m=form 참조. 이처럼 어원은 anemos '바람'에서 비롯되었다. 그리스 신화에 따르면, 사랑의 여신인 아프로디테가 미소년 아도니스에게 사랑에 빠졌는데, 아도니스는 '바람처럼' 푸른 숲과 초원을 달리며 사냥하는 것을 더 좋아했다고 한다. 그러던 어느 날, 아프로디테가 걱정했던 대로 아도니스는 사나운 멧돼지의 공격에 사망했다. 이때 흘린 피에서 핀 꽃이라고 한다. 그래서 꽃말이 '사랑의 괴로움'이라고 한다.

194 Del lat. *amphitheātrum*, y este del gr. ἀμφιθέατρον *amphithéatron*. https://dle.rae.es/anfiteatro?m=form 참조.

195 유사한 의미의 접두사인 contra는 라틴어 기원이다. Del lat. *contra*. https://dle.rae.es/

anticatólico(a) [catolicismo '가톨릭']

anticlerical, anticlericalismo 교권반대 [clérigo '승려']

anticomunista [comunismo '공산주의']

anticorrosivo 부식방지제 [corrosión '부식']

anticristianismo 반그리스도교 [cristianismo '그리스도교 (<Jesús Cristo)']

anticristo 적그리스도 [Cristo '그리스도']

anticuerpo 항체(抗體) [cuerpo '몸, 신체']

antípoda 대차점 [poda '발(pie)']

antipútrido 방부제 [putrido '썩은, 부패한']

→ conservante 보존제, 방부제

antítesis 대조, 반대(反) [tesis '명제(正), 논문']

→ síntesis 통합(合)

antitóxico(a) 해독제 [tóxico '독(=veneno)']

antivenenoso(a) 해독제 [veneno '독']

antro-, antropo- '사람'

antropófago(a) 사람을 먹는, 식인종 [-fago '-을 좋아하는']

→ filófago 잎을 먹는(곤충) [-filo '-을 좋아하는']

→ bibliofilo 서적 애호가

antropografía 인문지리학 [grafía '씀, 글']

antropoide 유인원의 -m. 유인원 [-oide '-을 닮은, -모양의']

antropología 인류학 [logo- '말']

---

contra#AWCzXfA 참조.

apo- '먼, 분리, 유래'

apogeo [천] 원월점[196] [geo- '땅, 지구']

↔ perigeo [천] 근월점 [peri- '주변, 주위']

apocalipsis 묵시록, 계시록 (<[그] calupto '덮다, 가리다')

apóstol 사도(使徒), apostólico(a) (<[그] stello '보내다')

apóstrofo 생략부호(') (<[그] strepho '돌다')

archi - '주, 제일, 대, 많음'

archiduque 대공 [duque '공작']

→ marqués 후작, conde 백작, vizconde 자작, varón 남작

archileído(a) 많이 읽힌 [leer '읽다']

archipiélago 다도해, 군도, 제도 [piélago '[시] 바다(=mar)']

archisabido 박식한, 아는 것이 많은 [saber '알다']

astro- '별'

astrífero(a) 별이 많은 [-fero '-로 만든']

astrofísica 천체물리학 [física 물리학']

astrología 점성술 [logo- '말']

astronave 우주선 [nave '배']

astronomía 천문학 (<[그] nemō '정리')

auto- '자신의, 스스로'

autobiografía 자서전 [bio '생명', grafía '글']

---

196 달과 지구가 가장 멀어지는 점이다. '극, 절정, 정점(=auge)'이라는 의미로도 쓰인다. Del lat. *apogēum*, y este del gr. ἀπόγειον *apógeion*. https://dle.rae.es/apogeo?m=form 참조.

autobús 버스[197] (<[영] bus '버스')

→ camión 트럭, furgoneta 봉고, coche 승용차 (=terismo)

autocar 자동차, 대형 버스 (<[영] car '차')

autógrafo 자필 서명 [grafo '쓰는 (것)']

automatizar 자동화하다 (<[그] matos '생각하다'+izar '-으로 화하다(convertir en)')

automóvil 자동차 (=coche) [móvil '움직이는 (것)']

autonomía 자치, 자율 (<[그] nemō '정리')

→ Comunidad Autónoma 자치단체

↔ heteronomía 타율

autopista (유료) 고속도로 [pista 발자취, 행적 (<pisar)]

→ seguir la pista (범인의) 행적을 추적하다

autorretrato 자화상 [retrato 초상화]

autovía (무료) 고속도로 [vía 길 (=camino)]

biblio- '서적, 책'

bibliofilia 서적 애호 [-filia '애호']

→ bibliófilo 서적 애호가, 장서가

bibliografía 참고서적 목록, 사서학 [-grafía '쓴 것, 그린 것']

bibliomancia 책점 [-mancia '점(占)']

biblioteca 도서관 [-teca '데크, 선반']

→ bibliotecario(a) 사서

197 Del fr. *autobus*, y este de auto- '*auto*-' y la t. de omni*bus* 'ómnibus'. https://dle.rae.es/autob%C3%BAs 참조. ómnibus '합승 마차, 버스'는 라틴어 omnĭbus에서 나온 말로 'para todos'라는 뜻이다. 따라서, 비록 지금은 bus '버스'가 독립적으로 운송 수단을 나타내는 어휘가 되었지만, 어원적으로 봤을 때는 형용사 omnis '모든'의 탈격 복수 어미이다. 여기에 '자동, 스스로'를 뜻하는 auto가 결합된 것이 곧 autobús이다.

bio- '생명, 생활'

biología 생물학 [logo '말']

biotecnología 생명공학 [tecnología 기술]

→ genética 유전공학

→ célula madre/troncal 줄기세포

antibiótico 항생제 [anti- '반대']

cardi- '심장'

cardiaco(a) 심장의, 심장병의 [-aco '-의(relativo a)']

cardiógrafo 심장 박동계 (<[그] graphein'쓰다, 기록하다'+ía '질(cualidad)'을 나타내는 그리스어 어미)

cardiología 심장학, 심장내과 [logo '말']

→ cardiólogo(a) 심장병 전문의

carditis 심장병 [-itis '병']

cata- '밑으로'

catabolismo [생] 이화작용 (<[그] bole '던짐, 투척')

↔ anabolismo [생] 동화작용[198]

cataclismo 천지이변, 대이변 (<[그] klusmos '적심, 적시는 행위')

catacumbas (특히 고대 로마의) 지하 무덤 [-cumbas (<tumbas '무덤')]

catarata 폭포[199] [(arrasō>) -rata '돌진, 돌격']

catástrofe 비극적인 결말, 대단원, 파국,[200] [-strofe '전환']

---

198 언어학에서는 각각 disimilación '이화'와 asimilación '동화'라고 한다.

199 Del lat. *cataracta*, y este del gr. καταράκτης *kataráktēs*. https://dle.rae.es/catarata?m=form 참조.

200 Del lat. tardío *catastrŏphe*, y este del gr. καταστροφή *katastrophḗ*, der. de καταστρέφειν *katastréphein* 'abatir, destruir'. https://dle.rae.es/cat%C3%A1strofe 참조.

catarro 감기, 코감기[201] [-rro '흐름, 유동']

cromo- '색깔'

cromático(a) 색깔의, 색수차가 있는 (렌즈)

↔ acromático(a) 무색의, 색을 없앤

→ monocromo(a) 단색의, policromo(a) 다채색의

cromatografía 착색 판화술

→ acromatopsia 색맹 (=daltonismo)

→ daltoniano(a) -m.f. 색맹

crono- '시간'

crónica 연대기

crónico(a) 만성의, 연대기적인

↔ acrónico 해진 뒤에 나오는, 해 거름의 (별)

→ diacrónico 과거의, 옛것의 [dia- '관통']

→ sincrónico 동시대의 [sin- '함께']

cronología 연대기

cronómetro 크로노미터, 표준 정밀시계 [metro '미터, 운율, 박자']

deca- '10, 열'

década 10(장, 권)

decatlón 10종 경기 (<[그] -athlon '상(premio)')

---

201 Del lat. tardío *catarrhus*, y este del gr. κατάρροος *katárroos*, der. de καταρρεῖν *katarreîn* 'correr un líquido de arriba abajo'. https://dle.rae.es/catarro?m=form 참조.

decena 10개 조, 10년[202]

decenio 10개년

→ 그리스 숫자 기원의 접두사들

mono- '1': monólogo 독백 [라틴어 uni-][203]

di- '2': diálogo 대화 [라틴어 bi-][204]

tri- '3': trígono 3각형(=triángulo), triedro 3면체 [라틴어 tri-]

tetra- '4': tetrágono 4각형(=cuadrángulo), tetraedro 4면체 [라틴어 cuad-]

penta- '5': pentágono 5각형, pentaedro 5면체[205]

hexa- '6': hexágono 6각형, hexaedro 6면체

hepta- '7': heptágono 7각형, heptaedro 7면체

octa- '8': octágono 8각형, octaedro 8면체

nona- '9': nonágono 9각형, nonaedro 9면체

deca- '10': decágono 10각형, decaedro 10면체

hect- '100': hectárea 헥타아르 [1 아르=100m2] [라틴어 cent-]

kilo- '1000': kilogramo 킬로그램(=1000g), kilómetro 킬로미터(=1000m) [라틴어 mil-]

di- '2, 둘'[206]

diagonal 비스듬한, -m. 대각선

---

202 Del lat. tardío *decēnus* 'de diez en diez'. https://dle.rae.es/deceno 참조.

203 그리스어에서 수사 '1'은 ena이지만, 같은 의미의 접두사로는 mono-가 쓰인다.

204 라틴어에서 수사 '2'는 duo인데, 같은 의미의 접두사로는 bi-가 쓰인다. '듀엣'이라는 의미의 dúo는 이탈리아어 기원이다. Del it. *duo*. https://dle.rae.es/d%C3%BAo 참조.

205 penta '5'부터 deca '10'까지는 라틴 기원어도 형태가 동일하다. 그리스어에서 라틴어로 그대로 전이되었기 때문이다.

206 형태가 같더라도 '반대, 비(非), 불(不)'의 의미를 갖는 di-는 라틴어 기원이다 (disentir 등). 같은 의미의 bi-도 라틴어 기원이다.

diámetro 직경 → el radio 반경

→ la radio 라디오

dicromático(a) 2색의 [cromo- '색깔']

dipétalo 화판이 두 개인 [pétalo '화판']

diptongo 이중모음

→ monoptongo 단모음, triptongo 삼중모음

dis- '부정, 반대, 분리; 어려움(dificultad)'과 '비정상(anomalía)'[207]

disconforme 불일치하는, 의견이 다른 [conforme '일치하는']

dislexia 난독증 [-lexia '말(habla, dicción)']

→ léxico 어휘의, -m. 어휘집; lexicología 어휘론, 사전학

disnea 호흡장애 [-pneo '호흡, 숨']

dispepsia 소화불량 [-pepsis '소화(digestión')][208]

→ pepsina 펩신, 소화효소

ecto- '외(外), 바깥'

ectodermo (피부) 외피 [dermo- '피부']

↔ endodermo (피부) 내피 [endo- '내(內)'][209]

ectoparásito 체외 기생충 (벼룩, 진드기 등) [parásito '기생충']

→parasiticida 구충제 [-cida '-을 죽이는']

ectopia (내장의) 이상, 탈장(脫腸)

---

207 '부정(negación)'과 '반대(contrariedad)'의 의미는 라틴 기원이며(discordancia, disculpa, disconformidad), '분리(separación)'와 '차이(distinción)'의 의미도 라틴 기원이다 distraer; discernir, distinguir 등).

208 Del al. Pepsin, y este del gr. πέψις pépsis 'digestión' e -in '-ina'. https://dle.rae.es/pepsina 참조.

209 '피부(외피)'는 *exodermo가 아니라 ectodermo이다. https://dle.rae.es/ectodermo 참조.

ectoplasma 세포 외층, 외형질 [plasma '혈장(血漿), 원형질']

↔ citoplasma 세포 형질 [cito- '세포 (<[그] κύτος kýtos)'

→ citología 세포학, célula 세포 (<[라] cellula)

en- '내(內)'[210]

enuresis 유뇨증, 야뇨증 (<[그] ouron '오줌'+sis '증세')[211]

→ incontinencia de orina 요실금 [incontinencia 무절제, 참을성 없음]

encéfalo 뇌, 뇌수 (<[그] kephale '머리')[212]

→ encefalitis 뇌염 (=cefalitis)

endo- '내(內)'

↔ exo '외(外)'

endocardio 심내막 [-cardio '심장']

endogamia 족내혼 [-gamia '혼인']

endoscopio 내시경 (<[그] skopos '목표')

endoterápico 내복약의 [terapia '치료, 요법']

→ parasiticida endoterápica 내복 구충제

epi- '상(上), 표면'

epicentro 진원지, 진앙 [centro '중앙, 중심']

→ terremoto, sismo 지진

---

210 '안(內), 위(上)'의 의미를 갖는 접두사 en-, im-, in- 등은 라틴어 기원이다: envolver; imponer, introducir 등.

211 Del lat. cient. *enuresis*, y este del gr. ἐνουρεῖν *enoureîn* 'orinarse encima', 'tener incontinencia urinaria' y -sis '-sis'. https://dle.rae.es/enuresis?m=form 참조.

212 cerebro '뇌'는 라틴어 기원의 어휘이다. Del lat. *cerebrum*. https://dle.rae.es/cerebro?m=form 참조.

epidemia 전염병 (<[그] demos '군중, 국민')

epidermis 외피 [derma- '피부, 껍질']

epidermitis 피부병(외피)

→ dermis 진피, dermitis (=dermatitis) 피부병(진피), dermatología 피부과, dermatólogo(a), -m.f. 피부과 의사

epifenómeno 부대 현상, 후유증 [fenómeno '현상']

epilepsia 간질병, epiléptico(a) [-lepsia '질병']

epílogo 에필로그, 마무리, 결말 ↔ prólogo 프롤로그, 서문, 서막

epitafio 묘비명, 묘지 [-tafio '무덤'][213]

etno- '인종, 종족'

etnia 인종

etnología 인종학

etnológico(a) 인종학의, 인종적인

eu- '좋은, 양호'

eufonía 좋은 음조, 듣기 좋은 음 [-fono '음']

↔ cacofonía 나쁜 음조 [[그] kakos '나쁜']

exo- '외(外), 바깥'

↔ endo- '내(內)'

exobiología 외계 생명체 연구 생물학

exogamia 족외혼, 이종교배 ↔ endogamia 족내혼, 동종교배

213 Del lat. tardío *epitaphĭum* 'epitafio', y este del gr. ἐπιτάφιος epitáphios 'sepulcral', 'funeral', de ἐπι- *epi-* 'al pie de' y τάφος *táphos* 'tumba'. https://dle.rae.es/epitafio?m=form 참조.

éxodo (집단) 이주, 탈출

exorcismo 마귀를 몰아냄, 구마(驅魔) (<[그] horkos '맹세')

exorcista 구마사

exotismo 이국(異國) 취미

filo- '애호, 좋아함'[214]

filocomunista 친공주의자 [comunista '공산주의자']

↔ anticomunista 반공주의자

filología 문헌학, 어문학 [log-, logo- '말, 사고']

filosofía 철학 [-sofía '지혜']

fono- '음(音), 소리'

fonema 음소

fonética 음성학

fonología 음운론

foto- '빛'

fotocopia 복사, fotocopiar [copia '복사']

fotogénico(a) 사진이 잘 받는 [-génico (<[그] genes '생산하다')][215]

fotografía 사진, fotografiar, fotográfico(a), fotógrafo(a) -m.f [-grafía '쓴 것, 그린

---

214 '좋아함' '찬성'이라는 말을 할 때 흔히 pro를 쓴다: el pro y el contra '찬반', en pro '찬성(en favor)' 등. 이때의 pro는 라틴어 prode에서 나온 것으로 provecho '이익', ventaja '장점'이라는 뜻이다. 접두사로 쓰이는 라틴어 기원의 pro-와 혼동하지 말아야 한다. 라틴어 기원의 접두사 pro-는 해당 절 참조.

215 DRAE에서는 이 어휘를 영어 기원이며 프랑스어를 통해 스페인어로 유입된 것으로 보고 있다. 그러나 본래는 그리스 기원이다. Del fr. *photogénique*, y este del ingl. *photogenic*. https://dle.rae.es/fotog%C3%A9nico 참조.

것']

fototerapia 광전요법, fototerápico(a) [terapia '치료, 요법']

fotosíntesis 광합성, fotosintético(a) [síntesis '[화] 합성']

geo- '지구, 땅'

geocéntrico(a) 지심의, 지구 중심의 [centro '중심']

geofísica 지구 물리학 [física '물리학']

↔ astrofísica 천체 물리학 [astro- '별']

geografía 지리학 [-grafía '쓴 것, 그린 것']

geología 지질학 (<[그] logos '말씀, 이성')

geometría 기하학 [-metria '계량']

geopolítica 지정학 [política '정치']

geotermia 지열 [-termia '열(熱)']

→ termas f. pl. 온천; termo 보온병[216], termómetro 온도계

heli-, helio- '태양'

heliocéntrico(a) 태양 중심의 [centro '중앙, 중심']

→ teoría - 태양 중심 이론

helicóptero 헬리콥터 [-ptero 날개]

→ hélice 나사모양, 나선(=espiral), 스크루, 프로펠러

helioterapia 일광요법 [terapia '치료']

hema-, hemato-, hemo- '피'

hematología 혈액학 [logos '말'+ía '질(cualidad)'을 나타내는 명사형 어미로 '학문'을

216 이는 상표 이름에서 나온 것이다. De *Thermos*®, marca reg. https://dle.rae.es/termo?m=form 참조.

뜻함]

hemoglobina 헤모글로빈, 혈색소 (<[라] globus '구처, 공'+ina '물질의 명칭'을 나타내는 라틴 기원 어미)

hemopatía (일반적인) 혈액 병 [-patía (<[그] pathos) '감정, 고통, 요법']

→ apatía 무감각, 무기력

antipatía 싫어함, 불친절

cardiopatía 심장병

hidropatía 물치료법

psicopatía 정신병

simpatía 좋아함, 친절

telepatía 정신감응, 텔레파시

hemorragia 출혈 [-ragia (<[그] rhēgnumi '깨지다, 부서지다')]

hemorroide 치질 [-oide -모양의]

→ asteroide 별 모양의; antropoide 사람 모양의, -m. 유인원

hemostasis 지혈 [-stasis '멈춤'][217]

→ hemostático(a) -m. 지혈제

hemi- '반(半)'

hemicíclo 반원(=semicírculo)

hemiplegía 반신불수(의), hemipléjico(a) [-plejia '마비'][218]

→ apolplejia 졸도, 뇌일혈;[219] - fulmonante 급성 뇌일혈

---

217 De *hemo-* y el gr. στάσις *stásis* 'detención'. https://dle.rae.es/hemostasis?m=form 참조.

218 Del lat. cient. *hemiplegia*, y este del gr. bizant. ἡμιπληγία *hēmiplēgía*; la *-j-*, por analogía con *apoplejía*, *paraplejia*, etc. https://dle.rae.es/hemiplejia?m=form 참조.

219 Del lat. tardío *apoplexĭa*, y este del gr. ἀποπληξία *apoplēxía* 'parálisis'. https://dle.rae.es/apoplej%C3%ADa 참조.

paraplejía 하반신 불수[220]

hemisferio 반구체, hemisférico(a); - austral 남반구, - boreal 북반구 [-sferio '구(球), 지구'][221]

hemicránea 편두통(=jaqueca) [cráneo '두개골'(=esqueleto)]

hetero- '다른, 타(他)'

heterodoxia 이설, 이단 (<[그] doxa '의견'+"ia '질(cualidad)'을 나타내는 어미)

↔ ortodoxia 정설, 정통

heterogamia 이종교배 [gamia '결혼']

heterogeneidad 이질, 이종 (<[그] genos '인종, 자손'+dad '질(cualidad)'을 나타내는 라틴어 기원 접미사)

↔ homogeneidad

hidro- '물'

hidráulica 수력학, 수리 (<[그] aulos '피리, 플루트')

hidrato 수화물(水化物)

→ hidrato de carbono 탄수화물

→ hidratante 수분 함유제

hidroavión 수상비행기 [avión '비행기']

hidrófilo(a) 물을 좋아하는, 흡수력이 좋은 [-filo '-을 좋아하는']

→ algodón hidrófilo 물을 잘 흡수하는 면(綿)

hidrofobia 공수병(=rabia) [fobia 공포 (<[그] phobos)]

---

220 Del lat. tardío *paraplexĭa*, y este del gr. παραπληξία *paraplēxía*. https://dle.rae.es/paraplejia?m=form 참조.

221 Del lat. *hemisphaerĭum*, y este del gr. ἡμισφαίριον *hēmisphaírion*. https://dle.rae.es/hemisferio 참조.

hidrófugo(a) 방수의 [-fugo '피하는, 도망치는']

→ tejido - 방수천

hidrografía 수로학, hidrográfico(a) [grafía '글, 도표']

hidromancia 물점, hidromántico(a) [-mancia '점' ([그] manteía)]

hidropatía 냉수 요법, 물치료법(=hidroterapia) [-patía '치료']

hiper- '초월, 과다, 상(上)'

hiperacidez 위산과다 [ácido '산']

hipérbola 쌍곡선

hiperbólico(a) 쌍곡선의, 호들갑스러운, 과장된

→ curva - 쌍곡선

hipercrítica 혹평 [critica '비판, 비평']

hipermercado 하이퍼마켓 [mercado '시장']

→ supermercado 슈퍼마켓, centro comercial 쇼핑센터, almacén 백화점

hipersensibilidad 과민, 초민감 [sensible '예민한']

hipersónico(a) 초음속의 [sonido '소리']

hipertensión 고혈압, 초긴장 [tensión '긴장']

hipertermal 고온의 [termo- '열']

hipertrofia 이상 팽창, 비대, 이상 발육 [-trofia '발육' (<[그] -trophía)]

↔ atrofia 발육부진

hipo- '아래(下), 이하'

hipocentro (지진의) 진앙지, 진원지

hipocondría 우울증

hipocondriaco(a) 우울증 환자

→ trastorno bipolar 양극성 장애, 조울증 (=síndrome maníaco depresivo)

hipocorístico(a) 애칭의 (말), -m. 애칭

hipocresía 위선, hipócrita -m.f. 위선자

hipodérmico(a) 피하의 (=subcutáneo(a)) [dermo- '피부']

→ inyección - 피하주사

hipófisis 뇌하수체

hipoteca 저당, 담보

hipótesis 가설 [tesis '명제, 논제']

hipo- '말(馬)'

hipódromo 경마장 (<[그] dromos '코스')

→ hípico(a) 말의; carreras hípicas 경마

hipocampo 해마 (=caballo marino) [campo '들판']

hipología 마의학(馬醫學)

hipopótamo 하마 (<(그) potamos '강')

→ potámide [주로 pl.] 강의 요정[222]

homo- '동일, 동종'

homofonía 동음어 [fono '음, 소리']

homogamia 동종교배 [gamia '결혼']

homogeneidad 동질, 동종, 동성 (<[그] genos '종류, 계통')

↔ heterogeneidad

homografía 동형어 [grafía '글, 도표']

homologación (두 기관 간의 학력, 업적 등을) 동일시, 동등화 [logos '말']

→ homologar 동등화하다, (동등한 것으로) 인정하다

---

222 Del lat. *Potămis, -ĭdis*, y este del gr. Ποταμηΐς, -ΐδος *Potamēís, -ídos*, der. de ποταμός *potamós* 'río'. https://dle.rae.es/pot%C3%A1mide 참조.

→ convalidación (타 기관에서의 학력, 업적 등을) 인정, 확인 [validez '효력, 유효성']

homosexualidad 동성애, homosexual[223] [sexo '성']

iso- '같은, 동등한'

isobárico(a) 등압의 (<[그] barys '무거운'+ico '의')

→ líneas isobáricas 등압선

→ curva de nivel (지도의) 등고선

isocromático(a) 동색의 [cromo- '색깔']

isomorfismo 이종동형(異種同形) [morfo- 형태]

isópodo(a) 등각류의, -m. pl. 등각류 [podo- '발(pie)']

isósceles 이등변의 (<[그] skeles '다리(pierna)')

→ triángulo isósceles 이등변 삼각형

isotermo(a) 등온의 [termo- '온도']

→ líneas isotermas 등온선

lito- '돌(石)'

litografía 석판인쇄 [-grafía '쓴 것(書), 그린 것(畵)']

→ bibliografía 참고문헌

litología 암석학 [log-, logo- '말(言), 사고'; -logía '학(學), 론(論)']

→ filología, fonología, morfología

mesolítico (a) 중석기의 [meso- '중(中), 가운데']

→ período - 중석기 시대

→ Mesoamérica 중미, Mesopotamia 메소포타미아

---

223 '동성애자'라는 의미의 'homo'와 '인간'을 의미하는 homo sapiens의 'homo'는, 음 형태는 동일하지만 어원은 다른 어휘이다. '인간'을 뜻하는 homo, -ĭnis는 hombre로 변했다. https://dle.rae.es/hombre?m=form 참조.

neolítico(a) 신석기의 [neo- '신(新), 새로운']

→ período - 신석기 시대

→ neoclasicismo 신고전주의, neoconservadurismo 신보수주의

paleolítico(a) 구석기의 [paleo- '고(古), 옛']

→ período - 구석기 시대

→ paleografía 고문서학

log-, logo- '말, 사고'

lógica 논리학 [logo- 말, 사고']

biología 생물학 [bio- '생명']

ecología 환경학 [eco- '집, 거주지, 환경']

etimología 어원학 [etimo- '어원']

filología 문헌학 [filo- '을 좋아하는']

fonología 음운론 [fono- '소리']

geología 지리학 [geo- '지구, 땅']

sociología 사회학 [socio- '사회, 집단']

tecnología 기술 [tecno- '기술']

mega-, megalo- '대'

megáfono 메가폰 [-fono '소리']

→ micrófono 마이크로폰, 마이크

megalito 거석 [lito- '돌']

megalomanía 과대망상증 [-manía '편집증, 광(狂)']

→ monomanía 편집증: - de persecución 피해망상증

megatón 메가톤 (=100만 톤) [ton '톤(tonelada)']

meso- ‘중간’

mesocéfalo 중뇌, 중두형의(종족) [-céfalo ‘머리, 두뇌’]

→ encéfalo 뇌, 뇌수; megacéfalo 이상 대두의; microcéfalo 이상 소두의

mesocracia 중류계급 [-cracia ‘계급, 계층’]

→ aristocracia 귀족, 귀족정치; burocracia 관료주의

mesotórax [해] 흉중, 가운데 가슴 [tórax ‘가슴 (=pecho)]

meta- ‘후(後), 초(超); 함께; 변화’

metabolismo [생] 신진대사; 변화, 변형 (<[그] bole ‘던짐, 투척’+ismo ‘제도, 주의’)

→ anabolismo [생] 동화작용, catabolismo [생]이화작용

metafísica 형이상학 [física ‘물리학’]

metáfora 비유, 은유 (<[그] pherein ‘옮기다, 보다’)

→ símil 직유

metalenguaje 메타언어(언어 해석을 위한 언어) [lenguaje ‘언어’]

metamorfismo (지질학적) 변형, 변성작용 [morfo- ‘형태’]

metamorfosis 변화, 변형 (=transformación) [morfo- ‘형태’]

→ morfología 형태론

metapsíquica 심령학 [psiquis ‘정신, 혼(=psique)’]

→ psiquiatría 정신병학, psiquiatra -m.f. 정신과 의사

metapsicología 초(超) 심리학 [psicología ‘심리학’]

→ psicólogo(a) -m.f. 심리학자

metátesis 자위전환 (<[그] thesis ‘위치, 의견, 결론’)

micro- ‘작은, 미세’

microbio 세균, 병원균, microbiano(a) [bio- ‘생명’]

→ microbiología 세균학, 미생물학

→ biología 생물학, biotecnología 생명공학

microcosmo 소우주, 소사회 [cosmos '우주']

→ cosmopolitanismo 세계주의

microeconomía 미시경제학 [economía '경제, 경제학']

↔ macroeconomía 거시경제학 [macro '큰']

microfísica 원자물리학 [física '물리학']

→ átomo 원자, molécula 분자, neutrón 중성자

micrófono 마이크로폰, 마이크 [-fono '소리']

microscopio 현미경 [-scopio '보는 기계, 경(鏡)']

→ microscopio eléctronico 전자 현미경, caleidoscopio 만화경, telescopio 망원경, endoscopio 내시경

miso-, mis- '증오, 혐오'

misantropía 인간 불신, 염세주의 [-antropo '인간']

→ antropología 인류학, antrofobia 대인공포증

↔ filantropía 박애, 자선; filántropo(a) -m.f. 박애주의자, 자선사업가 [filo '애호, 좋아함']

→ escepticismo 회의주의, nihilismo 허무주의, optimismo 낙관주의

misoginia 여자 혐오증 [-ginia '여자, 암컷']

→ ginecología 부인과, ginefobia 여성 혐오 [gin-, gine-, ginec(o)- '여성의']

↔ filoginia 여자를 좋아함, 여성 숭배

misoneísmo 유행 배격주의, 새로운 것을 싫어하는 경향, 보수주의

mono- '1, 단일'

monarquía 왕정 [-arquía '지배, 통치(체제)']

→ monarca 왕

→ anarquía 무정부주의, oligarquía 과두정

monocromo(a) 단색의 [cromo- '색깔']

→ acromo(a) 무채색의, policromo 다채색의

monólogo 독백 [-logo '말, 사고']

→ diálogo 대화 [di- '2']

monopétalo(a) 외꽃잎의 [pétalo '꽃잎, 화판']

monopolio 전매특권 (<[그] pōleîn '팔다')

→ póliza (보험)증권, 계약서, 허가증

monosílabo(a) 단음절의(단어) [sílaba '음절']

monoteísmo 일신교 [teo- '신']

↔ ateísmo 무신론, panteísmo 범신론, politeísmo 다신교

monotonía 단조로움, 천편일률 [tono '음조, 톤']

necro- '시체, 죽음'

necrófago 시체를 먹는 [-fago '좋아하는']

→ antropófago 식인종

necrología 사망 기사, 사망자 명부 [-logo '말, 사고']

→ obituario 부고(訃告), 부고 기사

necromancia 강신술 (=nigromancia) [-mancia '점(占)']

necrópolis 공동묘지(=cementerio, camposanto) [-polis '도시']

→ acrópolis (고대 그리스의) 성채, metrópolis 수도

necropsia 검시, 시체 해부 (<[그] nekrós '시체' + -opsía '봄, 시각').

→ autopsia 검시, 시체 해부, anatomía 해부, disecación 박제

neo- '신(新), 새로운'

neoclasicismo 신고전주의 [clasicismo '고전주의']

neoconservadurismo 신보수주의 [conservadurismo '보수주의']

neofobia 새것을 싫어하기 [-fobia '병, 공포증; 싫어함, 증오']

→ antrofobia 대인공포증, claustrofobia 폐소공포증, acrofobia 고소공포증

neologismo 신조어 [logo- '말, 사고']

neorromanticismo 신낭만주의 [romanticismo '낭만주의']

ono-, onoma(to)- '이름'

onomancia 이름 점(占) [-mancia '점']

onomástica 성명학, 이름, 명칭 (<[그] tico '의(relativo a, referente a')

onomatopeya 의성어 (<[그] poiein '모방하다'+-ía '질(cualidad)'을 나타내는 접미사)

orto- '직(直), 정(正)'

ortodoxia 정설, 정교 [-doxia '설, 교리']

↔ heterodoxia 이설, 이단

ortografía 정자법 [-grafía '쓴 것, 기록한 것']

ortopedia 정형외과 [-pede '발의']

ortopedista -m.f. 정형외과 의사

→ pediatría 소아청소년과, pediatra -m.f. 소아청소년과 의사

paleo- '고(古), 구(舊), 옛'

paleografía 고문서학 [grafía '글, 도표']

paleolítico(a) 구석기의 [lito- '돌']

→ neolítico(a) 신석기의

paleontología 고생물학, 화석학 [ontología '존재론, 실체론']

pan- '범(凡), 전(全)'

panacea 만병통치약 (<[그] akos '방법, 수단')

panamericanismo 범미주의, panamericano(a)

→ paneslavismo 범슬라브주의, pangermanismo 범게르만주의, panislamismo

범이슬람주의

pandemónium 복마전, 아수라장 [demonio '악마 (=diablo)']

panorama 전경(全景), 파노라마 [-orama '전망, 전경']

→ ciclorama 원형 전경판 [ciclo- '원']

→ cosmorama 세계 명소가 그려진 모형 [cosmo- '우주']

→ georama 지구 모형 [geo- '지구, 땅']

→ neorama 네오라마 (파노라마의 일종) [neo- '새로운']

panteísmo 범신론 [teo- '신']

→ ateísmo 무신론, monoteísmo 일신교, politeísmo 다신교

→ panteón 만신전

para-[224]

① '유사, 근사'

parábola 비유; 포물선 (<[그] ballō '던지다')

→ antena parabólica 위성 안테나

paráfrasis 의해, 의역, 부열, 해석 [frase '어구, 문장']

paratifoidea 의사 장티푸스 [tifus '티푸스']

→ tifus abdominal 장티푸스

② '보호'

parabrisas (자동차의) 앞 유리, 바람막이 [brisa '미풍']

paracaídas 낙하산, paracaidista [caída '낙하']

parachoques (자동차의) 범퍼, 완충기 [choque '충돌']

---

224 같은 para-라도 '방호, 피난'의 의미는 라틴 기원이다: parasol '파라솔', paraguas '우산', parapeto '손잡이, 난간, [건] 흉벽' 등.

③ '부정'

parálisis 마비 [-lisis (<[그] luo '느슨한'+-is '증상')

Paralimpiada 패럴림픽 [Olimpiada 올림픽][225]

pari- '동(同), 동등'

par (=igual), -m. 한 쌍

→ un par de zapatos 구두 한 켤레; un par de semanas 2주

↔ impar 홀수의

paridad 동등, 균등

pato- '병, 증세'

patógeno 병의 원인이 되는 (<[그] -geno '발생하다')

→ gérmenes patógenos 병원균

patología 병리학 [logo '말, 사고']

→ patólogo(a) 병리학자

pent-, penta- '5, 다섯'

pentágono 5각의, -m. 오각형 (<[그] gōnía '각도')

pentatlón 5종 경기 [-atlón (<[그] athlon '상(premio)')]

→ pentatlón moderno 근대 5종 경기[226]

→ biatlón 바이애슬론[227]

---

225 Del lat. *Olympĭas*, *-ădis*, y este del gr. Ὀλυμπιάς, -άδος *Olympiás*, *-ádos*. https://dle.rae.es/olimpiada?m=form 참조.

226 장애물 승마(equitación), 펜싱(esgrima) 에페, 크로스컨트리(campo a través) 3000m, 수영(natación) 200m, 권총 사격(tiro)을 겨루는 경기이다.

227 크로스컨트리 스키와 사격을 겨루는 경기이다.

→ triatlón 3종 경기[228]

→ decatlón 10종 경기[229]

peri- '주위, 주변'

periferia 주위, 주변, 교외(=alrededores, circunferencia) (<[그] -pherō '나르다')

perífrasis 빙 돌려 말하기 [frase '문장']

perigeo [천] 근월점 [geo- '땅'] ↔ apogeo [천] 원월점

perihelio [천] 근일점 [helio- '태양'] ↔ afelio [천] 원일점

periscopio 전망경 [scopio '봄, 경(鏡)']

piro- '불(火)'

pirolatría 배화(拜火), pirolatra [-latría '숭배, 찬양']

→ zoroastrismo 조로아스터교, 배화교(=mazdeísmo), 명교(明教)[230]

piromancia 불 점, piromántico(a) [-mancia '점']

pirosis 화병, 가슴앓이 [-sis '병' (<[그] -itis)]

pirotecnia 불 다루는 기술, 불꽃·화약 제조술 [técnica '기술' (<[그] -tecnia)]

---

228 수영 1500m, 마라톤 10km, 사이클 40km를 겨루는 경기이다.

229 100m, 멀리뛰기, 포환던지기, 높이뛰기, 400m; 110m 허들, 원반던지기, 장대높이뛰기, 창던지기, 1500m를 겨루는 경기이다.

230 불을 숭배하기 때문에 '배화교' 또는 '명교'라고도 하는 조로아스터교(Zoroastrismo)는 고대 페르시아에서 성행했던 종교이다. 기원전 수 세기 전에 파미르 서쪽의 박트리아에서 자라투스트라(Zarathustra)가 창시했다고 한다. '조로아스터'는 그리스식으로 표기한 것으로 동일 인물을 가리키는 말이다. 생몰 연대가 정확하게 알려져 있지 않으므로 언제 창시했는지에 대해서도 설이 분분하다. 창조의 신인 유일신 아후라 마즈다를 중심으로 선과 악 이분법적 세계관을 구축했으며, 불을 숭배했다. 기원전 7세기경 페르시아로 퍼졌으며, 후에 중국으로 전해지며 배화교(拜火教)라고 불렸다. 서기 7세기 이후 이슬람의 영향으로 쇠퇴했다. 현재에도 소수지만 중앙아시아, 인도, 파키스탄, 이란 등지에는 신자들이 남아 있다고 한다.

poli- '다수, 많음'

policía (다중을 대상으로 한) 질서유지, (그 임무를 수행하는) 직책, 경찰[231] (<[그] polis '도시')

poliedro 다면체, poliédrico(a) [-edro '면체']

polifagia 다식증 [-fagia, -fago '식(食), 먹는']

→ antropófago 식인종

polifásico(a) 다상의, 다양한 국면의 [fase '상, 국면, [천] 달의 이지러짐']

poligamia, polígamo(a) [-gamia '결합, 결혼']

poligloto(a) 다국어로 된 [glosa '주해, 주석' (<[그] glôssa 'lengua')

→ biblia poliglota 다국어 성서

polígono(a) 다각형, poligonal [-gono '각']

→ Polígono Industrial 산업단지

poligrafía 암호술, poligráfico(a) [-grafía '표식, 도표, 기호']

→ cifra 숫자, 암호; enigma 수수께끼, 암호

polisemia 다의어 (<[그] sêma 'significado')

→ semántica 의미론, semiótica 기호학 (=semiología)

polisépalo(a) 꽃받침이 많은 [sépalo '꽃받침']

→ pétalo 화판, 꽃잎

politeísmo 다신교 [teo- '신']

poítica 정치

politécnico(a) 종합 기술의, 다양한 기술의, 여러 기예의 [técnica '기술']

→ Universidad Politécnica de Madrid 마드리드 공대

231 Del lat. *politīa* 'organización política', 'gobierno', y este del gr. πολιτεία *politeía*. https://dle.rae.es/polic%C3%ADa 참조.

pro- ‘앞에, 앞으로’[232]

programa[233] 프로그램 [gramma ‘글자’ (<grapho ‘쓰다’)]

→ gramática 문법[234]

prólogo 머리말, 서막 [logos ‘말, 이성’]

↔ epílogo 맺는말, 종막

pronosticar 예측하다, 예보하다 (<[그] gnosis ‘인지, 지식, 앎’)[235]

proto- ‘제1, 주요한, 원시적인, 최초의’

protocolo 의전, 의정서[236] (<[그] kollon ‘아교, 풀’)

protohistoria 원시 역사학 [historia ‘역사’]

protoplasma 원형질 [plasma ‘형질, 플라즈마’]

protorromance 원시 로망스어 [romance ‘로망스어’][237]

---

232 같은 pro-라도 라틴 기원이 있음에 유의해야 한다. ‘앞에, 앞으로(progresar, proseguir)’, ‘찬성의, 편드는’의 의미(proaborto), ‘-대신에(pronombre)’, ‘공공연히(proclamar)’ 등은 대체로 라틴 기원이다. 결국, 어간의 어원이 무엇인지 살펴보아야 한다는 뜻이다.

233 Del lat. tardío *programma*, y este del gr. πρόγραμμα *prógramma*. https://dle.rae.es/programa?m=form 참조.

234 gramática의 어원은 라틴어 grammatĭca인데, 이 어휘는 그리스어 grammatikḗ tékhne에서 나온 것이다. grammatikḗ는 ‘글자(letra)’라는 의미의 gramma에서 나온 것이고, tékhne는 ‘기술(arte, técnica)’라는 뜻이다. 즉, ‘문법’이란 본래 의미는 ‘글 쓰는 기술’을 가리키는 말이었다. Del lat. *grammatĭcus*, y este del gr. γραμματικός *grammatikós*; la forma f., del lat. *grammatĭca*, y este del gr. γραμματική *grammatikḗ*. https://dle.rae.es/gram%C3%A1tico 참조.

235 이 어휘의 직접적인 어원은 라틴어 prognostica이지만, 원 어원은 그리스어 gnosos ‘인지, 지식, 앎’에서 파생된 것이므로 그리스어 기원어로 분류한다. 스페인어에서는 -g-가 탈락했지만, 영어에서는 오히려 동사 prognosticate, 명사 prognosis, 형용사 prognostic 등 모두 -g-를 보존하고 있다. Del gr. γνῶσις *gnôsis* 'conocimiento'. https://dle.rae.es/gnosis?m=form 참조.

236 Del lat. tardío *protocollum* 'primera hoja de un documento con los datos de su autentificación', y este del gr. bizant. πρωτόκολλον *prōtókollon*. https://dle.rae.es/protocolo?m=form 참조.

237 로망스어란 라틴어에서 갈라져 나온 이탈리아어, 스페인어, 프랑스어, 포르투갈어, 카탈루냐어, 루마니아어 등을 가리키는 말이다. Del lat. *Romanĭce* 'en el idioma de los romanos'. https://dle.rae.

prototipo 원형, 전형 [tipo '형(形), 타입']

sim-, sin- '함께, 결합, 종합, 동시성'

simpatía 애호, 좋아함, simpático(a) [pathos '감성, 느낌']

↔ antipatía 싫어함, 반감 [anti- '반대']

sinfonía 화음, 교향악 [fono '소리']

sincretismo 제 학설 혼합주의 (<[그] kriti '크레타의'+-ismo'주의')[238]

sincronismo 동시성 [crono- '시간']

→ diacronismo 역사성

→ sincronizar 동시에 하다, 일치시키다

síntesis 종합, 통합

→ tesis 정(正), antitesis 반(反), síntesis 합(合)

→ fotosíntesis 광합성작용

→ parasíntesis 합성에서의 파생[239]

polisintetismo [언](몇 마디를 단 한마디로) 집약, 축약, 집합 [poli- '다수']

síntoma 증세 (<[그] -ptōma '떨어지다, 망하다')[240]

sintonización 파장·주파수를 맞춤 [tono '박자, 음조, 어투']

→ sintonizar 파장·주파수를 맞추다

---

es/romance 참조.

238 '크레타섬'이 들어간 이유는 '크레타인들은 전쟁이 일어나면 내부의 불화를 제쳐두고 합심한다'는 플루타르코의 말에서 나온 것이라고 한다. http://etimologias.dechile.net/?sincretismo 참조.

239 예를 들면, des-alma-ado>desalmado '잔인한, 매정한'이 이에 속한다.

240 이런 의미에서 síntoma의 본래 의미는 '사고(accidente)' 또는 '불행(desgracia)'이다. Del lat. tardío *symptōma*, y este del gr. σύμπτωμα *sýmptōma*. https://dle.rae.es/s%C3%ADntoma 참조.

tele- '먼'

telecomuncación 전기통신 [comunicación '통신']

teléfono 전화 [fono- '소리']

telégrafo 전신 [-grafía '기호, 표식']

telegrama 전보 [-grama '문자']

telepatía 정신감응, 텔레파시 [-patía '느낌']

→ simpatía 호감, antipatía 반감

telescopio 망원경 [-scopio '경(鏡)']

televisión 텔레비전 [-vision '봄, 전경']

teo- '신'

teología 신학 [logo- '말']

apoteosis 신격화(=deificación) (<[그] apo '분리, 유래'+ theo '신'+osis '형성, 추진')

→ deificar 신격화하다(=divinizar) [deus>Dios '신']

→ deicidio 신성모독, 신(그리스도) 살해 [[라]-cidio '살해']

→ fratricidio 형제살해, matricidio 모친살해, patricidio 부친살해, uxoricidio 아내 살해

↔ encarnar 사람 형상으로 화하다 [carne '살, 육체']

tri- '3, 셋'[241]

triptongo 3중 모음 (<[그] phthongus '목소리')[242]

→ diptongo 이중 모음

---

241 라틴어 접두사도 tri-이다. 이 접두사는 그리스어에서 유래한 것이므로 어간에 따라 그리스 기원어로도 분류되고 라틴 기원어로도 분류된다. 라틴 기원어는 해당 단원 참고.

242 Del lat. *dip[h]thongus*, y este del gr. δίφθογγος *díphthongos*. https://dle.rae.es/diptongo?m=form 참조.

→ vocal 모음, semivocal 반모음; consonante 자음, semiconsonante 반자음

[접미사][243]

-algia '통증'

lumbalgia 등 통증 [lomo 등][244]

dermalgia 피부통 [dermo- '피부']

gastralgia 위통 [gastro- '위']

neuralgia 신경통 [neuro- '신경']

nostalgia 향수(鄕愁) [nosto- '귀환, 귀가'][245]

odontalgia 치통 [odonto- '치아']

artralgia 관절통 [artro- '관절']

-andro, -andria '남자, 남편'

poliandria 일처다부제(一妻多夫制) [poli- '다(多)']

→ poliginia 일부다처제(一夫多妻制) [gine- '여자, 아내'] → ginecología 부인과

poligamia 중혼(重婚) ↔ monogamia 단혼(單婚)

poliamor 다자간 연애

243 그리스어 기원의 접미사에 관해서는 Varela Ortega, Soledad(2005); Real Academia Española & Asociación de Academias de la Lengua Española(2009), 『Nueva gramática de la lengua española』, vol.I, 접미사에 관해서는 특히 제5-8장. pp.337-626.; Real Academia Esapñola(2014) 참조.

244 Del lat. *lumbus*. https://dle.rae.es/lomo?m=form 참조. 형용사형은 lumbar이다.

245 Del lat. mod. *nostalgia*, y este del gr. νόστος *nóstos* 'regreso' y -αλγία *-algía* '-algia'. https://dle.rae.es/nostalgia?m=form 참조.

-antropo '인간'

filantropismo 박애주의, 자선 [filo- '선호, 좋아함']

→ filantropía 박애; filántropo(a) -m.f. 박애가, 자선가

→ antropófago 식인종, antropología 인류학

misantropía 염세 [mis- '미움, 싫어함']

→ misántropo(a) -m.f. 염세가, 사람을 싫어하는 사람

-arquía '지배, 체제, 정치'

anarquía 무정부주의 [a-, an- '없음(無)']

monarquía (단일) 왕정 [mono- '1']

oligarquía 과두정치, 소수정치 [oligoi- '소수']

poliarquía 다수정치, poliárquico(a) [poli- '다수']

-atra, -atría '치료'

pediatría 소아과[246] (<[그] pais '어린아이')

→ pedagogía 교육학[247]

-cefalo '머리'

acéfalo(a) 무두(無頭)의, 머리가 없는(동물) [a- '무(無), 없음']

encéfalo 뇌, 뇌수 [en- '안']

megacéfalo 머리가 큰 (종족) [mega- '거대']

microcéfalo(a) 머리가 작은 (종족) [micro- '미세']

cefalitis 뇌염 [-itis '병']

---

246 Del gr. παῖς, παιδός *paîs, paidós* 'niño' y *-iatría*. https://dle.rae.es/pediatr%C3%ADa 참조.

247 Del gr. παιδαγωγία *paidagōgía*. https://dle.rae.es/pedagog%C3%ADa 참조.

cefalópodo 두족류 (오징어, 낙지 등) [podo- '발']

-ciclo '원(圓)'

hemiciclo 반원 [hemi-는 그리스어 기원]

semicírculo 반원 [semi-는 라틴어 기원]

-cosmo '우주'

macrocosmo 대우주, 큰 세계 [macro- '큰']

microcosmo 소우주, 작은 세계 [micro- '작은']

-cracia '지배, 정치'

aristocracia 귀족정치, 귀족계급 [aristo- '귀족']

→ aristócrata -m.f. 귀족(=noble)

autocracia 전제, 독재정치 (<[그] autos '스스로')

burocracia 관료주의 (<[프]buro- '사무실, 책상')

democracia 민주주의 [demo- '민중, 대중']

→ demagogia 선동, 악선전, demágogo 선전선동가

→ demografía 인구 통계(학)

oligarquía 과두정치 (<[그] oligos '소수')

tecnocracia 테크노크라트에 의한 정치, 그 계급 (<[그] tekhne '기술'+kratos '권력'+어미 ía]

teocracia 신정 정치 [teo- '신']

timocracia 금권정치 (<[그] timé '돈, 가치')

oclocracia 다수정치, 중우정치 (<[그] ochlos '군중, 대중')

-cromo '색깔'

acromático(a) 무색의, 색이 없는 [a- '무(無), 없는']

acromatopsia 색맹(=daltonismo) (<[그] chroma '색깔'+opsis '봄'+ía)

monocromo(a) 단색의 [mono- '단, 하나']

policromo(a) 다채색의 [poli- '다수']

-dromo '경주'

autódromo 자동차 경주장 [auto- '자동차']

hipódromo 경마장 [hipo- '말']

-edro '면체'

tetraedro 4면체 [tetra '4']

hexaedro 6면체 [hexa '6']

octaedro 8면체 [octa '8']

-fago '-을 먹는'

antropófago 식인종 [antropo- '사람']

filófago 잎을 먹는(곤충) [filo- '잎']

→ monofilo(a) 단엽의 (식물)

geófago(a) 흙을 먹는(곤충) [geo- '땅']

hematófago(a) 흡혈의(동물) [hemato- '피']

necrófago 시체를 파먹는(곤충) [necro- '시신']

xilófago(a) 나무를 갉아 먹는(곤충) [xilo- '나무']

→ xilografía 목판 인쇄술

-filo '-을 좋아하는 (사람)'

anglófilo(a) 친영파의 (사람) [anglo- '앵글로족']

→ francófilo, vascófilo, germanófilo, hispanófilo

colombófilo (전서용) 비둘기 사육사, 그 애호가 [colombo- '비둘기' (<[라] columba)][248]

bibliófilo(a) 서적 애호가 [biblio- '책']

hidrófilo(a) 물을 좋아하는, 흡수성이 강한 [hidro- '물']

→ algodón hidrófilo 흡수성이 강한 면

taurófilo(a) 투우를 좋아하는 (팬) [tauro- '투우' (<[라 taurus])

-fobia '병, 공포'

acrofobia 고소공포증 [acro- '높은']

antrofobia 대인공포증 [antro, antropo- '인간']

claustrofobia 폐소공포증 [claustro- '폐쇄' (<[라] claustrum 'lugar cerrado')

hidrofobia 공수병(=rabia) [hidro- '물']

-fonía, -fono '소리'

apofonía 동일 어원의 모음전환[249] [apo- '먼, 분리, 유래']

cacofonía 동음중복, 불협화음 [caco- '나쁜']

eufonía 호음조 [eu- '좋은']

sinfonía 화음, 교향악 [sin- '함께']

---

248 paloma '비둘기'도 라틴어에서 나온 것이다. Del lat. *palumbus* 'palomo'; la forma f., del lat. vulg. *palumba*, y este del lat. *palumbes* 'paloma torcaz'. https://dle.rae.es/palomo 참조. 이탈리아어에서는 colomba라고 한다.

249 예를 들면, hacer→hice가 이에 해당한다.

-foro '가져가다, 운반하다'

aerófero(a) 공기가 통하는 (=aerífero(a)) [aero- '공기']

electróforo 기전반(起電盤)[250] [electro- '전기']

semáforo 신호등 [sema- 'señal']

-frasis '표현'

antífrasis 반어법 [anti- '반, 반대']

paráfrasis 부연 설명, 의역 [para- '근접, 근사, 보호']

perífrasis 우설법(迂說法), 돌려 말하기 [peri- '주위, 주변']

-gamia '결혼, 결합'

bigamia 중혼, 이중 결혼 [bi- '2, 둘']

dicogamia 자웅이체 [dico- '2, 둘']

endogamia 족내혼 [endo- '안'

exogamia 족외혼 [exo- '바깥']

heterogamia 이종교배(=anisogamia) [hetero- '이종, 이질적인']

homogamia 자웅동체 [homo- '동일한']

isogamia 동종교배 [iso- '같은']

monogamia 단혼, 일부일처제 [mono- '1, 하나']

poligamia 일부다처제 [poli- '다수']

-geno '-을 야기하는'

patógeno 병의 원인이 되는, 병원균 [pato- '병, 증세']

250 전기 유도 현상을 이용하여 금속판이 전기를 띨 수 있도록 원판에 절연 손잡이를 고정해 놓은 기구. https://stdict.korean.go.kr/search/searchResult.do 참조.

patología 병리학 [logo '말'+ía '학문']

→ patológico(a) 병리학의, patólogo(a) 병리학자

génesis 기원, 탄생 (<[그] gignesthai '태어나다') [genos '종족, 가족'][251]

→ Génesis (구약성서) 창세기

género 종류

-geo '땅'

apogeo 정점, 원지점(遠地點) [apo- '먼, 분리, 유래']

↔ perigeo 근지점(近地點), 근월점(近月點) [peri- '주위, 주변']

epigeo 지상의 [epi- '위(上), 표면']

hipogeo '지하 시체 안치실, 지하 무덤' [hipo- '아래(下), 이하']

-gono '각형'

triángulo 3각형

→ triángulo ortogonal/rectángulo 직각 삼각형

tetrágono 4각형 (=cuadro)

pentágono 5각형

hexágono 6각형

octágono 8각형 → octava 옥타브, 8분 음계

-grafía '쓰다, 그림'

grafía 그래프, 그림

autógrafo 자필 사인, 서명 [auto- '자신, 스스로']

bibliografía 참고문헌 [biblio- '책']

---

251 Del Hoyo, Javier(2013:13) 참조.

cardiografía 심장학 [cardio- '심장']

cinematografía 영화 [cinema '영화']

demografía 인구 통계학 [demo- '대중']

fotografía 사진 [foto- '빛']

geografía 지리학 [geo- '지구, 땅']

litografía 석판, 석판화 [lito- '돌']

paleografía 고문서학 [paleo- '오래된']

radiografía 방사선 사진 [radio '방사선']

ultrasonografía 초음파검사 [ultra '초'+sono '음']

xilografía 목판, 목판화 [xilo- '나무']

-grama '글자'

crucigrama 십자형 낱말 메우기 퀴즈 [cruci- 십자가']

holograma 홀로그램 [holo- '전체, 전부']

programa 프로그램 [pro- '앞, -을 위해']

telegrama 전보 [tele- '먼']

-ismo '-주의, 설(說)'; -ista '주의자, -하는 사람'

clasicismo 고전주의 (<[라] classis '집회, 소집(=clase))

→ clasicista -m.f. 고전주의자

panteísmo 범신론 [pan- '범'; theos '신']

→ panteísta -m.f. 범신론자

romanticismo 낭만주의 (<[프] romantique '낭만적인')

→ romanticista -m.f. 낭만주의자

racismo 인종주의 [raza '인종'][252]

→ racista -m.f. 인종주의자

realismo 사실주의 [real '실제의, 사실의'][253]

→ realista -m.f. 사실주의자, 현실주의자

-itis '병, 질환'

apendicitis 맹장염 → apéndice cegal 맹장

arteritis 동맥염 → arteria 동맥; vena 정맥, 혈관

bronquitis 기관지염 → bronquio 기관지

carditis 심장병 → corazón 심장

cefalitis 뇌염 (=encefalitis) → cerebro 뇌

dermitis 피부염 (=dermatitis) → dermis 진피, epidermis 외피, eczema 습진

estomatitis 구강염 → cavidad bucal 구강(口腔)

faringitis 후두염 → faringe 후두

hepatitis 간염 → hígado 간

laringitis 인두염 → laringe 인두

meningitis 뇌막염 → meninge 뇌막

mielitis 척수염 → médula espinal 척수, espinazo 척추, 척골

otitis 이염 → oreja 귀

rinitis 비염 → nariz 코

-latría '숭배'

astrolatría, 천체숭배 [astro- '별']

252 Del it. *razza*, y este de or. inc.; *cf.* ingl. y fr. *race*. https://dle.rae.es/raza?m=form 참조.

253 Del lat. tardío *reālis*, y este del lat. *res*, *rei* 'cosa' y *-ālis* '-al'. https://dle.rae.es/real?m=form 참조.

iconolatría 성상숭배 [icono- '상']

→ iconólatra -m.f. 성상숭배주의자

↔ iconoclasta 성상파괴주의자 (<[그] klaó '부수다')

idolatría 우상숭배, idólatra -m.f. [ídolo '우상']

→ idiota (맹목적인) 우상숭배자, 바보

-lepsia '발작'

catalepsia 경직증 [cata- '아래'+lepsis '발작, 공격'+어미 ia]

epilepsia 간질 [epi- '위']

-lisis '파괴, 분해, 분석'

análisis 분석 [ana- '상(上), 후(後), 재(再)']

↔ sintesis 통합, 총괄, 요약

electrólisis 전기분해 [electro- '전기']

hidrólisis 가수분해 [hidro- '물']

parálisis 마비 [para- '측면, 근접, 부정, 초월']

→ parálisis cerebral 뇌성마비, parálisis infantil 소아마비

→ para- '보호, 피난'의 의미: parabrisas (차의) 앞 유리, parachoques (차의) 범퍼, paraguas 우산, parapeto 흉벽, 난간, parasol 양산

-lito '돌(石)'

megalito 거석 기념물, megalítico(a)

mesolítico(a) 중석기의

neolítico(a) 신석기의

paleolítico(a) 구석기의

neolítico(a) 신석기의 [lito- '돌']

→ período - 신석기 시대

→ paleolítico(a) 구석기의, mesolítico(a) 중석기의

-logía '말'

cardiología 심장과

dermatología 피부과

estomatología 구강외과

→ estómago 위(胃), gastritis 위염

→ dentista 치과의사

ginecología 부인과

hematología 혈액과

neurología 신경학

→ nervio 신경, neuralgia 신경통, neuritis 신경염

→ reumatología 류머티즘과; reumatismo 류머티즘, 관절염

oftalmología 안과

→ oftalmía 안염, 안질; oftalmoscopio 검안경

otorrinolaringología 이비인후과

→ [oto- '귀']: otitis 이염, 귓병; otitis interna, media, externa 내이염, 중이염, 외이염

→ [rino- '코']: rinóscopo 비강경, rinoceronte 코뿔소

→ laringe 인후(목구멍), faringe 후두, glotis 목젖(성문), cuerdas vocales 성대

patología 병리학

podología 발(足)전문과

psicología 심리학

psicopatología 정신과

→psicopatía 정신병, psicópata 정신병자

radiología 방사선과

tocología 산과

traumatología 중증외상과

→ traumatismo 중증외상

urología 비뇨기과: orinas (주로 pl.) 오줌

antología 문집, 선집

astrología 점성술

biología 생물학

cronología 연대기

ecología 환경학

farmacología 약학

filología 문헌학

fonología 음운론

geología 지리학

ideología 사상, 이데올로기

metodología 방법론

mitología 신화학

morfología 형태론

sociología 사회학

tecnología 기술

teología 신학

-mancia '점(占)'

aeromancia 바람점 [aero- '공기, 공중']

aritmancia 숫자점 [arit- '숫자']

→ aritmética 수학

cartomancia 카드점 [carta '카드']

→ tarot 타로 (카드의 일종)

onicomancia 손톱점 [onico- '손톱']

oniromancia 해몽 [oniro- '꿈']

ornitomancia 새점 [ornito- '새']

→ ornitología 조류학

hidromancía 물점 [hidro- '물']

-manía, -maníaco(a) '편집증, 광(狂)'

agromanía 전원예찬 [(라)agri- '들판']

→ agricultura 농업; agrícola 농업의, -m.f. 농부

iconomanía 미술품수집광 [icono- '상, 그림']

monomanía 편집광

→ monomanía de persecución 피해망상증

piromanía 방화광

→ pirómano(a) -m.f. 방화범

-metro '측정, 자, 계(計)'

anemómetro 풍력계

diámetro 직경 [di- '2']

→ radio -m. 반경

higrómetro 습도계 [hidro- '물']

termómetro 온도계, 체온계 [termo- '열']

→ termas 온천

-morfo '형태'

amorfismo 무정형(=amorfia)

dimorfismo 동질 2형

isomorfismo 이종동형

polimorfismo 동종이형(同種異形), 동종다형(同種多形)

morfología 형태론

-nauta '항해사'

aeronauta 비행사

aeronáutica 항공공학

cosmonauta 우주비행사

-nimia '이름'

antroponimia 성명 (<[그] antropo '인간'+onoma '이름')

toponimia 지명 (<[그] topos '곳, 장소'+onoma '이름')

-oide '-을 닮은, -모양의'

alcaloide 알칼로이드, 식물성 염기

androide 자동인형, 로봇

antropoide 인간을 닮은, -m. 유인원

asteroide 별 모양의

celuloide 셀룰로이드

hemorroide 치질

metaloide 유사 금속, 비금속

mongoloide 몽골 인종의

ovoide 알 모양의

paraboloide 포물선체

tabloide 타블로이드판 신문

-ónimo, -nimia '이름'

anónimo 무기명, 작가 미상 [a- '비(非), 무(無)']

antónimo 반의어, antonimia [anti- '반(反), 반대']

homónimo 동음이의어 [homo- '같은, 동질의']

sinónimo 동의어, sinonimia [sin- '결합, 종합, 동시']

topónimo 지명 [topo- '장소, 자리']

-patía '감정, 고통, 요법'

artropatía 관절병

homeopatía 동종요법 ↔ alopatía 대중요법

osteopatía 정골요법, 안마요법

-pedia '교육'

enciclopedia 백과사전 [en- '안(內)', ciclo- '원']

ortopedia 정형외과,254 ortopédico(a) 정형외과의, -m.f. 정형외과 의사 (=ortopedista) [orto- '정(正)']

-plastia '조형, 형성'

osteoplastia 조골술(造骨術) [osteo- '뼈']

→ cirugía plástica 성형외과, cirugía ortopédica 정형외과(=ortopedia)

rinoplastia 조비술(造鼻術) [rino- '코']

→ otorinolaringología 이비인후과 [oto- '귀', rino- '코', laringe '후두']

-podo '발'

ápodo 무족동물 [a- '없음(無), 결여']

artrópodo 절족류(節足類) (곤충, 거미 등)

---

254 Del fr. *orthopédie*, y este de ortho- '*orto-*' y el gr. παιδεία *paideía* 'educación de los niños', 'educación', 'instrucción', der. de παῖς, παιδός *país, paidós* 'niño', por centrarse originalmente en corregir deformidades en niños. https://dle.rae.es/ortopedia?m=form 참조. 어원적 의미는 '어린이를 올바르게 교육하는 법'이었다. 의미가 전용되어 현재는 '정형외과'를 가리킨다.

octópodo 다리가 여덟 개인 동물 [octo- '8, 여덟']

-polis '도시'

acrópolis 아크로폴리스 [acro- '매우 높은, 최상의']

necrópolis 공동묘지 [necro- '시체, 죽음']

metrópoli (=metrópolis) 수도, 대도시, 식민 본국 [metro- '어머니'][255]

→ megalópolis 메갈로폴리스 [mega- '큰(大), 백만'; 메트로폴리스보다 더 큰 규모의 도시]

-ptero '날개'

áptero(a) 날개 없는; insecto - 날개 없는 곤충

díptero(a) 쌍시류의 (날개가 한쪽에 둘씩 달린 곤충류), 2중 주랑식의 (회당)

helicóptero 헬리콥터 [helix '나선(螺旋)']

coleóptero 갑충류(甲蟲類, 풍뎅이류) [([그] koleos>) cole- '상자']

monóptero 단열 원주식 회랑 [mono- '단(單), 하나(一)']

ortóptero 직시류(直翅類, 메뚜기류)[256] [orto- '정(正)']

heteróptero 반시류(半翅類, 매미류)[257] [hetero- '이(異), 타(他)'] (=hemíptero [hemi- '반(半)'])

-rragia '출(出), 출혈'

broncorragia 각혈 [bronco- '기관지']

hemorragia 출혈 [hemo- 피]

255 같은 형태라도, 예를 들어 metrónomo '메트로놈'의 metro-는 '척도(medida)'라는 뜻이다. -nomo는 '자, 법(regla)'이라는 뜻이다.

256 '곧은 날개'를 가지고 있는 메뚜기, 여치, 귀뚜라미 등을 이르는 말이다.

257 네 개의 날개 중, 두 개는 혁질(革質)로 되어 있고 다른 두 개는 얇은 막으로 이루어진 곤충으로 노린재, 매미 등을 이르는 말이다.

menorragia 과다 월경 [meno- '달(月)']

metrorragia 자궁 출혈 [metro- '어머니']

verborragia 수다 [verbo- '말, 소리']

-scopio '보는 기계, 경(鏡)'

anemoscopio 풍향계 [anemo- '바람']

endoscopio 내시경 [endo- '안, 내(內)']

espectroscopio 분광기 [espectro- '스펙트럼, 빛의 분사']

laparoscopio 복강경 (<[그] lapára '배, 옆구리')

microscopio 현미경 [micro- '작은, 미세']

oftalmoscopio 검안경 (<[그] ophthalmós '눈')

pelagoscopio 심해 탐사경 [piélago '바다' (<[라] pelăgus)]

periscopio 전망경 [peri- '주변']

telescopio 망원경 [tele- '먼']

→ televisión [-visión '봄']

termoscopio 체온계 [termo- '열']

-sofía '지혜'

antroposofía 인지학(人智學) [antropo- '인간']

demosofía 민속, 민속학(=folclor)m [demo- '대중']

filosofía 철학 [filo- '-을 좋아하는']

teosofía 신지학(神智學) [teo- '신']

sofista 궤변론자

-tafio '무덤'

cenotafio 기념 묘비, 빈 무덤 [ceno- '텅 빈']

epitafio 비문, 비석 [epi- '위(上)']

-teca '가구, 선반, 보관소'

videoteca 비디오 보관소 [video- '보다; 비디오']

biblioteca 도서관 [biblio- '책']

filmoteca 영화 보관소, 영화관 [filmo- '필름, 영화']

hemeroteca 신문, 잡지 보관소 [hemero- '날(日)']

-tecnia '기술, 학문'

aerotecnia 공기 공학 [aero- '공기'; aerodinámica '공기 역학']

electrotecnia 전기기술 [electro- '전기']

hidrotecnia 수력 기계학 [hidro- '물(水)']

mercadotecnia 마케팅 [mercado- '시장']

radiotecnia 무선 전신 공학 [radio- '라디오, 무선']

-teo '신'

ateo 무신론자 [a- '없음(無)']

teología 신학

-terapia '치료, 처치, 요법'

helioterapia 일광 요법 [helio- '태양']

psicoterapia 정신 요법 [psico- '정신, 심리']

hidroterapia 물 치료법 [hidro- '물(水)']

fototerapia 광선 요법 [foto- '빛']

electroterapia 전기 요법 [electro- '전기']

-termo, -térmico '열'

distermia 체열 이상, 지속성 고열 [dis- '부정, 반대, 분리']

geotermia 지열, geotérmico(a) [geo- '땅, 지구']

hematermo 온피 동물 [hema- '피']

hipertermia 고온, hipertermal 고온의 [hiper- '초월, 과도, 상(上)']

hipotermia 저온 [hipo- '아래, 이하, 차아']

isotermo 등온의, línea - 등온선 [iso- '같은, 동등한']

-tesis '위치, 장치'

epéntesis [문] 삽음 현상 [epen- '사이에'][258]

fotosíntesis 광합성 [foto- '빛']

hipótesis 가정, 가설 [hipo- '아래, 이하']

metátesis 자위전환 [meta- '후, 사이, 딴 곳에, 변화']

paréntesis 괄호 [para- '방호, 보호'; en- '에']

prótesis (외과, 치과) 보철; [문] 어두 첨가음 (matar→amatar)

-tipo '형태, 형상'

biotipo 생물형 (동식물의 특징적인 형) [bio- '생명']

logotipo 로고 타입 (글자로만 구성된 로고) [(영)logo- '로고'][259]

prototipo 원형, 전형, 모범 [proto- '첫째의, 주된, 원시']

-(ec)tomia '절단, 제거'

gastrectomía 위 절제 수술 [gastro- '복부, 위(胃)']

dicotomía 양분, 이분법 [dico- '분리, 별도']

---

258 예를 들어, crónica를 corónica로 발음하는 현상을 가리키는 용어이다.

259 여기서 사용된 logo '로고'는 그리스 기원어 logos '이성'에서 나온 것이 아니라 영어 logo '로고'에서 나온 것으로, 상품이나 단체의 인지도를 높이기 위해 이름을 시각 디자인화 한 것이다.

anatomía 해부 [ana- '반대, 재(再), 상(上)']

-(tr)ón 이온, 자(子)

electrón 전자 [electro- '전기']+ ion

negatrón 음전자 [nega(tivo)- '음, 부정']

neutrón 중성자 [neutro- '중(中), 중성의']

positron 양전자 [posi(tivo)- 양, 긍정']

-tropo, -tropismo '-로 향함, 회전'

fototropismo 굴광성(屈光性) [foto- '빛']

heliotropismo 향일성(向日性) [helio- '태양']

isótropo 등방성(等方性) [iso- '동등한, 같은']

2.4.3. 카르타고

2.4.3.1. 기원과 발전

카르타고의 기원은 기원전 9세기 말에 티레의 공주인 디도가 북아프리카로 건너와 지금의 튀니지 해안에 도시를 세운 것이라고 한다.[260] 이 도시의 이름은 페니키아어로 Qart hadasht인데, 이는 '새로운 도시'라는 뜻이다. 이것이 변해 Cartago가 된 것이다. 전설에 따르면, 디도의 오빠인 피그말리온은 아버지의 뒤를 이어 왕위에 오르자 멜카르트 신전의

260 Leckie, Ross(2004:6)에 따르면, 카르타고는 기원전 814년에 건국되었다고 한다.

보물을 탐내 누이동생인 디도를 제사장인 시케오와 정략 결혼시켰다. 그리고 디도에게 남편이 보물을 어디 숨겼는지 알아내도록 했다. 오빠의 속셈을 알아차린 디도는 다른 곳을 알려주었다. 피그말리온은 보물을 독차지하기 위해 시케오를 죽이고 엉뚱한 곳을 뒤지는 동안 디도는 남편이 숨겨놓은 보물을 갖고 티레를 탈출했다. 그녀가 일족을 데리고 도착한 곳이 바로 지금의 튀니지 해안이다. 그곳은 리비아족의 왕이 다스리는 곳이었다. 왕에게 일행이 머물 곳을 청하자 왕은 그녀에게 소가죽 한 장을 주면서 그것으로 둘러쌀 수 있을 만큼의 땅을 주겠다고 대답했다. 디도는 궁리 끝에 소가죽을 실처럼 가늘게 잘라 이은 후에 커다란 언덕을 빙 둘러쳤다고 한다. 이곳에 일행이 머물 수 있는 성을 쌓은 것이 카르타고의 기원이라고 한다.[261]

기원전 580년 본국인 티레가 신바빌로니아에 눌려 쇠퇴하자 독자적으로 발전해 그리스인들과 지중해 패권을 놓고 다투었다. 그리스 세력을 몰아내고 서지중해의 패권을 차지했으며 조상들이 개척해 놓은 이베리아반도를 이어받았다. 카르타헤나, 바르셀로나 등이 이들이 세운 도

261 일설에 의하면, 디도는 리비아족의 왕이 청혼을 거듭하자 더 거절하면 일족에게 보복이 가해질 것을 우려해 자결했다고도 하고, 비르길리우스가 쓴『아이네이스』에 따르면, 트로이 함락 후 도망길에 카르타고로 표류해 온 아이네아스와 사랑에 빠졌으나 그가 이탈리아로 떠나자 절망해 자결했다고도 한다. 아이네아스는 트로이의 왕인 프리아모스의 사위이다. 트로이가 함락되자 배를 타고 정처 없이 떠돌다 도중에 들른 곳이 카르타고였다. 그는 신의 계시라는 이유로 디도의 애원을 뿌리치고 이탈리아로 건너가 알바롱가라는 도시를 세웠다(Gibbon, Edward(2016:34) 참조). 트로이전쟁이 일어난 시기에 대해서는 Strauss, Barry(2010:9)는 기원전 1210-1180년 사이에 일어난 것으로 보고 있으며 Aslan, Rüstem(2019:5)도 기원전 13세기로 보고 있으나, Cline, Eric H.(2016:58)은 기원전 2000년대 말에 일어난 것으로 보고 있다. 연대기 상으로는 좀 어색한 면이 있지만, 어쨌든 신들과 영웅들의 이야기에서는 수백 년의 시간 차이는 가볍게 무시당하기 마련이다. 모두 역사 이전에 일어난 일이니 그저 참고만 할 뿐이다.

시이다. 이들은 페니키아어를 사용했으며, 원로원이 주도하는 과두정 체제를 유지했다. 당시의 북아프리카는 지금보다 훨씬 더 비옥한 지역이었다고 한다. 따라서 농업 생산량이 풍부했으며, 이를 기반으로 해상교역에도 힘을 기울여 세력을 키워나갔다. 기원전 3세기까지 서지중해 최대 세력으로 번성했다. 그러나 세 차례에 걸친 로마와의 전쟁에서 패함으로써 지중해 패권을 상실했다.[262]

제1차 전쟁(BC 264-241)의 패배로 시칠리아를 상실했으며, 제2차 전쟁(BC 218-201)의 패배로 이베리아반도를 빼앗겼다. 한니발이 활약했던 제2차 전쟁은 특히 '한니발 전쟁'이라고도 불리며, 로마군이 이베리아반도에 진출하는 계기가 된 전쟁이었다. 약 50년 후에 다시 일어난 제3차 전쟁(BC 149-146)에서도 패해 끝내 멸망했다. 로마는 제2의 한니발이 등장하지 못하도록 도시를 완전히 파괴해 평평하게 골랐다고 한다. 이 자리에 다시 도시가 건설되는 것은 기원후 29년 아우구스투스 때이다. 따라서 오늘날 카르타고에 남아있는 유적은 대부분 로마 시대의 것이지, 카르타고 본래의 것은 아니다.

카르타고인들이 사용했던 언어는 페니키아어였다. 이들이 스페인어에 남긴 언어적 흔적은 일부 지명에서만 찾아볼 수 있다. 기원전 202년 제2차 포에니 전쟁에서 패해 이베리아반도를 로마에 빼앗겼고, 이베리아반도는 로마의 속주가 되어, 정치 경제 사회 문화 언어 등 모든 면에서 로마화가 진행되었기 때문이다. 특히 라틴어가 공용어로 자리 잡으면서 기존의 모든 원주민어는 일부 어휘적 잔재만 남기고 사라졌다.

262 카르타고의 발전에 대해서는 Lancel, Serge(1992)와 Huss, Werner(2001) 참조.

2.4.3.2. 카르타고인들이 세운 도시

[바르셀로나]

Barcelona라는 지명의 유래에 대해서는 여러 가지 설이 있으나, 가장 일반적으로 받아들여지는 것은 카르타고의 명장 Amílcar Barca와 관계가 있다는 것이다. 한니발의 아버지로서 제1차 포에니 전쟁에서 로마군을 맞아 용감하게 싸운 장군이다. 시칠리아에서 잘 싸웠으나 본국 카르타고가 로마에 항복하자 이베리아반도로 건너갔다. 기원전 230년경 작은 어촌 마을에 불과하던 이곳에 도시를 세운 것이 기원이라고 하며, 이름은 가문명인 Barca에서 나온 것이라고 한다. Barca는 페니키아어로 '번개'라는 뜻이라고 한다.[263]

로마 시대의 명칭은 Barcino였다.[264] 도시명이 Barcelona가 된 것은, 리구리아어 접미사의 영향으로 추정된다. Badalona, Pamplona와 같이 '–의 땅'이라는 의미의 접미사 -ona를 갖고 있는 지명들이 이 언어의 영향으로 간주되기 때문이다.[265] 리구리아는 이탈리아 북부의 제노바를 중심으로 하는 지역으로, 언어의 기원은 명확하지 않으나, 남프랑스와 이베리아반도에까지 영향을 끼쳤다. 이 종족이 구체적으로 언제 어떻게 이베리아반도와 관계를 맺게 된 것인지에 대해서는 정확하게 알려진 바가 없으나, 대략 기원전 10세기경부터 교류가 있었던 것으로 알려져 있다.

---

263 Lancel, Serge(1999:6) 참조.

264 https://www.barcelona.cat/es/conocebcn/la-historia 참조.

265 Lapesa, Rafael(1981:18)와 Cano Aguilar, Rafael(1988:24) 참조. Velasco, Biosca, Benasque 등에서 관찰되는 -asco 또한 리구리아어 기원의 접미사로 간주된다.

[카르타헤나]

이 도시도 한니발의 아버지인 하밀카르로 거슬러 올라간다. 그러나 그는 도시가 완공되기 전에 사망했다. 도시를 완공한 것은 기원전 227년 그 뒤를 이은 사위 하스두르발이다. 한니발의 손위 처남이다. 장인인 하밀카르의 뒤를 이어 이베리아반도 카르타고군 총사령관이 되었다가 후에 처남인 한니발에게 물려준 인물이다. 도시의 본래 이름은 Qart hadasht이었다. 북아프리카의 카르타고와 같은 이름으로 Nueva ciudad '새로운 도시'라는 뜻이다. 당시 이베리아반도 카르타고군의 본거지였다. 후에 로마인들이 이를 그대로 라틴어로 옮겨 Cartago Nova가 되었고, 후에 Cartagena로 변했다.[266]

---

266 https://www.cartagena.es/plantillas/10.asp?pt_idpag=888 참조.

3

제3장

로마의 등장

3.1. 제1차 포에니 전쟁

베르길리우스가 쓴『아이네이스』에 따르면, 로마는 기원전 753년 로물루스와 레무스 쌍둥이에 의해 티베리스강 유역에서 건설되었다.[1] 라틴족이 거주하던 지역이라 라티움이라 불리던 반도 중앙부였다. 초기에는 작은 도시국가에 지나지 않았으나, 기원전 396년에는 북쪽의 에트루리아족을, 기원전 290년에는 남쪽의 삼니움족을 정복함으로써 포강 이남의 반도를 통일했다. 따라서 자연히 그들의 언어인 라틴어가 이탈리아 반도의 공용어가 되었다.

그 당시 반도의 남부와 시칠리섬에는 아직도 그리스인들이 세운 도시들이 큰 세력을 형성하고 있었다. 이를 Magna Graecia '대 그리스'라 부

1 티베리스강은 현재 로마를 가로질러 흐르는 티베르(Tiber)강이다. 로마는 정확하게는 로물루스에 의해 건설되었다. 쌍둥이였던 레무스는 도시 자리 선정을 놓고 갈등을 겪다 죽었기 때문이다. Roma라는 도시명은 Romulus라는 이름에서 나온 것이라고 한다. 그러나 로마의 어원에 대해서는 아이네아스의 부인 이름에서 나왔다는 설, 오디세우스의 아들 이름에서 나왔다는 설 등 여러 가지 설이 존재한다. 로마의 어원에 대해서는 Rendina, Claudio(2007) 참조.

른다.[2] 또한 시칠리섬 대안의 북아프리카에는 카르타고가 지중해 무역을 주도하고 있었다. 특히 카르타고와는 날이 갈수록 충돌이 잦아졌다. 따라서 날로 강성해져 가고 있던 로마와 이들 간의 한판 대결은 불가피해져 갔다. 마침내, 기원전 264년 배라고는 거의 타본 일이 없던 로마인들이 해상 강국인 카르타고를 맞아 전쟁을 벌이게 되었다. 이것이 제1차 포에니 전쟁이다(기원전 264–241). 이 poeni라는 말은 라틴어로 '페니키아인'이라는 의미인 poenus의 속격 단수와 주격 복수형이다. 카르타고는 본래 페니키아인들이 세운 도시였으므로, 로마인들은 이들을 동일시했던 것이다. 따라서 세계사에서는 흔히 부르는 '포에니 전쟁'이나 '카르타고 전쟁' 모두 같은 의미이다. 전쟁은 로마의 승리로 끝났다. 로마는 이 전쟁에서 승리함으로써 코르시카와 사르데니아를 손에 넣고 시칠리아까지 세력을 확대했다.[3]

1차 전쟁의 패배를 곱씹으며 이베리아반도에 등장하는 이가 하밀카르 바르카(기원전 ?–228?)이다. 바로 저 유명한 한니발(기원전 247–183)의 아버지이다. 그는 제1차 전쟁의 영웅이었다. 기원전 247년경 거의 전 지역이 로마의 수중에 들어가 있던 시칠리아에서 카르타고군을 지휘하며 여러 악조건 속에서도 수년간이나 버틴 인물이었다. 그러나 기원전 241년 본국 카르타고가 항복하자 강화조약을 맺고 귀국했다. 그 후 카르타고 재건을 위해 많은 노력을 했으나, 상황이 여의치 않았다. 그의 가문

2 대표적인 도시로 칼라브리아 지방의 레기오, 캄파냐 지방의 나폴리, 아풀리아 지방의 타란토, 시칠리아의 시라쿠사 등을 들 수 있다. 이 이외에도 그리스인들은 많은 도시를 세워 지배하고 있었다.

3 제1차 포에니 전쟁의 전개 과정에 대해서는 시오노 나나미(2003), 『로마인 이야기』, 제2권, 〈제1장 제1차 포에니 전쟁〉, pp.19-71 참조.

이 유명한 귀족 가문이긴 했지만, 권력을 쥔 주류는 아니었기 때문이었다. 농업정책을 우선시하는 한노 가문의 정책에 막혀 해군력 증강과 해상교역의 장려를 통한 부국강병책이 가로막힌 것이었다. 본국에서는 자신의 뜻을 이루기 어렵게 되자 기원전 237년 로마에 대한 복수를 다짐하며 이베리아반도로 건너갔다. 이때 한니발의 나이 9살이었으며, 아버지의 손에 이끌려 본국을 떠나 Gadir (>Cádiz)로 건너왔다. 그의 여러 아들이 모두 출중했으나 그중에서도 큰아들인 한니발(기원전 247–183)이 특히 뛰어났다고 한다.[4] 그는 카디스의 멜카르트 신전에서 어린 아들에게 로마에 복수할 것을 맹세하도록 했고 한니발은 죽을 때까지 이 맹세를 지켰다.

4 아밀카르의 세 아들은 한니발, 하스드루발, 마고이다. 첫째인 한니발의 이름이 페니키아어 발음으로는 Hanni-ba'al이고 스페인어로는 Aníbal Barca로 표기되지만, 일반적으로 부르는 이름에 따라 '한니발'로 표기한다. Hanni-ba'al은 quien goza del favor de Baal '바알신의 은총을 받은 자'라는 뜻이고, Barca는 rayo '번개'라는 뜻이라고 한다. Benz, Franz L.(1982:313-314) 참조.

3.2. 제2차 포에니 전쟁

기원전 226년 로마는 카르타고와 이른바 에브로 조약을 맺어 카르타고 세력이 에브로강 북쪽으로 올라오지 못하게 막았다. 당시 그들에게 중요한 지역은 남프랑스였기 때문이었다. 그런데 사군토에서 문제가 발생했다. 사군토는 발렌시아 지방에 위치해 있는 작은 도시로 에브로강 남쪽에 위치해 있다. 이 도시가 로마와 동맹을 맺은 것이었다. 로마 측에서는 협정 위반이라는 것을 알면서도 버젓이 동맹에 서명했다. 계속 확장되고 있는 이베리아반도의 카르타고 세력을 조만간 한 번쯤 꺾어 놓아야 할 필요성을 느끼고 있었기 때문이었다. 그러나 전쟁의 필요성을 느끼고 있었던 것은 로마뿐만이 아니었다. 부친의 뒤를 이어 이베리아반도 카르타고군 총사령관이 된 한니발 역시 로마를 응징할 날이 오기만을 손꼽아 기다리고 있었다. 그때 마침 사군토에서 절호의 기회가 찾아온 것이었다. 기원전 219년 그는 협정 위반을 이유로 사군토를 공격하기 시작했다. 작은 도시였으므로 쉽게 함락시킬 수 있었음에도 불구하고 시간을 질질 끌었다. 견디다 못한 사군토는 결국 동맹국인 로마에 지원을 요청했고, 로마도 마지 못해 선전포고를 하기에 이르렀다. 따라서 전쟁의 양상은 이제 배후의 로마와 카르타고 간의 직접 대결로 비화되었다. 이미 오래전부터 로마와의 한판 대결을 위해 절치부심하며 때를 기다리고 있던 청년 장군 한니발은 즉시 사군토를 응징한 후 주저없이 에브로강을 건너 로마의 동맹 시들을 휩쓸기 시작했다. 그는 여기서 그치지 않고 피레네산맥을 넘어 남프랑스로 진격해 들어갔으며, 이듬해에는 험준한 알프스를 넘어 로마 영내로 돌입했다. 한겨울에 수만 명에 이르는 대규모 부대를 이끌고 눈 덮인 알프스를 넘은 것이었다.[5] 험준한 알프스를, 그것도 한겨울에 넘으리라고는 상상도 못 하고 있던 로마인들에게 한니발이 이탈리아 북부 토리노 부근에 모습을 드러냈다는 소식은 청천벽력과도 같았다. 평탄한 해안도로를 따라 진격하리라고 예상하고 마르세이유 부근에서 기다리고 있던 로마군으로서는 하늘이 노래지는 순간이었다. 로마에겐 대재앙이, 한니발에겐 대를 이은 복수전이 시작된 것이었다. 이것이 바로 '한니발 전쟁'이라고도 불리는 제2차 포에니 전쟁이다(기원전 218–201).[6]

---

5 한니발이 넘었을 것으로 추정되는 고개는 여럿이 있지만, 그중 가장 유력한 후보들로는 피콜로 산베르나르도 고개(2,188m), 몽주네브르 고개(1,854m), 몽세니 고개(2,083m) 등이 꼽힌다. 이 중에서 어느 고개로 넘었는지에 대해서는 정확하게 알려져 있지 않다. 그리스의 역사가인 폴리비오스와 독일의 역사학자 몸젠은 피콜로 산베르나르도를 넘었을 것이라고 보고 있고, 로마의 역사가인 리비우스와 프랑스의 나폴레옹은 몽주네브를 넘었을 것이라고 보았다. 시오노 나나미(2003), 『로마인 이야기』, 제2권, pp.138-139 참조. 피콜로 산베르나르도를 넘었다면 그로노블에서 북쪽 길로 가 알베르빌, 아오스타를 거쳐 토리노 북부로 들어갔을 것이고, 몽주네브르를 넘었다면 그로노블에서 남쪽 길로 가 생 장 드 모히엔느, 수사를 거쳐 토리노로 들어갔을 것이다. 약 2천 년 후인 1800년 5월 나폴레옹이 넘은 길은 그란 산베르나르도 고개(2,469m)로 스위스 레만호(몽트뢰)에서 남쪽 아오스타로 가는 길이다.

6 제2차 포에니 전쟁에 관한 자세한 사항은 시오노 나나미(1995), 『로마인 이야기』, 제2권; Girard, Patrick(2001); Healy, Mark(2007) 참조. 로마는 제2차 포에니 전쟁에서 한니발과만 싸운 것은 아

전쟁의 초반 양상은 코끼리 떼와 기마대를 앞세운 한니발 군의 일방적인 승리였다. 특히 트레비아(기원전 218년), 트라시메네(기원전 217년)에 이어 기원전 216년 칸네 전투에서 치명타를 입은 로마는 절체절명의 위기에 봉착했다. 특히 압도적인 기병 전력을 이용해 로마 군단을 포위 섬멸한 칸네 전투는 한니발 전술의 최고봉으로 꼽힌다. 한때는 로마 성문 앞에까지 진격해 로마인들의 간담을 서늘하게 만들기도 했다. 이때 로마의 해결사로 등장한 이가 바로 저 유명한 코르넬리우스 가문의 청년 장군 스키피오(기원전 236-183)이다.[7]

서양 고대사를 통틀어도 몇 손가락 안에 드는 희대의 두 영웅이 동시대에 태어나 지중해 세계의 패권을 놓고 한판 붙었다는 사실 자체만으로도 흥미진진하지만, 이 전쟁이 우리에게 특히 중요한 것은 한니발을 이베리아반도에 묶어두기 위해 로마군이 이베리아반도에 최초로 상륙했다는 것이다. 기원전 218년대 스키피오가 이끄는 로마 군단이 바르셀로나 북쪽의 암푸리아스에 상륙해 최초의 로마군 전초 기지를 건설했다.[8] 따라서 이 해가 바로 이베리아반도가 로마와 직접적인 인연을 맺은

니었다. 시칠리아에 있는 그리스계 도시국가인 시라쿠사와도 전쟁을 벌여야 했다. 수학자로 이름 높은 아르키메데스(기원전 287-212)가 등장한 것이 바로 이때이다. 부력의 원리를 발견했을 때 외쳤다는 Eureka! '알았다!'라는 말로 유명한 인물이다. 새로 발명한 각종 기계와 교묘한 전술로 공격해 오는 로마 선단을 물리치곤 했으나, 결국 기원전 212년 수도인 시라쿠사가 함락될 때 죽임을 당했다고 한다. 아르키메데스의 활약에 대해서는 시오노 나나미(2003), 『로마인 이야기』, 제2권, pp. 244-252 참조.

7 스키피오의 생애와 업적에 대한 자세한 사항은 Liddell Hart, B. H.(1999) 참조.

8 대 스키피오란 Publius Cornelius Scipio를 가리키는 말이다. 그의 아들 또한 부친과 같은 이름을 갖고 있다. 따라서 흔히 부친은 '대 스키피오'라고 부르고, 아들 스키피오는 훗날 북아프리카를 정복한 공으로 '아프리카누스'라는 별칭을 얻었으므로 '스키피오 아프리카누스' 또는 '아프리카누스'라고 구분해 부른다.

첫해가 되는 것이다. 그때까지 로마가 직접 진출한 곳은 남프랑스까지였고, 에브로강 이북의 이베리아반도 도시들은 단지 동맹 관계만 맺고 있었을 뿐이었다. 심지어는 동맹시인 사군토가 한니발에게 유린을 당할 때도 직접 개입하지는 않고 지켜보기만 했다. 로마에게 더 중요한 곳은 남프랑스였지 이베리아반도는 아니었기 때문이었다.

카르타고군이 처음 패한 곳은 본거지인 이베리아반도에서였다. 대 스키피오와 그의 동생은 기원전 215년 에브로강 유역 전투에서 한니발의 동생인 하스드루발을 물리치고 211년에는 사군토를 되찾았다. 그러나 둘 다 그해 이베리아반도에서 전사했다. 이에 부친의 뒤를 이어 청년 스키피오가 이베리아반도에 모습을 드러냈다. 공화제를 근간으로 삼는 로마에서 25세라는 젊은 나이에 사령관을 맡는 것은 파격이었으므로 군사호민관 직을 맡았으나, 실질적으로는 사령관 역할을 수행했다. 그는 패배로 사기가 저하된 로마군을 추스르고, 한니발의 배후 지원 통로를 차단하기 위해 기원전 209년 전격적으로 그들의 본거지인 카르타헤나를 공격했다. 카르타헤나는 삼면이 바다에 연해 있어서 육지와 연결되는 통로는 단 한 곳뿐이었다. 따라서 모든 사람들은 당연히 이 육지 통로를 통해 공격이 이루어지리라고 생각하고 있었다. 그러나 썰물 시 잠깐 산호초 지대를 통해 해안 성벽에 접근할 수 있다는 사실을 간파한 스키피오는 주변의 반대를 무릅쓰고 턱밑까지 차오르는 물살을 헤치며 기습 공격을 감행했다. 육지로 통하는 성문에만 전력을 집중하고 있던 카르타고군으로서는 허를 찔린 것이었다. 본거지인 카르타헤나(209년)에 이어 카디스(206년)까지 함락되었다는 소식은 멀리 이탈리아에 있던 한니발에게 큰 충격으로 다가왔다. 더욱 가슴 아픈 일은 기원전 207년 자신을 돕기 위해 필사적으로 달려오던 동생 하스두르발이 이탈리아 북부의 메타우루스 강변에서 패해 사망했다는 소식이었다. 엎친 데 덮친 격으로, 이번에는 스키피오가 많은 귀족의 반대를 무릅쓰고 기원전 204년 북아프리카에 상륙해 교두보를 확보했다. 이로써 한니발에 대한 모든 배후 지원 가능성이 차단되었다. 이 상륙 작전의 성공으로 스피키오의 이름 뒤에는 '아프리카를 정복한 자'라는 의미에서 Africanus라는 별칭이 붙게 되었다.[9]

한니발은 이제 자신이 고립무원에 빠졌다는 사실을 깨닫자 갑자기 그동안 쌓였던 피로가 엄습해 왔다. 전쟁을 끝낼 때가 다가온 것이었다. 결국 한니발은 아무런 지원도 해주지 않던 본국 카르타고가 오히려 로마군에게 공격당하자 이탈리아에서 철수해야 했다. 기원전 202년 북아프리카의 자마에서 스키피오 아프리카누스가 지휘하는 로마군과 대회전을 벌였으나 패함으로써 17년간의 기나긴 전쟁은 대단원의 막을 내렸다.

이후, 한니발은 훗날을 기약하며 본국 카르타고의 부흥에 전념해 몇 년 지나지 않아 옛 기력을 회복했다. 이에 카르타고의 재기에 불안을 느낀 로마가 신병 인도를 요구하자, 그는 동맹군을 규합하기 위해 소아시아로 건너갔다. 그러나 비티니아의 왕이 자신을 로마에 넘기려 하자 기원전 183년 독약을 먹고 자결했다. 향년 64세였다. '전술의 천재'로 불

---

9 로마 시대에는 대개 'Praenomen(개인명), Nomen(씨족명=본관), Cognomen(일족명=파)'으로 구성되어 있다. 평민 가문인 경우에는 대개 이름이 두 개밖에 없는 경우가 대부분이었고, 반대로 귀족 중 큰 전공을 세워 '별칭(Agnomen)'을 얻은 경우에는 네 개가 되기도 했다. 예를 들어 Publius Cornelius Scipio의 경우, Publius는 '이름', Cornelius는 '씨족명', Scipio는 '일족명'인데, Africanus라는 '별칭'을 얻어 이름이 Publius Cornelius Scipio Africanus가 되었다. 별칭인 Africanus는 Cornelius Scipio 가문 사람 중에서도 특히 그의 직계 자손들만 사용할 수 있었다.

리는 희대의 명장이 사라진 것이었다. 비록 수적 열세로 인해 로마라는 거대한 공동체를 해체하는 데는 실패했지만, 기병 전력을 활용한 포위 섬멸 전술은 로마군을 압도했다. 이 전술은 적장인 아프리카누스에게 계승되어 완성되었고, 이후 로마 군단을 무적으로 만들어 주었다.[10] 비록 아프리카누스에게 패하긴 했지만, 이탈리아 한복판에서 17년간이나 적의 간담을 서늘하게 만든 용맹함과 뛰어난 용병술은 서양 고대사에서 알렉산드로스만이 그와 비견될 수 있을 만큼 뛰어난 것으로 평가된다. 특히 퇴로도, 지원도, 종전(終戰)의 기약도 없는 기나긴 전쟁에서 모든 부하들이 탈영은커녕 불평 한마디 없이 모두 잘 따랐다는 사실은 그에 대한 병사들의 신망이 어떠했는지를 잘 말해준다.

기원전 201년 카르타고가 항복함으로써 이제 이베리아반도는 로마의 속주가 되었다. 이 전쟁에서의 승리를 계기로 로마는 명실상부한 지중해의 패자(霸者)로 군림하게 되었으며, 본격적인 대외 팽창의 길로 접어들어 대 제국 건설에 박차를 가했다. 그리고 동시에 이베리아반도에서도 본격적인 로마화가 진행되었다.

한편, 자마에서 한니발을 이긴 스키피오 아프리카누스는 명실공히 로마 최고의 장군으로 등극했다. 당시 로마는 공화정 체제로 40세 이상이 되어야만 최고의 관직인 집정관에 오를 수 있었다. 그러나 한니발을

---

10 로마 군단을 무적으로 만들어 준 또 다른 하나가 바로 gladius라 불리는 짧은 양날 검이다. 아프리카누스가 이베리아반도에서 셀티베로인들로부터 도입했으며, 로마군의 제식 무기가 되어 접근전에서 큰 위력을 발휘했다. Del lat. *gladius* 'espada', voz de or. celta. https://dle.rae.es/gladio 참조. 반면에, 일반적인 의미의 '검'인 espada는 그리스-라틴 기원어이다. Del lat. *spatha* 'espada larga y ancha', y este del gr. σπάθη *spáthē* 'hoja ancha de una espada'. https://dle.rae.es/espada?m=form 참조.

물리치고 조국을 구한 공로로 이 젊은 장군은 35세의 젊은 나이에 집정관에 올랐다. 공화제의 근간을 뒤흔드는 파격에 당연히 정적(政敵)이 등장했다. 카토였다. 기원전 184년 카토가 자신의 동생을 군단 공금 횡령 혐의로 고발하자 표연히 로마를 떠나 나폴리 인근의 시골에 은거했다. 칼끝이 겨냥하고 있는 곳이 동생이 아닌 바로 자신임을 잘 알고 있었기 때문이었다. 이듬해, 공교롭게도 한니발과 같은 해에 사망했다. 향년 53세였다. 한니발로부터 구해준 조국이 자신을 배신하자 분노의 표시로 Ingrata patria, ne ossa quidem habebis '배은망덕한 조국이여, 그대는 나의 뼈를 갖지 못할 것이다'라는 묘비명을 남겼다고 한다. 죽은 후에도 로마로 돌아가지 않았으며 무덤도 남아 있지 않다.[11]

<메노르까 정복과 마요네즈>

'마요네즈'라는 소스의 기원도 이 당시로 거슬러 올라간다. 기원은 한니발의 막냇동생 이름인 Mago이다.[12] 스페인어로는 Magón이다. 한니발이 이탈리아에서 한창 전투를 벌이고 있을 때 스키피오에게 카르타헤나와 카디스를 빼앗긴 마고는 병사들을 모집하기 위해 발레아레스 제도로 건너갔다. 이때 메노르카에 세운 도시가 현재의 Mahón이다. 로마 시

---

11 스키피오가 은거한 곳은 나폴리 서쪽 해안에 위치해 있는 리테르눔이라는 작은 마을이었다. 현재는 도시의 흔적만 남아 있다. https://www.museionline.info/tipologie-museo/parco-archeologico-di-liternum 참조.

12 Lapesa, Rafael(1981:15)는 Portus Magonis가 "un hijo de Asdrúbal"의 이름에서 나온 것이라고 밝히고 있으나, 여기서는 일반적으로 받아들여지는 대로 동생으로 간주한다. 제1차 포에니 전쟁에서 활약했던 Amílcar Barca에게는 '한니발, 하스드루발, 마고' 세 명의 아들이 있었다. 하스드루발은 하밀카르의 사위 이름이기도 한 것으로 보아, 카르타고에서는 흔한 남자 이름이었다.

대에는 Portus Magonis '마고의 항구'라고 불렸다. '마요네즈'는 이 도시 기원의 소스라고 해서 (salsa) magonesa에서 나온 것이고, 형용사형이 변해 mahonesa를 거쳐 mayonesa가 된 것이다.[13]

유럽에 널리 알려지게 된 것은 1756년 프랑스 함대의 리슐리외 사령관이 이 섬에 주둔한 후라고 한다. 이 섬에서 소스를 맛본 후 레시피를 프랑스로 가져가 소개함으로써 널리 퍼졌다는 것이다. 그 후 입맛에 따라 조금씩의 변화를 거치면서 오늘날에 이른 것이다. 형인 한니발은 '용맹한 것'으로, 동생인 마고는 '느끼한 맛'으로 여전히 우리 구미를 자극하고 있다.

13 도시명의 어원은 Celdrán Gomáriz, Pancracio(2004) 참조. '마요네즈'의 현대 형태는 프랑스어 mayonnaise에서 재도입된 것이다. https://dle.rae.es/mayonesa?m=form 참조.

3.3. 제3차 포에니 전쟁

제2차 전쟁이 끝난 후에도 로마는 여전히 과거 한니발에 대한 공포와 제2의 한니발이 또 출현할지도 모른다는 강박관념을 떨쳐 버리지 못하고 있었다. 특히 과거 스키피오 탄핵에 앞장섰던 카토는 원로원에서 연설할 때마다, 주제가 무엇이든 상관없이 늘 'Ceterum censeo Carthaginem esse delendam'이라는 말로 끝을 맺었다고 한다. 'Es más, creo que Cartago debe ser destruida. 어쨌든, 저는 카르타고를 멸망시켜야 한다고 생각합니다'라는 뜻이다. 로마는 집요하게 카르타고를 괴롭혔다. 전쟁 배상금을 과도하게 요구하고 이웃 누미디아의 공격을 못 본 척했다. 이에 불안을 느낀 카르타고는 군비를 증강하기 시작했다. 로마는 점차 강성해져 가는 카르타고에 위협을 느끼고 귀족 자제 300명을 인질로 보낼 것과 도시를 파괴한 후 내륙으로 이주할 것을 요구했다. 카르타고로서는 도저히 받아들일 수 없는 요구였다. 카르타고가 거절하자 이를 빌미로 로마는 카르타고와 전쟁에 돌입했다. 이것이 제3차 포에니 전쟁이다(기원전 149–146). 약 3년간의 공방전 끝에 결국 카르타고는 함락되었다. 이 전쟁을 지휘한 사람은 공교롭게도 스키피오 아이밀리아누스로 아프리카누스의 입양된 손자이다.[14] 카르타고와는 대를 이어 악연을 이어간 것이었다. 기원전 146년 함락된 카르타고는 완전히 파괴되어 역사 속으로 사라졌다. 그 자리에 다시 도시가 건설된 것은 기원후 29년 아우구스투스 때의 일이다.

---

14 Scipio Aemilianus(기원전 185-129년)는 본래는 Aemilius 가문 출신인데, Cornelius Scipio 가문으로 입양된 사람이다. Aemilianus의 어미 -nus는 '-의, -출신의'라는 의미에서 붙은 것이다. 본명은 Publius Cornelius Scipio Aemilianus Africanus minor Numantinus이다. Africanus minor는 조부로부터 물려받은 것이기 때문에 붙은 것이고, Numantinus는 기원전 133년 이베리아의 누만시아를 함락시킨 공으로 부여받은 별칭이다.

3.4. 로마화 과정

그리스인들은 반도를 Iberia라고 불렀던 반면에, 로마인들은 Hispania 라고 불렀다. Hispania는 페니키아어 Sphan '토끼'에서 유래된 것으로 로마인들이 자신들의 발음 습관에 맞게 고쳐 부른 것이다. 기원전 197년 로마는 갓 정복한 이베리아반도를 에브로강을 중심으로 해서 Hispania Citerior '더 가까운 이베리아'와 Hispania Ulterior '더 먼 이베리아' 두 개의 속주로 나눴다. 그러나 카르타고와의 전쟁에서 승리했다고 해서 당장 이베리아반도 전체가 로마의 수중에 들어온 것은 아니었다. 동부의 해안지대와 남부의 안달루시아만이 이미 오래전부터 이민족들과의 교류에 익숙해 있던 터라 쉽게 로마의 지배와 문물을 받아들였을 뿐, 내륙 지방은 사정이 달랐다. 북부에 거주하는 켈트족의 후예들은 막강한 로마 군단에 끊임없이 저항하며 본래의 호전적이고 독립적인 기질을 유감없이 발휘했다. 로마가 반도 전역을 완전히 정복하는 데는 더 많은 시간과 희생이 필요했다.

로마가 원주민들과 치른 주요 전쟁사를 살펴보면, 이스파니아 울테리오르에서 기원전 155년에서 139년까지 지속된 목동 비리아투스가 주도한 루시타니아 봉기가 있었으며,[15] 기원전 154년에는 북부 내륙에서 발생한 셀티베리아 전쟁이 있었다. 이 전쟁은 기원전 133년에 두에로강 유역의 해발 1,087m 구릉 지대에 위치한 누만시아에서 약 4천 명의 셀티베로족 주민이 약 6만 명의 로마군을 맞아 8개월 간 저항하다가 전원 사망함으로써 끝났다. 정복 기간 내내 전쟁만 한 것은 아니었지만, 로마는 원주민들과 크고 작은 수많은 전투를 치러야 했다. 때로는 무력으로, 때로는 회유로, 또 때로는 부족들 간의 내분을 이용해 이베리아반도를 다스려 나갔다.

기원전 88년 로마에서 평민층을 대표하는 마리우스(기원전 155–86년)와 귀족층을 대표하는 술라(기원전 138–78년) 사이에 내전이 발생했다. 이 전쟁에서 마리우스가 패하자, 기원전 82년 그의 부하 장군인 세르토리우스가 이베리아반도로 건너와 셀티베로족을 규합해 대항했다. 이제 이베리아반도도 로마 정치의 주요 무대 중 하나가 된 것이었다. 더욱 결정적인 계기는 술라 사후, 로마 역사에서 가장 유명한 장군 두 명이 이베리아반도에 모습을 드러낸 것이었다. 폼페이우스 마그누스(기원전 106–48년)와[16] 율리우스 카이사르(기원전 100–44년)가 그 주인공이다. 폼

15 기원전 155년과 기원전 146년에 두 차례 큰 봉기가 있었다. 그사이에도 크고 작은 전투가 몇 차례 반복되었지만, 크게 하나의 전쟁으로 본 것이다.

16 귀족 가문 출신의 폼페이우스는 이미 20대 초반에 군사적으로 이름을 날린 조숙한 천재였다. 당시 독재관이었던 술라 휘하에서 마리우스군 격파에 혁혁한 공을 세워 술라로부터 Magnus '위대한'이라는 별칭을 받았다. 알렉산드로스에 버금간다는 의미였다. 실제로 폼페이우스는 지중해 해적을 소탕하고 소아시아를 정복하는 등 카이사르와의 내전에서 패해 사망할 때까지 로마 최고의 장군으로 이름을 날렸다. 마흔 살 넘어서야 겨우 출세하기 시작한 대기만성형 카이사르와 자주 비교되는 인물이다. 폼페이우스의 생애와 초반 업적에 대해서는 시오노 나나미(2003), 『로마인 이야기』,

페이우스는 기원전 77년 이스파니아 키테리오르의 총독으로, 카이사르는 기원전 61년 이스파니아 울테리오르의 총독으로 부임했다.[17] 폼페이우스는 팜플로나를 건설했고, 카이사르는 안달루시아에서 북서쪽으로 진격해 대서양 연안까지 정복했다. 카이사르는 이듬해 갈리아 트란살피나 총독으로 떠났다.[18] 8년간 갈리아를 정복하고 있는 동안[19] 이베리아반도는 폼페이우스파 수중에 떨어졌고 원로원마저 그에게서 등을 돌리자, 카이사르는 기원전 49년 루비콘강을 건너 로마로 진격했다. 내전이 발발한 것이었다. 기원전 48년 파르살로스에서 폼페이우스군을 격파했고, 폼페이우스는 이집트로 도망쳤다가 피살되었다. 기원전 49년에는 북아프리카의 탑수스에서, 기원전 45년에는 이베리아반도의 문다에서 최종적으로 폼페이우스파의 잔류 세력을 격파함으로써 내전을 종식했다.

그러나, 이베리아반도의 셀티베로족은 끈질기게 로마에 저항했다. 기원전 29년 아우구스투스 황제(기원전 63–기원후 14)가 직접 원정길에 나

제3권 3장 〈폼페이우스 시대〉, pp.211-295; 제4권, pp.99-103 〈폼페이우스의 대두〉 참조.

17 로마에서 속주 총독으로 파견될 수 있는 자격은 집정관이나 법무관을 역임해야 했다. 그러나 폼페이우스는 총독으로 부임할 당시 29세로 아직 집정관을 역임하지 못했다. 이에 원로원에서는 그를 속주 총독으로 파견하기 위해 파격적으로 procónsul '전직 집정관' 자격을 부여했다. 카이사르는 propretor '전직 법무관' 자격으로 총독으로 파견되었다. 카이사르는 Hispania Ulterior와 인연이 깊다. 이미 기원전 69년에는 cuestor '재무관'으로도 파견된 바 있었기 때문이었다. 총독으로 파견되어 코르도바에서 저 유명한 제10군단을 조직했고 루시타니아를 정복해 최초로 대서양까지 진출했다. Goldsworthy, Adrian(2007:251-256) 참조.

18 Galia Transalpina는 '알프스 너머의 갈리아'라는 뜻으로 '프랑스 남부의 프로방스 지역'을 가리킨다. 반면에 이탈리아 북부의 알프스 남쪽 지역은 Galia Cisalpina '알프스 이쪽의 갈리아'라고 부른다.

19 로마인들은 파리를 중심으로 하는 '프랑스 중북부 지역'을 Galia Comata라고 불렀다. '장발의 갈리아'라는 뜻이다.

서야 할 만큼 북부의 칸타브리아와 갈리시아 지역 원주민들은 집요하고 치열한 저항을 계속했다. 그러나 결국 기원후 19년 모든 지역이 완전히 로마의 지배하에 들게 됨으로써 이베리아반도에서 로마의 정복 전쟁은 끝을 맺었다. 로마가 이베리아반도에 상륙해 완전히 정복하기까지 무려 200년이 걸린 것이었다. 이와 더불어 로마가도도 확장되어 나르본에서 타라고나와 카르타헤나, 세비야를 거쳐 카디스에 이르는 가도가 완성되었다. 이를 Vía Augusta '아우구스타 가도'라고 부른다.[20]

기원전 27년 아우구스투스 황제는 새로 정복한 지역을 편입시켜, 타라코넨세, 루시타니아, 베티카 세 개의 주로 재편했다. Tarraconense라는 이름은 그 지역의 중심 도시인 Tarraco에서 나온 것으로, 현재의 타라고나이다. Lusitania는 lusitano족이 사는 지역이라는 뜻에서 나온 것으로, 현재에도 포르투갈의 다른 이름으로 쓰이고 있다. Baetica에서 기원한 Bética 또한 현재 안달루시아의 다른 이름으로 쓰이고 있으며, 기원은 세비야를 가로질러 흐르고 있는 강 이름에서 나온 것이다. 이 강의 본래 이름은 그리이스어 bathos '깊은'에서 유래된 Betis였으나, 후에 아랍인들에 의해 Guadalquivir로 바뀌어 현재에 이르고 있다.[21]

이 당시 새로 정복한 지역을 다스리는 데는 기존의 군 주둔지가 중요한 역할을 수행했으며, 후에 일부는 계속 번성해 도시로 발전했다. 가장 대표적인 곳이 현재의 León이다. 아우구스투스 황제는 칸타브리아

---

20 로마가도에 관한 자세한 사항은 시오노 나나미(1992), 『로마인 이야기』, 제10권 〈모든 길은 로마로 통한다〉 참조.

21 아랍어에서 guad-는 '강', al은 관사, quivir는 '큰'이라는 뜻이다. 즉 río grande '큰 강'이라는 의미이다.

와 아스투리아스 주민들의 저항을 억누르고, 더 나가서는 남프랑스를 통제하기 위해 지금의 León에 제7군단를 주둔시켰다. 도시명 León은 '군단'이라는 의미의 Legio, 정확하게는 그 대격인 Legionem이 변한 것이다.[22]

기원후 216년 카라칼라 황제 때는 다시 타라코넨세주를 분할 해 갈라에키아주를 설치했으며, 디오클레시아누스 황제 때는 카르타히넨세와 발레아리카주를 새로 만들었다. 행정 구역의 개편에 따라 반도 주민들의 법적 지위도 변화되어 갔다. 초기에는 지역에 따라, 즉 로마화의 정도에 따라 지위가 차등 부여되었으나, 기원후 1세기에 전 도시 주민들에게 로마 시민권이 부여되었으며, 기원후 212년에는 로마 제국 전역에 시민권이 부여됨에 따라 이베리아반도의 전 주민들도 로마의 시민이 되었다.

로마가 대 제국을 건설한 후에도 최고의 권위를 가진 언어는 여전히 그리스어였다. 그리스인들은 라틴어를 따로 배우지 않았으나, 로마의 지식인치고 그리스 문화에 심취하지 않은 사람이 없었으며 그리스어를 못하는 사람이 없었다고 한다. 길거리에서 그리스어를 듣는 것은 흔한 일이었고, 심지어 마르쿠스 아우렐리우스 황제는 자신의 명상록을 그리스어로 쓰기까지 했다. 성경을 비롯한 대부분의 초기 가톨릭 서적들이 먼저 그리스어로 번역되거나 쓰인 데서도 그리스어의 권위를 알 수 있다. 로마인들은 비록 무력으로 그리스를 정복했지만, 너도나도 앞을 다투어 그리스인들과 동일해지기를 열망했다. 로마의 영웅은 그리스 영웅의 아

22 Alatorre, Antonio(1989:34) 참조.

류에 지나지 않았다. 카이사르는 제2의 알렉산드로스였고, 키케로는 제2의 데모스테네스로 불릴 정도였다. 이러한 현상은 차츰 시간이 지남에 따라 희석되었지만, 로마인들의 그리스 문화에 대한 동경과 열망은 대단한 것이었다.

이제 이러한 현상이 이베리아반도에서 일어나고 있었다. 변변히 내세울 만한 문화라고는 가져보지 못한 반도인들이 선진 로마 문화를 접하자 쉽게 빠져들어 동화되어 갔다. 정신과 물질, 모든 면에서 철저히 로마를 닮아 가기 시작했다. 그중에서도 가장 심했던 것은 언어상의 변화였다. 초기에는 자존심과 애국심을 내세우며 라틴어 사용을 거부하는 부류도 있었지만, 시간이 지남에 따라 이제 라틴어는 행정상에서뿐만 아니라 일상생활에서도 모국어가 되어 갔다.

가장 먼저, 그리고 가장 완벽하게 로마화가 이루어진 곳은 남부의 베티카 지역으로써, 이들은 이미 기원전 2세기부터 고유 문화와 언어를 잊고 라틴어를 사용하기 시작했다. 이미 기원전 169년에 코르도바가 식민 도시화되어 Ciudad Patriarca '수도(首都)'라는 칭호를 받은 것이 당시 이 지역의 사정을 잘 말해주고 있다.[23] 따라서 이 지역은 비교적 평화롭게 로마화가 진행됐기 때문에 건너온 로마인들도 주로 관료들과 법관들, 교사들, 상인들이 주를 이루어서, 로마와 동일 수준의 교양 라틴어가 보급되었다. 반면에 북부의 갈리시아, 아스투리아스, 칸타브리아 지역은 기원전 19년 완전히 정복당할 때까지 저항을 계속해 베티카 지역

23 patriarca는 '가장, 족장'이라는 뜻이다. 따라서 Ciudad Patriarca는 '우두머리 도시'라는 뜻이다. 따라서 여기서 해석한 '수도'는 오늘날의 capital '수도'와는 좀 다른 개념이다. Del lat. tardío *patriarcha*, y este del gr. πατριάρχης *patriárchēs*. https://dle.rae.es/patriarca?m=form 참조.

과는 달리 로마화가 늦게 진행되었다. 이 지역은 정복당한 후에도 한동안 여전히 자신들의 고유한 풍습과 언어를 유지하고 있었다. 그러나 이들조차도 곧 로마의 선진 문화에 동화되었고, 행정적 또는 상업적 편의로 인해 라틴어를 받아들임으로써 급속하게 자신들의 정체성과 언어를 상실해 갔다. 초기에는 관청과 학교에서, 그리고 반도로 이주해 온 로마인들끼리만 사용하던 라틴어가 원주민들과의 교역과 교류의 증대로 차츰 원주민들 사이로 유포되기 시작했고, 정복지에 자신들의 문화와 언어, 종교, 심지어는 건축물까지도 강요하고 유포하는 로마의 정책에 따라 마침내는 일상생활에서도 유일한 공용어로 자리 잡게 되었다.

언어적 흔적은, 라틴어가 현재 스페인어의 모태라는 것은 두말할 나위도 없는 일이고, 이 외에도 당시 아우구스투스 황제의 이름을 따서 지은 도시들이 생겨났으며, 일부는 아직도 그 흔적이 남아 있다. 예를 들면 현 Badajoz는 Pax Augusta가 변한 것이고, Mérida는 Emerita Augusta에서 Emerita만이 변한 것이다. 그런데 이 경우 정상적인 음성 변화를 겪었다면 *Mierda가 되어야 했으나 같은 형태의 기피 단어인 mierda '똥'이 있는 관계로 정상적으로 변하지 못하고 Mérida가 되었다. 이런 현상을 터부 이론이라고 한다.[24] 이 밖에도 Zaragoza는 Caesar Augusta(>Saragusta>Çaragoça>Zaragoza)가 변한 것이고, Corduba (>Córdoba)와 Valentia (>Valencia)는 로마식 이름이 그대로 보존되어 있는 지명이다. Sevilla는 Hispalia가 Ishbilia를 거쳐 변화된 것이다. 고대 로마 문화의 유포 잔재는 아스투리아스 지방의 민속 축제에서도 찾아볼

---

24 Dubois, Jean, *et. al.*(1983:595) 참조.

수 있다. 이 지방 시골에서는 아직도 샘의 요정인 Xanas[šanas] 여신을 기리는 축제가 열리고 있다고 한다. 이 Xanas라는 말은 로마 신화에 나오는 숲의 여신인 Diana에서 나온 것으로써, 로마 고대 종교의 흔적을 보여주는 예이다. 라틴어 Diana가 [dziana]〉[ziana]〉[žana]를 거친 후에 무성음화되어 [šana]로 변한 것이다.

이베리아반도가 로마 정치 무대에서 점차로 중요성을 더해 가면서 주요 인물들도 부각되기 시작했다. 카디스 출신의 Lucius Cornelius Balbus는 비 로마 출신으로는 최초로 집정관 자리에 올랐다. Balbus(〉Balbo)는 tartamudo '말더듬이'라는 의미의 별명이다. 로마인들이 지방 사투리가 섞여 있고 투박한 라틴어를 쓰는 속주 출신인 이 사람에게 왜 이러한 별명을 붙여주었는지 쉽게 짐작할 수 있는 대목이다. balbucear '말을 더듬다'와 파생어인 balbuceo, balbuceante 등이 모두 여기서 파생된 것이다. 카이사르의 최측근으로 로마 정계에 입문했으며 카이사르 사후에 집정관에 올랐다. 이 밖에도 황제에까지 올라 로마의 전성기를 이끌었던 트라야누스, 아드리아누스, 마르쿠스 아우렐리우스, 테오도시우스도 모두 이베리아반도 출신이다.[25] 예수의 제자 중 한 명인 야고보는 이베리아반도 포교에 일생을 바쳤다. 후에 예루살렘에서 순교했으나, 그의 유언에 따라 제자들이 시신을 이베리아반도로 옮겼다고 한다. 전설에 따르면, 시신을 배에 싣고 건너오다가 풍랑을 만나 표

---

25 트라야누스와 아드리아누스는 이탈리카 출신이고 테오도시우스는 코카 출신으로 알려져 있다. 그러나 마르쿠스 아우렐리우스는 엄밀하게 따지면 이베리아반도 출신이 아니다. 조상이 베티카에 정착한 사람이었을 뿐, 태어난 곳은 로마였다. 아버지가 원로원 의원이 되어 로마로 이주했기 때문이었다.

류했다고 한다. 이후 그 흔적을 찾을 길이 없었으나 9세기 초 아랍인들을 상대로 재정복 전쟁을 벌이던 때 발견되었다. 펠라요라는 한 은둔 수도자가 갈리시아 campus '들판'에서 한 무리의 stella '별'이 어느 한 곳을 유난히 밝게 비추는 것을 목격했다고 한다. 가까이 가보니 그곳이 바로 사도의 무덤이었으며, 이때부터 이곳은 '별이 비춘 들판'이라는 의미의 Campus Stellae라 불리기 시작했다. 이것이 변해 현재의 Santiago de Compostela가 된 것이다.[26] 이후 유럽에서 가장 중요한 성지 순례지가 되었다. 현재 사도의 무덤은 그 위에 지은 대성당 지하에 모셔져 있다.

26 Santiago는 Santus Iacobus '성 야고보', 엄밀하게 말하자면 그의 속격인 [Locus] Santi Iacobi '성 야고보의 마을'에서 나온 것이다. García Tato, Isidro(2011), "Historia y mito: Los mitos estelares en el Camino de Santiago", AGALI Journal, Nº 1; Compostela의 어원에 대해서는 pp.25-27, Santiago의 어원에 대해서는 p.28; https://www.agaliasociacion.org/Isidro_bis.pdf 참조.

3.5. 로마의 주요 인물과 언어

3.5.1. 미식가 루쿨루스

리키우스 리키니우스 루쿨루스(기원전 118–56)는 기원전 74년 집정관에 선출된 로마의 정치가이자 군인이다. 아나톨리아 북부에 위치해 있는 폰투스 왕국의 미트리다테스가 로마에 반기를 들자 원정군을 이끌고 출정했다.[27] 초기에는 승승장구하며 흑해 연안까지 진격했으나 군단 통솔 방식과 전리품 분배 과정에서 부하들과 마찰을 빚었다. 전쟁은 장기화되었고 군단이 종군을 거부하는 사태로까지 번지자 기원전 66년 원로원은 사령관을 폼페이우스로 교체했다. 불명예스럽게 퇴진한 루쿨루스는 귀국 후 정치 일선에서 물러났지만, 호화스러운 생활로 다시 한번 세인의 입에 오르

27 Pontus는 흑해 연안 지역으로 현 터키 북부에 해당한다. pontus는 그리스어로 '바다(mar)'라는 뜻이다. 스페인어에는 '바다'라는 의미의 시어로 쓰이는 ponto가 남아있다. Del lat. *pontus*, y este del gr. πόντος *póntos*. https://dle.rae.es/ponto?m=form 참조.

내렸다. 거의 매일 초호화 연회를 열었는데, 로마에서는 구경하기조차 하기 힘든 온갖 산해진미가 식탁에 가득했다고 한다. 혼자 식사할 때조차도 지나치게 비싼 음식을 많이 차렸다고 한다. 주위에서 만류하면 혼자 먹는 것이 아니라 '루쿨루스가 루쿨루스와 연회를 즐기는 것'이라고 일축했다고 한다. 로마의 소문난 부자였기에 가능했다고는 하지만, 후배인 폼페이우스에게 밀려난 수모를 이런 식의 자기과시로 풀려고 한 것이라고 한다. 미식가의 대명사로 불리는 인물이다.[28]

루쿨루스가 로마로 들여온 과일들이 여럿 있는데, 그중의 하나가 cereza '체리'이다. 기원전 74년 폰투스 왕국을 원정했을 때 들여온 과일이다. Cerasus 일대에서 재배되는 작고 빨간 과일을 먹어 본 후 그 맛에 반해 로마로 가져온 것이라고 한다. 과일나무의 이름은 당시의 도시명에서 따와 (cerasus) cerezo가 되었고, 과일은 cereza가 되었다. cereza의 기원이 된 도시인 Cerasus는 현재는 터키에서 Giresun으로 불리고 있다.[29]

이 당시 루쿨루스에 의해 '체리'와 함께 로마에 소개된 다른 과일로는 melocotón '복숭아'와 albaricoque '살구'가 있다.

---

28 스페인어에서 '미식가'는 gastrónomo라고 한다. 이는 그리스어 기원의 γαστρονομία 'gastronomía'에서 파생된 것이다. https://dle.rae.es/gastronom%C3%ADa 참조. 스페인어에서는 루쿨루스에서 유래한 어휘가 사용되지 않지만, 영어에서는 deluxe, lavish, luxury, sumptuous 등의 동의어로 lucullan이라는 형태가 남아 있다. https://www.merriam-webster.com/dictionary/Lucullan. 또는 https://www.dictionary.com/browse/lucullan 참조. 루쿨루스의 생애에 대해서는 시오노 나나미(2003), 『로마인 이야기』, 제3권, pp. 255-276 참조.

29 Del lat. vulg. *ceresĭa*, este del lat. *cerasĭum*, y este del gr. κεράσιον *kerásion*. https://dle.rae.es/cereza?m=form. 라틴어에서 malum은 보통 '사과'로 해석되지만 '껍질로 싸여 있는 과일'을 총칭하기도 한다.

melocotón '복숭아'는 원래는 중국 원산으로 실크로드를 통해 중앙아시아로 전해졌다고 하며, 스페인으로 들어온 것은 페르시아를 통해서이다. 따라서 나무의 학명은 prunus persica이다. manzana persa라고도 부른다. 라틴어 prunus는 스페인어 pruna로 변했으며, '자두류의 나무'를 가리키는 2변화 여성명사이다. 스페인에서는 melocotón으로, 카나리아와 아메리카에서는 durazno라고 부른다. melocotón의 라틴어 어원은 malum cotonium이다.[30] '속살이 흰 복숭아', 즉 '백도'를 가리키는 말이었다. cotonium은 흰 빛깔을 띠는 cotón '면직물'의 어원이다. durazno의 어원은 라틴어 duracinus 'de piel dura'이다.[31] 즉, '껍질이 질긴 복숭아'였던 것이다. 주로 '황도'를 가리키지만, 현재 두 용어는 큰 구분 없이 쓰인다. 털이 있는 같은 종류의 복숭아를 두고 두 지역에서 서로 다르게 부른 것이다. 털이 없는 '천도복숭아'는 nectarina라고 부른다.[32] 손오공이 하늘나라에서 훔쳐 먹었고 그리스 신화의 신들이 만찬에서 즐겨 마셨다던 넥타르를 만드는 '하늘의 과일'로, 자두나무와 복숭아나무를 접목한 것이다.

albaricoque '살구'는 흑해 연안에서 중국 북서부에 걸친 중앙아시아가 원산이라고 한다. 특히 아르메니아에서 주로 재배되어 학명을 prunus armeniaca라고 한다. 주변 나라들에서는 manzana armenia라고

---

30 Del lat. *malum cotonium* 'membrillo', en cuyo tronco suele injertarse el pérsico para obtener las mejores variedades del melocotonero. https://dle.rae.es/melocot%C3%B3n 참조.

31 Del lat. *duracĭnus*. https://dle.rae.es/durazno?m=form 참조.

32 Del lat. nectar 'bebida de los dioses', y este del gr. νέκταρ néktar. https://dle.rae.es/nectarina?m=form. nectarina는 영어에서 만들어진 nectarine가 프랑스어 nectarine를 거쳐 스페인어로 들어온 것이라고 한다. https://dle.rae.es/nectarina?m=form 참조.

도 부른다고 한다. 루쿨루스의 폰투스 원정을 계기로 praecox라는 이름으로 로마에 알려지게 되었다. 이것이 이베리아반도에서는 아랍어를 거치며 al-barquq으로 변했고 albaricoque가 된 것이다. 따라서 어근은 라틴어지만 albaricoque라는 단어의 형태는 아랍어에서 기원한 것이다.[33]

3.5.2. 율리우스 카이사르, 그 화려한 카피라이팅

본명은 가이우스 율리우스 카이사르로 기원전 100년 로마에서 태어났다. 카이사르라는 성은 로마에서 매우 오래된 귀족 가문으로, 기원은 트로이에서 피신한 왕자로까지 거슬러 올라가고 모계는 비너스 여신이라고 주장한다.[34] 율리우스라는 명문가에서 태어났음에도 초반 출세 과정은 평범했다. 그보다 6살 위인 폼페이우스가 이미 20대에 로마 최고의 장군으로 이름을 떨치고 36세에 집정관에 오른 것에 비하면 상당히 늦은 편이었다. 카이사르는 30대에 들어서야 제대로 된 공직에 발을 내디뎠다. 기원전 69년에 가서야 겨우 이스파니아 울테리오르의 재무관이 된 것이었다. 총독이 된 것은 기원전 61년, 그러니까 마흔 살이 되었을 때의 일이었다. 이때 카디스의 헤라클레스 신전에 들러 알렉산드로스

---

33 Del ár. hisp. *albarqúq*, este del ár. clás. *burqūq*, y este del gr. bizant. βερικόκκιον *berikókkion*. https://dle.rae.es/albaricoque?m=form. 유사한 종인 ciruela '자두'는 라틴어 cereola에서 나온 것으로 '밀랍(cera) 빛이 나는 과일'이라는 뜻이다. https://dle.rae.es/ciruela?m=form 참조.

34 이는 카이사르가 자신의 고모 추도사에서 한 말이라고 한다. 시오노 나나미(2003), 『로마인 이야기』, 제4권, p.97 참조. 비너스 여신을 상징하는 동물이 '황소'이기 때문에 카이사르가 창설한 군단들이 대부분 황소를 문양으로 사용하고 있으며, 그가 주조한 동전에 '코끼리'가 새겨져 있어서 카이사르라는 성의 의미와 코끼리를 관련 짓기도 한다.

석상 앞에서 '대왕은 이 나이에 세상을 평정했는데 자신은 지금까지 이룬 일이 없음을 한탄하며 눈물을 흘렸다'는 일화는 유명하다. 이때 코르도바에서 창설한 군단이 제10군단이다. 이 군단은 이후 무적을 자랑하는 카이사르의 최정예 군단으로 이름을 떨쳤다. 카이사르의 군단답게 toro '황소'를 표식으로 쓴다. 기원전 59년에는 집정관, 58년에는 갈리아 총독이 되었다. 당시의 갈리아란 남프랑스, 즉 갈리아 나르보넨시스를 가리키는 말이었다. 프랑스 중북부 지역은 아직 로마의 영토가 아닌 갈리아 부족들의 땅이었다. 따라서 로마인들은 이 지역을 Galia Comata '장발의 갈리아'라고 불렀다. 카이사르는 원로원의 허락도 없이 군단을 증편하고 이 지역 정복에 나섰다.[35] 개인의 명예욕과 로마의 국경을 알프스가 아닌 라인강으로 삼아야 한다는 신념의 소산이었다. 약 8년 동안 라인강 서쪽을 모두 정복해 로마의 국경을 알프스에서 라인강으로 옮겼다. 브리타니아까지 원정했으며, 현재의 서유럽 지도를 완성한 인물이다. 이 정복을 통해 로마의 그 어느 장군보다도 앞서고 싶다는 명예욕은 채웠으나, 공화파를 적으로 만들었고 결국 내전의 빌미가 되었다. 갈리아 정복 과정을 다룬 『De Bello Gallico』 '갈리아 전기'는 간결하고 유려한 문체로 높이 평가받고 있다.[36]

---

35 사실 카이사르가 먼저 군대를 일으킨 것은 아니었다. 갈리아 정복에 나선 계기는 지금의 스위스에 살던 헬베티족이 다른 게르만 부족들에 밀려 대규모로 국경을 넘어 이주를 시도했기 때문이었다. 카이사르 입장에서는 당연히 자신의 임지를 지켜야 했으므로 이를 무력으로 막았고, 이를 계기로 본래 머릿속에 담아두고 있던 갈리아 정복을 실천에 옮긴 것이었다. 이를 통해 국경도 확장하고 자신의 정치적인 입지도 다졌으며, 엄청나게 많은 개인 빚도 갚았다고 한다. 어떤 일을 할 때 여러 가지 목적을 동시에 노렸던 카이사르의 방식이 잘 드러난 대목이다. 갈리아 전쟁 초기 헬베티인들과의 충돌에 대해서는 Goldsworthy, Adrian(2007), 제10장, pp.347-389 참조.

36 라틴어 원전은 Hans H. Ørberg(ed.)(2003)이 있으며, 한국어 번역본으로는 Julius Caesar, Gaius

3.5.2.1. 알레시아 공방전: '로마군은 곡괭이로 이긴다.'[37]

이 말은 네로 시대의 명장인 코르불로(7−67)가 했다고 전해지지만,[38] 이미 공화정 시대부터 로마군은 전투가 벌어지기 이전에 '곡괭이로' 진격로, 보급로, 숙영지, 방어진지, 공성 장비 구축 등 만반의 채비를 갖춘 후 회전(會戰)을 벌여 승리를 거두었다. 토목 공사와 병참만으로도 적을 주눅 들게 만들어 전투를 벌이기 전에 이미 승부를 결정지은 것이었다. 여기서 '곡괭이'는 당연히 토목 공사의 대명사로 쓰인 말이지만, 다른 의미로 확대해석하면 '전투준비'가 된다. 즉, 로마군은 하룻밤 자는 숙영지 건설부터 행군, 참호건설, 병참지원, 보초 등 비전투적인 요소들부터 교본대로 충실하게 이행한 것으로 유명하다. 전투를 벌이기 전에 이미 사전 준비가 철저했고, 여기서 비롯된 자신감은 곧 회전에서 적을

의 『갈리아 전쟁기』, 김한영 역, 2005;『갈리아 전기』, 엄미희 역, 2009; 『갈리아 원정기』, 천병희 역, 2012 등이 있다.

37 이 말은 양병무(2016), 제5장 10절에서 인용한 것이다. 그러나 시오노 나나미(2005), 『로마인 이야기』, 제13권 〈최후의 노력〉, pp.180-181에 따르면, 본래 말은 '로마군은 병참으로 이긴다'였다고 한다. 여기서 '병참'이란 logística이다. 이는 그리스어에서 나온 말인데, 로마군은 좁은 의미의 이 말 대신에 좀 더 폭넓은 의미인 자신들의 ars를 썼다고 한다. 스페인어로는 arte이며 '기술, 예술'을 뜻한다. 즉, 단순한 '보급'만이 아니라 전투에 필요한 모든 '기술'을 총동원하여 승리를 쟁취한 데서 비롯된 표현이다. 이를 우리말로 바꾸는 과정에서 좀 더 극적으로 표현하기 위해 '로마군은 곡괭이로 이긴다'는 말이 등장한 것 같다.

38 코르불로의 본명은 Cneus Domitius Corbulo(7-67)이며 58-60, 61-63년 두 차례에 걸쳐 아르메니아 일대의 소요를 평정함으로써 카이사르 시절의 위세를 회복한 로마의 명장이다. 그러나 사위가 65년에 일어난 네로 암살 미수 사건에 연루되자 그도 의심받았다. 이에 더해, 그의 명성이 점점 더 높아지자 의심도 따라서 커졌다. 67년에 유대 지역에서 반란이 일어났다. 당연히 시리아 총독인 코르불로가 출동했어야 했으나 그리스 순회공연을 하고 있던 네로는 그를 코린토로 불러 자결을 명했다. 이를 계기로 군부의 신망까지 잃은 네로는 이듬해 6월 원로원과 근위대의 반란에 자결로 생을 마감했다. 코르불로의 생애에 대한 자세한 사항은 시오노 나나미(1998), 『로마인 이야기』, 제7권 제4부 또는 Dando-Collins, Stephen(2011), 제20장, pp.329-346 참조.

압도하는 전투력으로 나타났다.

코르불로 이전에 이 전설을 만든 대표적인 사람이 바로 카이사르이다. 갈리아 정벌 7년 차로 접어들던 기원전 53-52년 겨울, 아르베리니족의 족장 베르킨게토릭스가 갈리아 부족들을 규합해 대규모 전쟁을 일으켰다. 카이사르는 본거지인 게르고비아를 공격했으나 실패했다. 성곽에 둘러싸인 도시 공략이 어렵게 되자 베르킨게토릭스를 평야로 유인해 회전을 벌였다. 로마군은 회전에서는 역시 천하무적이었다. 회전에서 패한 베르킨게토릭스는 8만 명의 군사를 이끌고 갈리아 중부의 산악 도시인 알레시아로 후퇴해 진을 치고 갈리아의 전 부족들에게 지원을 요청했다. 카이사르는 5만 명의 병력으로 산 밑에서 알레시아를 포위한 후, 다시 갈리아 지원군이 외부에서 가해 올 공격에 대비해 외곽에 이중 방어막을 구축했다.[39] 수십만 명에 달하는 적들 사이에 스스로 포위된 것이었다. '적을 포위하고 동시에 포위됨으로써' 8년간의 갈리아 정복전을 총결산하는 건곤일척의 승부수를 띄운 것이었다. 승리한다면 원로원의 허가도 없이 근무지를 벗어나 전쟁을 벌인 죄과가 면제될 것이고, 진다면 그동안 쌓아온 명예는 물론 목숨까지도 내놓아야 할 판이었다.

안쪽 방어진의 길이는 약 17km, 바깥쪽 방어진의 길이는 약 21km였다고 하며, 두 방어진 사이의 간격은 평균 약 120m였다고 한다. 병사들은 삽시간에 공병으로 돌변해 양쪽에 튼튼한 방어진지를 구축했다. 토목 전문가들답게 적이 쉽게 접근하지 못하도록 깊은 방어용 도랑을 겹겹이 판 것은 물론이고 온갖 교묘하고 치명적인 장애물들을 곳곳에 설

39 Dando-Collins, Stephen(2011:101)는 카이사르의 병력을, 약 5만 명의 군단병 이외에도 다수의 보조병과 기병이 있었으므로, 총 약 8만 명 정도 되었을 것으로 추측하고 있다.

치했다. 수적 열세를 철저한 '곡괭이질'로 메운 것이었다. 9월 들어 약 26만 명에 달하는 외부지원군이 집결하자 본격적인 전투가 시작되었다.[40] 카이사르는 며칠 동안 앞, 뒤에서 파상적으로 공격해오는 적을 맞아 치열한 공방전을 벌였다. 안에 갇힌 베르킨게토릭스는 끝내 방어망을 뚫지 못했고, 밖에 있던 지원군 역시 막대한 인명 피해를 입고 번번이 격퇴당했다. 승기를 잡은 로마군이 총공세에 나서자 지원군은 심각한 타격을 입고 본거지로 뿔뿔이 흩어졌다. 지원군이 괴멸되자 더는 버틸 힘도 없고 식량도 떨어진 베르킨게토릭스는 결국 항복했다. 카이사르는 스스로 포위당한 끝에 결정적인 승리를 쟁취한 것이었다. 이 전투는 카이사르가 공격과 방어, 토목 기술, 용병술 등 천부적인 재능을 유감없이 발휘한 전투였다. 특히 스스로 수십만 적군 속에 포위되어 뛰어난 토목 기술로 포위망과 방어망을 동시에 구축한 전술은 '로마군은 곡괭이로 이긴다'는 말이 허언이 아님을 잘 보여준 기발한 작전이었다. 철저한 사전 '곡괭이질'로 자신감을 얻은 병사들에게 역사가 전하는 수십만이라는 단위는 그야말로 그저 숫자에 불과할 뿐이었다. 이 전투를 끝으로 갈리아의 부족들은 전의를 완전히 상실하고 더는 카이사르에게 반기를 들지 못했다. 이후 내전 기간 동안 카이사르가 로마에서 폼페이우스와 싸우고 있을 때도 반란의 기미조차 보이지 않았다. 이 전투를 계기로 갈리아는 완전히 로마의 수중에 떨어져 라틴어와 로마 문화를 받

40 『갈리아전기』에 나오는 대로 계산하면 외부지원군만 약 57만 명에 이른다. 그러나 시오노 나나미가 쓴 『로마인 이야기』 제4권(p.435)에서는 내부 병력 8만, 외부지원군 26만, 도합 34만 명이라고 언급되어 있다. 여기서는 과장을 피하고자 적은 수를 인용했다. 단도 콜린스(2007:100)는 이 역시 과장된 숫자일 것으로 보고 있으나, 외부지원군이 최소한 10만은 넘었을 것으로 보고 있다.

아들이게 되었다. 이 전투는 카이사르라는 인물의 배짱을 이해하는 데 큰 도움이 되는 예이며, '로마군은 곡괭이로 이긴다'는 말을 실제로 보여 준 좋은 예이다.[41]

3.5.2.2. Iacta est alea. '주사위는 던져졌다.'

카이사르가 갈리아에서 전쟁을 벌이고 있는 사이에 로마에서는 반 카이사르파가 세력을 결집하고 그를 탄핵하기에 이르렀다. 탄핵의 표면적인 이유는 카이사르가 원로원의 허락 없이 무단으로 군단의 수를 늘리고 자신의 속주를 벗어나 마음대로 전쟁을 벌였다는 것이었다. 그러나 진짜 속마음은 갈리아에서 연전연승을 거두자 로마의 젊은이들이 그에게 열광하는 데 있었다.[42] 카이사르의 존재감이 너무 커지면 원로원이 통제할 수 없게 될까 봐 두려워한 것이었다. 카이사르는 이미 공공연하

---

41 알레시아 공방전에 대해서는 Goldsworthy, Adrian(2007), 제15장, 특히 pp.550-562 참조.

42 가장 대표적인 인물로 푸블리우스 크라수스라는 젊은이를 들 수 있다. 로마의 최고 갑부이며 카이사르의 최대 채권자인 리키니우스 크라수스의 아들이다. 카이사르는 한미한 집안에서 태어났으나 씀씀이가 매우 컸다고 한다. 자비로 군단을 조직해 갈리아 원정에 나설 정도였으니 짐작이 갈 것이다. 그 많은 돈을 빌려준 사람이 바로 로마의 가장 대표적인 보수파 크라수스였다. 그런 사람의 아들조차 카이사르에게 매료되어 갈리아로 달려갔던 것이었다. 훗날 카이사르는 갈리아를 정복해 그 많은 빚을 모두 갚았다고 하니, 배포가 상상을 초월했던 사람이다. 가히 남의 돈으로 혁명을 했다는 말이 맞는 말이다. 또한 빚이 남아 있었다고 한들 크라수스 부자(父子)가 파르티아 원정에서 모두 죽었으니 채권자가 사라진 것이었다. 운도 어마어마하게 좋은 사람이었다. 한 가지 아쉬운 점이 있었다면, 카이사르가 아꼈던 젊은 크라수스의 때 이른 죽음이었다. 시리아 총독인 아버지가 전공에 눈이 멀어 파르티아 원정에 나서자, 아들도 어쩔 수 없이 따라갈 수밖에 없었다. 카이사르는 떠나는 크라수스에게 기병대를 딸려 보냈다고 한다. 당시 기병대는 매우 중요한 전력이었고, 아직 갈리아에서 전쟁 중인 카이사르에게 더 필요한 부대였음에도 불구하고 아낌없이 내주었던 것이었다. 카이사르가 그를 얼마나 아꼈었는지 짐작할 수 있는 대목이다. 그러나 크라수스는 기원전 53년 카르하이 전투에서 패해 사망했다. 크라수스의 생애와 카르하이 전투에 대해서는 시오노 나나미(2003), 『로마인 이야기』, 제4권, pp.375-393 참조.

게 광대한 로마 제국을 효과적으로 통치해 나가기 위해서는 원로원을 통한 과두체제를 과감하게 혁파해야 한다고 주장하고 있었다. 결국 광대한 로마 제국을 운영하는 통치체제를 놓고 원로원 중심의 공화파와 카이사르 중심의 제정파로 나뉜 것이었다. 원로원은 폼페이우스를 끌어들여 카이사르의 갈리아 속주 총독 직위를 몰수했다. 이는 곧 군단 지휘권을 박탈한다는 뜻으로 카이사르에게는 사형선고나 마찬가지였다. 상황이 여기에 이르자 카이사르는 앉아서 무장해제를 당하느냐, 아니면 로마로 진격해 원로원 체제를 혁파하느냐 하는 기로에 서게 되었다. 카이사르는 그답게 한 치의 망설임도 없이 후자를 택했다. 기원전 49년의 일이었다.[43]

루비콘강은 아펜니노산맥에서 발원해 아드리아해로 흘러드는 작은 강으로 로마 본국과 갈리아 키살피나(알프스 이남의 갈리아, 즉 북이탈리아) 속주의 경계를 이루는 국경선이었다. 로마로 귀환하는 장군들은 이 강 이북에서 군단을 해산하고 단독으로 건너야 했다. 그렇지 않으면 군사 반란으로 규정되었다.

갈리아 내륙에 주둔하고 있던 휘하 군단에게는 가능한 한 빨리 뒤 따라오라는 전갈을 남기고 자신은 겨우 1개 군단만을 대동한 채 한밤중에 은밀하게 루비콘강을 건넜다. 로마에 있는 폼페이우스가 예상하지 못한 전격적인 작전이었다.

시오노 나나미에 따르면, 카이사르가 루비콘 강을 건너기 직전에 했다는 말이 “이미 엎질러진 물이다. 이 강을 건너면 인간 세계가 비참해

43 카이사르와 폼페이우스 간에 벌어진 제1차 내전의 자세한 진행 상황에 대해서는 시오노 나나미(2003), 『로마인 이야기』, 제5권, pp.11-198 참조.

지고 건너지 않으면 내가 파멸한다. 나아가자, 신들이 기다리는 곳으로. 우리의 명예를 더럽힌 적이 기다리는 곳으로. 주사위는 던져졌다!"라고 한다.[44] 골즈워디는 "나아가지 않으면 내가 그 대가를 치르고, 나아가면 전 로마 세계가 그 대가를 치른다"고 했으며, 이어 수에토니우스를 인용해 "주사위는 던져졌다"라는 말을 했다고 전한다.[45] 여기서 "주사위는 던져졌다"가 바로 Iacta est alea이다. 스페인어로 직역하면 Fue echado el dado가 되는데, alea를 '주사위'보다는 상징적으로 '운명'이라고 번역해 Está echada la suerte '운명은 던져졌다'로 번역되기도 한다. 실제로 라틴어에서 '주사위'는 talus이고, alea는 '운(azar, suerte)'이라는 의미로 많이 쓰였기 때문이다. 본래 이 구절은 그리스의 시인인 메난드로스의 시에서 나온 것이라고 한다.[46] 기존의 말을 인용한 것이든 창조한 것이든, 시기적절하게 사용한 이 문구는 쿠데타를 감행하기로 결심한 당시 카이사르의 단호하고도 절박한 심정을 잘 대변해주고 있다. 이후로도 그는 짧지만 정곡을 찌르는 말 한마디로 역사에 길이 남을 명언들을 많이 남겼다.

카이사르의 전격적인 도강에 당황한 폼페이우스파는 자신들의 군사적 기반이 있는 그리스로 퇴각했다. 기원전 48년 카이사르는 그리스로 건너가 파르살로스에서 폼페이우스군을 격파했다. 패배한 폼페이우스는 이집트로 피신했으나 이집트의 왕과 측근들에 의해 살해당했

---

44 시오노 나나미(2003), 『로마인 이야기』, 제5권, p.508 참조.

45 Goldsworthy, Adrian(2007:621-622) 참조. Dando-Collins, Stephan(2011:119) 역시 부하 장군인 폴리오의 말을 빌려 '주사위는 던져졌다'라는 말을 인용하고 있다.

46 Goldsworthy, Adrian(2007:622) 참조.

다. 그 뒤를 쫓아간 카이사르는 다시 이집트를 상대로 전쟁을 벌여야 했다. 폼페이우스가 정적이긴 했지만 원로원 의원이었으며 어엿한 전직 집정관 신분의 로마 장군이었기 때문이었다. 그런 중요한 인물을 살해했으니 로마 입장에서는 카이사르뿐만 아니라 어느 누구라도 복수를 하지 않을 수 없었다. 그렇지 않아도 이집트를 그냥 둘 생각이 없었던 카이사르는 이를 기회 삼아 아예 이집트를 정복해 버렸다. 폼페이우스를 암살한 왕을 축출하고 그의 누이인 클레오파트라를 여왕에 앉혔다. 본명은 Cleopatra VII Thea Filopator로, 알렉산드로스 사후 이집트 지역을 차지한 프톨레마이오스 왕조의 여인이다. Cleopatra는 kleos '영광'과 patra '아버지'가 합쳐진 어휘이다. patra는 pater '아버지'의 속격인 patros의 여성형이다. 결국, '아버지의 영광'이라는 의미이다. 뒤에 별칭처럼 붙은 Thea는 '여신', Filopator는 '아버지를 총애하는'이라는 의미이다. filo-는 '-을 좋아하는'이라는 뜻의 접두사이기 때문이다. 이름의 의미를 굳이 따지자면 '아버지를 사랑하는 신' 정도가 될 것이다.[47]

기원전 47년 클레오파트라와의 사이에서 아들 카이사리온이 태어났다. Ptolomaeus Philopator Philometor Caesar라는 긴 이름을 갖고 있으나, 역사에서는 '작은 카이사르'라는 뜻의 Caesarion '카이사리온'으로 더 잘 알려진 인물이다. 카이사르의 피를 이어받은 유일한 친아들이었으나, 기원전 30년 양아들인 옥타비아누스에 의해 살해되었다.

47 Roller, Duane W.(2010)과 Colas, Martin(2006) 참조.

3.5.2.3. Vini, vidi, vici. '왔노라, 보았노라, 이겼노라.'

기원전 47년 이집트에서 클레오파트라와 꿀맛 같은 나날을 보내고 있던 카이사르에게 소아시아 젤라에서 파르나케스 왕이 반기를 들었다는 소식이 날아왔다. 진한 아쉬움을 뒤로 하고 소아시아로 건너가 파르나케스를 격파한 후 원로원에 보고서를 보냈는데, 그때 썼다는 유명한 문구가 Vini, vidi, vici. "왔노라, 보았노라, 이겼노라"이다. 폼페이우스도 격파했고, 이집트도 정복했고, 소아시아까지 진압한 이제 지중해 세계에서 더는 카이사르에게 도전할 세력은 없었다. 단 세 마디의 이 말은 카이사르의 위상이 어떻게 변했는지를 단적으로 보여주는 예이다. 아무리 원로원이 전통적으로 로마시민과 더불어 로마의 양대 주권 세력이라고는 하지만 거칠 것이 없는 카이사르에게는 이제 그런 원로원조차도 약간은 조롱 섞인 문구로 자신의 카피라이팅 솜씨를 맘껏 뽐낼 수 있는 대상이 된 것이었다. 로마의 문장은 SPQR이라는 약어로 표시되는데, 이는 Senatus Populusque Romanus '원로원과 로마시민'이라는 뜻으로 로마의 양대 주권자를 가리키는 말이다.[48] 달관의 경지에 오른 군사 천재가 승리를 확신하며 유유자적 전투를 즐기듯이, 군사적 우월감과 정치적 자신감이 고스란히 드러나 있는 문구이다.[49]

48 -que는 '-와'라는 뜻이다. A와 B가 동급일 때 쓰는 접속사로 A 뒤에 붙여 쓴다. 또 다른 등위 접속사로는 ĕt가 있는데, 이는 A와 B를 단순하게 연결해주는 역할을 한다. 현재 스페인어에 남아 있는 y는 ĕt가 변한 것이다. Del lat. *et*. https://dle.rae.es/y.

49 기원전 47년 8월에 있었던 젤라 전투에 대해서는 Goldsworthy, Adrian(2007:730-732) 참조.

3.5.2.4. Quirites '시민 여러분.'

기원전 48년 그리스의 파르살로스에서 폼페이우스군을 격파하자마자 갈리아에서부터 가장 용감하게 싸워온 10군단 병사들이 말썽을 일으켰다.[50] 명실상부한 카이사르의 최정예 군단이 내전이 끝났다고 여기고 제대를 요구하며 농성에 들어간 것이었다. 실제로는 봉급 인상이 주 목적이었다. 이들은 카이사르와 약속한 복무 기간도 이미 지난 상태였고 큰 전투도 이겼으니 이제 집으로 돌아가겠다는 것이었다. 그들은 카이사르 입장에서는 이집트로 도망친 폼페이우스와 그 잔여 세력을 잡는 것이 급선무라는 사실을 누구보다도 잘 알고 있었다. 자신들 없이는 최종 승리가 불가능하니까 이 기회에 급료를 올리려고 일을 꾸민 것이었다. 이에 카이사르는 아직 전쟁이 끝나지 않았으니 폼페이우스 잔여 세력을 처리한 후에 퇴직금을 주겠다고 약속하고 이들을 로마로 돌려

50 제10군단은 기원전 61년 카이사르가 총독으로 부임한 이스파니아 울테리오르의 코르도바에서 조직한 군단이다. 상징은 toro '황소'이다. 이 군단의 상징이 황소인 이유는 명확하지 않으나, 가장 유력해 보이는 설은 비너스 여신의 상징 동물이기 때문이라는 것이다. 신화에 따르면, 카이사르가 속한 율리아 가문은 비너스 여신의 후손이라고 한다. 카이사르는 고모의 추도사에서 이를 언급하기도 했다. 그리스 신화에서 이에 상응하는 여신은 아프로디테이고, 황소는 본래 이 여신이 자주 타고 다니는 동물이었다. 비너스가 이를 물려받은 것이었다. 따라서 비너스 여신의 후손인 율리우스 가문 역시 '황소'를 상징으로 쓴 것이다. 이 군단의 초기 별칭이 Legio X Veneris '제10비너스군단'이었던 것을 보아도 여신과의 관계를 알 수 있다. 아프로디테 여신의 상징 동물에 관해서는 Elvira Barba, Miguel Ángel(2008:235) 참조. 또 다른 설은 이 군단이 조직된 달(月)의 상징이라는 것인데, 4월 20일부터 5월 20일까지는 '황소'가 상징이라고 한다. 그러나 다른 군단의 별칭과 비교해 봤을 때 신빙성이 떨어진다. 동물명을 쓰는 제5종달새군단은 이 새가 많은 남프랑스에서 조직되었기 때문이고, 제6코끼리군단은 탑수스 회전에서 코끼리부대를 상대로 큰 전공을 세웠기 때문에 부여된 것이다. 스페인에서 조직되었기 때문도 아닌 것 같다. 흔히 '투우'에 대한 이미지 때문에 황소를 스페인과 관련 짓는데, 황소가 스페인의 상징이 된 것은 먼 훗날 투우를 통해 재형상화된 것이기 때문이다. 이 당시부터 황소가 이베리아의 상징 동물이었는지는 확실하지 않다. 제10군단의 활약에 대해서는 Dando-Collins, Stephen(2011) 참조.

보냈다. 자신은 다른 군단을 이끌고 폼페이우스를 쫓아 이집트로 갔다. 로마에서 이들의 신병 처리를 떠맡은 사람은 안토니우스였다. 카이사르 휘하의 군단장 출신으로 제2인자 격인 인물이었다. 개인적으로도 카이사르의 조카뻘이 되는 관계였다. 로마 근교에 야영장을 설치한 10군단 병사들은 할 일이 없어지자 삼삼오오 떼를 지어 다니며 술 먹고 난동을 피워 큰 사회 문제로까지 비화되었다. 카이사르의 오른팔로 힘쓰는 데 있어서는 둘째가라면 서러워하는 천하의 안토니우스도 십여 년간 전장에서 잔뼈가 굵은 로마군 최고의 베테랑 병사들의 집단행동 앞에서는 어찌할 바를 몰랐다. 힘만 좋았을 뿐 머리는 별로였던 모양이다. 카이사르는 이들의 난동 소식을 다 보고받고 있었음에도 아무런 대책도 세우지 않고 모른 척하고 있었다. 안토니우스의 정치력을 시험하고 있었던 것이었다.

카이사르가 이들 앞에 다시 모습을 드러낸 것은 이듬해 이집트와 소아시아 정벌이 다 끝난 뒤였다. 안토니우스로부터 이들이 통제 불능이고 골칫거리라는 보고를 듣자마자 주변의 만류를 무릅쓰고 야영장으로 건너갔다. 카이사르는 병사들의 야유 속에 연단에 올라 단도직입적으로 물었다. '원하는 게 무엇인가?' 이에 병사들이 '제대시켜주십시오'라고 소리치자, 단 일 초의 망설임도 없이 '좋다, 제대를 허락한다. 시민 여러분, 여러분의 퇴직금은 폼페이우스 잔당을 모두 소탕한 뒤에 정당하게 지급될 것이다'라고 대답하는 것이었다. 일순간 웅성거리던 장내는 찬물을 끼얹은 것처럼 조용해졌다. 십여 년 동안 자신들과 생사고락을 같이하며 늘 Commilites '전우 여러분'이라고 부르던 사령관이 한순간 자신들을 Quirites '시민 여러분'이라고 부른 것이었다. 병사들은 일순간 '어, 이게 아닌데...'라고 하며 공황 상태에 빠졌다. 사령관과 그토록 친밀했던 심리적 유대감이 일순간에 끊어져 버렸기 때문이었다. 여기저기서 한숨과 탄식 소리가 들리기 시작하더니 '아닙니다', '북아프리카로 데려가 주십시오'라는 말이 튀어나오기 시작했다. 카이사르는 병사들의 참전 요청에 대해 가타부타 단 한마디 대답도 없이 돌아가 버렸다. 병사들은, 비록 폼페이우스는 이집트에서 죽었지만 그의 아들은 도망쳐 다시 세력을 모으고 있었기 때문에, 카이사르가 앞으로 남은 폼페이우스 잔당과 치르게 될 전투에서 자신들을 꼭 필요로 할 것이라고 생각하고 있었다. 그런데 이제는 처우 개선은 고사하고 참전조차 불가능해진 것이었다. 그들이 진정으로 원했던 것은 제대가 아니었다. 자신들의 우월한 입장을 이용해 사령관에게 잠시 응석을 부려본 것이었는데, 카이사르는 이를 정확하게 꿰뚫어 보고 있었던 것이었다. 이 베테랑 병사들의 도움이 절실했던 것은 오히려 카이사르였다. 최후의 일전을 눈앞에 둔 마당에 이들 지중해 세계 최고의 전사들 없이는 승리를 보장할 수 없었기 때문이었다. 그러나 그는 아무런 내색도 하지 않고 단 한마디 말로 사나운 병사들의 기선을 제압한 것이었다. 안토니우스가 1년 동안 어쩔 줄 모르고 쩔쩔매던 수천 명의 베테랑 병사들의 난동을 단 한마디 말로 제압한 것이었다. 카이사르의 통찰력과 카리스마가 빛을 발한 순간이었다.

뒤숭숭한 분위기 속에서 하루하루를 보내고 있던 병사들에게 카이사르가 북아프리카로 떠난다는 소식이 들려왔다. 폼페이우스의 아들 섹스투스가 누미디아의 유바와 손잡고 다시 세력을 규합한 것이었다. 그러나 10군단에는 출동 명령이 떨어지지 않았다. 그렇다고 가만히 앉아 있을 수도 없어 무작정 다른 군단 뒤를 슬금슬금 따라가는 수밖에 없었다. 메시나 해협에 다 와 배를 타기 직전에서야 겨우 참전해도 좋다는 허락을 받았다. 처우 개선은 이미 물 건너갔고 꼴만 우스워진 후였다. 속이 부글부글 끓던 10군단 병사들은 얼마 후 북아프리카의 탑수스에서 애꿎은 폼페이우스군 병사들에게 실컷 화풀이해댔다.[51]

3.5.2.5. Et tu, Brute? '부르투스, 너마저?'

기원전 44년 3월 15일, 공화제를 신봉하는 원로원 의원들은 의사당에서 카이사르를 암살했다. 카이사르가 공화제를 폐지하고 제정으로 나아갈 것이라고 의심했기 때문이었다.

카이사르의 암살 주범이 됨으로써 역사적으로 유명해진 마르쿠스 유니우스 브루투스(기원전 85–42)는 당시 41세의 완숙한 나이로 장래가 촉망되는 로마의 예비 지도자였다. 뛰어난 학식과 인품으로 많은 이들의 기대를 한 몸에 받았고 카이사르로부터도 총애를 받았다. 그러나 정치적으로는 철저한 공화주의자여서 카이사르와 대립 관계에 있었다. 이미 '종신 독재관'에 취임한 카이사르는 제왕과 다름없었으며 그가 추진하고 있는 일련의 개혁 조치들 또한 제정을 공고히 해나가는 과정이라고 판단하고, 파르티아 원정을 떠나기 하루 전날 카시우스 등의 일당과 함께 원로원 회의가 열리는 폼페이우스 회당에서 암살을 결행한 것이었다.[52]

---

51 10군단 병사들의 항명과 소요 진압 과정에 대해서는 Goldsworthy, Adrian(2007:734-743)과 Dando-Collins, Stephan(2011), 제14장, pp.233-240 참조.

52 이미 그 10여 년 전인 기원전 55년 시리아 총독이었던 리키니우스 크라수스가 파르티아 원정을 감행했다. 카이사르의 최대 채권자이자 제1차 삼두정치를 함께 결성했던 인물이었다. 그러나 카르하이 전투에서 패해 사망했으며, 살아 돌아온 병사는 4만 명 중에서 채 만 명도 안 될 정도였다고 한다. 카이사르는 이에 대한 복수를 하기 위해 기원전 44년 3월 16일 출정할 예정이었다. 그 전날인

이때 카이사르가 했다는 말이 Et tu, Brute? '부르투스, 너마저?'라고 한다.[53] Brute는 Brutus의 호격이다. 이 이름은 《brutus》 bruto(a)와도 관련이 있는 별칭이기도 하지만, 이 암살 사건을 계기로 더욱 '거칠고 야만적인 사람'의 대명사가 되었다.

브루투스는 개인적으로 카이사르와 매우 미묘한 관계에 있는 인물이다. 그의 어머니인 세르빌리아가 수십 년 동안 카이사르와 연인 관계였기 때문이다. 세르빌리아는 결혼하기 전부터, 또 남편이 죽은 후에도 재혼하지 않고 평생을 오직 카이사르의 여자로만 산 여인이다. 따라서 카이사르는 브루투스를 친아들처럼 여겼다고 한다. 생전에 카이사르는 공식적으로는 첫 아내인 코르넬리아와의 사이에서 태어난 율리아라는 딸 하나만을 두었으나 젊은 나이에 사망했다.[54] 클레오파트라와의 사이에서 태어난 카이사리온조차도 공식적으로는 친아들로 인정하지 않았다. 그러나 부르투스만은 끔찍이 아꼈다고 한다. 세르빌리아의 청이 있기도 했지만, 내전 때 폼페이우스 편에 가담해 자기에게 대항하다 포로로 잡혔을 때도 즉시 용서하고 사면했다. 그런 브루투스가 암살의 주모자인 것을 알게 되자 카이사르

15일 출정 보고 겸 뒷 일을 정리하기 위해 원로원에 나간 것이었는데, 반대파는 그 기회를 이용해 암살을 결행한 것이었다. 카이사르 암살에 대해서는 Goldsworthy, Adrian(2007), 제23장, p.803 이하 참조.

53 셰익스피어의 작품 『줄리어스 시이저』에 나오는 말이다. Shakespeare, William(2019), 『줄리어스 시저』, 박우수 역, 제3막 1장, p.85 참조. 그러나 Goldsworthy, Adrian(2007:833)에 따르면, 아쉽게도 이 대사를 기록한 사료는 없다고 한다.

54 카이사르는 기원전 59년 약혼자가 있던 딸을 파혼시키고 자기보다도 6살이나 많은 폼페이우스와 결혼시켰다. 당시 신부 나이 22세, 폼페이우스는 47세였다고 한다. 로마 시대의 정략결혼 양상이 어떠했는가를 짐작할 수 있는 대표적인 예이다. 제1차 삼두정치 체제를 결성한 후 딸을 정략 결혼시킨 것이었다. 그러나 기원전 54년 출산 도중에 사망했다고 한다. 당시 카이사르는 브리타니아 원정 중이었다. 시오노 나나미(2003), 『로마인 이야기』, 제4권, p.192 참조.

는 큰 충격을 받고 저항을 포기했다. 그래서 죽으면서 했다는 다른 말이 Tu quoque, Brute, fili mi! '너도냐, 내 아들 부르투스야'라고도 전해진다. Et tu, Brute? '부르투스, 너마저?'와 같은 맥락이다. 브루투스 입장에서는 친부에 버금가는 사람을 죽인 것이었다. 친부가 아니더라도 카이사르는 이미 원로원으로부터 Pater Patriae '조국의 아버지'라는 칭호를 받았기 때문에 그는 patricida '부친 살해범'이 된 것이다. 친부든 아니든, 자기 어머니가 평생 사랑한 남자를 죽인 것이었다. 기원전 42년 필리피 회전에서 안토니우스-옥타비우스 연합군에게 패하자 자결했다. 브루투스가 죽은 이후에도 세르빌리아는 카이사르 추종자들부터 아무런 해를 입지 않고 생전에 카이사르가 마련해 준 별장에서 조용히 여생을 마쳤다고 한다. 평생을 사랑한 남자는 아들 손에 죽고 하나뿐인 아들은 자살로 생을 마감한 비련의 여인이다.[55]

3.5.2.6. Idus Martii '3월 15일'

카이사르가 암살당한 날은 기원전 44년 3월 15일이다. '3월 15일'을 로마식으로 읽으면 Idus Martii이다. Martii는 '3월'을 나타내는 Martius의 속격이다. 서양에서는 라틴어 표현 그대로 써서 '카이사르가 암살된 날'을 나타낸다. 스페인어로는 idus de marzo라고 한다.[56]

---

55 카이사르와 세르빌리아와의 관계에 대해서는 Goldsworthy, Adrian(2007:145-148) 참조.

56 고전 라틴어로는 Idus Martiae라고도 한다. 이는 '군신(軍神)'의 옛 이름인 Martia에서 나온 것인데, 후에 Martius로 바뀌었다. 따라서 엄밀하게 말하자면 Idus Martii는 후기 라틴어식 표현이다. 그러나 현재는 일반적으로 쓰이고 있다. Idus Martii '3월 15일'에 대해서는 Goldsworthy, Adrian(2007), 제23장, p.803-837 참조.

로마의 날짜 읽는 법은 스페인어와 매우 상이하다. 로마력에서는 기준일이 되는 세 날이 정해져 있었으며, 날짜를 읽을 때는 이들 중 가까운 기준일을 중심으로 표시했다. 먼저, 기준일 세 날의 명칭은 다음과 같았다:

Kalendae: 각 달의 1일이다.

Nonae: 1, 2, 4, 6, 8, 9, 11, 12월은 5일을 가리키고, 3, 5, 7, 10월은 7일을 가리킨다.

Idus: Nonae와 동일한 월 분포로, 각각 13일과 15일에 해당한다. 따라서 3월은 15일을 가리키는 말이다.

읽는 방법은, '각 명칭의 탈격 복수 형태 뒤에 해당 월의 형용사'를 붙여 표시한다. 예를 들면, 1월 1일은 Kalendis Ianuariis, 3월 15일은 Idibus Martiis, 4월 5일은 Nonis Aprilibus 등이다.

이 세 기준일 바로 앞이나 뒤에 있는 날은 부사 pridie나 postridie 뒤에 해당 기준일의 대격 복수를 붙여 표시한다. 예를 들면, 1월 31일은 pridie Kalendas Februarias '2월 1일 하루 전날', 5월 8일은 postridie Nonas Maias '5월 7일 하루 다음 날', 10월 16일은 postridie Idus Octobres '10월 15일 하루 다음 날' 등이다.

나머지 날들은 ante diem에 앞으로 가장 가까운 기준일까지 남은 날 수를 서수로 써서 표시한다. 이때 로마인들은 출발 일과 도착 일을 모두 계산에 넣었다는 사실을 염두에 두어야 한다. 반면, 현재는 출발 일은 고려하지 않는다. 예를 들면, 7월 3일은 앞으로 가장 가까운 기준일이 7일, 즉 Nonis Iuliis이므로 출발일인 3일과 도착일인 7일을 모두 포함하면 5일이 남는다. 따라서, ante diem V Nonas Iulias가 되는 것이다. 이를 약어로 a.d. V Non. Iul.로 표시한다. 복잡하지만 알아 둘 필요가

있는 표현이다.[57]

3.5.2.7. Cesárea '제왕절개'

스페인어로 '제왕절개'를 operación cesárea라고 하는데, 이는 카이사르가 이 수술로 태어났다는 설에서 유래한 것이다. 그러나 이는 기록에도 전하지 않을 뿐만 아니라 당시의 관행과 의료 수준으로 봐서도 실행 가능성이 매우 희박한 일이므로, 일반적으로는 근거 없는 설로 받아들여진다.[58]

로마에서 산모의 복부를 절개하는 것이 허용되는 경우는 산모가 죽었을 때 태아를 꺼내기 위해서 일 때뿐이었다고 한다. 태아만이라도 살리기 위해서이거나 사산일 경우라도 산모와 따로 매장하기 위해서라고 한다. 이 법을 lex caesarea라고 했으며, cesárea는 여기서 유래한 것이다. 이 형용사는 동사 caedere '자르다(cortar), 절개하다(efectuar una cisura)'의 과거분사인 caesus에서 파생된 것이다. 로마에서 이 수술을 가리킬 때 a matre caesus 'cortado de su madre'라는 표현을 썼기 때문이다. 그러나 형태상 caesarea가 (caesus의 여성형인) caesa에서 직접 파생되는 것은 불가능하다. 따라서 중간에 어떤 비음성학적인 요인, 즉 민간어원이 작용한 결과로 추측된다. 즉 Caesar가 이 수술로 태어났다고 착각한 후세 사람들이 (operatio) caesa를 카이사르와 관계가 있다고 혼

57 라틴어 날짜 읽는 법에 대해서는 Rubio Fernández, Lisardo & González Rolán, Tomás(1990:247-249)와 Contreras Valverde, José, *et. al.*(1993:46) 참조.

58 Gil, Juan, *et. al.*(2015:97) 참조.

동해 caesarea로 잘못 부름으로써 이 명칭이 굳어진 것으로 보인다. 여기서 lex caesarea가 나온 것이고, 영어와 독일어에서는 아예 Caesarean operation과 Kaiserschnift, 즉 '시저의(또는 황제의) 수술'이라고 쓰는 것이다. 그야말로 '제왕절개(帝王切開)'인 것이다. 스페인어에서는 César의 일반 형용사형은 cesariano(a) '카이사르의'로 씀으로써 cesáreo(a) '제왕절개의'와 구분하고 있다. cesárea는 단독으로 '제왕절개'를 뜻하는 여성명사로 쓰이기도 한다.[59]

카이사르는 사후에 개봉된 유언장에서 누나의 외손자인 옥타비우스를 후계자로 지명했다. 당시 19세의 소년이었다. 그는 유언장에 따라 이름을 '가이우스 율리우스 카이사르 옥타비아누스'로 개명함으로써 카이사르의 후계자임을 천명하고, '카이사르의 오른팔'로 자처하던 안토니우스와 정치, 군사적으로 대립하게 되었다. 제2차 내전의 서막이 오른 것이었다.

3.5.3. 옥타비아누스

본래 이름은 카이우스 옥타비우스 투리누스로 기원전 63년에 태어났다. 카이사르의 누나의 외손자이다. 기원전 44년 카이사르가 암살된 해에 겨우 19세였다. 카이사르의 암살 소식과 유언장에 자신이 후계자로

---

59 Del lat. *Caesareus*; la forma f., del lat. cient. [sectio] Caesarea '*[sección] cesárea*', por la tradición que contaba que Julio César había nacido de esta manera. https://dle.rae.es/ces%C3%A1reo 참조.

지명되어 있다는 소식을 전해 들은 것은 카이사르를 따라 파르티아 원정에 참가하기 위해 일리리아(현 알바니아)의 아폴로니아에 가 있을 때였다. 그는 카이사르의 후계자임을 자처하는 안토니우스의 살해 위협과 주변의 만류에도 불구하고 즉시 귀국해 유언장에 따라 양자로 입적했다. 19살의 힘없는 소년이 보여준 놀라운 용기였다.

유언장이 공개되었을 때 가장 놀란 사람은 사실 안토니우스였다. 카이사르의 조카뻘되는 데다가, 40대의 완숙한 나이이며, 카이사르 휘하의 최고 군단장으로 병사들의 신망을 한 몸에 받고 있던 그로서는 당연히 자신이 후계자일 것이라고 생각했다. 그러나 카이사르의 눈은 예리했다. 과거 폼페이우스와의 내전 기간 동안 로마의 행정을 맡겼을 때 10군단 병사들의 소요조차 제대로 처리하지 못한 통솔력이나 여러 미숙한 행정 처리 능력 등을 제대로 간파하고 있었던 것이었다. 반면에 옥타비우스는, 아직 나이도 어리고 몸도 허약했으나, 성격이 곧고 강단이 있음을 간파하고 잠재력을 높게 평가했던 것이었다. 카이사르는 눈에 보이는 업적이나 세간의 평에 신경 쓰지 않고, 장차 제국을 이끌어갈 재목이 누구인지를 골랐던 것이었다. 카이사르의 안목에 다시 한번 감탄하게 되는 대목이다.

옥타비우스는 Iulius Caesar라는 성을 물려받아 이름을 Caius Iulius Caesar Octavianus로 바꾸었다. -anus는 '~의 아들'이라는 뜻이다. 즉, 'Octavius 가문 출신'이라는 뜻으로, 이것을 별칭으로 쓴 것이었다. 목숨을 걸고 귀국해 Caesar라는 성을 물려받음으로써 과거 카이사르를 따르던 정관계 인사들과 베테랑 군단병들을 규합하는 데 성공하고 안토니우스와의 권력투쟁에서 대등해질 수 있었다. 수십 개 군단과 맞먹는

다는 '카이사르'라는 이름이 가진 위력이었다.[60]

기원전 31년 악티움 해전에서 클레오파트라와 연합한 안토니우스를 물리치고 로마의 제1인자가 되었다. 기원전 27년 원로원은 그에게 '존엄자'라는 의미의 Augustus라는 존칭을 부여했다. 이때부터 그의 이름은 Caius Iulius Caesar Augustus가 되었다. 이후로 Caesar Augustus 또는 Augustus는 곧 '로마의 황제'를 가리키는 칭호가 되었다. 이는 원로원과 일반 시민들이 '황제'를 부르는 호칭이었다. 그러나 아우구스투스는 '황제'라는 군주제 호칭 대신에 '제1인자'라는 의미의 Princeps를 더 선호했다. 실제 통치체제는 제정이었지만 겉으로는 철저하게 공화정을 표방했기 때문이었다. 후일 Caesar는 독일과 러시아에서 '황제'의 의미로 각각 Kaiser '카이저'와 Tzar '짜르'로 변했다.

Augustus가 원로원과 일반 시민들이 '황제'를 부르던 호칭이었던 반면에, 군단병들은 황제를 Imperator라고 불렀다. imperator (>emperador)는 본래 2개 군단 이상의 전략 단위에 대한 imperium '지휘권'을 가진 '사령관'을 부르던 호칭이었다. 공화정 초기에는 집정관만이 군단 지휘권을 갖고 있었으나, 점차 로마가 팽창하면서 속주로 파견되는 총독들도 군단 지휘권을 부여받았다. 이들도 형식상 모두 imperator였다. 그러나 엄밀한 의미에서는 큰 승리를 거둔 '개선장군'에게만 부여되는 호칭이기도 했다. 아우구스투스 이후에는 황제만이 '로마군 최고사령관'으로서 개선식을 거행할 자격을 가졌다. 따라서 황제만이 imperator라고 불리게 된 것이었다. 이로써 처음에는 군단병들이 '최고사령관'을 부르는 호

60 아우구스투스의 생애와 업적에 대해서는 시오노 나나미(2003), 『로마인 이야기』, 제6권 참조.

칭이었는데, 제정이 진행되면서 Augustus '황제'와 동의어가 된 것이다.

3.5.4. 키케로, 'Cedunt arma togae.'

'문이 무를 지배한다'라는 의미로 키케로가 지은 『Philippicae』(2:20)에 나오는 말이다.[61] cedant는 제3변화 동사인 cedĕre '양보하다'의 접속법 현재 3인칭 복수 변화형이다. arma는 자체가 중성 복수형으로 '무기, 무(武)'라는 의미이다. togae는 제1변화 명사인 toga '토가'의 여격 단수이므로 '토가에게'라는 의미가 된다. 토가는 로마인들이 즐겨 입었던 의복으로, 여기서는 arma '무기'와 대비되는 의미인 '문(文)'이라는 의미로 사용되었다. 스페인어로 해석하자면 Que las armas dejen paso a la toga. '무가 문에게 양보하도록 하라' 또는 '무는 문에게 숙여야 한다'가 된다. 이를 '문이 무를 지배한다'라고 의역한 것이다.

마르쿠스 툴리우스 키케로는 기원전 106년에 태어난 로마의 철학자이며 수사학자이자 정치가이다. 수사학과 산문에 특히 뛰어났다. 뛰어난 웅변술과 유려한 수사학에 기초한 문체는 '도도하게 흐르는 강물'에 비유된다. 운문의 대가인 베르길리우스와 함께 고전 라틴어를 완성한 인물로 평가된다.

'문(文)이 무(武)를 지배한다'는 강한 신념을 갖고 있던 정치가로 기원전 63년 문인 출신으로는 처음으로 집정관에 당선되었다. 당시까지는 군단에서 일정 기간 이상 경력을 쌓은 인물이 집정관에 당선되는 것이 관례였으

---

61 Valentí, Eduard, *et. al.*(1990:440) 참조.

나, 유려한 웅변술과 화려한 변호사 경력을 바탕으로 이 관례를 깬 최초의 인물이다. 카이사르와 폼페이우스 간에 벌어진 제1차 내전에서는 폼페이우스 편을 들었다. 철저한 공화주의자였던 관계로 카이사르와는 정치적으로 대립하는 관계였기 때문이었다. 그러나 개인적으로는 교양인으로서 카이사르와 돈독한 친분을 유지했다. 내전 후 카이사르로부터 사면을 받았으나, 부르투스와 카시우스 등이 카이사르를 암살하자 자신의 정치적 신념에 따라 다시 암살범들에게 동조했다. 이런 이유로 기원전 43년 옥타비아누스가 참여한 제2차 삼두체제하에서는 살아남지 못했다. 카이사르로부터 사면을 받았음에도 불구하고 다시 배신한 죄로 옥타비아누스의 묵인하에 안토니우스에 의해 피살되었다.[62]

3.5.5. 베르길리우스, '고전 라틴어의 꽃'

본명은 푸블리우스 마로 베르길리우스이며 기원전 70년에 태어났다. 애국심과 종교적 경건함, 풍부한 교양, 시적 기교 등이 잘 어우러진 로마 최고 시인으로 평가받는다. 대표작인 서사시 『Aenēis』 '아이네이스'는 고전 라틴어의 정수로 평가된다. 스페인어로는 Eneida이며, 우리에게는 영어명인 Aeneid '아이네이드'로 널리 알려져 있다. 유럽 문학사에 지대한 영향을 끼쳤다. 키케로와는 달리 정치에 관여하지 않고 작품 활동에만 전념했다. 아우구스투스 황제와 마이케나스의 적극적인 후원을 받았

62 키케로의 생애와 철학에 대해서는 〈Cicero (106—43 B.C.E.)〉, https://iep.utm.edu/cicero/ 참조.

으며, 기원전 19년에 사망했다.[63]

『아이네이스』는 트로이의 장군인 아이네아스의 유랑과 정착을 노래한 서사시이다. 총 12편으로 구성되어 있다. 전반부 6편은 아이네아스의 모험담을 그리고 있고, 후반부 6편은 이탈리아에서의 정착 과정, 즉 전쟁과 결혼을 그리고 있다. 두 편 모두 호메로스의 일리아드와 오디세이를 모티브로 삼고 있다. 즉, 전반부 6편은 오디세이를, 후반부 6편은 일리아드에서 따온 것이다. 이 서사시를 쓸 당시의 상황은 로마가 지중해 세계의 패자가 되어 공화정을 막 끝내고 제정으로 나아가는 길목에 서 있었다. 이에 로마 역사의 유구함을 노래하고 로마의 융성이 신의 섭리라는 당위성을 역설하기 위해 쓴 애국적 감성이 녹아 있는 서시사이다.

주인공인 아이네아스는 트로이의 영웅인 앙키세스와 비너스 여신 사이에서 태어난 인물이다. 트로이가 함락되자 일족으로 거느리고 바다로 탈출했다. 에게해를 지나 크레타, 마케도니아, 시칠리아를 거친 후 천신만고 끝에 카르타고에 이르렀다. 이곳에서 디도 여왕을 만나 도움을 받았다. 모국인 티레에서 오빠의 박해를 피해 도망친 디도는 리비아 왕으로부터 땅을 얻어 카르타고를 건설한 인물이었다. 아이네아스는 자신을

63 베르길리우스의 생애와 작품에 대해서는 Alatorre, Antonio(1989:39) 참조. Gaius Maecenas(기원전 69-8)는 아우구스투스의 외무장관 격인 인물이다. 아우구스투스에게는 두 명의 최측근이 있었다. 한 명은 어린 시절에 카이사르가 오른팔로 붙여준 아그리파이고 다른 한 명은 자신이 직접 발탁한 마이케나스라는 인물이다. 아그리파는 군사적 재능이 뛰어났던 반면에, 마이케나스는 정무와 외교적 수완이 뛰어났다. 자신이 쌓은 부로 베르길리우스, 호라티우스 등 당대의 문인들을 후원했다. 이런 이유로 현재까지도 그의 이름에서 나온 '메세나'는 문화와 예술 분야의 후원자를 가리키는 용어가 되었다. 스페인어로는 mecenas인데, 프랑스어(mécènat) 발음의 영향으로 '메세나'로 불린다. "Por alus. a C. C. *Mecenas*, c. 69-8 a. C., consejero del emperador romano Augusto y protector de las letras y de los literatos", https://dle.rae.es/mecenas. 의미 획득 과정에 대해서는 Gil, Juan, *et. al.*(2015:210) 참조.

보살펴준 이 여왕의 구애를 뿌리치고 주피터의 뜻에 따라 이탈리아로 건너갔다. 라비니움에서 아름다운 라비니아 공주를 만나 사랑에 빠졌다. 이 과정에서 공주와 결혼하기를 원하는 다른 구혼자인 투르누스와 전쟁을 벌여야 했다. 전쟁에서 승리한 아이네아스는 공주와 결혼해 자손을 낳았다. 이는 곧 트로이인들과 라틴인들의 결합을 상징하는 것으로 새로운 부족의 탄생을 의미했다. 후에 기원전 753년 그 후손인 로물루스와 레무스가 건설한 도시가 바로 로마이다.

아래에 소개하는 부분은 제1편 첫머리에 나오는 구절이다.[64]

Arma virumque cano, Troiae qui primus ab oris
Italiam, fato profugus, Lavinaque venit
litora, multum ille et terris iactatus et alto
vi superum saevae memorem Iunonis ob iram,
multa quoque et bello passus, dum conderet urbem
inferretque deos Latio, genus unde Latinum,
Albanique patres atque altae moenia Romae.
Musa, mihi causas memora, quo numine laeso
quidve dolens, regina deum tot volvere casus
insignem pietate virum, tot adire labores
impulerit. Tantaene animis caelestibus irae?

---

64 라틴어 원본은 Pharr, Clyde(1998) 참조; pdf 파일은 https://www.fulltextarchive.com/page/Vergil-s-Aeneid-in-Latin1 참조.

[스페인어][65]

Arma canto y al héroe, que de Troya
prófugo por el Hado vino a Italia,
en las lavinas costas, el primero;
al que en tuerras y mar se vio batido
de adversos dioses, por la cruda saña
de Juno rencorosa; al que en la guerra
hasta fundar ciudad padeció tanto
y hasta entregar el Lacio a sus Penates;
al que fue estirpe del solar latino,
del albano senado y base firme
de las murallas de la excelsa Roma.

[한국어][66]

내 노래하리, 전쟁과 영웅을,
그 영웅은 운명에 쫓겨 처음 트로이 해안으로부터
이탈리아의 저 라비니움 기슭으로 쫓겨 온 터,
하늘의 신에 의해 무수한 고난과 풍파를 뭍과 바다에서 겪었도다.
잔인한 유노 여신의 식을 줄 모르는 분노.
또 천신만고의 전쟁을 참아 내고서야 비로소 그는 한 도시를 세우고,

---

65 스페인어판은 Fernández Corte, José Carlos & Polit, Aurelio Espinosa(ed.)(1991) 참조.

66 한국어판은 Vergilius Maro, Publius(2001), 『아이네이스』, 유영 역 참조.

고국의 신들을 라티움으로 인도한다. 여기에서 라틴 민족이,
여기에서 알바 영주들이 태어나고, 또 거대한 로마 성벽이 일어선다.

오! 뮤즈여, 연유를 말하라. 어떻게, 무엇 때문에 신격이 모독되고,
또 심기를 상하게 하였기에 하늘의 여왕은 저 착하기로 소문난
영웅을 그 엄청난 재난으로 몰아넣어 온갖 곤욕을
겪게 하는지. 신들의 마음에도 이렇게 격한 분노가 있는지?

3.6. 이베리아반도의 로마 군단

3.6.1. 로마 군단의 구성

로마의 '군단'은 Legio라고 한다. 이는 동사 legĕre '모으다, 소집하다'에서 나온 것이다.[67] 드넓은 제국을 떠받치는 중추 역할을 했다. 현재는 가톨릭교회에서 '평신도 신앙 공동체'의 의미로 Legio Mariae '마리아의 군단' 또는 줄여서 Legio '레지오'라는 용어가 사용되고 있다.

병역은 시민권을 가진 유산계급의 의무였다. 따라서 군단병은 당당한 로마시민으로서 자신들의 의무를 이행할 뿐만 아니라 권리도 주장할 수 있었다. 속주에 주둔했다가 퇴역하는 경우에는 보통 현지에 땅을 보상으로 받고 현지 여인과 결혼했다. 전략적으로 중요한 요지에 도시를 건설 정착해 예비군 역할을 수행했으며, 자손들도 로마시민으로서 군단병

67 http://etimologias.dechile.net/?Leo.n 참조. 이 동사는 '읽다'라는 의미로도 쓰였으며, 스페인어에서는 leer가 되었다. Del lat. *legĕre*. https://dle.rae.es/leer?m=form 참조.

후보군이 되었다. 따라서 군단병은 이베리아반도에서 많은 도시와 기간 시설들을 건설했으며, 정착한 로마인 중 가장 많은 수를 차지했다. 스페인어는 이들의 구어체에서 유래한 것이므로 스페인의 언어사와 문화사에도 많은 영향을 끼쳤다.

로마는 초기에는 상비군을 둔 것이 아니라 필요한 경우에만 군대를 소집했다. 평시에는 생업에 종사하다가 전쟁이 일어나면 입대하는 방식이었다. 병역 의무가 끝나면 귀가해 다시 생업에 종사해야 했으므로 기간은 1년으로 한정되었다. 기원전 321년 삼니움족에게 패할 때까지는 집정관 1인이 1개 군단만을 이끌었으나, 이후 2개 군단으로 증편되었다. 포에니 전쟁 이전까지는 보통 집정관 1인당 2개 군단씩 총 4개 군단을 편성했으며, 필요에 따라 증편했다. 특히 제1,2차 포에니 전쟁을 치르면서 군단의 수와 복무 기간이 대폭 늘어났다. 전례 없는 대규모 전쟁을 장기간 치르면서 점차 직업 군인화되어 갔다. 전쟁터가 로마에서 먼 곳인 경우가 많아졌고 전쟁의 속성상 매년 신병으로 교체하는 것이 불가능했으며, 전선이 확대되면서 큰 전투가 여러 곳에서 동시다발적으로 벌어졌기 때문이었다.

로마 군단의 변화는 크게 기원전 107년 마리우스의 개혁 이전과 이후로 나뉜다.[68]

공화정 초기, 즉 마리우스 개혁 이전에는 1개 군단의 수가 약 4,200명이었다.

---

68 로마 군단의 편제에 대해서는 시오노 나나미(1992:100-118), 『로마인 이야기』, 제2권 참조. 로마 군단에 관한 전반적인 사항은 배은숙(2008) 참조.

경무장 보병	벨리테스(velites)	1,200명
제1열	아스타티(hastati)	1,200명
제2열	프린키페스(principes)	1,200명
제3열	트리아리(triarii)	600명

전위부대인 벨리테스는 경무장 보병으로 일종의 유격부대였다. 아스타티 앞에 위치했으며 투창으로 적을 공격하거나 적의 투석과 화살로부터 아군 주력을 보호하는 역할을 했다. 백병전이 주 임무는 아니었다. 투창 임무를 마치면 아스타티와 프린키페스 뒤로 퇴각했다.

군단의 주력인 중무장 보병은 아스타티와 프린키페스, 트리아리였다.

아스타티는 '장창'을 뜻하는 hasta (>asta)에서 유래된 말이다. 이 창은 끝이 짧은 강철로 되어 있어 찌르는 용도로 썼으며 재활용이 가능했다. 그러나 후기에는 pilum이라는 끝이 더 길고 유연한 창을 썼다. 적의 방패에 꽂히면 휘어져 재활용이 불가능하고 적의 행동에 제약을 가할 목적으로 만들어진 창이다. 여기서 유래된 것이 스페인어 pilo이다. lanza '창'는 라틴어 lancĕa에서 유래된 것이지만 원 어원은 켈트어에서 나온 것이며 끝이 짧고 단단하다.

프린키페스는 이름 자체에서 느껴지듯이 군단의 핵심 전력이었다. 여기서 나온 말이 príncipe이다. 스피키오 이후에는 이베리아에서 도입한 짧은 양날 검 gladius를 주 무기로 썼다. 찌르고 베는 데 특화된 검이다. 로마군은 이를 주 무기로 삼으면서 접근전에서는 천하무적이 되었다.

마지막 열에 위치한 트리아리는 최고 베테랑들로 구성된 예비대이다. 적이 여기까지 도달했다는 것은 앞의 전열이 무너졌다는 뜻이고 군단이 위기 상황에 처했다는 뜻이다. 여기서 나온 말이 [La pelea] llegó a los triarii이다. '[전투가] 위급한 상황에 몰렸다'는 뜻으로 사용된다. 대부분의 경우, 앞 열이 무너졌어도 이 베테랑들이 나서면 전장이 깔끔하게 정리되었다.

각 전열의 제1백인대는 120명, 나머지는 60명씩으로 구성되었다. 여기에 약간의 기병이 추가되었다. 기병은 귀족들의 전유물이었다. 그나마 한니발 이전까지는 기병의 중요성을 잘 인식하지도 못했고, 로마는 말 산지가 아니었으므로 기병이 늘 부족했다. 따라서 당시에는 중요한 전력이 아니었다.

기원전 107년 마리우스는 벨리테스와 아스타티, 프린키페스, 트리아리 구분 대신에 cohors '대대' 개념을 도입해 전술의 유연성을 높였다.[69] 또한 징병제를 모병제로 바꾸었다. 과거에는 재산에 따라 무기의 질도 달랐었는데, 이제 직업 군인이 된 이상 모든 병사에게 동일한 무기와 장비를 지급해 통일성을 기했다.

군단병 수도 약 6,000명으로 늘었다. 각 군단은 10개 대대로, 각 대대는 6개 백인대로 구성되었다. 각 백인대는 80명으로 이루어졌으므로 한 대대는 480명이다. 단, 제1대대만은 5개 백인대로, 각 백인대는 160명으로 구성되었다. 따라서 중무장 보병 수만도 약 5,400명에 이르렀다. 여기에 기병 120-300기와 포병 역할을 하는 투석병, 투창병이 추가되었다. 기병은 여전히 부족해 그 수가 유동적이었다.

---

69 현재 스페인어에서 cohorte는 잘 쓰이지 않으나, 대대 개념은 여전히 유용하다. 참고로, '군'은 ejército, '사단'은 división, '여단'은 brigada, '연대'는 regimiento, '대대'는 batallón, '중대'는 compañía, '소대'는 sección, '분대'는 pelotón이라고 한다. 그러나 구성원의 수에 따라서 pelotón이 '소대'로 번역되기도 한다. https://issuu.com/resvol/docs/glosario_de_terminos_militares 참조.

로마 군단의 중추는 centuria '백인대'이다. centum '100'에서 나온 말이지만 실제로 딱 100명씩으로 구성된 것은 아니었다. 어느 시기를 막론하고 군단에서 가장 중요한 전력은 단연 centurĭo '백인대장'(>centurión)이었다. 사령관은 현직 또는 전직 집정관이나 법무관이 맡았고, 그 밑의 군단장과 대대장은 주로 귀족들이 맡았다. 그러나 백인대장은 일반 병사 중에서 가장 노련하고 용감한 자로 뽑았다. 병사들과 늘 함께 생활하고 훈련했으며 전투 시에는 가장 앞장섰다. 로마 군단의 등뼈로 표현된다. 각 군단의 제1대대 제1백인대의 장을 Primus pilus라고 불렀다. 직역하면 '첫 번째 창'이지만, '수석백인대장'이라고 번역된다. 대체로 일반 병사가 오를 수 있는 최고의 자리로 여겨졌다. 일반 백인대장들보다 급료도 높았고 전리품도 더 많이 배정받았으며, 사령관이 주재하는 작전 회의에도 참석했다.

군단병은 17세부터 입대가 가능했다. 공화정 때는 기본이 1년이었으며, 사령관과의 합의에 따라 연장이 가능했다. 평균적으로 술라는 3년, 폼페이우스는 5년, 카이사르는 13년을 함께 싸웠다. 물려받은 재산이나 특정한 직업이 없는 한 제대해 봐야 할 일도 별로 없었고 군단에 있으면 정해진 급료 이외에도 전리품 수입을 기대할 수 있었기 때문에 점차 직업군인화 되었다. 아우구스투스 이후에는 의무 복무 기간이 16년으로 늘어났다.

군단은 한번 모집되면 결원이 생겨도 결속력과 정체성을 유지하기 위해 특별한 일이 없는 한 보충하지 않았다. 카이사르의 경우 특히 철저했다. 복무 기간을 다 채운 생존 병사들은 원하는 자에 한 해 일괄적으로 제대해 정착지를 제공받았다. 복무 기간을 연장할 수도 있었다. 새로운 군단병은 필요한 수만큼 원래의 창설 지역에서 다시 모집하는 것이 원

칙이었으나, 이 또한 2세기 이후에는 주둔지 부근에서 모집하는 것으로 바뀌었다. 군단 앞에 붙는 숫자는 모집 순서이다. 전멸한 경우에는 더 이상 해당 숫자를 쓰지 않았다. 생존 병사가 너무 적어 군단으로서의 기능을 상실한 경우에는 결원을 보충하지 않고 비슷한 상황의 타 군단과 합쳐 '쌍둥이군단'을 만들었다. 군단 숫자 뒤의 별칭은 업적에 따라 부여된 것이었으므로 시대에 따라 달라지기도 했다.[70]

보통 군단병 수만큼의 auxiliā '보조병'이 뒤따랐다. 보조병은 속주민이나 동맹국 병사들로 구성되었다. 당시에도 로마는 여전히 기병이 부족했다. 따라서 기병 부대는 주로 동맹국인 갈리아나 누미디아 등지에서 보충했다. 이들은 군단병이 아니었으므로 보급이 열악했고, 전리품 수입도 기대하기 어려웠다. 야전에서는 방책으로 둘러싸인 진지 내에 거주하지 못해 늘 적의 기습에 노출되어 있었으며 전투 시에는 가장 위험한 임무에 우선 투입되었다. 그러나 만기 제대하면 보상으로 로마 시민권을 받을 수 있었다. 카이사르는 보조부대장들을 원로원 의원에 임명하기도 했다.

로마 군단이 이베리아반도에 첫발을 내디딘 것은 기원전 218년이다. 한니발의 배후 근거지를 치기 위해 '아프리카누스'의 아버지인 대 스키피오의 지휘하에 암푸리아스에 상륙한 것이었다. 처음에는 카르타고군,

70 예를 들어, 제7군단의 경우, 초기에는 클라우디우스 황제에게 보인 충성의 대가로 'Claudia'라는 별칭을 얻었다. 68년 이베리아에 있던 갈바가 쿠데타를 일으키고 새로 군단을 조직했는데 이를 '제7갈바군단'이라고 부른다. 이는 기존의 '제7클라우디아군단'과는 다른 군단이다. 70년에 베스파시아누스는 제7갈바군단을 제1게르마니아군단과 합쳐 '제7쌍둥이군단'을 만들었다. 서로마 제국이 멸망할 때까지 이베리아반도에 주둔했던 유일한 군단이었다. 이처럼 군단의 별칭은 시대에 따라 변했으며, 심지어는 매우 드물지만 같은 숫자의 군단이 또 만들어지기도 했다. 제7군단의 역사에 관해서는 https://www.livius.org/articles/legion/legio-vii-claudia/ 참조.

후에는 원주민인 셀티베로족과 전쟁을 벌였다. 로마군은 기원전 19년 아우구스투스 때 최종적으로 정복이 완료될 때까지 장장 200여 년간 간헐적으로, 그러나 끊임없이, 전투를 치러야 했다. 가장 중요한 전쟁을 살펴보면 다음과 같다.

3.6.2. 루시타니아 전쟁

기원전 155-139년까지 벌어진 전쟁이다. 당시까지 로마가 정복한 지역은 반도의 동부와 남부의 해안지대 정도였다. 기원전 155년에 로마군은 대대적으로 안달루시아에서 북서부 지역으로 진격했다. 루시타노족의 땅으로 들어간 것이었다. 본래 호전적이고 독립심이 강한 이 종족은 로마군을 맞아 치열하게 저항했다. 이 과정에서 수만 명이 죽거나 포로로 잡혔다. 로마에 계속 밀리고 있던 기원전 146년 새로운 지도자를 맞이했다. 비리아투스라고 불리는 인물이다. 언제 어디서 태어났는지는 정확하게 알려지지 않았다. 그는 '게릴라 전술'이라는 새로운 전법으로 로마군을 상대로 여러 차례에 걸쳐 승리를 거두었다. 주요 활동지는 두에로강과 과디아나강 사이로 루시타니아(현 포르투갈의 중남부), 사모라, 살라망카, 엑스트레마두라 지역이었다. 루시타노족은 그의 통솔하에 일치단결하여 로마군에 대항했다. 로마의 역사가들도 그를 매우 유능한 지도자로 평가했다. 그는 상벌이 공정하고 엄격해 부하들로부터 신망을 받았고 군사적으로도 매우 유능해 거듭되는 로마군의 공세를 물리쳤다. 특히 필요에 따라 로마와 휴전을 맺거나 주변의 다른 부족들과 연합해 조직적으로 로마에 대항할 정도로 유연한 전략적 사고를 소유한 인물이었다. 그러나 기원전 139년 자는 도중에 로마군에 매수당한 부하들에 의해 암살당했다. 그렇다고 해서 루시타니아 지역이 곧바로 로마의 수중에 들어간 것은 아니었다. 반도 중부의 누만시아에서 또 다른 반란이 일어났기 때문이었다. 이 루시타니아 지역이 완전히 로마에 정복되는 것은 기원전 61-60년 이스파니아 울테리오르의 총독으로 부임한 카이사르에 의해서이다.

3.6.3. 누만시아 전쟁

기원전 154-133년 사이에 벌어진 전쟁이다. 일명 '셀티베리아 전쟁'이라고도 한다. 로마군이 반도의 중서부에서 루시타노족을 상대로 전쟁을 벌이고 있는 사이에, 중부의 에브로강 유역에서 셀티베로족이 반란을 일으켰다. 그러나 이 전쟁은 새로운 전쟁이라기보다는 이미 기원전 3세기 초반부터 진행되어 오던 대 로마 전쟁의 완결판이다. 셀티베로족은 이미 오래전부터 끊임없이 로마에 대항해 반란을 일으키고 있었다. 기원전 134년 로마가 6만여 명의 대군을 투입하자 약 4천여 명의 셀티베로인들은 소리아 북쪽 약 4km 지점에 위치해 있는 누만시아에 집결해 최후의 일전을 치렀다. 8개월간의 포위 공격 끝에 마침내 전염병과 기아로 인해 항복했다. 그러나 대부분의 저항군은 포로로 잡히는 것을 거부하고 자결했다. 포로가 된다면 처형되거나 노예로 팔려가는 운명이 기다리고 있었기 때문이었다. 두에로강 유역의 해발 1,087m 구릉 지대에 위치한 누만시아는 이 전쟁을 계기로서 대 로마 항전의 아이콘이 되었다.[71] 이 누만시아 전쟁을 끝으로 셀티베로인들은 수십 년간 로마에 반기를 들지 못했다.

3.6.4. 세르토리우스 전쟁

기원전 82-72년 사이에 일어난 전쟁이다. 기원전 88년 로마에서 평민층을 대표하는 마리우스(155-86)와 귀족층을 대표하는 술라(138-78) 사이에 내전이 발생했다. 이 전쟁에서 마리우스가 패하자, 기원전 82년 그의 부하 장군이자 이스파니아 키테리오르의 총독인 세르토리우스가 이베리아반도에서 셀티베로족을 규합해 반란을 일으켰다. 로마인들끼리의 내전이었으나 세르토리우스 휘하에서 싸운 것은 주로 셀티베로인들이었다. 약 10년간 로마군에 대항했다. 로마에서는 기원전 72년 최고의 장군인 폼페이우스를 파견했고, 세르토리우스는 그 해 우에스카에서 부하들에 의해 암살당했다. 이 전쟁을 계기로 이베리아반도는 루시타니아와 북부의 칸타브리아, 아스투리아스 지역을 제외한 전 지역이 로마의 지배하에 들어갔다.

---

71 후일 서기 73년에 유대에서 치러진 '마사다 요새 전투'가 떠오르는 장면이다. 유대 전쟁에 대해서는 Josephus, Flavius(1987) 참조.

3.6.5. 칸타브리아 전쟁

기원전 29–19년 사이에 일어난 전쟁이다. 기원전 29년 아우구스투스는 아직 굴복하지 않고 있는 칸타브리아와 아스투리아스 지역을 정복하기 위해 총 9개 군단을 투입해 대대적인 전쟁을 벌였다. 칸타브리아 지역에는 제1아우구스타군단, 제2아우구스타군단, 제4마케도니아군단, 제9이스파니아군단, 제20발레리아군단, 제21라팍스군단을, 아스투리아스 지역에는 제5종달새군단, 제6승리군단, 제10쌍둥이군단을 투입했다. 전쟁은 기원전 19년에 가서야 끝났다. 이베리아반도가 최종적으로 정복된 것이었다. 이로써 200여 년간에 걸친 이베리아반도 정복 전쟁은 대단원의 막을 내렸다.

기원전 17년 제4마케도니아군단은 칸타브리아에, 제6승리군단은 레온에, 제10쌍둥이군단은 아스토르가에 주둔해 도시의 기반을 구축했다. 이 중에서 제4마케도니아군단은 기원후 43년 고지 게르마니아로 이동했고, 제10쌍둥이군단은 기원후 63년 네로 때 다뉴브 전선으로 파견되었다. 이때부터 이베리아반도에는 제6승리군단 하나만이 남게 되었으며, 74년 제7쌍둥이군단으로 대체되었다. 이 군단도 제6승리군단의 뒤를 이어 레온에 주둔했다. 서로마 제국이 멸망할 때까지 이베리아반도에 주둔했던 유일한 군단이다.[72] 현재의 도시 León은 '군단'이라는 의미의 Legio에서 나온 것이다. 바로 이 제6승리군단과 제7쌍둥이군단을 가리키는 것이다.

72 Carr, Raymond(2006:47) 참조.

3.6.6. 이베리아의 로마 군단

로마는 정복지의 주요 전략 거점에 군단 퇴역병들을 정착시켜 도시를 건설했다. 이를 '콜로니아'라고 한다. 이들은 유사시 예비군 역할을 했다. 전통적으로 군단별로 '일괄입대 일괄제대' 제도를 시행했기 때문에 한 번에 수천 명의 퇴역병을 같은 곳에 정착시키는 것이 가능했다. 이들은 주로 현지 여자들과 결혼했다. 속주들이 빠른 속도로 로마화 된 이유이기도 했다. 이들은 모두 로마시민이었으므로 그 자손들 또한 시민권자로서 훗날 군단병이 되었다. 이베리아반도에도 군단 퇴역병들에 의해 건설된 도시들이 많이 있다. 이베리아반도에서 창설되었거나 정착해 도시를 건설한 군단으로는 다음과 같은 것들이 있다.[73]

3.6.6.1. 제4마케도니아군단

기원전 48년 내전 초기 카이사르가 폼페이우스군에 대항하기 위해 이탈리아에서 조직한 군단이다. 디라키움과 파르살로스 회전에 참전했다. 후에 마케도니아에 주둔함으로써 '마케도니아군단'이라는 별칭을 얻었다. 카이사르의 군단답게 상징은 황소이다. 카이사르 사후에는 옥타비아누스를 따라 기원전 42년 필리피 회전과 기원전 31년 악티움 해전에 참전했다. 기원전 23년에는 칸타브리아 전쟁에도 참전했다. 기원전 16-13년 사이에 퇴역병들은 제6승리군단, 제10쌍둥이군단의 퇴역병들과 함께 Caesar Augusta '사라고사'에 정착했다. 기원후 43년까지 이베

73 Rodríquez González, Julio(2003) 참조.

리아반도에 주둔하다가 칼리굴라 황제 때 고지 게르마니아로 이동했다.

3.6.6.2. 제5종달새군단

기원전 52년 카이사르가 남프랑스에서 자비로 조직한 군단이다. 별명이 Alaudae '종달새(alondras)'인 이유는 군모의 깃 모양 때문이라고도 하고 남프랑스에 종달새가 유난히 많아 붙여졌다고도 한다. 이전까지 군단병은 로마시민들로만 구성되었는 데 반해, 이 군단은 최초로 전원 비 로마시민인 속주민들로만 구성되었다. 기원전 49년까지 카이사르를 따라 갈리아 정복전에 참전했다. 군단의 상징은 코끼리이다. 기원전 46년 북아프리카의 탑수스 회전에서 폼페이우스군의 코끼리 부대를 격파한 공을 치하하기 위해 수여된 것이다. 카이사르 사후에는 안토니우스 휘하에서 악티움 해전에 참전했다. 내전 종식 후에는 아우구스투스의 명에 따라 기원전 27년 이베리아반도로 이동해 칸타브리아 전쟁에 참전했다. 주둔지는 Asturica Augusta '아스토르가'였다. 퇴역병들은 제10쌍둥이군단의 퇴역병들과 함께 Emerita Augusta '메리다'에 정착했다. 기원전 19년 저지 게르마니아로 이동했다.

3.6.6.3. 제6승리군단

기원전 41년 아우구스투스가, 기존의 제6철갑군단을 모방해, 이탈리아 페루지아에서 창설한 군단이다. 기원전 31년에는 안토니우스와의 내전에 참전했다. 기원전 25년 아우구스투스의 명에 따라 이베리아반도로 이동해 칸타브리아 전쟁에 참전했다. 이때의 공로로 '승리자'를 의미하는 Victrix라는 별칭이 부여되었다. 주둔지는 지금의 레온이다. 이때의 퇴역병들이 제10쌍둥이군단 및 제4마케도니아군단 퇴역병들과 함께 정착해 도시를 건설한 곳이 Colonia Caesar Augusta, 지금의 사라고사이다. 서기 68년 이스파니아 타라코넨시스의 총독인 갈바(재위 68–69)가 네로 황제에 대항해 반란을 일으켰다. 이때 그의 휘하에 있었던 군단이 레온 지역에 주둔해 있던 제6승리군단이었다. 70년 베스파시아누스 황제 때 저지 게르마니아로 이동했다.

참고로, 제6군단에는 제6철갑군단이 따로 있다. 제6승리군단과는 다른 군단이다. 기원전 65년에 폼페이우스가 스페인에서 조직한 군단으로 Ferrata '철갑'이라는 별칭으로 불렸다. 이 군단은 카이사르를 따라 갈리아 원정에 참전했다. 그러나 폼페이우스와 벌인 내전에서는 타라코넨세에 주둔해 있었던 관계로 폼페이우스 편에 서서 카이사르에 대항하기도 했다. 악티움 해전에서는 안토니우스 휘하에서 제6승리군단과 맞서 싸워야 했다. 내전이 끝난 후에는 유대 지역으로 이동했다.

3.6.6.4. 제7쌍둥이군단

68년 타라코넨세의 총독인 갈바가 네로 황제에 대항해 반란을 일으켰을 때 조직한 군단이다. 이때 그를 옹립한 군단은 제6승리군단으로 이베리아반도에 주둔하고 있던 유일한 군단이었다. 갈바는 병력을 보충하기 위해 제7군단을 별도로 조직했는데, 이를 기존의 '제7클라우디아군단'과 구분하기 위해 '제7갈바군단'이라고 부른다. 갈바와 함께 로마로 갔으며, 차례로 오토와 베스파시우누스 휘하에서 싸웠다. 70년 베스파시아누스 황제가 제1게르마니아군단의 잔여 병력과 합쳐 제7쌍둥이군단을 만들었다. 이 군단은 판노니아에 주둔해 있다가 74년 이베리아반도로 이동해 제6승리군단의 자리를 대체했다. 주둔지는 여전히 '레온'이었다. 89년 트라야누스를 따라 고지 게르마니아에서 일어난 반란을 진압하기 위해 출동했던 군단이다. 이때의 공로로 트라야누스는 집정관이 되었다가, 네르바 황제의 양아들이 되었고 후에 황위에 올랐다.[74] 서로마 제국이 멸망할 때까지 이베리아반도에 주둔했던 유일한 군단이다.

참고로, '제7클라우디아군단'은 기원전 65년 폼페이우스가 스페인에서 창설한 군단이다.[75] 제7갈바군단과는 번호만 같을 뿐 다른 군단이다. 기원전 58년 이후 카이사르를 따라 갈리아와 브리타니아에서 싸웠다.[76] 제10군단과 더불어 대표적인 '카이사르의 군단'으로 꼽힌다. 제1차 내전 후에는 옥타비아누스를 따라 필리피 회전에 참전했다. 서기 42년 클라우디우스 황제가 스크리보니아누스 반란을 진압한 공로로 '클라우디우스의 충성스럽고 애국심 강한'이라는 의미로 Claudia Pia Fidelis라는 명칭을 수여했다. 그러나 대개 Pia Fidelis 'fiel y leal'은 쓰지 않고 '제7클라우디아군단'이라고만 쓴다.[77] 이후에는 현 불가리아에 해당하는

---

74 89년 반란이 일어났을 당시 황제는 도미티아누스였고, 트라야누스는 공로를 인정받아 집정관, 고지 게르마니아와 저지 게르마니아의 총독을 차례로 역임했다. 트라야누스가 도착했을 때는 이미 반란이 자체적으로 진압된 후였지만, 황제의 명에 의해 출동한 충성심을 인정받은 것이었다. 96년에 도미티아누스 황제가 살해되고 고령의 네르바가 황제에 올랐다. 이듬해에 후계자가 없던 네르바는 군의 신망을 받고 있던 트라야누스를 양자로 입양하여 후계자로 삼은 것이었다.

75 Dando-Collins, Stephen(2011:269-270) 참조.

76 카이사르는 갈리아 원정 도중인 기원전 55년과 54년 두 차례에 걸쳐 브리타니아를 원정했다. 기원전 55년 첫 원정에 데리고 간 군단은 제7군단과 제10군단 둘뿐이었다. 최정예만을 대동한 것이었다. 사실상 실패로 끝난 첫 원정에서는 상륙에 성공했다는 데만 의미를 두었으며, 이듬해에는 무려 5개 군단을 대동해 본격적으로 내륙을 정복했다.

77 https://www.livius.org/articles/legion/legio-vii-claudia/ 참조.

모에시아로 파견되어 중부 다뉴브 전선을 지켰다.

3.6.6.5. 제8아우구스타군단

제8아우구스타군단은 기원전 65년 폼페이우스에 의해 창설되었다. 기원전 58년 카이사르를 따라 갈리아 원정에 참전했다. 기원전 49년에 일어난 제1차 내전 때는 카이사르를 따라 파르살로스 회전에 참전했으며 이집트 원정에도 동행했다. 기원전 46년에는 탑수스 회전에 참전했으며, 내전 종식 후에 해체되었다. 그러나 기원전 44년 카이사르 사망 이후, 제2차 내전에서는 옥타비아누스에 의해 재소집되어 필리피 회전과 악티움 해전에 참전했다. 이때의 공로로 Augusta라는 별칭을 부여받았다. 서기 1세기에는 판노니아, 모에시아 등으로 파견되었으며, 베스파시아누스 때 고지 게르마니아 전선으로 파견되었다. 이베리아반도에서 창설되긴 했지만 주둔하지도 정착하지도 않았다.[78]

3.6.6.6. 제9이스파나군단

기원전 65년에 폼페이우스가 이베리아반도에서 창설한 군단이다. 기원전 61년 카이사르가 이스파니아 울테리오르의 총독이 되자 그의 휘하에 들어갔으며, 기원전 58년 갈리아 원정에 동행했다. 제1차 내전 때는 카이사르를 따라 디라키움, 파르살로스, 탑수스 회전 등에 참전했다. 폼페이우스의 아들인 섹스투스군와 맞선 시칠리아의 나우로쿠스 전

78 https://web.archive.org/web/20090207073952/http://leg8.com/ 또는 https://www.livius.org/articles/legion/legio-viii-augusta/ 참조.

투에서도 큰 공을 세웠다. 내전 이후에는 이탈리아의 피케눔에 정착했다. 카이사르가 암살당한 후, 옥타비아누스에 의해 재소집되었으며, 안토니우스와의 제2차 내전 때는 옥타비아누스 휘하에서 악티움 해전에 참전했다. 이후 아우구스투스에 의해 이스파니아 타라코넨시스에 파견되었으며, 칸타브리아 전쟁(기원전 29–19)에 참전했다. 이때의 공로로 Hispana라는 별칭을 얻었다. 이후 라인강 전선과 판노니아 등으로 파견되었다가, 서기 43년 브리타니아로 파견되었다. 120년에 제6승리군단이 요크로 파견되자 그 자리를 대체했다. 그 이후, 즉 마르쿠스 아우렐리우스(121–180년) 이후에는 제9군단에 관한 기록을 찾아보기 힘들다고 한다.[79] 이베리아반도에서 창설되었으나, 잠시 주둔했을 뿐 정착하지는 않았다.

3.6.6.7. 제10쌍둥이군단

기원전 61년 이스파니아 울테리오르 속주의 총독이 된 카이사르가 스페인의 코르도바에서 창설한 군단이다. 카이사르가 직접 모집한 최초의 군단으로 상징은 '황소'이다. 카이사르의 가문인 율리아 가문이 비너스 여신의 후손이라는 전설에 따라 Legio X Venerea라고도 불렸다. 갈리아 정복전에서 Legio X Equestris '기병 군단'이라는 별칭을 얻었다. 기원전 58년 갈리아에서 적장인 아리오비스투스와 회담할 때 가장 믿

79 이런 이유로 브리타니아에서 전멸했을 것이라는 소문이 돈 것이라고 한다. 이를 소설화한 것이 Rosemary Sutcliff의 『The Eagle of the Ninth』(1954)이며, 2011년에는 영화로도 만들어졌다. 그러나 실제로는 네덜란드 지역으로 파견되었다가 132년에는 동방으로 파견되었다고 한다. Dando-Collins, Stephen(2011:169-270) 참조.

을 수 있는 10군단 병사들을 기병으로 꾸며 호위케 한데서 붙여진 것이다. 당시 로마에서 기병은 귀족들의 전유물이었으므로 10군단 병사들은 오히려 이를 영광스럽게 생각했다. 카이사르를 따라 갈리아와 브리타니아 정복전, 폼페이우스와의 내전(파르살로스), 북아프리카 전쟁(탑수스), 스페인 전쟁(문다) 등에서 맹활약해 카이사르의 최정예 군단으로 명성을 떨쳤다.

기원전 45년 군단이 해체되고 퇴역병들은 나르본에 정착했다. 그러나 기원전 44년 카이사르가 사망한 후에 즉시 재소집되어 레피두스 휘하에 들어갔다. 레피두스는 기원전 43년 옥타비아누스, 안토니우스와 더불어 제2차 삼두정치를 결성한 인물이다. 따라서 이후에는 카이사르 암살자들과의 전투에서 삼두 중에서 주로 안토니우스 휘하에서 참전했다. 기원전 42년에 벌어진 필리피 회전에서도 안토니우스 휘하에서 싸웠다. 기원전 36년에는 나우로쿠스 전투에서 폼페이우스 마그누스의 아들인 섹스투스에 맞서 싸워 큰 승리를 거두었으며, 이때의 공로로 Fretensis '해협'라는 별칭을 얻었다. 이 전투가 메시나 해협 부근에서 벌어졌기 때문이었다. '메시나 해협'은 라틴어로 Fretum Siculum이라고 한다. 결국 fretum '해협'의 형용사형인 fretensis가 별칭이 된 것이었다.

기원전 32년 정치적으로 갈등을 겪던 옥타비아누스와 안토니우스가 끝내 결별하고 군사적 대결 국면에 돌입했다. 기원전 31년 악티움 해전에서는 안토니우스 휘하에서 참전했다. 악티움에서 패한 후에는 아우구스투스 휘하로 들어갔지만 종군을 거부했다. 이에 아우구스투스는 종군을 원하는 일부 병사들과 다른 군단의 병사들을 합쳐 '제10쌍둥이군단'을 조직했다.

기원전 27년 군단은 고향인 스페인으로 돌아와 갈리시아, 칸타브리아, 아스투리아스 등지에서 원주민들과의 전투에 참가했다. 주둔지는 레온과 사모라 일대였다. 기원전 25년경 퇴역병들이 제5종달새군단 퇴역병들과 함께 정착한 곳이 Colonia Emerita Augusta '메리다'와 Colonia Caesar Augusta '사라고사'이다. 기원전 19년 칸타브리아 정복전쟁이 끝나자 Asturica Augusta '아스토르가'로 이동해 도시와 주변의 기간 시설들을 건설했다. 그리고 기원전 19년과 기원후 13년의 퇴역병들 역시, 제4마케도니아군단 및 제6승리군단 퇴역병들과 함께 위 도시들에 분산 정착했다.

서기 63년 네로의 지시로 다뉴브 전선으로 파견되었으며, 명장 코르불로의 지휘를 받아 아르메니아를 정복하는 등 다시 명성을 떨쳤다. 유대전쟁(66–70)에도 참가해 큰 전공을 세웠다. 70–104년까지는 저지 게르마니아에, 이후에는 판노니아에 주둔했다. 창설 때부터 기원후 1세기까지 약 100년간 '설명이 필요 없는' 로마군의 최정예 군단이었다.

시대 상황과 군제의 변화에 따라 2세기 이후부터 제10군단도 다른 군단들처럼 신병을 본 창설 지역인 스페인에서 모집하지 못하고 주둔지 부근에서 모집하게 되었다. 서기 104년 트라야누스 황제 때 처음으로 스페인이 아닌 비티니아–폰투스에서 신병을 모집했으며 144년 이후에는 군단에 단 한 명의 스페인 병사도 남아 있지 않게 되었다고 한다.

군단은 5세기 초 게르만족과 훈족의 침입 과정에서 해체되었다. 395년 로마 제국이 동서로 분할된 후 일리리아는 알라리코가 지휘하는 서고트족에 의해 점령되었다. 곧이어 아틸라가 이끄는 훈족이 발칸과 이탈리아 북부를 휩쓸었다. 이 과정에서 5세기 초쯤에 이 지역에 주둔해

있던 군단이 해체된 것으로 보인다.[80]

80 Dando-Collins, Stephen(2011:424) 참조.

3.7. 이베리아반도 출신의 황제[81]

3.7.1. 트라야누스 (재위 98-117)

본명은 마르쿠스 울피우스 트라야누스이며, 53년 이탈리카에서 출생했다. 속주 출신으로는 최초로 로마 황제가 된 인물이다.

조상은 기원전 206년 스키피오 아프리카누스가 군단 퇴역병들을 동원해 건설한 이탈리카에 정착한 인물이다. 따라서 대대로 로마시민이었다. 본래 귀족 가문은 아니었으나, 부친은 유능한 장군으로 유대 전쟁 당시 총사령관인 베스파시아누스 밑에서 제10군단 군단장을 지냈다. 이때 아버지를 따라 대대장으로 유대 전쟁에 참전했으며, 후에 제7군단 군단장과 타라코넨세 총독이 되었다. 89년 고지 게르마니아의 주둔군

81 본 절에서 다루고자 하는 4인의 황제에 대해서는 Scarre, Christopher(2004); Lissner, Ivar(2007); Strauss, Barry S.(2021) 참조.

이 반란을 일으켰다. 이에 도미티아누스 황제는 타라코넨세 총독이던 트라야누스에게 출동 명령을 내렸다. 이에 따라 트라야누스는 군단을 이끌고 고지 게르마니아로 달려갔다. 이때 데리고 간 군단이 제7쌍둥이 군단이었다. 도착했을 때는 이미 반란이 진압된 후였으나, 황제는 이에 대한 보답으로 그를 고지 게르마니아군 사령관에 임명했다. 91년에는 집정관에 선출되었으며, 96년에는 저지 게르마니아 총독이 되었다. 96년 도미티아누스 황제가 살해되고 노령의 네르바가 황위에 올랐다. 네르바는 당시에 이미 66세의 고령인데다가 후계자가 없었다. 이에 이듬해, 군에서 신망이 두터운 트라야누스를 양자로 입적했다. 98년 네르바 황제가 사망하자 제위에 올랐다. 당시 나이 45세로 로마 최초의 속주 출신 황제였다. 최대 치적은 현재의 루마니아에 해당하는 다키아 지역을 정복해 다뉴브강 전선을 안정시킨 것이었다. 또한 동으로는 아르메니아와 파르티아를 정벌해 동방의 국경선을 안정시켰다. 117년 사망했다.

3.7.2. 아드리아누스 (재위 117-138)

본명은 푸블리우스 아드리아누스이며, 76년 이탈리카에서 출생했다. 그의 조상 역시 초기에 이탈리카에 정착한 로마 군단 퇴역병이다. 트라야누스와는 달리 조상의 출신지가 알려져 있다. 이탈리아 중부의 작은 도시인 Hadria '아드리아'이다. 여기에서 아드리아해라는 지명이 나온 것이며, 그의 이름도 여기에서 유래한 것이다. 트라야누스의 외가 쪽 조카이며 후에 양자가 되었다. 108년 집정관에 당선되었으며, 117년 트라야누스의 뒤를 이어 제위에 올랐다. 게르마니아 방벽과 브리타니아의 아드리아누스 방벽을 건설해 제국 방위를 공고히 했다. 단 몇 년간만 로마에 머물렀을 뿐 제위 기간 대부분을 제국 곳곳을 순회하며 방위 체제 구축에 힘쓴 것으로 유명하다. 138년 사망했다.

3.7.3. 마르쿠스 아우렐리우스 (재위 161-180)

본명은 마르쿠스 안니우스 카틸리우스 세베루스이며, 121년 이탈리아의 아일리우스에서 출생했으나 친가인 베루스 가문은 코르도바 출신이다. 조상은 군단 퇴역병으로 로마 시민권자였다. 그러나 이미 그가 태어나기 전에 이탈리아로 이주해 원로원 의원이 되었다. 따라서 마르쿠스 아우렐리우스가 이베리아반도 출신이라고 하기에는 거리가 좀 멀지만, 어쨌든 조상은 이베리아반도 출신이다. 161년 안토니누스 피우스 황제에 의해 양자로 입양되면서 이름이 마르쿠스 아우렐리우스 안토니누스 아우구스투스가 되어, 역사에서 '마르쿠스 아우렐리우스'라고 불리게 된 것이다.

철학과 예술을 사랑해 '철인(哲人) 황제'라 불리는 인물이다. 일명 '오현제'의 마지막 황제이다. 180년에 사망했다. 그의 사후 로마 제국은 급격하게 혼란의 도가니 속에 빠져들었다. 무력을 앞세운 군인 황제 시대가 도래하면서 쿠데타와 내전이 빈발했고, 그 틈을 타 라인강과 다뉴브강을 건너 게르만족이 대거 이주하기 시작했다.

3.7.4. 테오도시우스 1세 (재위 379-395)

본명은 플라비우스 테오도시우스이며, 347년 세고비아 지방에 있는 코카에서 태어났다고 한다. 군인인 부친을 따라 브리타니아와 발칸에서 복무했다. 그러나 374년 부친이 어떤 사건에 연루되어 처형되자 이베리아반도로 낙향했다. 378년 서고트족이 아드리아노폴리스를 침공했다. 이 전투에서 패해 공동 황제인 발렌티스 1세가 사망했다. 남아있는 황제 그라키아누스는 이 사태를 수습하기 위해 과거 큰 전공을 세웠던 테오도시우스를 다시 불러 발칸 지역 방위를 맡겼다. 이듬해 공동 황제가 되었다. 392년 황제 발렌티아누스 2세가 죽자 단독 황제가 되었으며, 395년 사망할 때까지 로마 제국 전역을 단독으로 다스린 마지막 황제가 되었다. 정치적으로는 계속되는 게르만족들의 침공에 고전했으나, 종교적으로는 380년 테살로니카 포고를 통해 그리스도교를 로마의 국교로 공인함으로써 가톨릭 세계에서는 '대제'로 추앙받고 있다.

사후 관례에 따라 두 아들에게 제국을 동과 서로 분할해 통치하도록 했는데, 이 분할이 고착되어 결국 동로마와 서로마로 나뉘게 되었다. 로마 제국은 영토가 워낙 방대하다 보니 친족이나 유력 장군을 '부제'로 임명해 제국의 일부를 분할 통치하도록 위임하는 행위는 이미 오래 전부터 내려오던 관행이었다. 제국을 분할하기 위한 의도적인 상속은 아니었다. 그러나 역사적으로 동로마와 서로마로 분할되는 결과가 빚어진 것이다. 큰아들인 아르카디우스에게는 동방을 맡기고, 둘째 아들인 오노리우스에게는 서방을 맡겼다. 서로마 제국을 책임지게 된 오노리우스는 395년 황제가 될 당시 나이가 9살에 불과했다. 제국이 동과 서로 분할되고, 어린 황제가 제위에 올라 어수선한 틈을 타 서고트족의 족장 알라리코가 다뉴브강을 건넜다. 후에 로마를 약탈한 인물이며, 그 후손들은 이베리아반도로 이주해 서고트 왕국을 세웠다.

3.8. 로마 시대에 건설된 도시

[Tarragona]

이베리아반도 동북부에서 로마인들이 세운 도시들 가운데에서 가장 번성했던 곳이다. 바르셀로나에서 약 90km 남쪽에 위치해 있다. 이미 이베로인들이 정착해 그리스인이나 페니키아인들과 교역을 했으나, 진정한 의미의 도시는 로마인들이 들어와서야 건설되었다.

기원전 218년 한니발이 알프스를 넘어 로마를 공격하는 동안 당시 집정관인 푸블리우스 코르넬리우스 스키피오는 동생과 함께 군단을 이끌고 한니발의 배후 근거지를 치기 위해 암푸리아스에 상륙했다. 기원전 217년 더 남쪽으로 진격해 셀티베로인들의 이 마을을 점령하고 Colonia Iulia Urbs Triumphalis Tarraco라고 이름 지었다.[82] 이 중에서

82 Colonia란 로마시민들을 이주시켜 건설한 도시이다. 주로 만기 제대한 군단 퇴역병들이 주를 이루었다. 이들은 선거권과 피선거권을 갖는 엄연한 로마시민이었다. 따라서 본국 로마와 정치, 경제, 군사적으로 긴밀한 유대관계를 맺고 군단병들과 예비 지도자들을 배출했다. 유사시에는 예비군으

Tarraco만 남아 Tarragona가 된 것이다. 의미는 무엇인지 알려져 있지 않으나, 로마군이 상륙했을 때 이미 존재했던 셀티베로인들의 도시였다. 이베리아반도에서 가장 먼저 로마화 된 지역으로 제2차 포에니 전쟁이 끝난 후에는 Hispania Citerior와 이후의 타라코넨세의 주도가 되었다. Citerior는 라틴어로 '더 가까운', 즉 에브로강을 기점으로 Hispania Ulterior보다 '더 가까운 이스파니아'라는 뜻이다.[83]

[Zaragoza]

기원전 3세기경에 이베로인들이 에브로강 강변에 세운 도시인 Salduvia가 기원이라고 한다. 기원전 14년 아우구스투스 황제가 이 도시에 제4마케도니아군단 및 제6승리군단, 제10쌍둥이군단의 퇴역병들을 정착시켰으며, 이름도 Colonia Caesar Augusta가 되었다. 이때부터 본격적으로 로마식 도시와 기반 시설들이 건설되었다. 아랍인들은 이 도시를 Saraqusta라고 불렀다. Caesar Augusta가 변화된 형태이다. 788년 프랑크 왕국의 샤를마뉴가 이 도시를 침공했다가 퇴각하던 중에 후미를 맡은 조카 롤랑이 론세스바예스에서 바스크인들과 싸우다 전사했다. 이때의 무훈을 노래한 것이 프랑스 최초의 무훈시 『롤랑의 노래』이다. 코르도바 칼리프 제국이 무너지자, 1018년 이 지역에는 Taifa de Saraqusta '사라고사 왕국'이 건설되었다. 이 사라고사 왕국은 알 무크타디르(1046-1081) 때 전성기를 맞았으며, 알하페리아궁을 지었다. 1118

로 동원되었다. 지금까지 남아있는 콜로니아의 가장 대표적인 흔적은 독일의 '쾰른(Köln)'에서 찾아볼 수 있다.

83 https://www.tarragona.cat/patrimoni/noticies 참조.

년 아라곤 왕국에 의해 재정복되었으며 왕국의 주요 도시로 성장했다. 현재는 아라곤의 수도이다.[84]

이 도시의 상징적 건물은 대성당인 Catedral-Basílica de Nuestra Señora del Pilar이다. 이름에 '기둥'을 뜻하는 Pilar가 들어간 이유는 서기 40년경 야고보가 이 지역에서 포교 활동을 하던 도중 지쳐서 강변에서 쉬고 있을 때 성모 마리아가 나타나 벽옥으로 만든 '기둥'을 건네주며 용기를 북돋아 준 데서 기인했다고 한다. 야고보는 이에 힘을 얻어 그 자리에 이 기둥으로 교회를 세우고 계속 포교 활동을 벌였다고 한다. 이 전설에서 유래하여 현재의 성당 이름이 지어진 것이고, 여성의 이름 Pilar도 Nuestra Señora del Pilar '기둥의 성모 마리아'에서 유래된 것이다. 여성의 이름은 주로 María del Pilar라고 하며, Pilar만 쓰기도 한다. 발현 당시 성모 마리아는 아직 예루살렘이 살아 있었다고 한다. 승천 이전에 발현한 것이었다.[85] 고야가 그린 천장화에는 성모 마리아가 pilar '기둥' 위에 앉아 있는 모습이 그려져 있으며, 다른 그림에는 아기 예수를 안고 기둥 위에 서 있는 모습도 있다. 10월 12일이 Virgen del Pilar 축일로 대규모 축제가 열린다. 중세 때 로마네스크 양식의 성당이 있었으나 1434년 화재로 소실되었다. 후에 무데하르-고딕 양식으로 새로 지었고 증축되었다. 바로크 양식인 현 성당은 1681년 건설되기 시작해 1872년에 완공된 것이다. 종탑에서 내려다보는 시내의 모습과 도시

---

84 Celdrán Gomáriz, Pancracio(2004:898) 참조.

85 http://www.enciclopedia-aragonesa.com/voz.asp?voz_id=10191&tipo_busqueda=1&nombre=Pilar&categoria_id=&subcategoria_id=&conImagenes= 참조.

를 가로질러 흐르는 에브로강의 전경은 아름답기 그지없다.[86]

또 다른 대표적인 건축물로는 Aljafería를 들 수 있다. 알하페리아는 11세기 알 무크타디르가 세운 왕궁이자 요새이다. 사라고사 왕국의 정치적, 문화적 번영의 상징이다. 타이파 왕국 시절의 이슬람 건축 양식을 보여주는 대표적인 건축물로 둥근 아치 기둥과 정교한 기하학적인 문양이 매우 아름답다. 왕궁의 이름은 당시 군주였던 알 무크타디르의 성인 Abu Ya'far에서 유래한 것이라고 한다. Ya'far가 Al-Yafariyya로 변했고, 이것이 Aliafaria를 거쳐 Aljafería로 변한 것이다.[87]

[Itálica]

이름만 봐도 이탈리아와 얼마나 긴밀한 관계에 있었는지 알 수 있는 도시이다. 기원전 204년 스키피오가 이끄는 군단의 퇴역병들이 세운 도시로, 현재 세비야 북쪽 약 8km 지점에 위치해 있다.[88] 유적은 현재는 산티폰세 시내에 있다. 로마 시대에는 이베리아반도에서 매우 크고 중요한 도시였으며, 트라야누스와 아드리아누스 황제가 태어난 곳이기도 하다. 카디스-세비야-메리다로 이어지는 로마가도 상에 위치해 있었다. 카디스는 페니키아 시절부터 무역항으로 발전했고 한니발의 근거지이기도 했던 곳이고, 메리다는 당시 루시타니아의 총독 관저가 있던 곳이다. 이 두 도시를 잇는 전략적으로 중요한 중간 지점에 퇴역병들을 정착시켜 도시를 건설한 것이었다. 그러나 4세기 이후 서로마 제국 말기에 쇠

---

86 성당의 역사와 주요 사건에 대한 자세한 사항은 http://www.basilicadelpilar.es/inicio.htm 참조.

87 http://www.enciclopedia-aragonesa.com/voz.asp?voz_id=678 참조.

88 Menéndez Pidal, Ramón(2005:165)와 Carr, Raymond(2006:34) 참조.

퇴하기 시작했으며, 게르만족 침입기에 파괴되었다. 현재 원형경기장, 극장, 수도교, 도로 등 로마 시대 유적이 남아 있다. 많이 무너지긴 했지만, 이베리아반도에서 로마를 제대로 느끼고 감상할 수 있는 유적지이다. 특히 원형경기장은 약 25,000명 이상을 수용할 수 있는 규모였다고 한다. 로마의 콜로세움에 비하면 작은 규모지만, 전성기 이탈리카의 도시 규모를 짐작할 수 있는 유적이다.[89]

[Sevilla]

도시의 기원은 타르테소스족으로 거슬러 올라간다. 과달키비르강 유역에 정착해 문명을 일으켰던 원주민 종족이다. 이들이 붙인 이름은 Spal '평평한 땅'이었다고 한다. 후에 이탈리카를 건설한 스키피오가 카르타고군을 물리치고 이 지역을 정복했다. 당시 로마인들이 부른 이름은 Spal에서 나온 것으로 추정되는 (Ispal〉) Hispalis였다. 이베리아반도에서는, Sphan이 Hispania가 되었듯이, 'S+폐쇄음(p,t,c)'로 시작되는 어휘 앞에는 I-를 붙이는 습관이 있었다. 이는 로마인들도 종종 드러낸 언어 습관인데, 특히 이베리아반도에서 두드러졌다. 이러한 과정을 거쳐 로마인들이 부른 이름은 Hispalis였다. 기원전 61년 카이사르가 이스파니아 울테리오르의 총독으로 부임했다. 이때 자신의 가문명인 율리아를

---

89 원형경기장의 규모는 당시 도시 인구수에 비례했기 때문에 그 규모로 보아 도시의 크기를 미루어 짐작할 수 있다고 한다. 이탈리카 원형경기장의 규모는 외부 153x132m, 내부 70.6x47.3m라고 한다. 로마의 콜로세움에 비할 바는 못 되었지만, 속주 도시들 중에서는 매우 큰 규모에 속하는 것이었다. 로마 콜로세움은 외부가 약 188x156m 규모로 약 6만 5천 명 정도 수용 가능했다고 한다. 도시 인구의 약 1/10 정도 수용 가능했다고 보면 대략적인 인구수를 추정할 수 있을 것이다. http://www.museosdeandalucia.es/web/conjuntoarqueologicodeitalica/espacios-singulares 참조.

붙여 지은 이름이 Colonia Iulia Romula Hispalis였다. 후에 아랍인들은 Hispalis를 자신들의 발음대로 변화시켜 Isbiliya라고 불렀다. 이것이 변해 현재의 Sevilla가 된 것이다. 로마 시대에도 중요한 도시였으나, 특히 아랍인들이 들어온 후에 더 크게 발전했다. 항해가 가능한 과달키비르 강 하류에 위치해 있어 16세기 대항해 시대에 각광을 받았다.[90]

[Valencia]

기원전 138년 로마군이 정착해 세운 도시이다. 도시명은 처음엔 Valentia Edetanorum이었다고 한다. Valentia는 병사들이 보여준 valentía '용기'를 찬양하기 위해 붙인 것이고, Edetanorum은 당시 거주하던 에데타노족에서 나온 것이다. 즉, 병사들이 '에데타노인들의 땅에서 보여준 용기'를 기리기 위해 도시 이름을 Valentia라고 지은 것이다. 어중의 -ti-가 구개음화되어 현재는 치간음으로 변했다.[91]

로마 시대에는 북쪽의 타라고나에 비해서는 크게 각광받지 못했다. 이 도시가 역사에서 중요한 곳으로 등장하는 것은 타이파 왕국 시대이다. 11세기 압드 알 이즈 시대에 성벽을 새로 세우고 도시를 정비해 번영을 누렸다. 1094년 로드리고 디아스 데 비바르, 일명 '엘시드'가 이 도시를 점령했다. 1102년 도시는 다시 북아프리카에서 올라온 알모라비데족 수중에 들어갔다. 가톨릭교도들이 재정복한 것은 1238년 아라곤

---

90 https://www.sevilla.org/ciudad-de-sevilla 참조.

91 프랑스 남동부, 리옹 남쪽으로 약 90여 킬로미터 떨어진 지점에 발랑스(Valence)라는 도시가 있다. 기원전 123년 로마인들에 의해 건설된 도시이다. 이 이름 역시 라틴어 Valentia '용기'에서 나온 것이다.

의 하이메 1세 때이다. 발렌시아의 상징적인 건물들 중 하나인 산타 마리아 대성당은 이때부터 건설되기 시작했다. 일명 Seu '세우'라고도 불린다. 고딕식으로 짓기 시작했으나, 차츰 로마네스크, 르네상스, 바로코 양식 등이 혼합되었다.

도시의 최전성기는 15세기이다. 아라곤 왕국의 번성과 더불어 지중해의 중요 무역항으로 경제적, 문화적으로 전에 없던 번영을 구가했다. 현재 도시를 장식하고 있는 중요한 건축물들의 대부분이 이 당시 지어졌다. 가장 대표적인 예가 고딕 양식의 '상품거래소'인 Lonja de la Seda(또는 Lonja de los Mercaderes)이다. 1482–1548년 사이에 상업 진흥을 위해 지어진 건물로 당시 발렌시아의 부와 번영을 상징한다. 1421년 공사를 시작한 르네상스 양식의 Palacio de la Genaralidad(카탈루냐어로는 Palau de la Genaralitat)도 역사적인 건축물이다. 1996년 유네스코 세계문화유산으로 등록되었다. 발렌시아대학교도 이 당시 세워졌다(1499–1502년). 이후 아메리카 대륙이 발견되면서 교역의 중심지가 지중해에서 대서양으로 바뀌자 침체기를 맞기도 했으나, 꾸준히 성장해 현재는 스페인 제3의 도시이다.[92]

[Pamplona]

도시의 기원은 폼페이우스 때로 거슬러 올라간다. 기원전 76년 원로원은 마리우스의 추종자인 세르토리우스를 격파하기 위해 폼페이우스를 이베리아반도로 파견했다. 이듬해, 즉 기원전 75–74년 폼페이우스군은 바

92 https://www.valencia.es/val/la-ciutat 참조.

스크 지역의 한 작은 언덕에 주둔했다. 이곳은 지리적으로 바스크와 반도 내륙을 잇는 요충지로 군사 전력상 매우 중요한 곳이었다. 고지대에 위치해 있고 아르가 강이 둘러싸고 있어 방어에 유리했으며, 주변 땅이 비옥해 식량을 구하기도 수월했기 때문이었다. 그 자리에 로마식 도시가 건설되었고 이름도 폼페이우스에서 따와 Pompaelo가 되었다.[93]

도시명이 현재처럼 Pamplona가 된 것은 다음과 같은 과정을 거친 결과이다. i) Pompaelo가 모음 축약에 의해 Pompelo가 되었고, ii) Barcino가 Barcelona가 된 것처럼 리구리아어의 영향으로 '–의 땅(도시)'이라는 의미의 -ona 가 붙어 Pompelona, 즉 '폼페이우스의 도시'가 되었고, iii) 어중 비강세 모음 -e-가 탈락되어 Pomplona가 되었고, 마지막으로 iv) 모음이화에 의해 Pamplona가 된 것이다.

팜플로나는 '산페르민 축제'로 유명한 도시이다. 팜플로나의 수호성인인 '성 페르미누스'는 서기 272년경 이 도시에서 태어났다. 부친은 로마의 원로원 의원으로 팜플로나의 행정관이었다. 당시 가톨릭은 사교(邪敎)로 규정되어 박해를 받고 있던 상황이었으나, 젊은 시절에 귀의했다고 한다. 24세에 프랑스 북부의 아미엥으로 가 교회를 세우고 초대 주교에 임명되었다. 박해로 투옥되었으나 배교를 거절하고 303년 31세의 젊은 나이에 순교했다. 팜플로나와의 인연은 1186년 그의 유골을 아미엥에서 가져오면서 다시 시작되었다. 축일은 7월 7일이다. 현재 그를 기리기 위해 7월 6일 정오부터 14일까지 Sanfermines라는 세계적인 축제를 개최한다. 이 축제는 미국의 유명한 작가인 어네스트 헤밍웨이가

---

93 Lapesa, Rafael(1992:173) 또는 https://www.pamplona.es/la-ciudad/descubre-pamplona 참조.

『Fiesta』 '축제'라는 책에서 다루면서부터 특히 더 유명해졌다.

본래 이 축제는 10월 10일에 열렸었는데, 1591년부터 현재의 날짜로 옮긴 것이라고 한다. 축제 일정 중 가장 유명한 것은 encierro '소몰이' 행사이다. 이에 관한 규정은 1867년에 만들어졌다고 한다. 소 떼를 우리에서 풀어 놓고 투우장까지 약 800m를 함께 달리는 것인데, 7월 7일부터 14일까지 매일 아침 8시에 열린다.[94] 가끔 뿔에 받쳐 사망자나 심각한 부상자가 발생할 정도로 위험 부담이 큰데, 위험하면 위험할수록 인기가 더 올라간다. 참가자는 자기방어를 위해 손에 신문지나 잡지 만 것 이외에는 아무것도 들 수 없다. 복장은 정해진 것은 따로 없지만 대개 흰 티셔츠에 빨간 스카프를 두른다. 자신의 용기를 시험하고 싶은 사람은 누구나 소 떼 바로 앞에서 뛸 수 있다. 정신없이 뛰다 보면 어느새 거대한 황소의 날카로운 뿔은 등허리에 닿아 있고, 자신은 전 세계 매스컴의 주인공이 되어 있음을 발견할 수 있을 것이다.

[Cáceres]

기원전 34년 아우구스투스의 명에 의해 건설되었다. 도시의 원래 이름은 Colonia Norba Caesarina였다. 이유는, 당시의 전직 집정관인 Caius Norbanus Flacus의 이름과 Caesar의 이름을 따서 지은 것이기 때문이다. 이 도시의 건설은 기원전 44년 카이사르가 이미 계획했던 것이었다. 초기에는 이스파니아 울테리오르에 속했었으나, 기원전 27년 아우구스투스가 행정구역을 개편하면서 루시타니아에 속하게 되었다.

---

94 https://www.pamplona.es/turismo/sanfermin 참조.

409년 게르만족의 침입으로 5세기 중엽 도시가 황폐해져 일시적으로 버려졌다가 아랍인들에 의해 재건되었다. '은길' 연변에 있었으나 직접 통과한 것은 아니었기 때문에 요지로 취급되지는 않았다.[95]

[León]

기원전 29년 칸타브리아 전쟁 때 '제6승리군단'의 주둔지였다. 기원전 19년 전쟁이 끝난 후에도 이 군단은 서기 70년 저지 게르마니아로 이동할 때까지 거의 1세기 동안 이 지역에 주둔했다. 이어서 서기 74년 베스파시아누스 황제 때 '제7쌍둥이군단'이 같은 지역에 주둔함으로써 도시의 기반이 갖추어졌다. 도시명인 León은 로마의 Legio '군단'에서 유래된 것이다. 더 정확하게는 Legio의 대격 단수인 Legionem에서 나온 것이다. 이 두 군단의 역할은 칸타브리아와 아스투리아스의 호전적인 원주민 부족들과, 좀 더 멀리로는 갈리아 남부를 견제하는 것이었다. 전략적으로 매우 중요한 지점이었던 것이다. 그러나 게르만족 이동 시기와 이슬람교도들의 침입 시기에는 중요성이 크게 부각되지 않았다. 856년 아스투리아스 왕국이 이슬람교도들로부터 재정복한 후 다시 역사적으로 중요한 도시가 되었다. 914년 가르시아 1세(910–914) 때 이곳으로 궁정을 옮김으로써 '레온 왕국'이 탄생했기 때문이다.[96]

도시명 León과 고양이과 동물인 león '사자'와는 아무런 어원적 관련이 없는 어휘이다. '사자'를 뜻하는 león의 어원은 라틴어 leo, 정확하게

---

95 https://turismo.caceres.es/es/conoce-caceres 참조.

96 Tuñón de Lara, Manuel, *et. al.*(1991:78-79) 참조.

는 이 leo의 대격 단수인 leonem이다.[97]

[Lugo]

기원전 25년 로마군이 세운 도시로 Lucus Augusti에서 나온 것이다. 갈리시아에 건설된 최초의 도시들 중 하나이다. Lucus는 라틴어로 '신성한 숲'이라는 뜻이다. 즉 '아우구스투스의 신성한 숲'이라는 의미가 된다.[98]

갈리시아 지방 한복판에 위치해 있는 관계로 북서부 지역의 원주민들을 통제하는 데 매우 중요한 지역이었다. 미뇨강 상류의 구릉 위에 건설되어 방어에도 유리했다. 그러나 정복이 완료된 후에는 중요성이 감소했다. 특히 중세 이후 산티아고 데 콤포스텔라가 각광을 받게 되면서 정치, 경제적으로 뒤로 밀려났다.

[Mérida와 Vía de la Plata]

메리다의 본래 이름은 Colonia Iulia Augusta Emerita이다. 기원전 25년 아우구스투스의 명에 의해 emeritos '군단 퇴역병들'이 정착해 세운 도시이다. 원형경기장, 극장, 수도교, 목욕탕 등 기반 시설이 갖추어지면서 본격적으로 대규모 도시가 건설되기 시작했다. 이러한 유적들은 대부분 아직도 그 흔적이 남아 당시의 위용과 화려함을 보여주고 있다. 특히 사방으로 통하는 교통의 요지로 루시타니아 속주의 수도로 번

---

97 Del lat. *leo, -ōnis*. https://dle.rae.es/le%C3%B3n 참조.

98 http://concellodelugo.gal/es/lugo-destino-turistico-0 참조.

성했다. 12세기 산티아고 데 콤포스텔라가 성지로 급격하게 부상하면서 중요성이 감소했다. 1230년 가톨릭 세력에 의해 재정복되었다. 1993년 구시가지가 유네스코 세계문화유산으로 등록되었다. 현재 엑스트레마두라주의 주도이다.[99]

Emerita가 정상적인 음운변화를 겪었다면 Merida를 거쳐 Mierda가 되어야 했다. 라틴어에서 강세를 갖고 있는 é는 짧았으므로 이중모음화를 겪는 것이 정상이었고, 두 모음 사이에 낀 -t-는 유성음화되어 -d-로 변하는 것이 정상이었기 때문이다. 그러나 도시의 이름은 스페인어 어휘에 이미 '똥'이라는 의미의 지저분한 인상을 주는 mierda라는 다른 단어가 있었으므로 중간에서 변화가 멈춘 것으로 풀이된다. 이러한 현상을 '터부이론'이라고 한다. 즉, 정상적으로 변화되었다면 부정적이거나 비속어적인 의미, 성적인 연상을 유도하는 의미 등 일상생활에서 터부시되는 의미를 갖는 다른 어휘와 유사하거나 동일해 질 가능성이 있는 경우, 그것을 피하기 위해 의도적으로 변화가 중간에서 멈추거나 다른 형태를 취하게 되는 현상이다.

Vía de la Plata '은길'이란 당시 루시타니아의 주도였던 메리다에서부터 카세레스, 살라망카를 거쳐 아스토르가에 이르는 길을 일컫는 말이다. 고대로부터 이베리아반도의 서부를 남북으로 잇는 중요한 교역 루트였다. 그 중요성이 크게 인식된 것은 로마인들이 반도의 북서부 지역 정복에 나서면서부터였다. 기원전 137년 갈리시아 정복에 나섰을 때 안달루시아에서 북서부 지역에 도달할 수 있는 가장 빠른 루트였기 때문이

---

99 http://merida.es/la-ciudad/breve-historia/ 참조.

었다. 기원전 37년부터 19년까지 아우구스투스 시대에 이루어진 갈리시아, 칸타브리아, 아스투리아스 정복 전쟁 기간에는 이 가도 연변의 도시들에 퇴역병들이 대거 정착해 도시와 중요 기간 시설들을 건설하면서 번성했다. 아랍인들은 이 길을 단순히 al-Balat '길, 대로'이라고 불렀다고 한다. 이 단어가 음 형태가 유사한 Plata로 변한 것이다. 따라서 이 길은 실제로는 plata '은'과는 아무런 관련이 없는 길이다.[100]

9세기 초 산티아고 데 콤포스텔라에서 사도 야고보의 유해가 발견되자 이 도시로 순례객들이 모여들기 시작했다. 유럽에서 오는 순례객들은 남프랑스에서 대서양 연안 도시들을 잇는 길을 따라 걸었지만, 반도 남서부의 주민들은 이 '은길'을 따라 걸었다. 이때부터 교역로 또는 군용도로의 기능뿐만 아니라 종교적 기능까지 겸하게 되었다. 특히 재정복 과정에서는 문화의 전달 루트이기도 했다. 무데하르나 플라테레스크 등의 건축 양식이 이 길을 따라 전파되었다. 후에 남쪽으로는 세비야까지 북쪽으로는 레온을 지나 히혼까지 길이 연장되었다. 현대적 개념의 고속도로가 개통되면서 역사적 중요성이 많이 감소되었다.[101]

100 https://web.archive.org/web/20120104074410/http://celtiberia.net/articulo.asp?id=877 참조.

101 https://rutadelaplata.com/ 참조.

3.9. 라틴어 숙어, 약어, 표현, 표어, 숫자

3.9.1. 숙어

a fortiori '더 큰 이유로' (=por un motivo más fuerte, con mayor razón)

a priori '선험적인(으로), 연역적인(으로)' (=de lo anterior)

a posteriori '후천적인(으로), 귀납적인(으로)' (=de lo posterior)

ab initio '처음부터' (=desde el principio, desde el inicio)

ad hoc '이것을 위한(위해), [특정 문제나 목적을] 위한(위해)' (=para esto)

ad infinitum '영원히, 끝없이' (=ad infinítum; hasta el infinito, indefinidamente, sin límite)

ad interim '임시로' (=ad ínterim; provisionalmente, con carácter interino)

bis '두 번' (=dos veces)

casus belli '개전(開戰) 이유' (=caso o motivo de guerra)[102]

→ ultimatum '최후통첩' (=ultimátum; resolución definitiva)

→ la declaración de guerra '선전포고'

ceteris paribus '그건 그렇다고 치고, 다른 것들은 그냥 놔두고' (=céteris páribus; [siendo] las demás cosas igual; permaneciendo el resto constante)

ceteris는 '그 밖의 것(lo demás)' 또는 '나머지(el resto)'라는 뜻이다. paribus는 pār의 탈격이다. '동등하게, 똑같이(a la par, igual)'라는 의미이다. 절대탈격 구문이다.

→ et cetera '그리고 나머지, 기타 등등' (=etcétera; y el resto)

de facto '(합법적이든 아니든) 사실상의' (=de hecho)

de incognito '은밀하게' (=de incógnito; de manera desconocida, ocultamente)

de iure '법적인, 권리에 의한' (=de derecho, legalmente, de acuerdo a las leyes)

grosso modo '대충, 대략' (=de manera burda, a bulto, aproximadamente, más o menos)

in abstracto '요약하자면' (=en abstracto)

in extremis '마지막에, 극한 상황에서' (=en las últimas, en circunstancias extremas)

102 Valentí, Eduard, *et. al.*(1990:440) 참조.

in illo tempore '그때, 그 당시' (=in illo témpore; en aquel tiempo)
in situ '그 자리에서, 제자리에서' (=en el lugar, en el sitio)
in tempore oportuno '적절한 때에' (=a su tiempo)
interim '그럭저럭하는 사이에' (=ínterin; en tanto, entre tanto)
ipso facto '이로써, 바로 그 때문에, 그 행위로 인해' (=por el hecho mismo, inmediatamente, en el acto)

modus vivendi '사는 방식' (=modo de vivir)
mutatis mutandis '필요한 변경을 가하여, 준용(準用)하여' (=cambiando lo que se deba cambiar)

passim '여기저기' (=pássim; por todas partes, aquí y allí, en una y otra parte, en lugares diversos)
per capita '두(頭)당, 1인당' (=per cápita; por cabeza, por persona)
per se '스스로, 그 자체로, 본질적으로' (=por sí, por sí mismo, por su propia naturaleza)
post mortem '사후(死後)' (=post mórtem, después de la muerte)

sic '그렇게, 이런 식으로'[103] (=así, de esta manera)
→ sine qua non '필수조건의, 필수 불가결한' (=sin la cual no, sin el cual no, imprescindible)
→ condición sine qua non '필수조건'
statu quo '현 상태, 처한 상황' (=en el estado en que, estado actual de las

103 스페인어의 긍정어 sí가 여기서 나왔다. Alvar, Manuel & Pottier, Bernardo(1987:340) 참조.

cosas)

stricto sensu '엄격한 의미에서' (=en el sentido estricto)

→ Lato sensu '넓은 의미에서' (=en sentido amplio)

→ A contrario sensu '반대 의미에서' (=en sentido contrario)

sui generis '나름대로의, 특유의; 독특한, 이상한' (=sui géneris; de su género, de su especie).

superavit '이익, 이윤' (=superávit) ↔ deficit 손실 (=déficit)

ut supra '위에서, 앞에서' (=como arriba, arriba, en la parte superior)

↔ ut infra '밑에서 (밝히겠지만)' (=como abajo se dice)

3.9.2. 약어

A.D.

Anno Domini의 약어로 '기원후' (=En el año del Señor)라는 뜻이다. '기원전'은 영어 Before Christ의 약어인 B.C.를 쓴다. 스페인어에서는 '기원후'는 después de Cristo의 약어인 d.C.를, '기원전'은 antes de Cristo의 약어인 a.C.를 쓴다. '기원전'을 뜻하는 라틴어 약어는 없다. 만약 쓴다면 *Ante Dominum이 될 수 있으나, 이는 쓰이지 않는다.[104]

a.m.

ante meridiem의 약어로 '오전' (=Antes del mediodía)이라는 뜻이다.

---

104 Valentí, Eduard, *et. al.*(1990:436) 참조.

대문자(A.M.)로 표기하기도 한다. 그러나 표제, 시각표 등 이외에는 주로 소문자로 쓰며 숫자 뒤에 적는다. '오후'는 post meridiem의 약어 p.m.으로 표기한다.

cf. 또는 cfr.

confer의 약어로 '참고, 참조하시오, 비교하시오'라는 의미이다. confer는 라틴어 conferre의 명령형으로, '비교하라' (=compara)라는 뜻이다. 스페인어에서는 cónfer로 쓴다. 각주를 달 때 '어떤 책이나 이론을 참고하시오' 또는 '어떤 책이나 이론과 비교하시오'의 의미로 쓰인다.

e.g.

exempli gratia의 약어로 '예를 들어' (=por ejemplo)의 뜻이다.

etc.

ĕt cetĕra의 약어로 y lo demás '기타 등등'이라는 뜻이다. 스페인어로는 etcétera로 표기한다.[105]

ibid.

ibidem의 약어로 '이하 동문, 같은 장소에' (=en el mismo lugar)라는 의미이다. 논문에서 바로 앞에서 인용한 저서와 쪽수가 동일한 경우 사용하며, 스페인어로는 ibídem으로 표기한다.

---

105 Del lat. *et cetĕra* 'y lo demás'. https://dle.rae.es/etc%C3%A9tera 참조.

id.

idem의 약어로 '위와 같음, 이하 동문' (=igualmente, de la misma forma, lo mismo; lo anteriormente dicho)이라는 뜻이다. ibid.과 마찬가지로, 바로 앞에서 인용한 저자와 동일한 경우 사용하며, 스페인어로는 ídem으로 표기한다.

i.e.

id est의 약어로 '즉, 다시 말해서' (=esto es, es decir)라는 뜻이다.

INRI

Iesus Nazarenus Rex Iudaeorum의 약어로 '나사렛의 예수, 유대인들의 왕'이라는 뜻이다. 예수가 못 박힌 십자가 위에서 흔히 볼 수 있는 구절이다.[106] 성경에 따르면, 예수가 태어나던 해에 이른바 '베들레헴의 별'로 불리는 별이 나타났다고 한다. 동방, 당시에는 페르시아의 고명한 박사들은 이를 '새로운 왕'이 태어날 징조로 보고 이 별을 따라 베들레헴까지 왔다. 그러나 당시 예루살렘은 이미 헤롯(재위: 기원전 37–4)이 다스리고 있었고, 그는 로마의 친구로서 적극적인 후원을 받고 있는 상황이었다. 따라서 다른 세력에 의해서 왕권이 위협받을 가능성은 전혀 없어 보였다. 그런데 느닷없이 페르시아에서 온 박사들이 새로운 왕이 태어났다고 하는 것이었다. 정치적으로 매우 민감한 사항을 건드린 것이었다. 그렇다고 고명한 학문과 지혜로 존경받고 있는 동방박사들의 말을

---

106 Pérez-Rioja, José Antonio(1971:249) 참조.

그냥 무시할 수도 없고, 또 그들을 함부로 처벌할 수도 없었다. 성경에서는 예수를 자주 '왕'이라고 표현하고 있지만, 이것이 세속의 왕이라는 뜻은 아니라고 한다. 그러나 누가복음(23:3)에 보면 빌라도 총독이 '네가 유대인의 왕이냐?'고 묻자 '맞다'고 답하는 구절이 나온다. 세속적이든 종교적이든, 예언을 빌린 것이든 참칭한 것이든, '왕'을 칭한 것은 사실이다. 예수는 이 죄목으로 십자가형에 처해졌고, 후에 사람들이 이 구절을 붙인 것이다.[107]

p.s.

post scriptum의 약어로 '추신' (=después de lo escrito)이라는 뜻이다. 편지 말미에 미처 다 적지 못한 말을 덧붙일 때 쓰인다.

p.m.

post meridiem의 약어로 '오후' (=después del mediodía)라는 뜻이다. 반대로 '오전'은 ante diem으로 a.m.으로 표기한다.

R.I.P.

Requiescat in pace의 약어로 '편히 잠드소서' (=Que descanse en paz.)라는 뜻이다. 흔히 비문에서 많이 보인다.

---

107 성경 누가복음 23장 3절 이외에도 Pilate, Pontius(1998:33)에 보면, 예수를 사형시키라고 주장하는 사람들에게 "무슨 죄 때문인가?"라고 묻자 "하나님을 모독하고 성전의 황폐를 예언하였으며, 그 자신이 하나님의 아들이라면서 유대인의 왕인 '메시아'라고 주장하였습니다"라는 구절이 나온다.

SPQR

Senatus Populusque Romanus의 약어로 '로마 원로원과 시민'이라는 뜻이다. 로마의 양대 주권자를 가리키는 말이다. -que는 등가치의 두 단어 사이에 쓰이는 등위접속사이며, 앞의 어휘에 붙여 쓴다. 반면에 ĕt는 별개의 단위로 인식되는 두 어휘를 이어주는 등위접속사로 쓰이며 스페인어에서 y로 변했다.

전설에 따르면, 로마는 기원전 753년 늑대의 젖을 먹고 자란 로물루스와 레무스 형제가 세웠으며, 왕정으로 시작했다. 기원전 6세기 말에 통치체제가 공화정으로 바뀌었다. 공화정은 이때부터 기원전 31년 옥타비아누스가 악티움 해전에서 안토니우스를 격파하고 집권할 때까지 지속되었다. 제정으로 바뀐 후에도 로마의 주권이 계속 원로원과 시민들에게 있다는 기조는 바뀌지 않았다. 원로원이 주권자가 된 이유는 도시국가였던 초기부터 각 유력 가문을 대표하는 씨족장들로 구성되어 주요 의사를 결정했기 때문이었다. 이후에는 점차 세습권을 가진 귀족들뿐만 아니라 국가에 큰 공헌을 한 평민들에게도 문호를 개방해 지도자군을 이루게 되었다. 원로원은 기본적으로 자문기관이라 실권은 없었지만, 로마의 거의 모든 주요 고위 공직을 원로원 의원들이 번갈아 가며 차지했고 국가의 주요 사항은 원로원에서 논의, 결정되었으므로 주권자 행세를 할 수 있었던 것이었다. 따라서 Populus '평민'들의 집회인 Comitia '민회'와 더불어 최고 의결기관 역할도 했으며, '원로원 최종권고'가 발동되면 상대는 '국가의 적'으로 간주되었다.[108] 이 약어는 로마

108 '민회'야말로 형식상으로는 공화제 로마의 최고 의결기구였다. Comitia '민회'는 제2변화 중성명사인 Comitium, -ii의 복수형이다. 따라서 스페인어에서도 복수로 comicios '(고대 로마의) 민회, 선거위

군단과 제국의 표어였으므로 군단은 이 문구가 쓰인 독수리 표식을 들고 행군했다. 현재에도 로마시의 문장(紋章)에 들어 있다.[109]

v.g.

verbi gratia의 약어로 '예를 들어' (=ejemplo, por ejemplo)라는 뜻이다. 스페인어로는 verbigracia로 쓰기도 한다.

vid.

vide의 약어로 '보시오, 참고하시오'라는 뜻이다. v.로 표기하기도 한다. vide는 videre '보다'의 2인칭 단수 명령형이다. 주로 각주를 달 때 '어떤 참고문헌을 보시오'라는 의미로 쓰인다.

vs.

versus의 약어로 '대(對)' (=contra)라는 뜻이다. 예를 들어, A *vs.* B는 'A 대(對) B'라는 뜻이며, v.로 표기하기도 한다. 주로 이탤릭체로 쓴다.

원회, 선거'로 쓴다. 선거를 위해 모이는 '시민(populus)의 총회'이다. 귀족이든 평민이든 시민권자는 누구나 참여할 수 있었다. Del lat. *comitium*. https://dle.rae.es/comicios 참조. 반면에, 귀족들의 전유물인 '원로원'은 형식상은 자문기관에 불과했다. 그러나 여론을 주도하고 국가 대사를 실질적으로 논의하던 곳이었으므로, 실제로는 최고의 의결기관 역할을 하게 된 것이다. 이에 관해서는 시오노 나나미(2003), 『로마인 이야기』, 제1권, pp.210-225; Beard, Mary(2015:182-190); Gwynn, David M.(2015), 민회와 원로원의 역할에 대해서는 제2장, pp.30-50 참조.

109 https://www.crwflags.com/fotw/flags/it_rome.html 참조.

3.9.3. 표현

Ab Urbe Condita

'도시가 건설된 때부터' (=Desde la fundación de Roma)라는 뜻이다. 여기서 도시 Urbe란 곧 '로마'를 가리키는 말이다. 티투스 리비우스가 쓴『로마사』제목이기도 하다.[110]

ab은 –'로부터'라는 의미를 갖는 탈격 지배 전치사이다. urbe는 urbs '도시'의 단수 탈격이다. 대문자로 쓰면 Roma를 가리킨다. 파생어로 urbanización '도시화', 'urbano '도시의' 등이 쓰인다. condĭta는 3변화 동사인 condĕre의 과거분사로 직역하면 '건설된 도시로부터'라는 뜻이다. condominio '콘도미니엄'가 이 동사로부터 파생된 어휘이다. '2–3명이 공동으로 사용하는 집'을 뜻하는 중세라틴어 condominĭum에서 나온 것이다.

Ad astra per aspera

'역경을 뚫고 우주로' (=Por el sendero áspero, a las estrellas. 또는 Hacia las estrellas a través de las dificultades.)라는 뜻이다. 스페인 공군(Per aspera ad astra)을 비롯한 많은 우주항공 관련 단체에서 표어로 쓰고 있다. '각고의 노력을 통해 성공을' (=A través del esfuerzo, el triunfo.)이라고 의역되기도 한다.

ad는 대격 지배 전치사로 '–에게, –로 향해'라는 뜻이다. '별'이라는

110 Valentí, Eduard, *et. al.*(1990:429) 참조. 로마는 기원전 753년에 건설된 것으로 알려져 있다. 라틴어 원본은 Mariner Bigorra, Sebastián(ed.)(1985) 참조.

의미의 astra는 2변화 중성명사인 astrum의 단수 대격이다. per는 '-을 통해'라는 의미를 갖는 대격 지배 전치사이다. aspera는 형용사 asper, -era, -erum에서 파생된 중성 복수명사 aspĕra, -ōrum의 대격형이다. '쓰디씀, 역경, 가혹함'이라는 뜻이다.

Alma mater

'모교'라는 뜻이다.[111] 스페인어로는 alma máter라고도 쓴다. mater는 '어머니'이고 alma는 mater를 수식하는 almus 'que alimenta, nutricio'의 여성형이다. 따라서 alma mater는 직역하면 madre nutricia '키워준 어머니'이다. 라틴어 그대로 써서 '모교'라는 의미로 사용된다. 유럽 최초의 대학교인 볼로냐대학교의 표어이기도 하다.

Alumni

'졸업생' (=antiguos alumnos)라는 뜻이다. alumnus의 복수형이다. 본래는 '학생, 제자(=discípulo, alumno)'라는 뜻인데, 현재는 라틴형으로 써서 '졸업생'이라는 의미로 사용된다. 동의어로 쓰이는 estudiante는 동사 estudiar의 능동 분사이다. 따라서 '공부하는 사람'이라는 의미이므로, 어원적으로는 '제자'라는 의미의 alumno와 구분되지만, 현재는 동의어로 쓰이고 있다.

---

111 Alma parens라고도 쓴다. Valentí, Eduard, *et. al.*(1990:435) 참조.

Citius, Altius, Fortius

'더 빨리, 더 높이, 더 세게' (=más rápido, más alto, más fuerte)라는 뜻이다. 국제올림픽조직위위원회의 표어이다. 라틴어에서 비교급은 형용사에 남,여성형의 경우에는 -ior를, 중성인 경우에는 -ius를 붙여 만든다.

이와 연관되는 표현이 Mens sana in corpore sano. '건강한 육체에 건전한 정신이 깃든다' (=Una mente sana está en un cuerpo sano.)이다.

육체 단련을 강조할 때 많이 사용하는 구호이다. 본래는 로마 시대의 시인인 유베날리스가 그의 『Satirae』 '풍자시'에서 한 말이다. 이 대목만 따와 마치 '육체를 단련하면 정신도 따라서 건강해질 것처럼' 이 말을 사용하지만, 전체 문장은 Orandum est ut sit mens sana in corpore sano이다. '건강한 육체에 건전한 정신이 깃드는 것이 바람직하다'이다. 외적인 신체만 단련할 것이 아니라 내적인 정신까지 단련해야 한다는 경구이다.

orandum은 '말하다(hablar, decir), 간청하다(rogar, suplicar), 요청하다(pedir)'라는 의미를 갖는 1변화 동사 orare의 능동분사이다. Orandum est ut는 Se ruega que, Es deseable que로 해석된다. sit는 esse 'ser'의 접속법 현재 3인칭 단수형(sea)이다. mens, -ntis '정신, 마음'은 스페인어에서 mente가 되었으며, 현재는 부사 어미로 쓰이고 있다. corpore는 corpus, -oris '육체'의 탈격 단수 형태이다. 스페인어에서 cuerpo로 변했다.

Cogito, ergo sum.

'나는 생각한다, 고로 나는 존재한다' (=Pienso, luego existo.)라는 뜻이다. 1637년 르네 데카르트가 『방법서설』에서 한 말이다. 스페인어로는 Pienso, por lo tanto, existo. 또는 Pienso, luego soy. 등으로도 번역된다.[112]

제1변화 동사 cogitare는 '생각하다'인데, 스페인어에서 변화된 것은 cuidar '보살피다'이다.[113] 따라서, 어원적으로 보면, 남을 생각하는 것이 결국 보살피는 것과 동일한 개념이었던 것이다. 스페인어에서 '생각하다'라는 의미의 pensar는 오히려 '무게를 재다, 계산하다'라는 의미를 갖고 있었다.[114] 여기서 파생된 어휘가 pesar '무게를 재다'이다.[115] ergo는 '따라서'라는 의미의 접속사이며, sum은 ser에 해당하는 esse의 직설법 1인칭 단수 변화형이다.

Cum laude

'우등 통과' (=con alabanza)라는 뜻이다. 스페인의 Real Decreto 534/2013에 따르면, 스페인 박사학위논문 심사에서 쓰는 가장 높은 통과 성적 용어이다. 성적은 No apto '탈락', Aprobado '통과', Notable '우수 통과', Sobresaliente '최우수 통과'로 나뉘며, 가장 높은 등급인 '최우수'일 때만 cum laude를 쓴다. '최우수'는 당연히 '만장일치'이므로 sobresaliente도 por unanimidad도 따로 표기하지 않는다. 즉, cum

112 Valentí, Eduard, *et. al.*(1990:440) 참조.

113 Del ant. *coidar*, y este del lat. *cogitāre* 'pensar1'. https://dle.rae.es/cuidar?m=form 참조. 여기서 파생된 어휘가 cogitativo로 '사변력 있는'이라는 의미를 갖고 있다.

114 Del lat. *pensāre* 'pesar', 'calcular', 'pensar'. https://dle.rae.es/pensar?m=form 참조.

115 Del lat. *pensāre*. https://dle.rae.es/pesar 참조.

laude만 써도 Sobresaliente cum laude por unanimidad '심사위원 만장일치 최우등 통과'라는 뜻이다. 나라에 따라서는 cum laude '통과', magna cum laude '우수 통과', summa cum laude '최우수 통과' 등으로 등급을 나누는 경우도 있다.

Curriculum vitae

'이력서' (=carrera de la vida)라는 뜻이다. 스페인어로 currículum vítae라고 표기하기도 한다. curriculum은 스페인어에서도 그대로 '커리큘럼'으로 쓰이고 있으며, vitae는 vita의 속격 단수형이다. 스페인어에서는 vida로 변했다.

Doctor honoris causa

'명예박사' (=Doctor para honrar)라는 뜻이다.[116] doctor는 말 그대로 '박사'라는 뜻이다. causa는 속격 지배 전치사로 '−때문에, −이유로'라는 뜻이다. 스페인어로는 'a causa de, por razón de'로 번역된다. 자신이 지배하는 명사에 후치하는 특징을 갖고 있다. honoris는 honor [또는 honos] '명예'의 속격 형태로 전치사 앞에 위치한 것이다.

E pluribus unum

'다수에서 하나로' (=De muchos, uno; De varias cosas, una; Unidad en la Diversidad)이라는 뜻이다. 미국 문장(紋章)에서 독수리가 입에 물

116 Valentí, Eduard, *et. al.*(1990:449) 참조.

고 있는 띠에 쓰여 있는 표어이다. e는 탈격 지배 전치사로 '-로 부터'의 뜻이다. pluribus는 plus의 복수 탈격으로 '다수(muchos)'라는 뜻이다. unum는 unus의 대격으로 '하나(uno)'라는 뜻이다. 대격 지배 전치사 ad가 생략된 것인데, 문맥상 굳이 전치사가 없어도 의미를 전달하는 데는 아무런 문제가 없기 때문에 생략한 것이다.

Homo sapiens

'지혜로운 인간' (=el ser humano que sabe y progresa)이라는 뜻이다. homo는 '인간'을 의미하는 3변화 명사이다. hombre는 이 homo의 대격인 homĭnem에서 homĭnem〉hom'ne〉hom're〉hombre를 거쳐 형성된 어휘이다. sapiens는 3변화 동사인 sapĕre의 능동 분사이다. 여기서 파생된 표현으로 Homo habilis '도구 인간', Homo erectus '직립 인간' 등이 있다.

흔히 남자 동성애자를 가리키는 '호모'라는 말은 그리스어 ὁμο-(homo-)에서 나온 것으로 homosexual의 약어이다. 스페인어에서 homo-는 'igual'이라는 의미의 접두사 쓰이고 있다 (homofóno '동음이의어'). 반의어는 hetero-이다. 반면에, 여자 동성애자를 가리키는 lesbiana '레즈비언'는 그리스의 섬 이름인 Lesbos에서 나온 것이다.[117]

Opus Dei

'신(하느님)의 사역' (=Obra de Dios)라는 뜻이다. 의미를 풀지 않고 고

---

117 De *lesbio*, por alus. a Safo, y *-ano*; *cf. safismo*. https://dle.rae.es/lesbiano?m=form 참조.

유명사화시켜서 '오푸스 데이'라고 부른다. 1928년 스페인의 호세마리아 에스크리바 신부가 창설한 가톨릭의 한 종파이다. opus는 '일, 사업, 작품' 등의 뜻을 갖고 있는 2변화 중성명사이다. 복수형은 opĕra이다. 이탈리아어에서 들어온 것이긴 하지만, ópera '오페라, 가극'이 여기서 나온 것이다. dei는 deus '신'의 단수 속격이다.

Persona non grata

'기피 인물' (=persona mal recibida)라는 뜻이다. 외교관 파견 시 아그레망(동의)을 요청했을 때 상대국에서 특정 전력(前歷)을 들어 거부할 때 쓰는 용어이다. 이미 파견된 외교관도 범죄 행위 등을 저지르면 지정될 수 있다. 반대로 persona grata는 '환영받는 인물'(=persona bienvenida), 즉 상대국으로부터 '문제가 없다고 인정받는 인물'이라는 뜻이다.

Plus ultra

'더 멀리 (나가라)' (=Más allá)라는 뜻이다. 스페인 문장(紋章)에 들어 있는 표어이다. 본래는 헤라클레스가 지중해 끝에다 세우타와 히브랄타르 두 기둥을 세우고 '여기가 세상의 끝이니 더 이상 나가지 말라'는 의미에서 Non plus ultra라고 적어 놓았는데, 카를로스 1세가 아메리카와 태평양 발견 이후에 이제는 반대로 '더 멀리 뻗어 나가라'는 의미에서 Non을 빼고 자신의 문장에 사용하게 된 것이다.

Unus pro omnibus, omnes pro uno

'하나(개인)은 모두를 위해, 모두는 하나(개인)를 위해'(=Uno para todos, todos para uno)라는 뜻이다. 1844년 알렉산더 뒤마가 쓴 『삼총사』에 나오는 구호이다. 1868년 스위스에서 대규모 홍수가 나자 국난을 극복하기 위한 표어로 사용하기도 했다고 한다. E pluribus unum '다수에서 하나로'와 유사한 표현이다.

3.9.4. 대학교 표어

Alma mater studiorum.

'학문의 고향' (=Madre alimenticia de los estudios.)라는 뜻이다. 볼로냐대학교의 표어이다. mater는 '어머니'이고 alma는 mater를 수식하는 almus(=que alimenta, nutricio)의 여성형이다. 따라서 alma mater는 직역하면 '키워준 어머니'이다. 흔히 '모교'로도 번역된다. studiorum은 2변화 중성명사인 studium '연구, 학문'의 속격 복수형이다. 1088년에 개교한 유럽 최초의 대학교라는 자부심이 묻어나는 표어이다.[118]

Omnium scientiarum princeps Salmantica docet.

'살라망카는 모든 학문의 교육에서 선도자이다' (=La Universidad de Salamanca es la primera en la enseñanza de todas las ciencias.)라는 뜻이다. 1218년에 개교한 살라망카대학교의 표어이다. princeps는 '우두머리, 대장(=príncipe)'이라는 뜻이다. 직역하면 '모든 학문의 선도자인 살라망카는 가르친다' (=Salamanca, que es la primera y principal en todas

118 https://www.unibo.it/it 참조.

las ciencias, enseña.)가 된다.[119]

살라망카대학교의 표어는 또 있다. Quod natura non dat, Salmantica non praestat이 그것이다. 즉 '본성이 주지 않는 것은, 살라망카도 주지 않는다' (=Lo que la naturaleza no da, Salamanca no presta. 또는 Lo que la naturaleza no da, Salamanca no lo otorga.)로도 번역된다. la naturaleza는 두 가지로 해석이 가능하다. 하나는 '자연'으로 해석하는 경우, '대자연의 섭리가 아닌 것은 살라망카에서 가르치지 않는다'는 뜻이 된다. 즉, 신의 섭리를 거스르지 않는다는 뜻이다. la naturaleza를 '본성'이라고 해석해도 의미는 크게 변하지 않는다. 즉, '인간의 본성에서 어긋나는 것은 가르치지 않는다'는 뜻으로 해석되기 때문이다. '대학은 본성이 제공하지 않는 것을 주지는 않는다'는 뜻으로도 해석이 가능하다. 지식이나 성적, 직업 등은 본성이 제공하는 것이 아니라 인간이 스스로의 노력을 통해 얻는 것이므로 대학은 이들을 얻을 수 있는 길을 열어주지만, 성취 여부는 학생 스스로의 노력 여하에 달려 있다는 뜻이다. '노력하지 않고는 이루지 못한다'는 말과 일맥상통하는 표현이다. 본성이란 '사람이 본디부터 가진 성질'이다. 진리를 탐구하는 데 있어서 성실하게 노력하는 본성이 갖추어진 자는 크게 이룰 것이고, 갖추어지지 않은 자는 이루지 못할 것이다. '어떤 일을 하는 데 필요한 재주와 능력'을 일컫는 재능과는 다른 말이다. 재능이 아무리 뛰어나도 노력하고자 하는 본성이 없다면 이루지 못할 것이기 때문이다. 그러한 본성을 갖춘 자라면 살라망카에서 크게 이룰 수 있을 것이라는 자신감을 함축한 글

119 https://www.usal.es/ 참조.

로도 해석된다.

Sapientia aedificavit sibi domvm.

'지혜가 자신의 집을 지었다' (=La sabiduría ha edificado su casa.)라는 뜻이다. 1241년에 개교한 바야돌리드대학교의 표어로, 잠언(9:1)에 나오는 말이다.[120]

'지혜가 집을 짓고 음식을 장만한 후에 어리석고 무지몽매한 자들을 불러 함께 나누어 먹고 깨달음의 길로 인도한다'는 내용이다.

1 La sabiduría ha edificado su casa, ha labrado sus siete columnas;
지혜가 그의 집을 짓고 일곱 기둥을 다듬고
2 ha preparado su alimento, ha mezclado su vino, ha puesto también su mesa;
짐승을 잡으며 포도주를 혼합하여 상을 갖추고
3 ha enviado a sus doncellas, y clama desde los lugares más altos de la ciudad:
자기의 여종을 보내어 성중 높은 곳에서 불러 이르기를
4 El que sea simple que entre aquí. Al falto de entendimiento le dice:
어리석은 자는 이리로 돌이키라 또 지혜 없는 자에게 이르기를
5 Venid, comed de mi pan, y bebed del vino que he mezclado.
너는 와서 내 식물을 먹으며 내 혼합한 포도주를 마시고
6 Abandonad la necedad y viviréis, y andad por el camino del entendimiento.
어리석음을 버리고 생명을 얻으라 명철의 길을 행하라 하느니라.

---

120 https://www.uva.es/export/sites/uva/ 참조.

Libertas perfundet omnia luce.

'자유는 만물을 비춘다' (=La libertad ilumina todas las cosas.) 또는 '자유는 만물을 빛으로 가득 채운다' (=La libertad lo llena todo de luz.)라는 뜻이다. 바르셀로나대학교(1450년 개교)와 마드리드에 있는 콤플루텐세대학교(1499년 알칼라/1822년 마드리드 개교)의 표어이다.[121] perfundĕre는 '-위에 쏟아붓다, 물들이다, 채우다' 등의 뜻을 갖는 3변화 동사이다. omnia는 '모든 것'이라는 뜻이고 luce는 lux의 탈격으로 '빛으로, 빛과 함께' 등으로 해석된다.

Quid ultra faciam?

'나는 무엇을 더 해야만 하는가?' (=¿Qué más debo hacer?)라는 뜻이다. 마드리드자치대학교(1968년 개교)의 표어이다.[122]

Veritas

'진리'라는 의미로 하버드대학교의 표어이다.[123] 1636년에 개교한 미국 최초의 대학교이다. 본래 '진리'란 Veritas liberabit vos. '진리가 너희를 자유롭게 하리라'라는 종교적 의미에서 쓴 말로, 요한복음(8:32)에 나오는 말이다.

31 Dijo entonces Jesús a los judíos que habían creído en él: Si vosotros

---

121 https://www.ucm.es/ 참조.

122 https://www.uam.es/uam/inicio 참조.

123 https://www.harvard.edu/ 참조.

permaneciereis en mi palabra, seréis verdaderamente mis discípulos;
예수께서는 당신을 믿는 유대인들에게 이렇게 말씀하셨다. "너희가 내 말을 마음에 새기고 산다면 너희는 참으로 나의 제자이다.
32 y conoceréis la verdad, y la verdad os hará libres.
그러면 너희는 진리를 알게 될 것이며 진리가 너희를 자유롭게 할 것이다.

이후에 많은 대학교들이 '진리'를 표어로 내세우고 있다.

Lux et Veritas '빛과 진리'. 예일대학교의 표어이다.[124]

Veritas vos liberabit. '진리가 너희를 자유롭게 하리라'. 존스 홉킨스 대학교의 표어이다.[125]

Veritas, lux mea '진리, 나의 빛'. 서울대학교의 표어이다.[126]

Veritas, Pax, Creatio '진리, 평화, 창조'. 한국외국어대학교의 표어이다.[127]

많은 대학교에서 쓰는 라틴어 표어들은 대개 성경에 기원을 두고 있다. 이 경우 veritas '진리'는 종교적 진리 또는 믿음을 나타내는데, 많은 표어에서 쓰이는 lux '빛' 또한 유사한 의미를 갖는다. 그러나 현재는 '학문적 진리' 또는 '학문적 빛'으로 해석된다.

Fiat Lux. '빛이 되어라' (=Que se haga la luz). 버클리대학교의 표어이

124 https://www.yale.edu/ 참조.

125 https://www.jhu.edu/ 참조.

126 https://www.snu.ac.kr/index.html 참조.

127 http://www.hufs.ac.kr/ 참조.

다.[128]

Hinc lucem et pocula sacra이다. '여기 빛과 성배가 있노라' (=De aquí, la luz y las copas sagradas). 케임브리지대학교의 표어이다.[129]

아예 종교적 색채를 대놓고 쓰는 학교들도 있다.

Dominus Illuminatio Mea. '주는 나의 빛이라.' 옥스퍼드대학교의 표어로 시편(27:1)에서 나오는 말이다.[130] iluminatio, -ōnis는 '빛, 조명'이라는 의미의 라틴어 3변화 명사로 lux '빛'과 같은 의미로 쓰인 것이다. 스페인어로는 iluminación이 되었다. 대격인 iluminationem이 변화된 결과이다. mea는 '나의(mi)'라는 의미인 meus의 여성형이다.

Dei sub nomine viget

'신의 이름(가호) 아래 번성한다.' 프린스턴대학교의 표어이다.[131] Dei는 '신'이라는 의미의 2변화 명사 deus의 속격이다. sub은 '아래'라는 의미를 갖는 탈격 지배 전치사이다. nomine는 '이름'이라는 의미를 갖는 3변화 중성명사인 nomen의 단수 탈격형이다. 스페인어 nombre는 대격인 nominem가 nom'ne〉nom're〉b삽입을 거쳐 만들어진 어휘이다. viget는 2변화 동사인 vigeo,-ui의 3인칭 단수이다. 의미는 '힘을 돋우다, 번성하다, 꽃피우다' 등이다. 이 대학교는 본래 장로교파에서 만든 학교라 그

128 https://www.berkeley.edu/ 참조.

129 https://www.cam.ac.uk/ 참조.

130 https://www.ox.ac.uk/ 참조.

131 https://www.princeton.edu/ 참조.

런지 표어에 아예 VET NOV TESTAMENTUM '구, 신약 성경'이라는 말도 들어가 있다.

3.9.5. 숫자

로마 숫자는 '기본 숫자'를 기초로 만들며, 같거나 작은 수를 오른쪽에 쓰면 더하고 왼쪽에 쓰면 빼는 것이 된다. 기본 숫자(예: 5)에서 하나 작은 숫자(예: 4)는 가장 가까운 큰 기본 숫자에서 빼는 식(5−1)으로 적는다.[132]

I 1 (unus) → II 2 (duo), III 3 (tres); IV 4 (quattuor)

V 5 (quinque) → VI 6 (sex), VII 7 (septem), VIII 8 (octo); IX 9 (novem)

X 10 (decem) →

XI 11 (undecim)
XII 12 (duodecim)
XIII 13 (tredecim)
XIV 14 (quattuordecim)
XV 15 (quindecim)
XVI 16 (sedecim)
XVII 17 (septendecim)
XVIII 18 (duodeviginti)
XIX 19 (undeviginti)
XX 20 (viginti), XXX 30 (triginta), XL 40 (quadraginta)

132 라틴어 숫자 읽기에 대해서는 Jerney Jr, Charles, *et. al.*(1987), 제21장, pp.117-121 참조.

L 50 (quinquaginta) → LX 60 (sexaginta), LXX 70 (septuaginta), LXXX 80 (octoginta); XC 90 (nonaginta)

C 100 (centum) → CC 200 (ducenti), CCC 300(trecenti); CD 400 (quadringenti)

D 500 (quingenti) → DC 600 (sescenti), DCC 700 (septingenti), DCCC 800 (octingenti); CM 900 (nongenti)

M 1000 (mille) → MM 2000 (duo mille), MMM 3000 (tres mille)

예를 들어보면 다음과 같다.

4 IV	6 VI	9 IX
15 XV	38 XXXVIII	96 XCVI
269 CCLXIX	476 CDLXXVI	711 DCCXI
1492 MCDXCII	1570 MDLXX	2021 MMXXI

3.10. 라틴어의 발전

베이코 베넨넨(1988)의 분류에 따르면, 라틴어의 발전 단계는 다음과 같이 나뉜다.[133]

3.10.1. 고대 라틴어

이 시기는 기원전 8세기 로마의 기원에서부터 기원전 1세기 말까지에 해당한다. 물론 그 훨씬 이전부터 라치오 지방에 사는 주민들이 쓰던 말이 있었고 그것도 같은 라틴어였겠지만, 일단은 로마의 건국 시기부터 잡은 것이다.

우선, 이 시기에는 가장 특기할 만한 것은 8세기 중반경에 그리스로부터 알파벳이 도입되었다는 것이다. 쿠마라는 그리스 식민 도시에 최초로 도입되어, 라틴어 알파벳의 기원이 되었다. 이에 관해서는 다음 절

133 Väänänen, Veikko(1988:41-65) 참조.

에서 자세하게 다룰 것이다.

이 시기에는 최초의 라틴어 기록도 발생했다. 기원전 약 7세기경 라치오 지방의 프라에네스테에서 제작된 것으로 추정되는 fíbula '브로치'에 쓰인 짧은 글귀이다. 이런 이유로 이 브로치를 Fībŭla praenestīna라고 부른다.[134] 브로치에 새겨져 있는 글귀는 다음과 같다.[135]

MANIOS MED FHEFHAKED NVMASIOI

이것을 라틴어로 바꾸면 MANIUS ME FECIT NUMERIO가 되며, 스페인어로는 Manio me hizo para Numerio이다. '마니우스가 누메리우스를 위해 나를 만들었다'라는 뜻이다. 이 글귀가 최초의 라틴어 기록으로 간주된다.

기원전 3세기 이전의 언어 상태는 비문이나 축문, 일부 공문서 등에서만 단편적으로 남아 있어, 전체적인 체계를 알기는 쉽지 않다. 대표적인 작가들로는, 희곡 작가인 플라우투스(251?−184)와 테렌키우스(190h.−159), 산문가와 웅변가로 유명하며 『로마의 기원』을 쓴 대 카토(234−149)와 '로마 풍자문학의 아버지'라고 불리는 루킬리우스(149−103) 등을 들 수 있다. 뒤에 이어지는 황금 세기와 다리 역할을 한 인물들로는 철학자이자 언어학자인 바로(116−27), 위대한 시인인 루크레키우스

134 박기용(1997:9) 참조. Praeneste는 현 Lazio 지방의 Palestrina이다. 로마에서 동쪽으로 35km쯤 떨어져 있는 작은 마을이다. 1887년에 볼프강 헬비히라는 사람에 의해 발견되었다.

135 Väänänen, Veikko(1988:41-42) 또는 Carmine Venezia, 〈Museo Nazionale Romano: É concepibile trascrivere erroneamente il documento latino piu antico del mondo?〉; https://www.archeomedia.net/wp-content/uploads/2016/02/Fibula-prenestina.pdf 참조.

(99?–55)와 카툴루스(87h.–54) 등을 들 수 있다. 이들의 노력으로 문어(文語)는 정착 초기 단계에 접어들었으며, 곧 이어지는 '황금 세기'의 초석이 되었다.

3.10.2. 고전 라틴어

시대상으로는 기원전 1세기 중엽부터 기원후 14년 아우구스투스 황제가 사망할 때까지에 해당한다. 이 시기는 로마 문화의 황금 세기이며, 언어적으로도 절정기에 해당한다.

키케로(106–43)는 철학과 수사학을 통해 라틴어를 승화시켰으며, 예술적 산문을 고양시켜 그야말로 '모범적인' 고전 라틴어를 정립했다. 이와 쌍벽을 이루는 인물이 바로 서사시 『아이네이스』를 쓴 유명한 베르길리우스(70–19)이다. 역사 분야에서는 카이사르(100–44), 살루스티우스(86–35), 티투스 리비우스(기원전 59–기원후 17)가 유명하며, 오라티우스(65–8)는 도덕 시에서, 오비디우스(기원전 43–기원후 17)는 애가(哀歌, elegía)에서 특히 유명했다. 이들 중에서도, 특히 키케로와 베르길리우스는, 그 철학적 깊이뿐만 아니라 유려하고 정선된 언어 사용으로 '고전 라틴어의 모범'으로 불리며 후세에 깊은 영향을 미쳤다. 식자들 사이에서 이들을 모방하려는 열정과 동경은 로마 시대뿐만 아니라 중세 내내도 지속되었고, 르네상스 시기에 와서도 그 열기가 식을 줄 몰랐다. 우리가 현재 '고전 라틴어'를 배운다는 것도 실은 이들의 라틴어를 제대로 모방하고자 하는 것이다. 고전 라틴어의 전형으로 평가되는 두 작가의 글을 간략하게 소개하고자 한다.

먼저, 키케로의 『Oratio in L. Catilinam』의 일부분이다.[136]

『Catilinariae』

[M. Tulli Ciceronis in Lucium Catalinam oratio quarta habita in senatu]

Video, patres conscripti, in me omnium uestrum ora atque oculos esse conuersos; uideo uos non solum de uestro ac rei publicae, uerum etiam, si id depulsum sit, de meo periculo esse sollicitos. Est mihi iucunda in malis et grata in dolore uestra erga me uoluntas; sed eam, per deos immortalis! deponite, atque, obliti salutis meae, de uobis ac de uestris liberis cogitate.

[스페인어]

Veo que se han vuelto a mí, padres conscriptos, todos vuestros semblantes y todos vuestros ojos. Veo que os halláis preocupados, no sólo por la delicada coyuntura en que os encontráis vosotros y vuestro gobierno, sino también por la responsabilidad que yo afronto, si bien de este último escrúpulo debéis cuanto antes desembarazaros. La benevolencia que me demostráis no puede menos que reconfrontar mis

136 기원전 50년 키케로가 카틸리나 역모사건에 대해 원로원에서 행한 연설의 일부분이다. 원문은 http://www4.ac-nancy-metz.fr/langues-anciennes/Textes/acc_latin_3e/Ciceron.pdf에서 발췌했으며, 스페인어 번역본은 Salinas, Rafael(1963)을 인용했음을 밝힌다.

contrariedades y consolar mi tribulación. Mas, dejadla a un lado, ¡por los dioses inmortales! y, haciendo caso omiso de mi seguridad, pensad más bien en la vuestra y en la de vuestros hijos.]

다음은 베르길리우스의 『아이네이스』의 일부분이다.[137]

『Aeneis』

[Primer Libro]

Arma virumque cano, Troiae qui primus ab oris
Italiam fato profugus Lavinaque venit
Litora; multum ille et terris iactatus et alto
Vi Superum, saevae memorem Iunonis ob iram;
Multa quoque et bello passus, dum conderet urbem
Inferretque deos Latio; genus unde Latinum,
Albanique patres, atque altae moenia Romae.

[스페인어]

Armas canto y al héroe, que de Troya
prófugo por el Hado vino a Italia,

137 기원전 약 29년경 베르길리우스가 쓴 작품이다. 원문은 Guasch, P. Antonio(1947)에서 발췌했으며, 스페인어 번역본은 Fernández Corte, José Carlos & Polit, Aurelio Espinosa(ed.)(1991)에서 인용했음을 밝힌다.

en las lavinas costas, el primero;
al que en tierras y mar se vio batido
de adversos dioses, por la cruda saña
de Juno rencorosa; al que en la guerra
hasta fundar ciudad padeció tanto
y hasta entregar el Lacio a sus Penates;
al que fue estirpe del solar latino,
del albano senado y base firme
de las murallas de la excelsa Roma.

3.10.3. 후기 고전 라틴어

아우구스투스 황제가 사망한 후부터 약 200년까지를 가리키는 말이다. 마르쿠스 아우렐리우스 황제(161–180)가 사망한 때까지이다. 이 시기는 로마 문화의 '은세기'라고 불린다. 아직 로마 영광의 그림자가 남아있는 시기로써, 문학 작품에 대중적인 요소들이 도입되기 시작한 '로마 문학의 바로코 시대'라고도 불린다. 이 시기의 저명한 인물들로는, 역사학자인 타키투스(55–120h.), 철학자인 세네카(65년 사망), 작가 플리니우스(62–113), 네로(재위 54–68) 치세 때의 페트로니우스, 퀸틸리아누스 등이 있다.

3.10.4. 후기 라틴어

이 시기는 약 200년경부터 로망스어가 등장할 때까지에 해당한다. 로마 문화의 쇠퇴와 더불어 언어도 급속하게 속어화 되어 갔다. 고전 문화의 찬란함은 이미 그 빛을 잃고, 겨우 수도원과일부 식자층에서만 맥을 이어갔다. 대표적인 작가들이 대부분 수도사이고, 작품들 또한 가톨릭 관련 서적이 많은 이유이다. 가장 대표적인 학자로는 고대 가톨릭의 거성인 산 아구스티누스(354–430)와 최초의 라틴어 성경 Vulgata를 낸 산 제로니무스(340h.–420)를 들 수 있다.[138] 특히 6세기 이후부터는 문학과 언어의 질이 형편없이 추락했다. 문학 작품은 보잘 것 없어졌고, 언어는 야만스러워져 갔다. 이에 천박해지고 통일성을 잃어가고 있던 라틴어를 바로잡고자 시도한 이가 바로 프랑크 왕국에서 카롤링거 왕조를 연 피핀(741–768)과 그의 아들 샤를마뉴(768–814)이다. 특히 샤를마뉴는 고전 작품들을 재발굴하고 미사에서 쓰이는 라틴어를 통일시킴으로써 왕권 강화를 꾀하는 한편 문예 부흥에 크게 기여했다. 이를 흔히 8세기의 '카롤링거 르네상스'라고 부른다. 그러나 이 시기는 바로 교회 라틴어와는 다른 형태의 구어(口語)가 분화되기 시작한 때이기도 하다. 813년에 열렸던 투르 주교회의에서 라틴어와는 다른 이 언어 형태의 존재

138 Agustinus(354-430)는 북아프리카 히포의 주교로 중세 초 위대한 교부로 칭송받는 인물이다. 그의 이름은 augustus '좋은 징조의, 덕망 있는'에서 나온 것이며, -nus는 '-의 아들, -가문 출신의'라는 뜻이다. 보통 타 집안에 양자로 들어가는 경우, 본 출신 가문을 표시하기 위해 쓰인다(Octavius>Octavianus). Jeronimus(340-420)는 그리스어 hiero- 'sagrado'에서 나온 말로 '성스러운 자'라는 뜻이다. 같은 어원의 어휘가 '상형문자'라는 의미의 jeroglífico(a)이다. Del desus. *hieroglífico*, este del lat. tardío *hieroglyphĭcus*, y este del gr. ἱερογλυφικός *hieroglyphikós*, de ἱερός *hierós* 'sagrado' y γλύφειν *glýphein* 'cincelar, grabar'. https://dle.rae.es/jerogl%C3%ADfico 참조.

를 인정하고, 주교들에게 교리서를 통속어로 번역하는 것을 허용했다. 이 구어야말로 로망스어의 모태인 것이다. 이 로망스어로 기록된 최초의 문서는, 842년 동프랑크와 서프랑크 사이에 체결된 국경 조약문서인 Juramentos de Estrasburgo '스트라스부르 맹약서'이다. 이 시기를 대체로 '후기 라틴어' 시기라고 하며, 이 시기의 언어를 protorromance '원 로망스어'라고도 부른다.[139]

139 Väänänen, Veikko(1988:44-45) 참조.

3.11. 라틴어 알파벳의 발전

알파벳은 기원전 8세기 중반 이탈리아 남부에 식민 도시들을 건설하고 있던 그리스인들에 의해 이탈리아로 전해졌다. 구체적으로는 8세기 중반에 캄파냐 지방의 쿠마에 처음 전해졌고, 기원전 7세기에는 토스카나 지방의 에트루리아인들에도 전해졌다.[140] 로마인들은 기원전 6세기경에 이들을 통해 알파벳을 도입했다. 초기에 도입된 철자는 21개로, 로마인 자신들의 발음에 맞는 것들만을 차용했다. 이것이 고대 라틴어의 철자 체계이다.[141]

A, B, C, D, E, F, Z, H, I, K, L, M, N, O, P, Q, R, S, T, V, X

여기서 눈에 띄는 것은 G가 없고, 대신 Z가 그 자리에 있다는 것이다. Z는 그리스어에서 차용된 [z] 음을 표기하기 위해 도입되긴 했으나, 라틴어에는 없는 음이라 잘 사용되지 않다가 기원전 4세기 초에 퇴출되었다가, 기원전 1세기 중반 그리스어에서 차용한 어휘들에 들어있는 '유성음 s', 즉 유성 마찰 치경음 [z]를 표시하기 위해 다시 도입되어 알파벳

140 에트루리아 문자에 대해서는 Fischer, Steven Roger(2010:179-186) 참조.

141 Väänänen, Veikko(1988:40)과 Coulmas, Florian(2016:286) 참조. 이 밖에도 Marcos García, Juan José(2015)를 참조할 수 있으며, 이 책의 온라인 pdf. 자료는 https://www.academia.edu/29804751/Historia_del_ALFABETO_y_DE_LAS_LETRAS_DEL_ABECEDARIO_ROMANO_Octubre_2012 참조. 쿠마는 나폴리 서쪽 해안에 있던 그리스계 도시로 750년에 건설되었다고 한다. 현재는 유적만 남아있다. 로마가 건국된 것은 기원전 753년이라고 하며, 기원전 509년에는 에트루리아 세력을 몰아내고 공화정을 수립했다. 이 무렵에 로마에 알파벳이 전해진 것으로 본다.

맨 끝에 위치하게 되었다.

G는 그리스어에서도 없었고 초기 라틴어에서도 존재하지 않았던 철자이다. 대신 [g] 음은 그리스어 Gamma에서 나온 C로 표기했다. 따라서 초기에는 '가이우스'를 Caius로, '그네우스'를 Cneus로 표기할 수밖에 없었다. 그러나 [k]와 [g]는 귀가 예민한 음성학자에게뿐만 아니라 일반인들에게도 분명 서로 상이한 음으로 들렸을 것이다. 이에 [g] 음만을 표기할 수 있는 철자의 필요성이 제기되었다. 이 문제를 해결한 사람은 기원전 3세기 스푸리우스 카르빌리우스 루가라는 그리스 출신의 해방 노예라고 한다. 그는 유성 연구개 폐쇄음 [g]를 표기하기 위해 무성 상관음인 C에 한 획을 더 해 G를 고안해 냈다고 한다. '유/무성의 대립'이라는 언어의 내적 구조를 통찰하고 있었기에 가능한 일이었을 것이다. 이렇게 고안된 G는 과거 Z가 있던 자리에 위치하게 되었으며, Z는 알파벳 맨 끝에 위치하게 되었다. 이 또한 루가가 한 일이라고 한다.[142]

Y는 그리스어의 ypsilon 발음인 [y]를 표기하기 위해 철자로, 라틴어에는 이 발음이 없었으므로 초기에는 도입되지 않았다. 따라서 고대 라틴어 알파벳에는 포함되지 않는다. 초기 라틴어에서는 그리스어 차용어들을 표기할 때만 간혹 사용되었거나, v와 혼용되기도 했다 (satvra/satyra, Svlla/Sylla로 혼용). 그러다가, 기원전 1세기 중반부터, 즉 고전 라틴어 단계에서부터 y로 표기하기 시작했다.

이런 과정을 거쳐, 기원전 1세기경 고전 라틴어에서는 다음과 같은

142 Fischer, Steven Roger(2010:187-188) 참조. 기원전 234년과 228년 두 차례에 걸쳐 집정관을 지낸 Spurius Carvilius Maximus Ruga의 해방 노예라고 한다. 주인으로부터 이름과 성을 물려받은 것이다.

23자가 정착되었다.[143]

A, B, C, D, E, F, G, H, I, K, L, M, N, O, P, Q, R, S, T, V, X, Y, Z

이 고전 라틴어의 알파벳 23자의 발음과 기원은 다음과 같다.[144]

글자	이름*	발음	기원	글자	이름*	발음	기원
A	ā	/a/	알파(Α/α)	N	ene	/n/	뉘(Ν/ν)
B	bē	/b/	베타(Β/β)	O	ō	/o/	오미크론(Ο/ο) 오메가 (Ω/ω)
C	kē	/k/	감마(Γ/γ)	P	pē	/p/	파이(Π/π)
D	dē	/d/	델타(Δ/δ)	Q	qū	/kʷ/	코파(Ϙ)
E	ē	/e/	엡실론(Ε/ε)	R	erre	/r/	로(Ρ/ρ)
F	efe	/f/	디감마(Ϝ/ϝ)	S	ese	/s/	시그마(Σ/σ)
G	gē	/g/	감마(Γ/γ)	T	tē	/t/	타우(Τ/τ)
H	hā	/Ø/	에타(Η/η)	V	ū	/u/	윕실론(Υ/υ)
I	ī	/i/	이오타(Ι/ι)	X	ex	/ks/	키(Χ/χ) 크시(Ξ/ξ)
K	kā	/k/	카파(Κ/κ)				
L	ele	/l/	람다(Λ/λ)	Y	i graeca	/y/	입실론(Υ/υ)
M	eme	/m/	뮈(Μ/μ)	Z	zēta	/z/	제타(Ζ/ζ)

먼저, 모음에서 짚고 넘어가야 할 것은 고전 라틴어에서는 v [u]가 모

143 Väänänen, Veikko(1988:101) 참조.

144 이 도표는 그리스어 알파벳과 비교하여 만든 것이다. 엄밀하게 말하면, 라틴어의 각 알파벳을 정확하게 어떻게 읽었는지 아는 것은 불가능하다. 다만, 현대 로망스어들을 비교해 위와 같이 경음으로 읽었을 것으로 추측하는 것뿐이다. 따라서 나라에 따라서 라틴어를 읽는 법이 조금씩 다를 수 있음을 이해할 필요가 있다. 또한 시대에 따라, 구개음화가 이루어진 후의 발음을 채택하는 교회 라틴어에서도 발음이 다를 수 있음을 알아 둘 필요가 있다. Väänänen, Veikko(1988:101) 참조.

음이었다는 것이다. 그런데 다른 모음 앞에서는 자음성으로 실현되므로, 모음성 철자와 구분하기 위해 밑을 펴서 u를 만든 것이다.[145]

모음에서 또 하나 짚고 넘어가야 할 것은, 고전 라틴어에서는 각 모음이 장, 단에 따라 달리 쓰였다는 것이다. 즉, 철자 상으로는 단지 5개의 모음(a, e, i, o, v)만이 구분되었을 뿐이지만, 실제로는 모두 10개의 모음이 존재했던 것이다. 이는 철자 상의 구분이 아니라 음소적인 구분이다. 실제로 글을 쓸 때는 장/단 표시를 하지 않았으므로, 철자 상으로는 5개라고 하는 것이다. 철자 위에 장/단 표시를 해 놓은 것은 후대에 교육적 목적에서 붙인 것이다.

자음에서, 우선 언급해야 할 것은 라틴어에서는 p,t,c가 스페인어와 마찬가지로 경음([ㅃ,ㄸ,ㄲ])으로 발음되었다는 것이다. 격음([ㅍ,ㅌ,ㅋ])은 각각 ph, th, ch로 표기되었으며, 주로 그리스어에서 차용된 어휘들을 표기하는 데 쓰였다 (philosophia, thema, chaos 등).

C는 모든 모음 앞에서 [k]로 발음되었고, 유성 상관음인 G는 모든 모음 앞에서 [g]로 발음되었다. 전모음(e,i) 앞에서 각각 [c]와 [x]로 구개음화되어 변한 것은 로망스어에서 일어난 것이다.

그리스어의 '에타(H/η)'에서 유래한 H는 라틴어에서는 묵음이었다. 이에 따라 스페인어에서도 묵음이 된 것이다.

K는 C[k]에 밀려 거의 사용되지 않고 일부 어휘에서만 쓰였거나 혼용되었다 (Kalendae=Calendae, Karthago=Carthago).

X는 형태는 그리스어 '키(X/χ)'에서, 발음은 '크시(Ξ/ξ)'에서 유래한 것

145 이 표기 변화는 로망스어 들어서 일어난 일이다 (해당 단원 참조). 현대에 철자화된 라틴어책에서는 주로 모음성은 u로, 자음성은 v로 표기한다.

이다.

나머지 철자의 발음은 스페인어와 크게 다르지 않다.

이를 현대 스페인어와 비교해 보면, J, Ñ, U, W 네 글자가 더 생겨난 것을 알 수 있다.

A, B, C, D, E, F, G, H, I, J, K, L, M, N, Ñ, O, P, Q, R, S, T, U, V, W, X, Y, Z

새로 생긴 이 네 음의 기원과 발전에 관해서는 뒤의 해당 단원에서 자세히 다룰 것이다.

3.12. 고전 라틴어의 변화: 『Appendix Probi』

고전 라틴어란 라틴 문학의 황금세기 때 글로 쓰이던 문어(文語)를 일컫는 말이다. 여기서 우리가 주의해야 할 것은 라틴 속어라는 용어이고, 또 이 속어와 고전 라틴어 간의 관계이다. 왜냐하면 흔히 라틴 속어를 후기 라틴어와 단순하게 동일시하고 있기 때문이다. 그러나 이들은 동시대에 존재하던 두 언어 층위일 뿐, 사회 계층적 구분도, 지역적 구분도, 시대적 구분도 아니다.

예를 들어, '가장 훌륭한 라틴어의 전형'으로 평가받는 키케로나 '서양 문화의 아버지'로 추앙받는 베르길리우스도 글을 쓸 때는 정선된 라틴어, 즉 의도적으로 치장된 어휘와 표현들만을 가려 썼지만, 친구들끼리나 집에서는 이와는 다른 표현을 사용했다. 이것이 바로 라틴 구어(口語)이며, 우리가 흔히 '라틴 속어'라고 부르는 것이다. 문어는 각종 문서나 문학 작품들, 그중에서도 특히 시에서 주로 쓰이던 고도로 정제된 문학어인 반면, 구어는 일상생활에서 가족이나 친구들 사이, 또는 길거리 등에서 쓰이던 일상어였다. 따라서 라틴 황금세기에도 이 두 층위의 언어가 공존하고 있었으며, 비록 약간은 서로 표현법이 달랐지만, 문어가 구어에 막강한 영향을 끼치고 있어 글과 말 사이의 분화가 그리 크지 않았다. 따라서 교육 정도나 신분 차이에 따라 서로 다른 말을 썼던 것은 아니었다. 또한 도시냐 시골이냐에 따라 말투가 크게 달랐던 것도 아니었으므로 지역에 따른 구분도 아니었다. 또한, 흔히 제국 말기의 라틴어를 라틴 속어와 동일시하는데, 엄밀한 의미에서 이는 잘못된 것이다. 앞에서도 밝힌 바와 같이, 제국 말기에도 식자들은 여전히 키케로와 동일한 문어를 사용해 작품을 쓰고 문서들을 기록했으며, 친구들과는 당시의 구어체로 말을 했기 때문이다. 단지 3세기 이후부터 로마 문화와 학교 교육이 쇠퇴하기 시작하면서부터 속어적 요소들이 우세하게 되었고, 이것 때문에 이 시기의 라틴어를 흔히 '라틴 속어'라고 부르는 것뿐이다. 이러한 구분은 일부만 맞는 말이므로, 이 용어를 사용할 때 주의해야 한다. 제국 말기와 키케로 시대 간의 차이라면, 문어는 동일한데 4-5세기에는 구어가 더 변화되어 문어와 조금 더 멀어졌다는 것이다.

로마 후기나 중세 기간 내내 주로 성직자들인 식자들 사이에서는 키케로나 베르길리우스 같은 고전 작가들의 작품들을 베껴 씀으로써 고전 라틴어를 배워 대물림하고 있었다. 따라서 5세기의 산 아구스티누스(354-430)나 서고트 시대의 산 이시도로(560-636), 또는 10세기 중반 산 미얀에서 글로사스 에밀리아넨세스를 쓴 사람, 심지어는 르네상스기의 작가들이 배웠던 라틴어도 모두 바로 이 황금세기의 라틴어와 크게 다르지 않았던 것이다.

그러나 로마가 쇠퇴해가면서 고전 문화도 점차로 그 구심력을 잃어갔다. 문어는 키케로나 베르길리우스의 것이 그대로 책으로 남아 일부 식자들을 통해 전승되고 있었던 데 반해, 구어는 이제 통제력을 상실한 채 이와는 별도로 자기만의 변화를 거듭하고 있었다. 그 차이는 시간이 가면 갈수록 점점 더 커져만 갔다. 로마 제국 말기에 이미 로마가 문화 중심지로서의 권위와 구심력을 잃게 되자, 고전 라틴어의 권위도 사라지고, 로마의 지배하에 있던 각 지역의 말들도 차츰 독자적으로 변화되어 갔다.

이미 3세기 중반에 플라우투스(251?−184)는 calidus 대신에 caldus를, aridus 대신에 ardus를 사용하고 있었다. 현재의 caldo는 이 caldus에서 나온 것인데, 현재는 명사이지만 스페인어 고어까지는 'caliente'라는 의미의 형용사였다. 또한 같은 시대에 클라우디우스 가문의 한 연설가는 Claudius를 Clodius라고 기록하고 있다. 이처럼 구어에서는 비강세 모음의 탈락이나 이중모음의 단모음화가 흔히 일어나고 있었던 것이다.

이러한 발음상의 분화를 경계한 최초의 증거가 3세기 말경 북아프리카에서 프로부스라는 학교 선생님이 쓴 문법서의 부록이다. 이를 '프로부스의 부록'이라는 의미에서 『Appendix Probi』라고 부른다. 이는 당시 사람들이 고전어와는 다르게 잘못 쓰고 있는 발음과 어휘들을 바로 잡기 위해 작성한 227개 항목에 달하는 '어휘 블랙리스트'이다. 형식은 'A, non B (B가 아니라 A)'라는 식으로 어휘들을 비교해 놓은 것인데, A는 물론 라틴 고전어이고, B는 그 당시 대중들이 흔히 쓰고 있던 속어 형태이다. 즉, 'B처럼 쓰지 말고 A로 쓰라'는 뜻이다. 여기서 언어학적으로 중요한 것은 물론 B이다. 이것이야말로 살아 있는 말이 기록된 최초의 역사이기 때문이다. 당시에는 무식한 석공들조차도 비문을 기록할 때는 문어를 썼을 만큼, 일상생활에서는 구어를 썼지만, 누구든 글로 기록할 때는 문어 규범을 따랐다. 따라서 구어에 대한 기록은 철자 상의 오류나 폼페이의 낙서 등과 같이 아주 단편적인 것들뿐이기 때문에, 이와 같은 구어 기록은 매우 소중한 자료이다.

여기서는 우리에게 익숙한 어휘들만을 일부 예로 들어 보겠다.[146]

3 speculum non speclum

5 vetulus non veclus

8 articulus non articlus

20 columna non colomna

26 musivum non museum

37 equ(u)s non ecus

43 pauper mulier non paupera mulier

53 calida non calda

54 frigida non fricda

55 vinea non vinia

56 tristis non tristus

72 lancea non lancia

83 auris non oricla

96 nubes non nubs

111 oculus non oclus

112 aqua non acqua

152 tensa non tesa

154 auctor non autor

155 auctoritas non autoritas

163 passer non passar

164 anser non ansar

169 nurus non nura

170 socrus non socra

---

146 Väänänen, Veikko(1988:329-333)에서 부분 발췌했음을 밝힌다.

199 basilica non bassilica

205 labsus non lapsus

208 februarius non febrarius

220 nobiscum non noscum

221 vobiscum non voscum

어쨌든 시간이 지남에 따라, 문어는 글로 전해 내려와 고전 시대의 것 그대로인 반면에, 구어는 점점 그와 멀어져 갔다. 이처럼 분화가 가속화되어 가던 구어가 로망스어 초기 단계에 든 것을 '후기 라틴어' 또는 '원시 로망스어'라고 하며, 시대상으로는 약 9세기 중반 정도에 해당한다.

음의 변화는 필연적으로 철자의 변화를 동반한다. 철자는 각 발음의 고유성을 표기하기 위해 고안된 것이기 때문이다. 그러나 철자는 음에 비해 변화의 반영 속도가 매우 늦은 편이다. 따라서 발음은 이미 라틴 속어에서부터 변하기 시작했으나, 그 변화된 발음의 표기 체계가 변화된 것은 훨씬 더 후대의 일임을 명심해야 한다. 즉, 아래의 철자 변화가 모두 라틴 시대에 일어난 것은 아니라는 것이다. 이를 염두에 두어야만 음의 변화와 철자의 변화 간에 발생하는 괴리와 혼란을 피할 수 있다.

또한 라틴 속어는, 변화는 일어났으나, 표기되지 않았다는 것도 명심해야 한다. 라틴 속어로 쓰인 서류나 책은 없기 때문이다. 후기 라틴어 시대에도 글로 기록된 모든 문서는 정확한 고전어로 기록되었다. 따라서 우리가 후대에 발음의 변화를 엿볼 수 있는 것은 비문이나 낙서 또는 기록물의 오기 등에서 단편적으로 드러나는 것들뿐이다. 가장 좋은 예가 앞에서 살펴본 『Appendix Probi』이다. 그러나 이 단편적인 증거들만을 갖고 일반화시키는 것은 매우 위험한 일이며 완전한 변화 체계를 말하는 것은 더욱더 쉬운 일이 아니다. 스페인어의 경우 제대로 된 언어

체계가 드러나는 것은 13세기 들어서이다. 476년 서로마 제국이 멸망한 이후 13세기까지, 아니면 최소한 로망스어가 등장하는 11세기까지 수백 년의 중세 기간 동안 라틴어가 겪은 변화는 많은 부분 추정에 의존할 수밖에 없다. 예를 들어 6-7세기 비시고도 시대 대중들의 말은 분명 고전시대의 라틴어와는 매우 달랐을 것이지만, 모든 기록들, 즉 공문서나 책들은 고전 라틴어로 쓰여졌다. 따라서 말과 글 간에는 상당한 괴리가 존재했을 것이다. 8세기 이후 아랍 치하의 모사라베들의 말은 더욱 라틴어와 달라졌을 것이고 이 시대에는 이미 로마 문화를 지탱해 줄 중심이 사라졌으므로 글 역시 제멋대로 분화되었을 것이다. 공문서의 기록은 아랍어, 주요 서적들은 아랍어나 라틴어로 쓰였기 때문이다. 이러한 상황을 감안하면 라틴 속어에서 각 철자가 어떻게 변했는지를 논하는 것은 추정의 단계를 벗어나지 못하므로 매우 어려운 일이다.[147] 따라서 여기서는 단지 고전 라틴어와 스페인어를 비교해 새로 생겨난 것들의 기원만을 설명할 것이다.

147 중세 때 쓰인 교회 라틴어를 참고하면 발음과 어형의 변화를 짐작하는 데 도움이 된다. 그러나 이 또한 전체적인 체계를 아는 데는 한계가 있다. 라틴 속어에서 일어난 음의 변화에 관해서는 Väänänen, Veikko(1988); Bassols De Climent, Mariano(1992); Herman, József(1997) 참조.

3.13. 음운 변화

3.13.1. 모음 체계의 변화

고전 라틴어에서는 a, e, i, o, u 5개의 모음이 있었다. 각 모음은 장, 단에 따라 구분되었으므로 모두 10개의 모음 음소가 있었다 (ā, ă; ē, ĕ; ī, ĭ; ō, ŏ; ū, ŭ). 즉, 같은 모음이라도 길고 짧은 것에 따라 서로 다른 의미 구분 기능을 수행하고 있었다.[148]

rosă (주격) '장미는' rosā (탈격) '장미로 인해, 장미와 함께'
mălum (주격) '악' mālum (주격) '사과'
vĕnit (3단) '오다' vēnit (3단) '왔다'

고전 시대에는 이러한 구분이 비교적 엄격하게 지켜졌다. 그러나 곧

148 Väänänen, Veikko(1988:69-71) 참조.

대중들의 구어체에서는 길이의 구분이 애매모호해졌고, 제정 말기에는 교양어에서 조차도 구분이 사라졌다. 구어에서 이 길이를 대체한 것은 '음색(timbre)'이었다. 속어에서는 이미 2세기경부터 고어의 짧은 i와 긴 e가 음색 상 닫힌 e로 동일해졌고 (ĭ와 ē>ẹ), 약 4세기경에는 긴 o와 짧은 u가 닫힌 o로 동일해졌다 (ō와 ŭ>ọ). 즉 이제는 각 모음이, 장/단 길이에 따라 구분되는 것이 아니라, 개/폐 열림 정도에 따라 구분되게 된 것이었다. 그러나 교양어에서는 이보다 조금 늦게 모음의 길이가 비변별화되었다. 이는 5세기에 세르기우스가 쓴 〈syllabas natura longas difficile est scire〉 '본래 긴 음절들을 구분하는 것은 어려운 일이다'라는 말에서도 잘 알 수 있다.[149]

이러한 모음 길이의 비변별화로, 이베리아반도에서는 제정 말기에 모음 체계가 i, ẹ, ę, a, ǫ, ọ, u 7개로 축소되었다. 후에 로망스어 들어 다시 열린 į와 닫힌 ẹ가 e로, 닫힌 ọ와 열린 ų가 o로 각각 통합됨으로써 강세 모음 체계는 현재와 같이 a, e, i, o, u 5개로 변했다.

이와 같이, 고전 라틴어를 특징짓던 모음의 길이가 변별력을 상실하자, 모음의 길이에 따라 의미가 구분되던 명사와 형용사의 격 어미 체계에 심한 변화가 일어났다. 모음의 길이에 따라 문법 기능을 수행하던 많은 어미들의 형태가 서로 동일해졌기 때문이다. 이는 자연히 형태 체계에서의 변화를 야기시켰다.

속어에서 일어난 또 다른 중요 변화로는 고어의 연속된 두 모음이

---

149 본 절에서 다루고 있는 라틴 모음의 변화에 대해서는 Herman, József(1997); Bassols De Climent, Mariano(1992a); Bassols De Climent, Mariano(1992b); Grandgent, C.H.(1991)을 주로 참조했음을 밝힌다.

단모음화된 것이다. 즉 고어의 au가 단모음화되었다. 라틴 고어에서는 [au], 즉 두 음절어로 발음되던 것이 차츰 [aw]로 이중모음화되었다가, o로 단음화되었다: aurĭcula〉oreja, aurum〉oro, taurum〉toro.

또한 고전 라틴어에서 강세를 갖는 짧은 ŏ는 ué로, 짧은 강세 ĕ는 ié로 이중모음화되었다: dŏminum〉dómnu〉dueño, pŏrtam〉puerta, jŏcum〉juego; vĕtulum〉vétlu〉viejo, ĕquam〉iégua〉yegua. 반면에 긴 강세 ō와 ē는 그대로 보존되었다: dōtem〉dote; plēnum〉lleno.[150]

또 다른 변화로는 강세 위치의 변화를 들 수 있다. 고전 라틴어에서는 뒤에서 두 번째 음절의 길이에 의해 강세의 위치가 결정되었다. 즉 뒤에서 두 번째 음절이 길 때는 거기에 강세가 놓였던 반면에, 짧을 때는 뒤에서 세 번째 음절에 강세가 놓였다. 이는 단음절어나 두 음절 어를 제외하고는 거의 예외 없이 적용되었다.

이러한 법칙에 따라 고전어에서는 강세 위치가 féro/réfero였던 것이 속어에서는 파생 관계에 있는 동일 계열의 어휘들은 대체로 동일한 위치에 강세가 놓이게 되었다. 즉, 접두사나 접미사 등에 있던 강세가 주로 어간으로 이동한 것이다. 따라서 이제 접두사나 접미사 등은 강세를 받지 못하는 비 강세 요소로 변했다: féro/reféro.

고전어에서는 'C+유음' 어군의 경우, 뒤에서 두 번째 음절이 짧은 것으로 취급되어 강세는 뒤에서 세 번째 음절에 놓였었다: cáthedra, íntegrum 등. 그러던 것이 속어에서는 honestus, recessus, cisterna mamilla 등처럼 뒤에서 두 번째 음절이 닫힌 것으로 인정되어 cathédra,

150 Menéndez Pidal, Ramón(1992:44) 참조.

intégro로 강세의 위치가 이동했다. 여기서 cadera와 entero가 파생된 것이다. cátedra, íntegro 등은 16-7세기에 라틴어에서 직접 도입된 교양어이다.[151]

속어에서는 고어의 '모음 연속체(hiatus)'를 파괴하려는 경향이 일어났다. 즉 고전어에서는 강세의 위치가 filíolum, mulíerem, paríetem이었는데, 속어에서는 더 열린 모음으로 강세가 이동하는 경향을 보였다. 따라서 filiólu, muliére, pariéte로 변했다. 그리고 비강세로 전락한 모음 i는 반자음 [j]로 변했다 (>[filjólu], [muljére], [parjéte]). 이 새로운 경구개 반자음 [j]는 3세기 이후부터 나타나기 시작했으며, 연구개 반자음 [w]와 더불어 자음 체계의 변화에 큰 영향을 끼쳤다. 이러한 변화의 결과, 고전어의 각 강세 모음은 속어에서 다음과 같이 변화되었다.

ī>ị>i: vīnum>vịnu (>vino), fīlium>fịliu (>hijo), fīlum>fịlu (>hilo)

ĭ>į>e: lĭngua>lįngua (>lengua), vĭridem>vįr(i)de (>verde), pĭlum>pįlu (>pelo)
ē>ẹ>e: rētem>rẹte (>red), plēnum>plẹnu (>lleno), tēlam>tẹla (>tela)

ĕ>ę>ié: pĕtram>pętra (>piedra), fĕstam>fęsta (>fiesta), pĕdem>pęde (>pie)

ā>ą, ă>ạ: mātrem>mątre (>madre), flămmam>flạmma (>llama)

ŏ>ǫ>ué: bŏnum>bǫnu (>bueno), mŏrtem>mǫrte (>muerte), pŏrtam>pǫrta (>puerta)

ō>ọ>o: hōram>họra (>hora), tōtum>tọtu (>todo), vōtam>vọta (>boda)

ŭ>ų>o: cŭppam>cųppa (>copa), tŭrrem>tųrre (>torre), lŭmbum>lųmbu (>lomo)

---

151 Ariza Viguera, Manuel(2012:32) 참조.

ū>ụ>u: mūrum>mụru (>muro), acūtum>acụtu (>agudo), ūnum>ụnu (>uno)

이러한 강세 모음의 변화를 도표로 나타내면 다음과 같다.[152]

<table>
<tr><td>LC</td><td>ī</td><td>ĭ</td><td>ē</td><td>ĕ</td><td>ā</td><td>ă</td><td>ŏ</td><td>ō</td><td>ŭ</td><td>ū</td></tr>
<tr><td></td><td>|</td><td>|</td><td>|</td><td>|</td><td>\</td><td>/</td><td>|</td><td>|</td><td>|</td><td>|</td></tr>
<tr><td>LV1</td><td>ị</td><td>į</td><td>ẹ</td><td>ę</td><td colspan="2">a</td><td>ǫ</td><td>ọ</td><td>ų</td><td>ụ</td></tr>
<tr><td></td><td>|</td><td>\</td><td>/</td><td>|</td><td colspan="2">|</td><td>|</td><td>\</td><td>/</td><td>|</td></tr>
<tr><td>LV2</td><td>i</td><td colspan="2">ẹ[e]</td><td>ę[ɛ]</td><td colspan="2">a</td><td>ǫ[ɔ]</td><td colspan="2">ọ[o]</td><td>u</td></tr>
<tr><td></td><td>|</td><td colspan="2">|</td><td>|</td><td colspan="2">|</td><td>|</td><td colspan="2">|</td><td>|</td></tr>
<tr><td>Cast.</td><td>i</td><td colspan="2">e</td><td>ié</td><td colspan="2">a</td><td>ué</td><td colspan="2">o</td><td>u</td></tr>
</table>

3.13.2. 자음 체계의 변화

고전 라틴어에는 12개의 자음이 있었다. 특이한 점은 파열음과 경구개음이 없었다는 것이다. 따라서 현재 우리가 쓰고 있는 이 계열의 음들은 모두 발전 과정에서 새로 생겨난 것들이다. 또한 철자 c는 뒤에 어떤 모음이 오든지 항상 [k]로 발음되었으며, 연구개음 계열에서 원순음 /qw/는 철자 quattuor, quinque, quo 등 일부에서만 쓰였으므로 독립

152 Lapesa, Rafael(1981:76)과 Menéndez Pidal, Ramón(1940:31-85) 참조. 이 밖에도 모음은 위치와 강세 유무에 따라 다양하게 변했다. 어두 위치, 어말 위치, 어중 비강세 위치 등에 따른 모음의 변화 도표는 Lathrop, T.A.(1989:92-99) 참조.

음소로 인정하지 않는 경우도 있다. 고전 라틴어의 자음 음소 체계를 도표로 나타내면 다음과 같다.[153]

	양순음	순치음	치음	치경음	연구개음 (원순음)
폐쇄음	p/b		t/d		k/g (qw)
마찰음		f		s	
비음	m			n	
유음				r, l	

이 체계는 속어에서 변화가 일어나기 시작했다. 가장 두드러진 변화는 고전 라틴어에는 없던, 파열음 [ẑ] (=[dz]; 철자 z)와 [ŝ] (=[ts]; 철자 ç), 경구개음 [λ] (철자 ll)와 [ɲ] (철자 ñ)가 새로 생겨났다는 것이다. 고전 라틴어에서는 단지 3개 계열, 즉 순음(양순음과 순치음), 치음(치음과 치경음), 연구개음 계열만이 존재했었던 반면에, 이제 속어에서 경구개음 계열이 새로 만들어진 것이다.

변화는 치음 계열에서부터 일어났다. 이 변화는 반자음 [j]의 출현과 밀접한 관계가 있으며, 약 3세기경부터 변화가 시작되었다. 이 반자음 [j]가 치음 뒤에 올 때는 동화작용이 일어나서 조음 위치가 변화되어 치경 경구개음이 만들어졌다.

치경 경구개음 [ŝ] (=[ts])의 출현은 5세기 중반으로 거슬러 올라간다. 로마 제국 서부 지역에서 무성음 ti는 무성 파열 치음 [ŝ] (=[ts])으로 변했고 ç로 표기되었으며, 유성음 di는 유성 파열 치음 [ẑ] (=[dz])로 발음되었고 그리스어에서 차용해 온 z로 표기되었다.

153 고전 라틴어의 자음 체계 표는 Väänänen, Veikko(1988:101) 참조.

pigritia>pigriça [pigriŝa] (>pereza)
fortia> força [forŝa] (>fuerza)

diebus 대신에 zebus
hodie 대신에 oze
diabolus 대신에 zabolus

후에 구개모음 i나 e 앞에 있던 연구개 폐쇄음도 구개음화되었다.

pacem [pakem]>[paŝe] (>paz [paθ])
Cicero [kikero]>[ŝiŝero] (>Cicero [θiθero])

즉, tj, kj, ke는 무성 파열 치음 [ŝ]로, dj, gj, ge는 해당 유성음 [ẑ]로 변화되었다.

스페인어의 ll [ʎ] 발음도 라틴 속어에서 생겨난 것이다. 고전 라틴어의 ll는 l가 두 개 있는 것으로 발음되었으나, 속어에서는 점차 경구개음으로 발음되기 시작했다: callum [kallum]>[kaʎo], callem [kallem]>[kaʎe], caballum [kaballum]>[kabaʎo], gallum [gallum]>[gaʎo]. 고전 라틴어의 pl-, cl-, fl-도 [ʎ]로 변했다: plicare>llegar, pluvia>lluvia, plorare>llorar, clamare>llamar, clavem>llave, flamma>llama.

현재 ñ로 표기되는 [ɲ] 발음 또한 라틴 속어에서 만들어진 음이다. 이의 기원은 다양한데, 먼저 고전 라틴어의 nn가 변한 경우이다: annum [annum]>año, *nin-nu [ninnu]>niño. 라틴 자음군 -gn-도 [ɲ]로 변했다: stagnum [stagnum]>[estagnu]>*[estaɣnu]>[estaɲo] estaño. -ne-도 [ɲ]로

변했다: vineam>[binja]>[biɲa] viña.

3.13.2.1. yod의 작용으로 인한 변화

yod란 라틴 속어에서 발생한 반자음 또는 반모음 [j]를 가리키는 말이다. 본래는 히브리어의 10번째 알파벳 명칭으로 [i]나 [j]에 해당하는 음이다. 고전 라틴어에서 모음 -i-는 완전한 모음이었는데, 속어에서 반자음으로 변한 것이다. 따라서 이들도 어중 자음군의 일종이지만, 그 특성상 인접한 모음을 닫히게 하거나 자음을 변화시켰으므로 따로 분류하는 것이다. 이 yod의 종류는 인접 음에 영향을 끼친 정도와 연대기에 따라 다음과 같이 4가지로 나뉜다.[154]

[1] 첫 번째 yod: ti와 ci

이미 2세기경부터 치음인 t[t]는 연구개음 c[k]와 혼동되었다(Appendix Probi: vetulus non veclus). 따라서 고전 라틴어의 -ti-와 -ci-는 속어에서 모두 무성 파열 치음 [ŝ] (철자 ç)로 변했다가, 황금 세기 때 현재와 같은 무성 마찰 치간음 [θ] (철자 z)로 변했다. 이처럼 이 yod는 앞선 모음을 닫히게 하지는 못했지만, 인접 자음을 변화시켰다.

acutiare>aguçar>aguzar　　capitia>cabeça>cabeza

fortia>fuerça>fuerza　　lautea>loça>loza

154 본 절에서 다루고자 하는 yod에 의한 변화는 특히 Menéndez Pidal, Ramón(1940:44-50) 참조했음을 밝힌다. 대부분의 학자들도 이를 인용한다. 대표적으로 Ariza Viguera, Manuel(2012:59-66)와 이강국(2007:64-73) 참조.

mattea>maça>maza
puteu>poço>pozo
puritia>pureça>pureza
tristitia>tristeça>tristeza
Mattiana>maçana>manzana
plattea>plaça>plaza
ratione>raçon>razón
vitiu>veço>vezo

arcione>arçon>arzón
calcea>calza
Gallaecia>Galicia
iudiciu>juicio
minacia>[a]menaça>amenaza
bracchiu>braço>brazo
coriacea>coriaça>coraza
facie>façe>haz
lancea>lanza
pellicea>pelliça>pelliza

[2] 두 번째 yod: li; c'l, g'l; ni, gn, ngi

이 두 번째 yod는 강세 ĕ와 ŏ가 이중모음화 되는 것을 방해했으며, 각각 다음과 같이 인접 자음을 변화시켰다.

a. 고전 라틴어의 -li-

이는 [lj]〉[ž]〉[š]를 거쳐 현 스페인어에서는 [x] (철자 j)로 변했다.

aliēnu>ajeno
cĭlia>ceja
consĭliu>consejo
fĭliu>hijo
gurgŭliu>gorgojo
*molliare>mojar
palea>paja
aliu>ajo
colli(g)ĕre>coger
cuscŭliu>coscojo
fŏlia>hoja
meliore>mejor
mŭliere>mujer
tĭliu>tejo

b. -c'l-와 -g'l-

이 자음군은 본래 고전 라틴어에서는 어중 자음군이 아니었으나, 어중 비강세 모음의 탈락으로 인해 2차적으로 발생한 것이다. c와 g가 yod로 변함으로써 위의 li와 같이 16세기 말까지 각각 [š]와 [ž]로 발음되다가, 무성음으로 통합되어 j [x]로 변했다.

apic(ŭ)la>abeja	artic(ŭ)lu>artejo
auric(ŭ)la>oreja	cunic(ŭ)lu>conejo
lentic(ŭ)la>lenteja	oc(ŭ)lu>ojo
*panuc(ŭ)la>panoja	spec(ŭ)lu>espejo
cuag(ŭ)lu>cuajo	reg(ŭ)la>reja
teg(ŭ)la>teja	

참고로, mirac(ŭ)lu>milagro, saec(ŭ)lu>siglo 등은 정상적으로 변화되었다면 각각 *mirajo와 *sejo가 되었을 것이다. 그러나 이들은 교회 용어라는 특성상 변화를 제약을 받아 milagro와 siglo가 되었다. 중세 때까지는 정상적으로 각각 miraglo와 sieglo였다. 그러나 후에 miraglo는 자위전환되어 milagro로, sieglo는 단모음화되어 siglo로 변했다.

드물긴 하지만, 어중 비강세 모음의 탈락으로 인해 고전 라틴어의 -tŭl-이 속어에서 c'l로 잘못 발음된 경우도 있었다 (Appendix Probi: vetulus non veclus). 따라서 이런 경우에도 고전 라틴어의 어원이 무엇이든 상관없이 [x] (철자 j)로 변했다.

vetŭlu>vęclu>viejo	rotŭlare>roclare>(ar)rojar
rotŭlu>rǫclu>ruejo	

이 -c'l-, -g'l-가 다른 자음과 접해 있을 때는 [ĉ] (철자 ch)로 변했다.

cacc(ŭ)lu>cacho　　manc(ŭ)la>mancha
masc(ŭ)lu>macho　　conc(ŭ)la>concha

c. ni와 gn, ngi

이 어군은 각각 [nj]와 [jn]을 거쳐, 현 스페인어에서는 [ɲ] (철자 ñ)로 변했다. 앞선 모음은 ĕ와 ŭ만 각각 (이중모음 ié가 아닌) e와 (o가 아닌) u로 한 단계씩 더 닫히게 했다.

aranea>araña　　cŭnea>cuña
pīnea>piña　　extraneu>extraño
Hispania>España　　sĕniore>señor
tīnea>tiña　　vīnea>viña

lĭgna>leña　　stagnu>estaño
tam magnu>tamaño　　sĭgna>seña

cīngit>ciñe　　fĭngit>heñe
rīngit>riñe　　tangit>tañe

참고로, 위의 예들 중에서 tiña '[의] 백선, 두창; [충] 벌집에 기생하는 거미'의 어원은 어원 사전에 따르면 짧은 i를 가진 tĭnea로 나오는 경우가 많다. 그러나 이 두 번째 yod는 ĭ를 닫히게 하지 못했으므로, 이의 어원을 tīnea로 가정하기도 한다.[155] 다른 한편으로, (LC regnare》)

155 Menéndez Pidal, Ramón(1940:59) 참조.

reinar와 (LC regnu〉) reino는 g가 반모음 [j]로 yod화 된 중간 과정을 보여주고 있다. 즉, 변화가 중간에서 멈춘 준교양어인 것이다. 그러나 명사인 reina는 LC regīna에서 유래되어 -g-가 탈락되고 ([reína]), 강세의 위치가 이동한 것이므로 ([réjna]), 비록 형태는 유사하지만 이 yod 어군과는 구별해야 한다.

[3] 세 번째 yod: -bi- (-vi-); -di-; -gi-

이 yod는 a를 제외한 모든 모음을 한 단계씩 닫히게 했으며, 인접 자음은 각각 다음과 같이 변화되었다.

a. -bi-와 -vi-: 이 어군은 대체로 보존되었다.

*alleviare>alẹviare>aliviar
labiu>labio
nĕrviu>nervio
nŏviu>novio
plŭvia>lluvia
rabia>rabia
rŭbeu>rubio

위의 예들 중에서 nĕrviu〉nęrviu〉nervio와 nŏviu〉nǫviu〉novio는 이중모음화가 저지된 경우이다.

그러나, 드물지만 [y]로 변한 경우도 있다.

fŏvea>hoya
habeam>haya
rŭbeu>royo

b. -di-: 이 어군은 대체로 [y]로 변했다.

adiutare>ayudar
hŏdie>hoy
*podiare>apoyar
pŏdiu>poyo
radiare>rayar
sĕdeam>seya>sea

그러나, fastidiu〉hastío, perfidia〉porfía, video〉veo 등에서는 [y]가 탈락되기도 했다.

라틴 속어에서 [ŝ] (철자 ç)로 변했다가, 16–7세기에 [θ] (철자 z)로 변한 경우도 있으며, 앞에 자음 또는 반자음이 위치한 경우에는 [ẑ] (철자 z)를 거쳐 같은 시기에 [θ] (철자 z)로 변한 경우도 있다.

badiu>baço>bazo/bayo
*emordiu>almuerzo
radia>raça>raza/raya
*rodiare>rozar

gaudiu>gozo
hordeolu>orzuelo
verecundia>vergüenza
virdia>berza

c. -gi-: 이 어군도 대체로 [y]로 변했다.

arrugiu>arroyo
corregia>correya>correa
exagiu>in (e)xagiu>ensayo
*fagea>haya
fugiam>huya
fugio>huyo
Legione>Leyon>León
*pugia>puya>púa

그러나, corrigia〉correa, fastigi(u)+ale〉hastial, pulegiu〉poleo 등에서처럼 [y]가 탈락된 경우도 있다.

d. -mi-: 이 어군은 대체로 보존되었다.

praemiu>premio　　　　simia>[고] jimia ‘mona'

vindemia>vendimia

[4] 네 번째 yod: -x-; -ct-; -ri-, -si-, -pi-; 중략으로 인해 생긴 2차 yod

a. 고전 라틴어의 -x-

고전 라틴어에서도 [ks]로 발음되던 이 어군은 대체로 [i̯s]〉[i̯š]〉[š]를 거쳐 현 스페인어에서는 [x] (철자 j)로 변했다. 앞선 모음은 ĭ (〉ẹ〉e)를 제외한 모든 모음을 닫히게 했다.

axe>exe>eje　　　　dixi>dije

examine>exambre>enjambre　　　　exemplu>ejemplo

laxare>lexar>dexar>dejar　　　　laxus>lejos

lixivia>lejía　　　　mataxa>madexa>madeja

taxone>tejón　　　　taxu>texo>tejo

참고로, 현재의 examen과 enjambre는 동일 어원의 단어들이다. enjambre의 변화 과정은 examĭne〉exam(i)ne〉examne〉examre〉exambre〉ejamre〉enjambre로 재구해 볼 수 있다. fraxinu〉fresno 변화에서 [ks] (철자 x)가 [x] (-j-)가 아닌 [s] (-s-)로 변한 것은 고전 라틴어의 [ks]가 [js]로 yod화되고 어중의 비강세 모음 -i-가 탈락됨으로써, sex〉seis에서처럼, 음절 말 위치로 변했기 때문으로 해석된다.

b. 라틴 고어의 -ct-

대부분의 경우, [kt]〉[i̯t]를 거쳐 [ĉ] (철자 ch)로 변했으며, 앞 음절의 모음을 닫히게 했다. 위의 -x-와 마찬가지로 ĭ (〉ẹ〉e)를 제외한 모든 모음을 닫히게 했다. 즉 a는 e로, ę와 ǫ는 각각 e와 o로, į와 ų는 각각 i와 u로 닫히게 했다.

dĭctu>dįctu>dicho
strĭctu>istrįctu>estrecho

despĕctu>despęctu>despecho
dirĕctu>diręctu>derecho
lĕctu>lęctu>leitu>lecho
pĕctu>pęctu>pecho
profĕctu>profęctu>provecho
tĕctu>tęctu>techo

factu>faitu>hecho
iactare>echar
lacte>laite>leche
lactuca>lechuga

nŏcte>nǫcte>noite>noche
ŏcto>ǫcto>ocho

dŭctu>dųctu>ducho
trŭcta>trųcta>trucha

그러나, -ct- 앞의 모음이 ị, ụ와 같은 가장 닫힌 모음인 경우에는 -t-로 변했다.

fīctu>fịctu>hito
frīctu>frịctu>frito
frūctu>frụctu>fruto
exsūctu>exsụctu>enjuto

-ct-가 다른 자음과 접해 있을 때는, c만 탈락되고, 앞 음절의 모음을 닫히게 했다.

iŭnctu>iųnctu>junto
pŭnctu>pųnctu>punto

참고로, pĕctine〉peine에서는 단순하게 -ct-가 탈락된 것이 아니라, pect'ne〉peitne를 거쳐 peine가 된 것이다. 즉, 어중 비강세 모음의 탈락으로 -ctn- 어군이 부차적으로 발생했어도, c는 탈락되지 않고 오히려 yod로 변하고 t가 탈락된 것이다. c가 변한 이 yod는 앞선 강세 모음 ĕ〉ę가 이중모음화되는 것을 방해했다. 이는 비록 어원과 현 스페인어의 형태가 비슷하다 해도, 그 변화 과정이 단순하지만은 않다는 것을 보여주는 좋은 예이다. 또한 현 스페인어의 directo와 derecho는, 비록 형태는 많이 달라졌지만, 동일 어원 dirĕctu에서 유래된 단어들이다.

c. ri, si, pi

이 yod는 a를 포함한 모든 모음을 닫히게 했다.

-ri-에서는 i가 주로 자위전환되어 앞 음절로 이동했다.

auguriu>agoiro>agüero
area>aira>eira>era
carraria>carraira>carrera
cereu>cirio
coriu>coiru>cuero
ferrariu>ferrairo>herreiro>herrero
materia>mateira>madera
muria>moira>muera
primariu>primairu>primero
riparia>ribera
storea>estoira>estuera>estera
variu>vairu>vero

-si-에서도 마찬가지로 i가 주로 자위전환되어 앞 음절로 이동했다.

basiu>baisu>beso
caseu>caisu>queso
lausia>losa
mansione>maison>mesón
segusiu>sabueso

-pi-에서도 마찬가지로 자위전환이 발생했다. 자위전환된 경우에는 -p-가 유성음화되지 않았으나, 자위전환이 일어나지 않은 경우에는 대체로 유성음화되었다.

capiam>caipa>quepa　　sapiam>saipa>sepa

*sapea>savia　　*sapiu>sabio

sepia>jibia

d. 중략에 의해 발생한 yod

중략에 의해 2차적으로 발생한 yod는 a를 포함한 모든 모음을 닫히게 했다.

cō(g)ĭtat>cuida　　cŏllī(g)o>cojo

grĕ(g)e>grey　　proba(v)i>probé

tēpi(d)u>tibio

3.13.2.2. wau의 작용으로 인한 변화

wau는 라틴 속어에서 발생한 반자음 [w]를 가리키는 말이다. 고전 라틴어에서는 완전한 모음 [u]였으나, 인접 음과의 결합으로 인해 반자음화된 것이다. 이 또한, yod만큼은 아니었으나, 인접 음의 변화에 영향을 끼쳤다.[156]

156 wau에 의한 변화는 Menéndez Pidal, Ramón(1940:50)과 Lathrop, T.A.(1989:105-106) 참조.

[1] -qua-와 -gua-

a. 모음 a 앞에서는 보존되었다.

aequale>igual　　antiqua>antigua

aqua>agua　　equa>yegua

numquam>nunqua>nunca

lingua>lengua

참고로, antiquu〉antiguo에서는 축약이 일어나 *antiqu〉*antigo가 되어야 정상이나, 여성형(antiqua〉antigua)와의 관계로 인해 antiguo가 된 것으로 설명된다.

b. 그러나 나머지 모음 (i, e, o) 앞에서는 탈락되었다.

aliquod>algo　　aquila>águila

coquere>cocer　　coquina>cocina

laqueu>lazo　　sequere>seguir

sequo>sigo　　torqueo>tuerzo

sanguine>sangne>sangre

[2] 기타 wau 어군

이 밖의 다른 자음과 어군을 이룬 경우에도 대부분 탈락되었다.

a. -tua-, -tue-

aestuariu>estero　　battualia>batalla

battuere>batir

b. -nua-, -brua-

ianua>[고] jana 'puerta'   ianuariu>enero

februariu>febrero

c. -dua-

대체로 자위전환되었다.

vidua>viuda157

이와 같은 변화 과정을 거쳐, 라틴 속어의 자음 체계는 다음과 같이 변화되었다.

	양순	순치	치음	치경	경구개	연구개
폐쇄음	p/b		t/d			k/g
파열음			ŝ/ẑ			
마찰음		f		s		
비음	m			n	ɲ	
유음				r, l	λ	

157 Del lat. *viduus*. https://dle.rae.es/viudo 참조.

3.14. 형태 변화

3.14.1. 명사 체계의 변화

고전 라틴어에서는 명사가 제1변화부터 제5변화까지 있었다. 각 어휘마다 주격, 속격, 대격, 여격, 탈격으로 변화되었으며, 단, 복수로도 변화되었다. 따라서 한 단어가 최소한 10개의 변화형을 갖고 있었던 것이다. 여기에 호격과 처격이 있었으나, 처격은 ruri '시골에', domi '집에' 등과 같은 일부 예들만을 제외하고는 이미 고전어에서 탈격으로 대체되어 사라졌고, 호격은 주격과 동일해졌으므로 따로 분류하지 않기도 한다.[158] 고전 라틴어의 명사 체계는 다음과 같다.

158 제2변화 남성 단수(예: amicus)가 가장 오랫동안 구분되었으나, 이마저도 이미 1세기에 주격과 통합되었다. 따라서 호격 amice는 사라지고 주격과 마찬가지로 amicus로 표시되었다. 그러나 고전 작품에는 호격 형태가 나타나기도 한다. 명사 체계의 변화에 대해서는 Menéndez Pidal, Ramón(1940:203-248); Valentí Fiol, E.(1987:19-69); Alvar, Manuel & Pottier, Bernardo(1987:60-77)을 주로 참조했음을 밝힌다.

[제1변화]

rosa '장미', f.

	단수	복수
주격	rosa	rosae
속격	rosae	rosarum
대격	rosam	rosas
여격	rosae	rosis
탈격	rosa	rosis

poeta '시인', m.

단수	복수
poeta	poetae
poetae	poetarum
poetam	poetas
poetae	poetis
poeta	poetis

[제2변화]

amicus '친구', m.

	단수	복수
주격	amicus	amici
속격	amici	amicorum
대격	amicum	amicos
여격	amico	amicis
탈격	amico	amicis

templum '사원' n.

단수	복수
templum	templa
templi	templorum
templum	templa
templo	templis
templo	templis

[제3변화]

mons '산', m.

	단수	복수
주격	mons	montes
속격	montis	montum
대격	montem	montes
여격	monti	montibus
탈격	monte	montibus

corpus '몸', n.

단수	복수
corpus	corpora
corporis	corporum
corpus	corpora
corpori	corporibus
corpore	corporibus

[제4변화]

manus '손', f.　　　　　　　　　　　　　cornu '뿔', n.

	단수	복수	단수	복수
주격	manus	manus	cornu	cornua
속격	manus	manuum	cornus	cornuum
대격	manum	manus	cornu	cornua
여격	mani	manibus	cornu	cornibus
탈격	manu	manibus	cornu	cornibus

[제5변화]

dies '날', m.　　　　　　　　　　　　　res '물건', f.

	단수	복수	단수	복수
주격	dies	dies	res	res
속격	diei	dierum	rei	rerum
대격	diem	dies	rem	res
여격	diei	diebus	rei	rebus
탈격	die	diebus	rei	rebus

제1변화 명사는 주격 형태가 -a로 끝나며, 대체로 여성이다. agricola '농부', nauta '선원', poeta '시인' 등은 남성이다. 어미변화는 동일하다. 제2변화 명사 중에서 -us나 -er로 끝나는 명사는 남성, -um으로 끝나는 명사는 중성이다. 어미변화가 상이하다. 중성의 특징은 주격과 대격 복수에서 여성형처럼 -a로 끝난다는 것이다. 제3변화와 제4변화 명사들은 남성, 여성, 중성이 혼재되어 있다. 남성과 여성은 어미변화가 동일하지만, 중성은 상이하다. 제3변화와 제4변화에서도 중성은 주격과 대격 복수에서 여성형처럼 -a로 끝난다. 제5변화 명사는 대체로 여성이지만, dies 등은 남성이다. 어미 변화는 동일하다.

이처럼 고전 라틴어의 격 어미 체계는 매우 복잡하다. 속어에서는 이처럼 복잡하고 난해한 격 어미 체계가 붕괴되기 시작했다. 이 어지러운 변화형들이 교육을 제대로 받지 못한 일반 대중들에게는 곤혹스럽기 그지없었을 것이고, 또 굳이 이렇게까지 복잡하게 써야 하는가 하는 반감도 생겼을 것이다. 이는 자연히 자신의 의사를 전달하는 데 지장만 없다면 가능한 한 체계를 단순화시키려는 경향으로 이어졌다. 이러한 단순화 경향은 모든 분야에서 동시다발적으로 일어나, 모음 체계에서는 모음의 길이가 비변별화되었고, 자음 체계에서는 특히 동사변화에서 문법 정보 기능이 약한 -m, -t 등이 탈락되었다. 최소한 10개의 변화어미를 갖고 있던 명사 체계가 모음 길이의 비변별화와 어말 -m의 탈락으로 인해 형태가 동일해지자, 주격 rosă/대격 rosă(m)/탈격 rosā로 구분되던 격 어미 체계가 붕괴되고 한 가지 형태만이 살아남았다. 현재 우리가 쓰고 있는 라틴 기원의 단어들은 거의 모두 대격에서 유래된 것들이다.[159] 위의 제1변화와 제2변화 명사에서는 그것이 잘 드러나지 않지만, 가장 복잡했던 제3변화 명사의 변화를 살펴보면 쉽게 이해가 갈 것이다. 이 중에서 현재의 단, 복수 monte와 montes는 대격인 montem과 montes가 각각 변화된 것이다. 주격인 mons의 흔적은 사라졌다. pons '다리'도 마찬가지이다. 대격인 pontem과 pontes가 puente와 puentes로 변했을 뿐 주격은 쓰이지 않는다. 따라서, 역사적인 관점에서, 현재 명

159 García de Diego, Vicente(1981:202) 참조. 명사 체계의 성,수,격 변화에 대한 자세한 사항은 같은 책 pp.202-211 참조. 그렇다고 해서, 스페인어의 모든 명사가 다 라틴어 대격에서 유래된 것은 아니다. 주격에서 유래된 것들(ego>yo, tu>tú; Deus>Dios 등), 속격에서 유래된 것들((Dies) Martis>martes, (Dies) Veneris>viernes; (Villa) Sancti Emeterii>Santander, (Villa) Sancti Facundi> Sahagún 등), 탈격에서 유래된 것들(bona mente>buenamente, hac hora>ahora, tota via>todavía, loco>luego 등)도 있다. 이에 대해서는 Cano Aguilar, Rafael(1988:121-122) 참조.

사의 단, 복수는 이 라틴 대격의 단, 복수에서 유래된 것이지, 단수에서 복수가 파생된 것이 아니다.

격 어미 체계가 무너지자, 자연히 어미 변화의 종류도 축소되었다. 본래 고전어의 제4변화는 제2변화와, 제5변화는 제3변화와 유사한 면이 많았는데, 이들이 서로 통합되어 제정 말기에는 변화형이 3개로 축소되었다.[160]

격 어미 체계가 붕괴되자, 고전어에서 남성, 여성, 중성으로 나뉘던 명사의 성도 남성과 여성 둘로 축소되었다. 어미의 형태가 단순해지면서 동시에 성에서도 변화가 일어난 것이다. 어미 형태상 대체로 중성 단수(예: templum)는 남성형과, 복수 어미 -a(예: templa)는 여성형과 유사하므로 형태에 따라 남성이나 여성으로 통합되었다. 제2변화의 balneum, dorsum, vinum이나 제4변화 cornu는 각각 남성형처럼 balneus, dorsus, vinus, cornus로도 사용되어 후에 남성이 된 반면에 (>balneo, dorso, vino, cuerno), lignum-ligna 등과 같이 '집합적' 의미에서 주로 복수형 어미 -a로 쓰이던 단어들은 여성이 되었다. 이로써 이미 3세기 말경에는 명사의 성이 남성과 여성만으로 구분되었으며, 이는 형용사에서도 마찬가지였다 (LC pinus alta>pinus altus). 형태상 -us나 -u(m) 등은 주로 남성을, -a는 주로 여성을 가리키게 되어, LC nurus>nura (>nuera), socrus>socra (>suegra), neptis>nepta (>nieta) 등으로 어미가 변화되기도 했다. 그러나 -e로 끝나던 일부 명사들은 성이 불안정했다. 고전어에서 중성이던 lacte는 카탈루냐어와 카스티야어에서는 각각 la llet과 la leche로 여성이 된 반면에, 포르투갈

---

160 Lathrop, T.A.(1989:47) 참조.

어에서는 o leite, 프랑스어에서는 le lait로 남성이 되었다. 고전어에서 남성이던 sale는 카탈루냐어와 카스티야어에서는 la sal로 여성이, 포르투갈어에서는 o sal, 프랑스어에서는 le sel로 남성이 되었다. 중성이던 mare는 카스티야어에서조차도 현재까지 el mar와 la mar 두 형태가 쓰이고 있다. 일반적인 의미일 때는 el mar Mediterraneo '지중해', el mar Muerto '사해' 등과 같이 남성형을, 구체적인 의미일 때는 la alta mar '먼바다, 원해(遠海)',[161] la pleamar '만조, 밀물',[162] la bajamar '간조, 썰물'[163] 등과 같이 여성형을 쓴다. 이러한 남/여성 어미 -u/-a 구분과 복수 어미 -s의 정착은, 이베리아반도에서는 서고트 왕국 말기에 정착되었다 (neta/netas, pinu/pinos). 어말의 비강세 -u는 이미 후기 라틴어에서 -o와 통합되어 속어에서 [o]로 발음되었다.[164]

그 결과, 라틴 구어에서는 고전어의 격 어미 체계가 단순화되어, 약 7세기경에는 주격과 대격만이 그 기능을 유지하고 있었으며, 이베리아반도에서는 비시고도 말기에 대격으로 단일화되었다.[165]

---

161 반대의 거리 개념인 '가까운 바다, 근해'에 해당하는 어휘는 별도로 존재하지 않는다. 영어의 offshore에 해당하는 의미로 el mar litoral이나 el mar costero를 떠올리기 쉬운데, 이는 대서양에서의 노르웨이해, 인도양에서의 오만해 등처럼 대양(oceáno) 내에 존재하는 작은 바다를 가리키는 용어이다. 그렇다고 해서 el mar interior라고도 하지 않는다. 이는 카스피해, 사해, 아랄해 등과 같이 육지로 둘러싸인 '내해(內海)'를 가리키는 말이기 때문이다.

162 De *plenamar*. https://dle.rae.es/pleamar?m=form 참조. marea alta라고도 한다.

163 De *bajar* y *mar*. https://dle.rae.es/bajamar?m=form 참조. marea baja라고도 한다.

164 명사의 성의 변화에 대해서는 García de Diego, Vicente(1981:207-211); Cano Aguilar, Rafael(1988:115-118); Penny, Ralph(1991:113-127) 참조.

165 Cano Aguilar, Rafael(1988:120)는 격 어미 체계가 붕괴되기 시작한 것은 1세기경이며, 이베리아반도에서는 6-8세기경에 단일화된 것으로 보고 있다.

3.14.2. 형용사 체계의 변화

고전 라틴어에서 형용사는 제1,2변화와 제3변화로 구분되었다. 각 형용사는 어미의 형태에 따라 남성, 여성, 중성으로 구분되었다. 수식하는 명사와 성,수,격이 일치해야 했으므로, 남성, 여성, 중성 형태가 존재했으며, 각각 격과 수에 따라 상이한 어미 형태를 취했다.[166]

[제1,2변화]

bonus,-a,-um '좋은'

	남성		여성		중성	
주격	bonus	boni	bona	bonae	bonum	bona
속격	boni	bonorum	bonae	bonarum	boni	bonorum
대격	bonum	bonos	bonam	bonas	bonum	bona
여격	bono	bonis	bonae	bonis	bono	bonis
탈격	bono	bonis	bona	bonis	bono	bonis

'제1,2변화'를 하나로 묶는 것은, 예를 들어 bonus의 경우, 남성형 bonus는 -us로 끝나는 제2변화 명사와 같은 어미변화를 취하는 데 반해, 여성형인 bona는 -a로 끝나므로 제1변화 명사와 같은 어미변화를 취하기 때문이다. 중성의 특징은 주격과 대격 복수 형태가 동일하며 어미 -a를 취한다는 것이다.

166 형용사 체계의 변화에 대해서는 Alvar, Manuel & Pottier, Bernardo(1987:78-95); Penny, Ralph(1991:127-131) 등을 주로 참조했음을 밝힌다.

[제3변화]

acer, cris, -re '떫은, 쓴'

	남성		여성		중성	
주격	acer	acres	acris	acres	acre	acria
속격	acris	acrium	acris	acrium	acris	acrium
대격	acrem	acres	acrem	acres	acrem	acria
여격	acri	acribus	acri	acribus	acri	acribus
탈격	acri	acribus	acri	acribus	acri	acribus

제3변화의 경우, 남성과 여성은 주격 단수에서만 차이가 난다. 중성은 경우에는 주격 단수도 다르지만, 가장 두드러진 특징은 주격과 대격 복수 형태가 동일하며 어미 -a를 취한다는 것이다.

어미의 변화는 당연히 명사에서 일어난 변화와 궤를 같이 했다. 명사에서 격어미 체계가 무너지자, 형용사에서도 따라서 변화가 발생했다. 수식하는 명사와 성,수,격이 모두 일치해야 했으므로 당연한 결과였다.

형용사에서 일어난 변화 중에서 가장 두드러진 점은 '분할 경향'이 강화되었다는 것이다.[167] 이는 라틴 속어를 특징짓는 매우 중요한 경향으로써, 형용사의 변화에서도 두드러지게 나타났다. 예를 들어, 고전어에서는 비교급과 최상급이 각각 formosior '더 예쁜', formosissimus '가장 예쁜'이었는데. 속어에서는 -ior가 탈락하고 대신 magis가 붙어 magis formosu (>más hermoso)가 되었다.[168] 고전어의 특징은 어미가 어간에

167 Alatorre, Antonio(1989:54) 참조.

168 이베리아반도에서는 magis (>más)가 앞에 붙었지만, 언어에 따라서는 plus가 붙은 경우도 있다: piu bello (it.), plus beau (fr.). Alatorre, Antonio(1989:55) 참조; 스페인어의 mas '그러나'도 같은 어

통합되어 문법 정보를 전달하고 있었다는 것이다. 이를 '통합 경향'이라고 부른다. 그런데, 격 어미 체계의 붕괴로 인해, 이제는 더 이상 어미가 정확한 문법 정보를 전달하기 어렵게 되었다. 이에 따라 정보 체계가 분할되는 경향이 나타나기 시작한 것이다. 비교급 어미 -ior가 탈락하고 magis로 분할되었다가 más가 된 것이다.

3.14.3. 동사 체계의 변화

동사에서도 변화가 일어났다. 고전 라틴어에서는 시제와 태가 현재보다 훨씬 더 복잡했다. 각 동사마다 능동과 수동으로 달리 변화되었으며, 시제도 단순 시제뿐만이 아니라 완료시제까지 어미 변화로 표현되었으므로 현재보다 훨씬 더 복잡했다. 우선, 고전 라틴어에서는 활용 어미에 따라 능동 현재 부정사가 -āre로 끝나는 제1변화 (amāre), -ēre로 끝나는 제2변화 (habēre), -ĕre로 끝나는 제3변화 (A형:dicĕre/B형:facĕre), -īre로 끝나는 제4변화 (audīre) 등 모두 4가지의 변화형이 있었다. 각 활용형에서 대표적인 동사들의 1인칭 단수만을 예로 들어 보면 변화형은 다음과 같다.[169]

원에서 유래한 어휘이다. Forma átona de *más*. https://dle.rae.es/mas. mas는 중세 스페인어에서 라틴어 per hoc에서 나온 pero로 대체되었다. 이에 대해서는 Cano Aguilar, Rafael(1988:172) 참조.

169 동사 체계의 변화에 대해서는 Menéndez Pidal, Ramón(1940:269-331); García de Diego, Vicente(1981:222-257); Alvar, Manuel & Pottier, Bernardo(1987:151-284); Penny, Ralph(1991:153-218); Lloyd, Paul M.(1993:154-174); Andres-Suárez, Irene(1994) 등을 주로 참조했음을 밝힌다.

[능동변화]

현재

직설법	접속법
amo	amem
habeo	habeam
dico	dicam
audio	audiam

완료 과거

직설법	접속법
amavi	amaverim
habui	habuerim
dixi	dixerim
audivi	audiverim

불완료 과거

직설법	접속법
amabam	amarem
habebam	haberem
dicebam	dicerem
audiebam	audirem

불완료 미래

직설법	접속법
amabo	
habebo	
dicam	
audiam	

대과거

직설법	접속법
amaveram	amavissem
habueram	habuissem
dixeram	dixissem
audiveram	audivissem

미래완료

직설법	접속법
amavero	
habuero	
dixero	
audivero	

[수동변화]

현재

직설법	접속법
amor	amer
habeor	habear
dicor	dicar
audior	audiar

불완료 과거

직설법	접속법
amabar	amarer
habebar	haberer
dicebar	dicerer
audiebar	audirer

불완료 미래

직설법	접속법
amabor	
habebor	
dicebor	
audiebor	

	완료과거	대과거	미래완료
	직설법/접속법	직설법/접속법	직설법/접속법
amatus,-a,-um	+ sum/sim	+ eram/essem	+ ero/ Ø
habitus,-a,-um			
dictus,-a,-um			
auditus,-a,-um			

이와 같이 복잡한 활용 어미 체계를 갖고 있던 동사에서도 제정 말기부터 심한 변화가 일어나기 시작했다. 모음의 양이 비변별화되고 강세의 위치가 뒤에서 두 번째 음절로 이동하자 제2변화와 제3변화 사이의 구분이 어렵게 되었다. 따라서 제3변화 동사들은 제2변화나 제4변화로 각각 흡수되어, 현재처럼 -ar, -er, -ir 세 가지 변화형만 남게 되었다.

légere>*leyére>leér	scríbere>scribíre>escribír
fácere>facére>hacér	dícere>dicíre>decír

이처럼 동사의 어미 체계가 단순해지면서 고전 라틴어의 형태수동 동사(deponente)도 사라졌다. 즉 고전어에는 형태는 수동인데(utimur), 의미는 능동인('이용하다') 동사들이 있었는데, 속어에서는 모두 능동형 어미로 대체되었다(uti〉usare, loqui〉loquere 등). 이와 더불어 esse, posse 등과 같은 불규칙 동사들도 모두 sere, potere 등처럼 능동형 어미로 대체되었다.

또한, 명사에서처럼 동사에서도 구어체에서는 속어의 특징인 '분할 경향'에 따라 능동형만 남고 수동형은 모두 'ser+과거분사'로 대체되었다. 즉 고전 라틴어에서는 완료시제의 수동형을 나타내던 형태가 속어에서는 단순 시제의 수동형까지도 통합해 나타내게 된 것이다 (amor〉amatus sum (〉soy amado)). 이러한 변화는 7세기경에 완전히 일반화되었다.

고전 라틴어에서는 지금의 '현재완료'라는 시제와 의미(he amado)가 따로 구분되지 않고 amavi에 포함되어 있었다. 따라서 고전 라틴어에서는 이를 보통 '완료과거(pretérito perfecto)'라고 부른다. 그런데 구어체에서는 이 완료과거가 의미에 따라 두 가지 형태로 분할되었다. 먼저 단순한 과거 사실을 나타내는 경우(단순과거)에만 amavi를 사용하고, 현재와 관련이 있는 과거(현재완료)는 'habeo+과거분사'로 표시했던 것이다 (amatu habeo>he amado).[170] 이러한 분할 경향은 다른 완료시제에도 확산되어 대과거 amaveram이 amatu habebam으로 표시되게 되었고, amaveram은 직설법 대과거로써의 의미를 상실하고, 접속법 불완료과거로 전이되었다 (>amara).

앞에서 살펴본 것처럼, 고전 라틴어에서는 미래도 어미 변화로 나타냈다 (amabo). 그러나 분할 경향에 따라 속어에서는 합성 형태 amare habeo 'amar tengo' 또는 'tengo que amar'가 만들어졌다. 이러한 새로운 미래 형태는 이미 7세기에 나타났다. 16세기까지도 cantaré는 'cantar+he'의 합성어로써, 〈cantarte he una copla〉라는 구절이 쓰었다. 이와 더불어 과거에서 본 미래를 표현하기 위해 고전 라틴어에서는 없던 가정미래 형태가 만들어졌다. 현재에서 본 미래(단순미래)가 '동사원형+habeo'를 기초로 만들어진 것이라면, 과거에서 본 미래(가정미래)는 '동사원형+habebam' 형태를 기초로 만들어졌다 (amare+habebam>amaría).

이 밖에도 접속법 불완료 과거(amarem)는 접속법 완료(amaverim) 및 직설법 미래완료(amavero)와 형태가 동일해져(amare) 고전 라틴어에서는 없었던 접속법 미래를 나타내는 데 쓰이게 되었다. 그러자 접속법 불완료과거의 빈자리를, 고전 라틴어에서 접속법 대과거로 쓰이던 amavissem과 직설법 대과거로 쓰이던 amaveram이 함께 차지하게 되었

---

170. Cano Aguilar, Rafael(1988:165)에 따르면, 이러한 복합형은 5-6세기경에 정착되어 단순과거(cantavi>canté)와 분리되었다고 한다.

다.[171] 그리고 위의 두 대과거는, 직설법에서는 amatu habebam으로, 접속법에서는 amatu habueram으로 각각 대체되었다.

위 변화들을 요약하면 다음과 같다.

[직설법]

현재	amo>amo (존속)
완료	amavi>amai (단순과거) (>amé)
	>amatu habeo (현재완료) (>he amado)
불완료과거	amabam>amaba (존속)
미래	amabo>amare habeo (대체) (>amaré)
	Ø>amare habebam (신설) (>amaría)
대과거	amaveram>amara (접속법 불완료 과거로 이행)
	>amatu habebam (대체) (>había amado)
미래완료	amavero, amaveres>amaro, amares (접속법 불완료 과거와 합쳐져 접속법 미래로 이행)

[접속법]

현재	amem>ame (존속)
불완료과거	amarem>amare (접속법 미래로 이행)
완료	amaverim>amare (접속법 불완료 과거와 합쳐져 접속법 미래로 이행)
	>amatu habebam (대체)
대과거	amavissem>amase (접속법 불완료 과거로 이행)
	>amatu habueram (대체)

171 스페인어에서 -ra형과 -se형이 접속법 불완료과거로 정착된 것은 16세기 말에서 17세기 초의 일이다. 이에 대해서는 Cano Aguilar, Rafael(1988:249) 참조.

결국, 고전 라틴어의 동사 체계에서 현재까지 살아남아 있는 것이라곤 능동 변화 5개뿐이다 (amo, amé, amaba; ame, amara/amase).[172]

3.14.4. 전치사 체계의 변화

고전 라틴어 전치사의 특징은 명사의 격을 지배했다는 것이다. 즉, 전치사에 따라 대격, 탈격, 속격 등을 지배했다.[173]

[대격 지배 전치사]

ad -로
ante 앞에
contra 반대하여
per 통하여, 동안에
in -로 (방향)
sub 아래로 (방향)
super 위로 (방향)
trans 통하여

172 이 중에서 접속법 불완료과거 -ra형과 -se형은 대부분 문맥에서 의미 차이 없이 상호 교체가 가능한데, 일부 문맥에서는 불가능하다. 그 이유에 대해서는 이강국(2004) 참조. 기타 동사 체계의 변화에 대한 자세한 사항은 Väänänen, Veikko(1988); Grandgent, C.H.(1991); Bassols De Climent, Mariano(1992a); Bassols De Climent, Mariano(1992b); Herman, József(1997) 참조.

173 전치사 체계의 변화에 대해서는 Alvar, Manuel & Pottier, Bernardo(1987:288-319)를 주로 참조했음을 밝힌다. 각 전치사의 격 지배 용법에 대해서는 Rubio Fernández, Lisardo & González Rolán, Tomás(1990:94-99)과 Segura Muguía, Santiago(2006) 참조.

[탈격 지배 전치사]

ab, a -로부터

de -로부터

cum 함께

ex, e -로부터

in -에서 (위치)

pro -위하여, 때문에

sine -없이

sub 아래에 (위치)

subter 위에 (위치)

[속격 지배 전치사]

지배하는 명사 뒤에 위치한다.[174]

causa - 때문에 (doctor honoris causa 'doctor para honrar')

gratia -을 목적으로, -위하여 (verbi gratia 'por ejemplo')

고전 라틴어 전치사 쓰임의 가장 큰 특징은, 명사의 격을 지배했으므로 많은 경우 굳이 전치사를 쓰지 않아도 됐다는 것이다. 예를 들어 Romam eo. '나는 로마로 간다'라고 할 때, 굳이 ad Romam이라고 하지 않아도 대격만으로 '로마로'라는 방향의 의미를 표시할 수 있었다. 이 문맥에서 대격을 지배할 수 있는 것은 ad라는 것이 분명하기 때문이다. 반대로, Domo exeo. '나는 집에서 나간다'라고 할 때, domo는 domus '집'

174 Segura Muguía, Santiago(2006), causa에 대해서는 p.97, gratia에 대해서는 p.293 참조. 두 전치사 모두 자신이 지배하는 명사를 앞에 두는 경향이 있다.

의 탈격이므로 문맥상 '–로부터'라는 탈격 지배 전치사 de나 ex가 생략된 것이 분명하다. 따라서 굳이 쓰지 않아도 의미 전달 과정에서 큰 문제가 야기되지 않았다. 따라서 고전 라틴어에서는 종종 전치사를 쓰지 않기도 했다.

그러나, 고전 라틴어의 명사와 형용사 체계에서 격 어미 체계가 단순해지자, 전치사에서도 변화가 일어났다. 과거에는 전치사 없이 명사의 격 변화만으로 나타내던 여러 의미가 전치사를 쓰지 않으면 뜻이 애매모호해지거나 의미를 알 수 없게 되어버렸기 때문이다. 따라서 고전 라틴어에서는 생략되기도 했던 전치사가 속어에서는 문법 기능을 정확하게 나타내기 위해 사용이 강화되었다.

한 예로, 고전 라틴어에서는 시간을 나타낼 때, '–내에', 또는 '–에'라는 고정된 시간을 나타내는 경우에는 전치사 없이 탈격을 썼지만, '–동안'이라는 지속의 의미면 전치사 없이 대격을 사용하기도 했다.

In urbem *septima hora* pervenit et *tres horas* manebat.
'Él llegó a la ciudad <u>a las dos de</u> la tarde y se quedó <u>por tres horas</u>'.

여기서 septima hora는 탈격 형태로 '일곱 번째 시간에', 즉 '오후 2시경에'라는 의미로 쓰인 것이고, tres horas는 대격 형태로 '세 시간 동안'이라는 의미로 쓰인 것이다. 두 경우 모두 전치사가 없어도 격 변화만으로도 적절한 의미 전달이 가능했다. 그러나 전치사 없이 쓰이던 두 경우가, 특히 3세기 이후부터는 자주 혼동되기 시작했다. 이제 전치사가 없으면 의미 전달이 불가능해진 것이었다. 이러한 혼동을 피하기 위해서 반드시 해당 전치사, 즉 '–동안'인 경우에는 per를, '–에'나 '–내에'에는

ad를 동반했다. 이러한 경향은 다른 격 체계에도 영향을 끼쳐 속격의 경우 de를 (LC pauci nostrum〉pauco de nostris), 여격인 경우에는 ad를 (〈tibi dabo〉가 〈dabo ad te〉로, 〈discipulis dixit〉이 〈dixit ad discipulos〉) 사용하기 시작했다.

이와 더불어, 기존의 전치사만으로 의미를 충분히 표현할 수 없는 경우에는 복합 전치사가 만들어지기도 했다.

ab ante > [고] avante   de ex post > después
de intro > dentro   de in ante > delante
de trans > detrás

3.14.5. 지시사 체계의 변화

본래 고전 라틴어에서는 정관사가 없었고, 다만 지시사로 hic, haec, hoc '이것'; iste, ista, istud '그것'; ille, illa, illud '저것'이 있었다. 그러나 시간이 지남에 따라 표현력을 강화하고 구체화하고자 하는 속어의 경향에 따라 점차 정관사의 필요성이 대두되었다. 이에 제정 말기에 지시사 중에서 ille, illa, illud가 정관사의 기능으로 사용되기 시작했으며, 현재의 el과 la로 각각 변화되었다.[175]

ille librum > il(le) libru > el libro
illa florem > (il)la flore > la flor

175 지시사 체계의 변화에 대해서는 Menéndez Pidal, Ramón(1940:259-262)과 García de Diego, Vicente(1981:213-214) 참조.

illa aqua > il(la) aqua > el agua

illud templum → ille templum > il(le) templu > el templo

현재 el agua에서처럼 'a로 시작되며 첫 모음에 강세가 부여되는 여성 명사 단수'의 경우에는 정관사로 la가 아닌 el를 쓴다. 이때 쓰인 el은 어원적으로 봤을 때, 남성 관사가 아니라, 여성 관사이다. 연음을 피하기 위해 el로 쓰이는 것은 맞지만, 어원은 분명 여성 지시사 illa이다. illa가 타 여성 명사들 앞에서는 앞의 음절 il-이 탈락됐는 데 반해, aqua 앞에서는 연음을 피하기 의해 illa에서 뒷 음절 -la가 탈락된 결과이다.[176]

중성 관사 illud은, 명사에서 중성이 사라지자 자연히 쓰이지 않게 되었다. 다만, lo로 변해 형용사와 함께 쓰여 '–것'이라는 의미의 추상명사를 만드는 데 사용되고 있다 (lo hermoso, lo necesario 등)[177]

este는 iste '그것'에서, ese는 '자기 자신의'라는 의미의 지시사 ipse에서, aquel은 의미를 더 명확하게 강조하기 위해 만들어진 accu+ille에서 나온 것이다.[178] hoc은 현재 지시사로 쓰이는 흔적은 없고, ad hoc '유별나게, 특별히' 등과 같은 라틴 기원 부사 어구로만 쓰이고 있다.

부정관사 uno와 una는 고전 라틴어의 수사인 unus와 una에서 유래된 것이다.[179]

---

176 Lathrop, T.A.(1989:145) 참조.

177 Del lat. *illum, illam, illud*, acus. de *ille, illa, illud* 'aquel'. https://dle.rae.es/lo?m=form 참조.

178 accu는 ecce eum에서 유래된 것이다. '그가 여기 있다'라는 의미인데, 여기서는 줄여서 지시사 ille를 강조하는 용도로 쓰였다. Del lat. *eccum* 'he aquí' e *ille, illa, illud* 'aquel'. https://dle.rae.es/aquel 참조.

179 Del lat. *unus*. https://dle.rae.es/uno?m=form 참조.

3.14.6. 인칭대명사 체계의 변화

본래 고전 라틴어에서는 1, 2인칭을 나타내는 ego, tu; nos, vos만 있었을 뿐, él이나 ella에 해당하는 3인칭 대명사는 없었다. 또한 1, 2인칭도 특히 강조할 때 이외에는 잘 사용되지 않았다. 그러나 구어체에서는 의미 전달을 명확하게 하기 위해 인칭대명사가 자주 사용되기 시작했고, 3인칭도 필요해졌다. 이에 따라 속어에서 3인칭 인칭대명사 주격형이 만들어졌다. 이 3인칭을 나타내기 위해 사용한 것이 지시사 ille와 illa이다. 고전 라틴어의 5개 격 중에서 현재까지 쓰이고 있는 것은 주격, 대격, 여격 세 가지뿐이다.[180]

주격	ille>él, illa>ella (LC illud>ello)
대격	illum>lo, illam>la
여격	illi>le (남녀 공통)

고전 라틴어에서 인칭대명사 ego의 속격은 meī였다 그러나 이 형태는 '소유'의 의미로는 쓰이지 않았고, 대신 소유형용사 meus, mea가 주로 쓰였다.[181] 따라서 현재 우리가 쓰고 있는 mi casa에서의 mi는 ego의 소유격이 아니라 소유형용사 meus가 변화된 것이다. 이 meus가 정상적으로 변한 것은 mío(a)이고 (Dios mío), mi는 오히려 어미가 탈락된 형태이다.

---

180 인칭대명사 체계에 대해서는 Menéndez Pidal, Ramón(1940:249-258) 참조.

181 고전 라틴어에서 인칭대명사의 속격은 주로 '부분 속격'(nonulli *vestrum* 'algunos de vosotros')이나 '대상'(tuum studium *meī* 'tu afecto para conmigo')을 표현할 때 쓰였다.

인칭대명사의 탈격은 탈격 지배 전치사와 함께 쓰일 때 나타나는 de mí, de ti 등에서 그 흔적을 찾아볼 수 있다. con과 함께 사용되는 conmigo, contigo, consigo 등의 경우, 고전 라틴어에서는 본래 mecum, tecum, secum이었는데,[182] 속어에서 cum이 다시 붙어 cum+mecum 등이 된 것이다. 이는 고전어의 mecum을 '인칭대명사 탈격+전치사 cum'의 합성어로 보지 않고, 전체를 한 단어로 인식했기 때문에 일어난 일이다. 여기에다 con을 한 번 더 붙인 것이다.[183]

3.14.7. 부사 체계의 변화

고전 라틴어에서 부사는 스페인어에서와 마찬가지로 불변사이므로 성,수,격 변화를 하지 않았다. 본래 품사가 부사인 것들이 있다.[184]

ante>antes	hodie>hoy
jam>ya	semper>siempre
non>no	sic>sí

형용사 어간에 부사형 어미가 붙어 파생되기도 했다. 파생은 주로 다음과 같이 이루어졌다.

182 탈격 지배 전치사 cum이 인칭대명사를 지배하는 경우에는 인칭대명사 뒤에 위치하는 경향이 있었다. Segura Munguía, Santiago(2006:148) 참조.

183 Lathrop, T.A.(1989:157) 참조.

184 부사 체계의 변화에 대해서는 Menéndez Pidal, Ramón(1940:333-338) 참조.

-us로 끝나는 제1,2변화 형용사에는 어간에 -e나 -o를 붙여 만들었다.

malus>male	longus>longe
primus>primo	rarus>raro

흔히 쓰이는 부사 bene는 bonus에서 파생된 것이지만, *bone가 아니라 bene이다.

제3변화 형용사에는 주로 -(i)ter를 붙여 만들었다.

debilis>debiliter	felix>feliciter
fortis>fortiter	prudens>prudenter

비교급에는 -ius를, 최상급에는 -e를 붙여 만들었다.

altus>altior>altius	citus>citior>citius
fortis>fortior>fortius	doctus>doctior>doctius
altissimus>altissime	fortissimus>fortissime
maximus>maxime	doctissime

스페인어와 가장 큰 차이점은, 스페인어에서는 형용사에 -mente를 붙여 만든다는 것이다: largamente, raramente, débilmente, felizmente, fuertemente 등. 이 mente는 본래 라틴어 mens, -ntis '마음'에서 나온 여성명사이다. 따라서 형용사도 여성형이 되는 것이다. 이미 『Cantar de mio Cid』에서 이 mente의 변이형인 -mientre가 관찰된다 (예: fuertemientre sellada). 본래는 guisa도 부사를 만드는 어미로 쓰였으

나,[185] 16세기 초에 guisa는 쓰이지 않게 되었고 mente만 살아남았다.[186]

한 가지 더 언급할 만한 특이한 형태는 현재의 sí이다. 고전 라틴어에서는 no에 해당하는 non은 있었지만, sí에 해당하는 긍정어는 따로 없었다. 따라서 긍정인 경우에는 질문의 동사를 되받아 반복해야 했다.

-Estne Hispania provincia? 스페인은 속주입니까?

-Hispania est provincia Imperii Romani. 스페인은 로마 제국의 속주입니다.

-Estne insula Hispania? 스페인은 섬입니까?

-Hispania insula non est. 스페인은 섬이 아닙니다.

그러나 구어체에서는 점점 '예'라는 말의 필요성이 대두되자, 그 역할을 한 것이 sic이라는 부사이다. 본래 의미는 'así, de este modo'였다. 이것이 변해 현재의 sí가 된 것이다. 속어에서 새로운 의미를 획득한 예이다.[187]

---

185 DRAE에 따르면, guisa의 어원은 Del germ. **wîsa*; *cf.* ingl. *wise*, al. *Weise*.이다.

186 Cano Aguilar, Rafael(1988:250) 참조.

187 Del lat. *sic*. https://dle.rae.es/s%C3%AD?m=form 참조.

3.15. 어순 변화

고전 라틴어에서는 어미 변화형이 문법 기능을 수행하다 보니까 어순이 무척 자유로워 도치가 매우 흔했다. 그 이유는 수식어가 피수식어와 반드시 붙어 있지 않아도 동일한 성,수,격 변화만 일치하면 수식-피수식 관계가 성립했기 때문이었다. 도치의 가장 큰 장점은 발화 내용의 긴장감을 극대화시키고, 문장의 미적 기능을 최대한 살릴 수 있다는 것이다. 고전 라틴어의 모범이라고 평가되는 베르길리우스가 쓴 『Aeneis』의 한 구절을 예로 들어보자.[188]

> Musa, mihi causas memora, quo numine laeso,
> quidve dolens regina deum tot volvere casus
> insignem pietate virum, tot adire labores
> impulerit. Tantaene animis caelestibus irae?

188 라틴어 원본은 Pharr, Clyde(1998) 참조; pdf 파일은 https://www.fulltextarchive.com/page/Vergils-Aeneid-in-Latin1 참조

이를 어순 그대로 번역하면, 다음과 같이 풀어 볼 수 있다.

> Oh Musa, a mí las causas di, ¿por qué decreto violado
> la doliente reina de los dioses que tantos corriera riesgos
> insigne en la piedad hombre, que tantas afrontara pruebas
> forzase. ¿Tanta en los pechos celestiales ira?

이를 다시 자연스러운 현재의 어순으로 정리하면 다음과 같다.[189]

> Dime, oh Musa, las causas, ¿qué decreto de su divina voluntad violado
> tanto dolió a la reina de los dioses,
> que a un hombre insigne en la piedad forzase a afrontar tantos riesgos, tantas pruebas?
> ¡Cómo tal ira en celestiales pechos!

즉, 위에서 tot는 'tantos(as)'의 의미로써, 복수 명사를 수식하므로 4변화 남성 복수 casus나 3변화 남성 복수 labores와 떨어져 있어도 해석상 혼동될 염려가 없다. 이는 insignem과 virum, tantae와 irae의 경우에도 마찬가지이다. 전자는 둘 다 2변화 대격 단수 어미로 인해, 후자는 1변화 주격 복수 어미로 인해, 각 문장 내에서 서로 다른 단어와는 수식-피수식 관계를 형성할 수 없는 것이다. 이런 이유로 해서, 고전 라틴어에서는 어순이 무척 자유로웠던 것이다. 또한 동사, 여기서는 주절의 동사인 memora와 impulerit가 대체로 문장 뒤에 놓이므로, 문장이 다 끝

189 스페인어판은 Fernández Corte, José Carlos & Polit, Aurelio Espinosa(ed.)(1991)의 번역본에서 발췌.

날 때까지는 화자의 의도가 정확하게 나타나지 않는다. 이는 상대방으로 하여금 더욱 대화에 집중케 함으로써, 발화의 목적을 극대화시키는 효과를 내기도 했다.

또 다른 예로 베르길리우스의 전원시 『Tityrus』 중의 첫 구절을 들어보자.[190]

> [P. VERGILI MARONIS ECLOGA PRIMA]
> Meliboeus
>
> M. Tityre, tu patulae recubans sub tegmine fagi
> silvestrem tenui musam meditaris avena:
> nos patriae fines et dulcia linquimus arva.

이를 어순 그대로 번역하면, 다음과 같이 된다.

> Títiro, tú copuda tendido a la sombra de una haya
> de los bosque delgada la musa piensas en con la flauta:
> nosotros el pueblo natal y querido abandonamos el campo de sembrado.

여기에서, patulae (patulus)는 '넓은, 탁 트인, 무성한' 등의 의미를 지닌 형용사로써, 여성 속격으로 변화되었다. 따라서 문장 내에서 문법상이나 의미상 이와 상응할 수 있는 명사는 같은 여성 속격인 fagi (fagus,-i, n.) '너도밤나무'밖에 없으므로, 멀리 떨어져 있어도 해석에는 아무 지장이 없게 된다. 또한 두 번째 줄에서, tenui는 tenuis,-e

190 https://www.thelatinlibrary.com/vergil/ec1.shtml 참조.

'delgado, fino tenue'라는 의미의 제3변화 형용사 단수 탈격이므로 이와 상응할 수 있는 명사는 같은 단수 탈격인 avena '피리'밖에 없는 것이다. 바로 뒤에 있는 musam은 '숲의 요정'이라는 의미를 갖는 musa의 여성 단수 대격이므로 아무리 서로 가까이 붙어 있어도 아무런 문법적인 관계가 없어 해석상의 혼동을 일으킬 가능성이 전혀 없었다. 여기서도 또한 동사 meditaris가 맨 문장 뒤에 놓여, 위에서와 동일한 효과를 노리고 있음을 알 수 있다. 마지막 문장에서, dulcia와 arva도 마찬가지로, arva '밭, 들판'는 arvum,-i,n이라는 중성명사의 복수형이므로 dulcia '달콤한, 사랑스러운'와 떨어져 있어도 수식 관계는 혼동될 염려가 없다. 고전 라틴어의 어순은 이처럼 복잡하지만 매우 체계적이었다.

이를 자연스러운 스페인어로 번역하면 다음과 같다.

> Títiro, tendido a la sombra de una copuda haya
> piensas en la musa que vive en los bosques con una delgada flauta:
> nosotros abandonamos el pueblo natal y querido campo de sembrado.
>
> 티티루스여, 그대는 무성한 너도밤나무 그늘 아래 누워
> 가느다란 피리를 불며 숲속에 살고 있는 여신이나 생각하고 있구나:
> 우리는 고향 마을과 사랑하는 논밭을 저버렸는데도 말이다.

아래 번역본은 산체스 데 라스 브로사스가 번역한 것이다.[191]

> Títiro, so la encina reposando
> Con tu flauta, la agreste cantilena

191 http://www.larramendi.es/en/corpus/unidad.do?idCorpus=1000&idUnidad=100980&posicion=1 참조.

Estás a tu sabor ejercitando.
Mas ¡ay del que se parte a tierra ajena,
Huyendo de la suya desterrado,

그러나 구어체에서는 미적 기능이나 우회적 화법보다는 내용을 좀 더 평이하게 전달할 수 있는 직설적인 화법을 선호했다. 제정 말기에 가서 격 어미 체계가 무너지게 되자, 자연히 이러한 이해하기 어려운 어법은 사라지고, 수식어와 피수식어 간의, 또 주어와 동사 간의 간격이 최대한 가까워졌다. 6세기에 베네딕트 수도원의 창시자인 성 베니투스(480–547)가 쓴 수도원 규약인 『Regula Monachorum』의 한 구절을 예로 들어 보면, 베르길리우스의 고전어 어순과 차이가 남을 쉽게 이해할 수 있을 것이다.[192]

Ad portam monasterii ponatur senex sapiens, qui sciat accipere responsum et reddere, et cujus maturitas eum non sinat vagari.

이를 자연스럽게 해석하면 다음과 같다.

A la puerta del monasterio póngase un anciano sabio, que sepa recibir recados y darlos, y cuya madurez no lo deje divagar.

이를 다시 원문과 비교해 봐도 어순이 거의 같음을 알 수 있다. 단

192 라틴어 원문은 Lapesa, Rafael(1981:71)에서 재인용한 것이며, 원문 전체의 pdf 파일은 http://www.intratext.com/IXT/LAT0011/_P1V.HTM.에서 참조했음을 밝힌다. Alatorre, Antonio(1989:56)에서도 참조 가능.

지 마지막의 eum non sinat만이 어순 그대로 해석하면 'lo no deje'가 되지만, 현재는 순서가 바뀌어 no lo deje가 되었을 뿐이다. 그러나 스페인 고어에서는 lo non dexe로도 쓰였었으므로, 그리 크게 다른 것은 아니다. 물론, 베르길리우스의 글은 의미가 함축적이고 운을 맞추기 위해 도치가 매우 심한 시이므로 이 규약과 같은 산문 글과 비교하는 것은 무리가 있을 수 있다. 그러나 기본적으로 후기 라틴어 시기에는 어느 글이든 어순조차도 많이 대중화되었음을 부인할 수 없는 사실이다. 이 문서에서 쓰인 라틴어는 교양어이지, 속어가 아니다. 당시의 대중들은 portam이 아니라 puorta로 썼을 것이며, 형태수동 동사인 ponatur도 sit positum이나 sia postu로, 또 vagari도 능동 형태인 vagare로 썼을 것이기 때문이다. 이처럼, 시간이 지나도 형태는 되도록 고전어를 그대로 유지했던 반면에, 어순은 자연스럽게 변화되었다.[193]

193 라틴어의 어순 변화에 대한 자세한 사항은 Lapesa, Rafael(1981:70-71) 참조.

3.16. 교양어와 준교양어

우리는 앞에서 고어의 많은 어휘들이 속어에서 다른 단어들로 교체된 예들을 살펴보았다. 그렇다면 우리는 여기서 한 가지 문제에 직면하게 된다. trabajo와 labor를 비교해 보면, '일'이라는 같은 의미인데 왜 형태가 이렇게 다르게 변했을까? 그 답은 먼저 당시 교회와 법원, 학교 등으로 대표되는 식자 계층의 보수성에서 찾아야 할 것이다.[194]

우리는 앞에서 6세기 초에 성 베니투스가 쓴 구절 하나를 어순 변화의 예로 살펴보면서, 여기서 쓰인 라틴어가 교양어라는 것도 언급했다. 그러나 이보다 약 1세기 앞에, 4세기 말에 이베리아 출신으로 추정되는 에테리아라는 여인이 팔레스타인 성지를 순례한 후 쓴 순례기인 『Peregrinatio』이라는 책에서는 〈tenere consuetudinem 'tener costumbre'〉, 〈subire montem 'subir a un monte'〉 등과 같은 오히려

194 본 절에서 참조한 교양어와 준교양어에 대한 자료는 Alatorre, Antonio(1989:56-64)에서 주로 인용했음을 밝힌다.

더 대중적인 표현들이 많이 나온다.[195] 고전 라틴어에서는 tenere대신에 habere를, subire 대신에 ascendere를 사용했다. tenere와 subire는 대중들이 쓰던 속어였다.

고전어와 속어의 대립은 흔히 관찰된다. 고전 라틴어 nuptiae '결혼'은 일반적인 '약속'이라는 의미의 vota로 대체되었고(>boda), voco '부르다'는 clamare로 대체되었다(>llamar). 지금도 고전어에서 유래한 nupcias와 형용사형인 nupcial, vocar도 여전히 쓰이고 있지만, 일상생활에서는 boda와 llamar가 더 일반적으로 쓰인다.

반면에 성 베니투스의 경우처럼, 교회 라틴어는 중세 내내 대중 어와는 담을 쌓고 외부의 변화에 대해서는 철옹성을 구축하고 있었다. 교회에서뿐만 아니라 학교와 법조계 같은 보수적인 지배층 세계에서도 마찬가지로, 키케로와 베르길리우스의 고전어를 습득하려 애쓰고 있었다. 그 사이 학교 교육과는 거리가 먼 일반 대중들이 일상생활에서 매일 쓰는 말은 이 글과는 점점 더 멀어져만 갔다. 보수적인 식자 계층들이 자기들만의 세계를 차별화하기 위해 사력을 다해 지켜낸 이 고전어를 '교양어'라 부르고, 대중들의 입에서 자연스럽게 변화된 형태를 '대중어'라고 부른다.

교양어는 크게 다음과 같은 유형으로 나누어 볼 수 있다.

먼저, 가장 대표적인 것으로 '교회 라틴어'를 들 수 있다. 교회 용어는 특성상 대체로 원형 그대로 보존되었거나 일부만이 변화되었다. 313년

---

195 Alatorre, Antonio(1989:57) 참조. 『Peregrinación』의 원문 pdf 파일은 file:///C:/Users/user/Downloads/Dialnet-LaPeregrinacionDeEgeriaUnaAproximacionALaGeografia-5874722.pdf 참조.

콘스탄티누스가 밀라노 칙령에서 가톨릭을 공인한 후, 이제 로마인들의 의식 세계를 지배하기 시작한 것은 이 종교였다. 그 이전에 이미 사도 바울의 포교로 1세기 초에 이미 가톨릭이 헬레니즘 세계에 전해졌다. 당시 지중해 세계를 지배하고 있던 문화는 그리스 문화였고, 또 성경이 라틴어에 훨씬 앞서 그리스어로 번역되었다는 것을 생각한다면, 초기 가톨릭의 거의 모든 용어가 그리스어로부터 들어왔다는 것을 쉽게 이해할 수 있을 것이다.[196] 비록 가톨릭이 뿌리를 내린 곳은 로마였지만, 관련 용어들은 그리스어를 통해 받아들일 수밖에 없었다. 아래의 단어들은 그리스어를 통해 들어온 대표적인 교양어 어휘들이다.

(angelus>) ángel	(apostolus>) apóstol
(baptizare>) bautizar	(basilica>) basílica
(evangelium>) evangelio	(ecclesia>) iglesia
(martyr>) mártir	(episcopus>) obispo
(propheta>) profeta	(→ episcopado, episcopal)

이 어휘들은 대중들의 속어 발음 체계와는 아주 달랐다. 그러나 교회 용어라는 특수성으로 인해 감히 제멋대로 발음하지 못하고 가능한 한 원형을 보존할 수밖에 없었다. 이미 대중들은 흔히 두 강세 사이에 끼인 비강세 모음을 탈락시켰고 두 모음 사이에 낀 폐쇄음을 마찰음화시

196 구약성서는 본래 히브리어로 기록되었으며, 일부분은 아람어로 쓰였다. 〈70인역〉이라고 불리는 구약성서의 그리스어 번역본은 헬레니즘 시대에 사용된 코이네 그리스어로 기록되었다. 신약성서 역시 코이네 그리스어로 기록되었다. 최초의 라틴어 성경인 불가타가 5세기에 제로니무스에 의해 번역되었으니, 시기상으로 보아 두 언어 간의 차이가 상당함을 알 수 있다. 또한 언어의 흐름으로 보아 각 문화 간의 영향 관계를 파악할 수 있다.

켰으나, 위 단어들에는 감히 손을 못 댄 것이다. 이러한 현상은 중세를 거치는 동안에도 내내 지속되었다.

대표적인 것이 monasterium과 ministerium이다. monasterium은 그리스어에서 차용한 교회 용어인 데 반해, 이와 유사한 음 형태를 가진 ministerium은 고전 라틴어이다. 대중들은 ministerium을 이를 이미 menester나, 심지어는 mester로까지 변화시켜 발음하고 있었다. 그 증거는 중세의 Mester de Clerecía '승려, 식자 계급'이라는 용어에서 찾아볼 수 있다. 만약 monasterium도 이처럼 변화되었다면, 아마 *monaster나 *moster가 되었을 것이다. 이 속어 형태들의 흔적은 Almonaster, Almonacid 등이 포함된 지명에서 관찰된다.[197] 그러나 대중들은 이것이 교회 용어라 감히 함부로 바꿔 부르지 못하고 그냥 monasteriu(m)으로만 발음해야 했다. 후에 교회에서 '사제직 또는 사제의 임무'라는 의미로 ministerium도 교회 용어로 사용되자, 속어 형태인 menester나 mester와는 별도로 이 교양어 형태도 보존되었다. 이처럼 monasterio나 ministerio 등처럼 온실 속의 화초처럼 모든 변화로부터 보호되어 내려온 형태들을 교양어라 하고, menester와 mester 등과 같이 수 세기 동안 온갖 풍상을 겪으며 자연스럽게 변화되어온 형태들을 대중어라고 한다.[198]

---

197 Almonaster가 들어간 지명으로는 우엘바 지방에 위치한 Almonaster la Real이 있다. 지명은 라틴어 monasterium을 그대로 발음한 아랍어 Al-munastyr에서 나온 것이다. 마을의 지명과 역사에 관해서는 http://www.almonasterlareal.es/es/municipio/historia/ 참조. Almonacid이 들어간 지명으로는 Algimia de Almonacid (Castellón), Vall de Almonacid (Castellón), Almonacid de la Cuba (Zaragoza), Almonacid de la Sierra (Zaragoza), Almonacid del Marquesado (Cuenca), Almonacid de los Oteros (León), Almonacid de Toledo (Toledo), Almonacid de Zorita (Guadalajara) 등이 있다.

198 Alatorre, Antonio(1989:58-59) 참조.

그렇다고 해서, 모든 교양어들이 다 이렇게 교회를 통해서만 전해 내려온 것은 아니다. 많은 일반 용어들이 주로 르네상스기나 황금세기 때 고전 문화에 대한 동경과 관심이 고조되면서 라틴 서적들을 통해 유입되었기 때문이다.[199] 이에 속하는 대표적인 어휘들로는 다음과 같은 것들을 들 수 있다.

(auricŭla>) aurícula	(strepĭtu>) estrépito
(fragmentu>) fragmento	(frigĭdu>) frígido
(intĕgru>) íntegro	(interrogare>) interrogar
(laborare>) laborar	(nuptĭae>) nupcias
(pigritĭa>) pigricia	(vespertilĭu>) vespertilio

절대최상급 어미 -ísimo도 황금세기에 도입된 교양어이다. 라틴어의 최상급 어미는 -issimus였다. 예를 들어, 형용사 altus의 최상급은 altissimus였다. 그러나 이베리아반도에서는 속어에서 일어난 분할 경향에 따라 el más alto로 변했다. 절대최상급 형태는 이베리아반도에서는 15세기까지 거의 사용되지 않았으며, 네브리하도 1492년에 쓴 자신의 문법서에서 이를 언급조차 하지 않았다. 그러던 것이 16세기부터 이탈리아어의 영향으로 재도입되어 사용되기 시작했으며, 17세기 초 일반화되었다. 돈키호테가 산초 판사를 부를 때 escuderísimo, 트리팔디를 dolorísima dueñísima라고까지 부르며 지나치게 사용한 예를 찾아볼 수

199 교양어는 어느 특정 분야, 특정 시기에만 유입된 것은 아니라, 여러 분야에서 꾸준히 유입되었다. 다만, 문제를 단순화하기 위해 대표적으로 많이 유입된 르네상스기와 황금세기를 예로 든 것뿐이다.

있다.[200] 그 결과, 스페인어에서는 el más alto와 altísimo 두 형태가 공존하게 되었다. 이에 el más alto는 기존에 써오던 대로 '(한정된 범위 내에서) 가장 높은'이라는 의미로, altísimo는 '(범위 제한 없이) 가장 높은, 매우 매우 높은'이라는 의미로 쓰이게 된 것이다.

부분적으로만 교양어로 쓰이는 형태들도 있다. 일부만 교양어로 사용되고 있는 예들로는 다음과 같은 것들을 들 수 있다.

(ensis>) ensíforme (espada로 대체)

(equus>) equitación (caballo로 대체)

(frater>) fraternal (hermano로 대체)

(gladius>) gladio, gladiolo

(invenire>) invención (*invenir는 사용 안 됨)

(mutare>) conmutar (cambiar로 대체)

(oculus>) oculista (ojo로 변화)

(loqui>) elocuencia (hablar로 대체)

(puer>) pueril (niño로 대체)

앞의 ministerio/menester, mester처럼 교양어와 대중어가 둘 다 살아남아 '이중어쌍'를 이루고 있는 경우도 있다.[201]

고전 라틴어	교양어	대중어
auricŭla	aurícula	oreja

---

200 Alatorre, Antonio(1989:267)에서 재인용. 그에 따르면, 중세 스페인어에서는 13세기 곤살로 데 베르세오의 작품에서 단 한 번 사용된 예가 관찰된다고 한다. 그러나 Cano Aguilar, Rafael(1988:132)에서는 곤살로 데 베르세오에서는 dulcíssimo가, Sancho IV에서는 altíssimo가 쓰인 것이 관찰된다고 한다.

201 Alatorre, Antonio(1989:61) 참조.

calĭdus	cálido	caldo
capitalis	capital	caudal
cathĕdra	cátedra	cadera
collocare	colocar	colgar
delicatus	delicado	delgado
frigĭdus	frígido	frío
intĕgrum	íntegro	entero
legalis	legal	leal
operari	operar	obrar
plenus	pleno	lleno
strictus	estricto	estrecho

이중어쌍들을 자세히 살펴보면, 대체로 교양어는 추상적이며 철학적인 의미를 담고 있는 데 반해, 대중어는 구체적이며 친근한 의미를 담고 있음을 알 수 있다.

다른 한편으로, 고전 라틴어에서 유래되긴 했지만 교양어도 아니고 그렇다고 대중어도 아닌, 발전이 중간 단계에서 멈춘 중간 형태들도 있다. 이를 흔히 '준교양어'라고 부른다.[202] 이들 또한 위의 교양어와 비슷한 상황으로 인해 변화에 제동이 걸린 형태들이다.

대표적인 교회 용어로는 ecclesia〉iglesia 변화를 들 수 있다. 정상적으로 변화되었다면 *egrija나 *ilesia로 변했을 것이다. 그러나 교회 용어라는 특성상 변화가 중간에서 멈춰 iglesia가 되었다. 16세기에 산타

202 스페인어로는 semicultismo라 하며, '준속어(semivulgarismo)'라고도 부른다. 교양어와 준교양어의 음운론적 차이에 대해서는 이강국(2006) 참조.

테레사는 자신의 작품에서 ilesia를 사용하고 있으며, egrija는 어두의 e-가 탈락해 grija로까지 변했다. 이는 실제로 (ecclesĭa alta〉) Grijota, (ecclesĭa alba〉) Grijalba, (ecclesiŏla〉) Grisuela 등에서 그 예를 찾아볼 수 있다.[203] 고전 라틴어 Petrus에서 유래된 Pedro도 마찬가지로, petra〉piedra 변화처럼, *Piedro나 *Piero로 변했어야 정상이다. 그러나 이 또한 성인의 이름이라는 이유로 중간에서 변화가 저지되었다. saeculum도 *sieclo〉sieglo에서 변화를 멈추고, *siego나 *sijo로까지는 변하지 않았다. 현재의 siglo는 황금세기에 단모음화된 것이다. 이들은 대부분 교회와 관련된 용어들이므로 중간 단계에서 변화에 제동이 걸린 것이다.

교회 용어가 아닌 대표적인 예로는 aquila〉águila 변화를 들 수 있다. 이 어휘는 로마 시대부터 대중들에 의해서도 흔히 사용되었다. 따라서, 정상적인 경우였다면, populum〉pop(u)lo〉pueblo처럼, 강세 뒤의 어중 비강세 모음이 탈락되어 *agla〉*aula로 변했을 것이다. 그러나 이 새가 로마 군단과 제국의 상징이었기 때문에 음성 변화에 제동이 걸려, 두 모음 사이에 낀 [k]가 유성음화되는 데 그치고 말았다. 대표적인 준교양어이다.

이 준교양어들도 이중어 쌍을 이루고 있는 것들이 있다.

고전 라틴어	준교양어	교양어

203 Lapesa, Rafael(1992:187) 참조. Grijota는 팔렌시아 북서쪽 약 5km 지점에 위치한 마을이다. 해발 722m 에 위치해 있어서 '높은 [지대에 위치한] 교회'라는 의미를 갖게 된 것이다. Eglesiota를 거쳐 Grijota로 변한 것이라고 한다. https://grijota.es/index.php/municipio/historia/ 참조. Grijalba는 부르고스 지방에 위치해 있으며, 말 그대로 '하얀 교회'라는 뜻이다. Grisuela는 사모라 지방에 있는 라바날레스에 속한 구역 이름이다. ecclesĭa의 축소사에서 나온 말이므로 '작은 교회'라는 뜻이다.

capitulum	cabildo	capítulo
saecularis	seglar	secular
toxicum	tósigo	tóxico

tremulare에서 유래된 tremolar와 temblar는 준교양어와 대중어가 쌍을 이루는 예이다.[204]

204 Alatorre, Antonio(1989:64) 참조.

3.17. 어휘 변화

[caballo와 equitación]

고전 라틴어에서 '말(馬)'은 equus였다. 그러나 일반 대중들에게 흔했던 것은 caballus였다. equus보다 질이 떨어지고 값이 싼 말로, 'rocín, penco, matalote' 등의 의미이다.[205] 이것이 변한 것이 caballo이다. 점차 수적으로 우세했던 caballus가 '말'의 대명사가 된 것이다. 이에 따라 교양어인 equus는 쓰이지 않게 되었다 그러나 여성형은 yegua로 변해 살아남았다. 따라서 남성형 caballo는 속어에서 나온 것이고, 여성형 yegua는 교양어에서 유래된 것이다.[206]

로마 시대에는 '기병'을 equester라고 불렀다. 말이 귀했던 로마에서 '기병'은 용병들이거나 귀족 자제들로만 구성되었다. 로마 시대에도 돈

205 Don Quijote가 타고 다니는 Rocinante는 위 rocín에서 나온 것으로 '비쩍 마른 말'이라는 뜻이다.

206 caballo의 여성형일 것 같은 caballa는 생선인 '고등어'를 이르는 말이다. 어원은 동일하다. Del lat. tardío *caballa* 'yegua'. https://dle.rae.es/caballa?m=form 참조.

좀 있어야 equus를 몰 수 있었기 때문이었다. 여기서 파생된 어휘가 equitación '승마, 마장마술'이다. 현재 equus는 caballo로 대체되어 쓰이지 않지만, 파생어인 equitación은 부분 교양어로 쓰이고 있다. 형용사형은 ecuestre이다 (예: estatua ecuestre '기마상').[207]

중세 들어 caballus가 equus를 제치고 일반화되자 '기병'도 caballarius로 변했다. 이것이 변한 것이 caballero이다. 'caballo를 가진 자' 또는 'caballo를 모는 자'라는 뜻이다. 이제는 equus가 아닌 caballo가 부와 권위의 상징이 되었다. caballero는 '기사들의 시대'인 중세 때는 '중세의 꽃'이라 불리다가, 후에 '신사'라는 말로 범용화되었다.[208]

[cabeza와 testa]

고전 라틴어에서 '머리'는 caput이었다. 고대에는 로마를 Caput Mundi라고 불렀다. 직역하면 '세계의 머리'라는 뜻이다. 즉, '세계의 수도'였던 것이다. caput의 형용사형은 capitalis이다. 스페인어로는 capital이다. 따라서 이 형용사의 제1의미는 '머리의'이고, 의미가 확장되어 '수위(首位)의, 중요한'이라는 뜻을 갖게 된 것이다. 관사에 따라 la capital '수도'와 el capital '자본'으로 구분되어도 본래의 의미는 같은 데서 나온 것이다. 그런데, 현재의 cabeza는 이 caput에서 직접 유래된 것이 아니고, 속어

---

207 이 어휘들은 equus '말'에서 파생된 것들이지, '동등'을 뜻하는 접두사 equi-에서 파생된 어휘가 아니다. '동등'을 뜻하는 equi-는 형태는 유사하지만 의미는 상이하며, 그리스 기원의 접두사이다: equidistancia '등거리', equilibrio '균형', equinoccio '춘분, 추분(밤과 낮의 길이가 같은 날)', equivalencia '등가치' 등.

208 Del lat. *caballarius* 'caballerizo'. https://dle.rae.es/caballero?m=form 참조.

인 capitia에서 유래된 것이다.[209] 의미도 별로 고상하진 않지만, 명사와 형용사의 형태가 차이나는 이유기도 하다.

다른 한편으로, 현재 스페인어에서 '머리'라는 의미를 갖고 있는 다른 어휘로 testa가 있다. 어원은 teja, ladrillo, concha '지붕, 벽돌, 조개'라는 의미의 라틴어 testa인데, 후기 라틴어에서는 cráneo '두개골'이라는 의미로도 쓰였다.[210] 의미로 보아, '(물체의) 덮개, 마감재'를 가리키는 말이었는데, 속어에서는 '머리'로 쓰인 것이다. 스페인 고어에서는 tiesta와 cabeça가 함께 쓰였었다.[211] 현재도 '머리'라는 의미를 갖고는 있지만, 일반적으로는 잘 쓰이지 않으며, 동물 머리에서 특히 눈, 코, 귀, 입 등이 있는 앞부분을 가리킬 때 쓰인다. 이 testa는 현재 이탈리아어 testa와 프랑스어 tête에서도 남아 있다.[212]

[cadera와 cátedra]

고전 라틴어에서 cathedra는 본래 '팔걸이의자(silla de brazos)'라는 의미였다. 속어에서 '그 팔걸이의자에 기대는 몸통 부분(parte del cuerpo que se recuesta en una silla de brazos)', 즉 '허리'로 의미가 바뀌었다. 이렇게 변한 것이 cadera '허리'이다.[213] 같은 어원에서 나온 cátedra가 '교단, 강단'

---

209 Del lat. *capitia*. https://dle.rae.es/cabeza?m=form 참조.

210 Del lat. *testa* 'teja, ladrillo', 'concha', en lat. tardío 'cráneo'. https://dle.rae.es/testa?m=form 참조.

211 https://dle.rae.es/tiesta?m=form 참조. 현 스페인어에서 tiesta는 testa와 동일한 어원을 갖고 있으나, '머리'라는 의미로는 쓰이지 않고 '통의 바닥이나 뚜껑에 쓰이는 판'이라는 의미로만 쓰인다.

212 스페인어의 유사한 형태 teta '젖꼭지'는 어원이 다른 어휘이다. Quizá voz expr.; *cf.* germ. **tĭtta*, gr. τίτθη *títthē*. https://dle.rae.es/teta?m=form 참조.

213 Del lat. vulg. *cathegra*, este del lat. *cathedra* 'asiento, trasero', y este del gr. καθέδρα *kathédra*

이라는 의미를 갖게 된 것은 '허리를 받치고 앉을 수 있는 팔걸이의자' 즉 'cathedra가 놓인 곳'이라는 뜻에서 의미가 재생산된 결과이다.[214]

[caldo와 cálido]

caldo '국물'은 라틴어 calĭdus '따뜻한'에서 유래한 어휘이다. 어중 비강세 모음이 탈락한 결과이다. 그러나 동일한 어원에서 유래되었지만, 스페인어 cálido(a)는 '따뜻한'이라는 형용사로, caldo는 '국물'이라는 명사로 사용되고 있다.

로마인들은 육류보다는 생선류와 곡류를 주식으로 먹었다고 한다.[215] 이때 함께 먹던 것이 *minĕstrus였다. 현재 이탈리아어에서는 zuppa와는 다른 종류의 수프를 가리키는 용어로 minestra가 사용되고 있으며, 이 형태의 증대사인 minestrone도 쓰이고 있다. 이 음식은 채소나 곡류, 파스타 등을 넣고 끓인 수프의 일종이다. 요리법이 정해진 것은 없고 상황에 따라 쌀, 콩, 양파, 당근, 토마토 등의 야채를 넣기도 하고, 닭고기나 베이컨 등을 넣기도 한다. 공통점은 따끈한 국물 형태로 요리해 먹는다는 것이다. 따라서 '따끈한 국물'이 *minĕstrus calĭdus였던 것이다. 여기에서 이베리아반도에서는 시간이 지남에 따라 명사는 탈락되고 형용사만 남아 동일한 의미를 가리키는 독립 어휘로 정착된 것이다. 그러다 보니 형용사가 자연스럽게 명사화되었으며, 어중의 비강세 모음이 탈락된 형태인 caldo로 변화되어 형용사형과는 다른 의미와 형태를 지니

'asiento, trasero'. https://dle.rae.es/cadera?m=form 참조.

214 Del lat. *cathĕdra*, y este del gr. καθέδρα *kathédra* 'asiento'. https://dle.rae.es/c%C3%A1tedra 참조.

215 윤덕노(2020:117) 참조.

게 된 것이다.

로마인들과는 달리 게르만인들은 이보다 더 걸쭉한 '죽'을 즐겨 먹었다. 이것이 sopa이다. 이 어휘는 게르만어 기원으로써 후기 라틴어에 *sŭppa라는 형태로 유입되었다. 이베리아반도에서는 모사라베어에서도 suppa가 사용되었다. 이것이 후에 sopa로 변한 것이다.[216] 제정 말기 게르만인들이 대거 남하한 후에는 caldo와 더불어 이 음식 또한 일반화되었으며, '멀건 국물'이라는 의미와는 다른 '죽'과 같은 형태의 음식을 가리키는 의미로 쓰이게 되었다.

[capilla와 capa]

로마 말기에 산 마르틴 데 투르와 관련된 전설이 널리 퍼져나갔다. 그가 헐벗고 추위에 떨고 있는 어느 불쌍한 거지에게 자신의 capa(속어는 cappa)를 반 잘라 주었다고 한다. 그런데 그 불쌍한 거지가 바로 예수께서 현신한 것이었다고 한다. 그때부터 교회들이 많이 세워지기 시작했고, 그 교회들마다 이 성인의 선행을 기리기 위해 cappa의 축소사, 즉 헐벗은 그리스도를 감쌌던 '반쪽 cappa'라는 의미의 cappella가 설치되었다고 한다.[217]

본명은 마르티누스 카이사르 율리아누스로 316년 헝가리에서 태어나 이탈리아의 파비아에서 공부했으며, 15세에 로마군에 입대했다. 그의 이름이 산 마르틴 데 투르가 된 것은 371년에 이 도시 사람들이 그

---

216 Del germ. **sŭppa*. https://dle.rae.es/sopa?m=form 참조.

217 Gil, Juan, *et. al.*(2015:91) 참조.

를 모셔다가 주교로 삼았기 때문이다. 397년 프랑스의 캉드에서 사망했으며, 11월 11일이 그의 축일이다. 프랑스와 헝가리의 수호성인이며, 스페인의 오렌세, 프랑스의 아미엥과 아비뇽, 파리, 네덜란드의 유트레히트, 아르헨티나의 부에노스아이레스 등의 수호성인이기도 하다. 평소 신심이 깊고 불쌍한 사람들을 잘 돌봐주던 그는 군 생활 도중에 기이한 체험을 하게 되었다고 한다. 어느 추운 겨울날 그의 부대가 프랑스의 아미엥에 머물던 때였는데, 길거리에서 헐벗고 굶주린 걸인을 보자 자신이 두르고 있던 망토를 반 잘라 걸쳐주었다고 한다. 전설이 전하는 바에 따르면, 그날 밤 꿈에 예수께서 나타나셨다고 하는데, 낮에 그가 잘라준 바로 그 망토를 걸치고 있었다고 한다. 이를 계기로 가톨릭에 귀의하게 된 그는 군에서 제대해 성직자의 길을 걷게 되었으며, 그의 선행을 기려 많은 교회가 세워졌다고 한다. 그리고 성당들마다 작은 '예배당'을 두었는데, 이를 cappella라고 부르기 시작했다. 이는 cappa의 축소사로써 '반쪽 망토'라는 의미에서 나온 것이다. 이것이 변해 capilla가 된 것이다. 그러나 시간이 흐르자 사람들의 머릿속에서 산 마르틴이라는 인물과 capilla라는 명칭 간의 관계는 차츰 잊혀져 갔고, 결국에는 아무런 상관도 없는 것처럼 취급되기에 이르렀다.

capa의 어원은 후기 라틴어 cappa 'capucha'에서 나온 것이다. 이것이 중세 라틴어에서 cappa 'capa, capa con capucha'를 거쳐 스페인어로 이행된 것이다.[218] 따라서 capa는 종교적인 의미는 전혀 없던 일반 명사에 불과했던 것이, 산 마르틴의 전설과 만나며 새로운 의미를 얻게 된 것이

218 Del lat. mediev. *capella* 'trozo de la capa de S. Martín', 'oratorio con esta reliquia', 'oratorio, capilla', dim. de *cappa* 'capa', en lat. tardío 'capucha'. https://dle.rae.es/capa?m=form 참조.

다. 이 capilla에서 부르던 성가의 형식이 Acapella '아카펠라'이다.[219]

[cerrar와 clausura]

고전 라틴어에서 '닫다'는 의미의 동사는 claudere였고, 여기서 파생된 명사는 clausūra였다. 현재 clausura는 '닫힘'보다는 주로 '(수도원 내의) 금역, 봉쇄 구역; 폐회' 등의 의미로 쓰인다.[220] 그러나 강한 표현력을 선호하는 속어에서는 '자물통(sera)으로 닫는 구체적인 행위', 즉 serare는 선호했다. 이것이 변해 현재의 cerrar가 된 것이다.[221] '닫힘'이라는 의미의 명사 cierre는 이 동사에서 파생된 것이다.

[dinero와 moneda]

로마 시대에 '돈'은 pecunĭa라고 불렀으며, aurĕus '금화', denarĭus '은화', sestertĭus '동화' 세 종류가 있었다. 현재 사용하고 있는 dinero는 이 중에서 가장 일반적으로 쓰이던 denarĭus가 변한 것이다.[222]

---

219 A cappella '아카펠라'는 이탈리아어로, 글자 그대로 해석하면 '교회식으로'라는 뜻이다. capilla에서 무반주로 성가를 합창하던 방식이다. 〈아카펠라〉, https://www.doopedia.co.kr/doopedia/master/master.do?_method=view&MAS_IDX=101013000744589 참조.

220 Del lat. *clausūra*. https://dle.rae.es/clausura?m=form 참조. 스페인어의 동사 clausurar는 이 명사에서 다시 파생된 동사이다.

221 Del lat. vulg. *serrare*, y este var. del lat. tardío *serāre*, der. del lat. *sera* 'cerrojo'. https://dle.rae.es/cerrar?m=form 참조. 스페인어에서 고전어 claudere에서 파생된 동사는 사용되지 않는다.

222 Del lat. *denarius*. https://dle.rae.es/dinero?m=form 참조. 의미 획득 과정에 대해서는 Gil, Juan, *et. al.*(2015:126) 참조. 이와 형태가 유사한 어휘로 dinar '디나르'가 있다. 알제리, 바레인, 요르단, 쿠웨이트, 리비아, 이라크, 튀니지 등과 같은 여러 아랍 국가에서 사용하고 있는 화폐 단위이다. DRAE에 따르면, 이 dinar도 dinero와 동일한 어원을 공유하고 있다. Del ár. clás. *dīnār*, y este del lat. *denarius* 'denario', moneda romana. https://dle.rae.es/dinar?m=form 참조.

2세기 말까지 로마의 가장 대표적인 통용 화폐는 은화인 denarĭus였다. 금화는 주로 군단병들이나 공무원들에게 지급되던 급료였거나 축재의 수단이었을 뿐, 일반인들은 구경하기도 힘든 대상이었으므로 현재 '돈'의 대명사로 남은 것은 denarĭus였던 것이다. 각각 '금화'와 '동화'를 가리키던 áureo와 sestercio는 현재 사전에서나 존재하는 어휘일 뿐 실제 통화 개념으로는 사용되지 않는다. dinero의 형용사형으로는 pecuniario(a)가 쓰인다. denarĭus가 pecunĭa를 대신해 '돈'이라는 의미로 쓰이게 되었지만, denarĭus는 본래부터 형용사형이 없던 단어였다. 따라서 형용사형으로는 어쩔 수 없이 pecunĭa의 형용사형인 pecuniarĭus (>pecuniario)를 쓰게 된 것이다.[223]

moneda '동전'은 로마 초기 denarius '은화'을 주조하던 장소에서 유래되었다고 한다. 당시 주조소는 카피톨리움 언덕 주노 여신의 신전 부근에 있었고, 그 신전에 거위들이 살고 있었다고 한다. 기원전 390년 갈리아 인들이 쳐들어왔을 때 아무도 알아차리지 못했는데, 낯선 자들의 침입에 놀란 거위들이 꽥꽥거리는 울음소리로 적의 침입을 알렸다고 한다. 라틴어로 '알리다, 경고하다(advertir)'라는 의미의 동사는 monere이다. 적의 침입을 격퇴한 후 사람들은 여신이 거위들로부터 적의 침입 사실을 '경고, 보고 받았다'는 의미에서 여신의 이름 뒤에 monere의 과거분사인 Moneta '경고받은, 보고받은'을 붙여 Juno Moneta라고 부르며 경배하게 되었다고 한다. 그 후 주조소가 이 여신의 신전 가까이 있었으므로 '동전'을 moneta라고 부르게 되었으며, 이로부터 스페인어의

223 현재 명사는 잘 쓰이지 않지만 형용사형인 pecuniario(a)는 여전히 많이 쓰이고 있다: 예) pena pecuniaria '벌금형'. https://dle.rae.es/pecuniario?m=form 참조.

moneda가 유래된 것이라고 한다.[224]

[hermano와 fraternal]

고전 라틴어에서 '형제, 자매'는 각각 frater와 soror였다. hermano는 라틴어 germanus에서 나온 것인데, 형용사로써 carnal '혈육의'라는 의미였다. 따라서 frater germanus는 배 다른 형제나 의붓 형제가 아닌 '친형제'를 가리키는 말이었던 것이다.[225] 후에 이 형용사가 명사화되면서 단독으로 '형제, 자매'의 의미로 쓰이게 되었고, 따라서 frater와 soror는 사라졌다. 이탈리아어에서는 아직도 fratello, sorella가 쓰이고 있다. 어두의 h-는 우발적으로 변화된 것으로써, 중세 때에도 발음은 되지 않았다.

현재 스페인어에서 frater는 쓰이지 않지만, 파생어인 fraternalidad '형제애, 형제 관계', fraternal '형제의, 형제 같은' 등의 어휘들은 쓰이고 있다: fraternalidad estudiantil '학생회 조직', caridad fraternal '형제애'.[226] soror는 sor로 축약되어 '수녀님'에 대한 경칭으로 쓰이고 있다.[227]

224 Gil, Juan, *et. al.*(2015:216) 참조. DRAE에서도 moneda의 어원을 monēta로 인정하는 것을 보면 형태상으로는 일리 있는 말이다. Del lat. *monēta*. https://dle.rae.es/moneda?m=form 참조.

225 Del lat. *[frater] germānus* '[hermano] carnal', der. de *germen* 'germen', 'brote'. https://dle.rae.es/hermano?m=form 참조. 『Diccionario ilustrado latino-español, español-latino』(1973)에 따르면, germanus는 'carnal' 이외에 'auténtico, verdadero'의 의미도 갖고 있다. 어쨌든 hermano는 '피와 살을 나눈 형제, 진짜 형제'인 것이다.

226 Del lat. mediev. *fraternalis*, y este del lat. *fraternus* 'fraterno' y *-ālis* '-al'. https://dle.rae.es/fraternal?m=form 참조.

227 Del cat. ant. *sor*, y este del lat. *soror* 'hermana carnal'. https://dle.rae.es/sor?m=form 참조.

[labrar와 trabajar]

고전 라틴어에서 '일하다'는 laborāre였다. 여기서 나온 것이 laborar와 labrar이다. laborar는 교양어로써 labrar와 동의어이나 잘 쓰이지 않으며, labrar는 어중 비강세 모음 -o-가 탈락된 준교양어로써 '(남자들의 일인) 땅을 갈다(arar)'나 '(여자들의 일인) 수를 놓다(bordar)'라는 뜻으로 쓰인다.[228] 여기서 파생된 명사가 labor이다.

그런데 속어에서는 '일하다'라는 의미로 *tripaliare가 사용되었다. 이 동사는 노예들에게 가혹한 강제 노역을 시킬 때 쓰던 형벌 기구인 tripalium에서 파생된 것이다. tripalium은 말 그대로 '막대기 세 개(tres palos)를 묶어 만든 몽둥이'였던 것이며, 여기서 파생된 동사인 *tripaliare는 본래 'padecer el tormento del tripalium'이라는 의미였던 것이다. 이 동사가 점잖은 고전어 laborare를 대체하게 된 것이며, 현재의 trabajar로 변한 것이다 (*tripaliare〉*treballar〉trabajar).[229]

[manzana와 málico]

manzana '사과'의 어원은 로마 시대에 살았던 Caius Matius라는 사람의 이름이다.[230] 본래 라틴어에서 '사과'는 malum(복수는 mala)였다.

---

228 Del lat. *laborāre*. https://dle.rae.es/labrar#9juoxDy 참조.

229 Del lat. vulg. **tripaliāre* 'torturar', der. del lat. tardío *tripalium* 'instrumento de tortura compuesto de tres maderos'. https://dle.rae.es/trabajar?m=form 참조. 의미 획득 과정에 대해서는 Alatorre, Antonio(1989:52)와 Gil, Juan, *et. al.*(2015:308) 참조.

230 Alatorre, Antonio(1989:52) 참조. Del desus. *mazana*, y este del lat. *Mattiāna [mala]* '[manzanas] de Matio', der. de C. *Matius* 'G. Matio', tratadista de agricultura del siglo I a. C." https://dle.rae.es/manzana?m=form 참조.

그런데 키케로 시대에 살았던 마티우스라는 사람이 재배한 사과가 특히 유명했다고 한다. 따라서 'Matius의 사과'라는 의미의 mala Matiana라고 하면 맛 좋은 사과의 대명사로 널리 쓰였으며, 차츰 일반적인 의미로 확대되었다. 시간이 지나면서 차츰 형용사 Matiana만이 명사화되어 단독으로 쓰이게 되었으며, 속어에서 발음이 [matsiana]로 변했다가 maçana〉manzana가 된 것이다. 스페인 고어에서까지도 maçana로 쓰였다가, 발음상의 편의를 위해 -n-가 삽입된 것이다. 시간이 흐르자 마티우스라는 인물과 과일인 사과 간의 어원적 연관성은 잊혀졌고, manzana는 고유한 어휘로 자리 잡았다.

manzana의 형용사형은 málico(a)이다. málico는 화학에서 주로 쓰이는 용어로 주로 ácido '산'과 함께 쓰여 ácido málico '사과산(酸)'이라는 의미를 형성한다. 영어에서는 malic acid를 줄여 'malic 산(酸)' 또는 그냥 '말산'이라고도 한다.[231] 이는 '사과'를 뜻하는 라틴어 mālum에서 파생된 형용사이다.

그런데, manzana는 '한 구획의 주택이나 대지'를 나타낼 때 쓰이기도 한다. 영어의 block에 해당되는 개념으로써, cuadra라는 단어와도 동의어로 쓰인다.

스페인어에서 '구역'이라는 의미로 manzana가 쓰이기 시작한 것은 17세기 중반 이후라고 한다. 후안 라몬 로다레스 마로단에 따르면, 이 단

---

231 국립국어원에 따르면 "사과, 포도, 자두, 살구 따위의 덜 익은 과실에 들어 있는 유기산의 하나. 무색 바늘 모양 결정의 이염기산으로, 신맛이 나고 물이나 알코올에 잘 풀린다. 가열하면 물 한 분자를 잃고 푸마로산이나 말레산이 된다. 녹는점은 100℃이다. 화학식은 HOOC·CH2CH (OH)·COOH. =능금산, 사과산, 임금산"으로 정의된다. https://stdict.korean.go.kr/search/searchResult.do 참조.

어의 유래는 '민간어원'에 의해 만들어진 것으로써, 프랑스어의 maçon 'albañil'이나 maison 'casa'에서 유래 되었을 가능성이 가장 크다고 한다.[232] 즉, '미장이'나 '집'에 관계되는 이 어휘들을 프랑스어에서 차용했을 때, 이를 처음 접한 일반 대중들은 자신들이 이미 알고 있던 manzana라는 어휘와 일치시켜 잘못 쓰기 시작한 것이다. '집'이라는 의미로는 이미 casa가 있으므로 'bloque de casas'라는 공간적으로 좀 더 넓은 의미를 갖는 것으로 고착된다. 즉, 프랑스어 maçon이나 maison을 모르던 일반 대중들이 자의적으로 자신들이 익히 잘 알고 있고 형태상으로도 가장 가까운 manzana라는 단어를 떠올린 것이다. 결국 manzana '사과'라는 어휘는 본래는 'bloque de casas'라는 의미와는 아무런 관계가 없는데 발음이 유사하다는 이유로 일반 대중들의 뇌리에서 채택되기에 이른 것이고, 시간이 지남에 따라 이 두 형태는 이형동의어가 된 것이다. 따라서, '사과'를 나타내는 manzana와 '구역'을 의미하는 manzana는 어원상으로든 의미상으로든 서로 아무런 관련이 없는 어휘이다.

[palacio와 Palatinus]

로마는 일곱 개의 언덕을 중심으로 발전한 도시국가였다.[233] 그중에서 가장 높은 언덕인 Capitolium에는 주피터를 비롯한 신들에게 바쳐진 신

232 Lodares Marrodán, Juan Ramón(1992:51-62) 참조.

233 로마의 일곱 언덕은 Aventinus, Caelius, Capitolinus, Esquilinus, Palatinus, Quirinalis, Viminalis 이다.

전이 자리 잡고 있었으며,[234] Palatium에는 제정시대부터 황제가 기거하는 궁전이 세워졌다. 아우구스투스 이래로 황제들은 줄곧 이 팔리티움 언덕의 궁에 살다 보니 Palatium은 곧 '황제가 사는 곳', 즉 '황궁'이라는 의미를 갖게 된 것이다.[235]

본래 라틴어의 -ti-는, fortia〉força〉fuerza처럼, *palazo로 변했어야 정상이다. 그러나 이는 황제와 관련된 용어라 중간에서 변화가 멈춘 준교양어이다. 즉, -t-의 발음은, fuerza에서처럼, yod의 영향으로 무성 파열 치음([ds])을 거쳐 무성 마찰 치간음([θ])이 되고 모음 -i-는 탈락해야 했으나, palacio에서는 -t-만 구개음화되었을 뿐 모음 -i-는 남아 있다. 반면에 형용사형은 palatino(a)로 교양어로 유지되었다.

[pedir la mano와 boda]

제도로써의 '결혼'을 의미하는 어휘는 여러 개이다. 고전 라틴어에서 '결혼'은 nuptiae였다. 이것이 변해 nupcias가 된 것이다.[236] 현재 많이 쓰이는 형태는 아니지만, 형용사 nupcial은 여전히 쓰이고 있다: bendiciones nupciales, '결혼식', teas nupciales '화촉(樺燭)'. 이를 대체한 것이 boda이다. 본래 어원은 vota로 '계약, 약속'이라는 의미이며, 게르만 전통에서 유래한 어휘로 후기 라틴어에서 들어왔다.[237] matrimonio

---

234 이런 의미에서 capitolio는 "Edificio que, en algunos países, alberga los órganos legislativos del Estado."라는 의미를 갖게 된 것이다. https://dle.rae.es/capitolio?m=form 참조.

235 Del lat. *palatium*. https://dle.rae.es/palacio?m=form 참조.

236 Del lat. *nuptiae*. https://dle.rae.es/nupcias?m=form 참조.

237 Del lat. *vota*, pl. de *votum* 'voto, promesa'. https://dle.rae.es/boda?m=form 참조. 결국 voto '투표'와 같은 어원을 공유하는 어휘이다.

도 '결혼'이다. 이 어휘의 어원은 matrimonium이지만, 의미는 명확하지 않다.[238] 학자들에 따라 의견이 다양한데, 같은 어간 -monio를 공유하는 patrimonio와 비교해 보면 합리적인 추론이 가능하다.[239] matri는 madre '어머니'라는 의미이며, monium은 '임무, 역할'로 해석된다. 따라서 matrimonium의 본래 의미는 '어머니의 임무'가 된다.[240] 즉, 여자가 합법적으로 자식을 낳아 어머니가 될 수 있는 제도가 곧 matrimonium이었고, 이것은 '결혼'이라는 형식을 통해 가능했으므로 이와 같은 의미를 갖게 된 것이다. 여성의 주된 임무는 '자식을 낳는 것'이었고, 이것을 합법적으로 가능하게 해준 제도가 곧 matrimonium이었던 것이다. '결혼'이라는 의미로 casamiento도 있다. 이 어휘는 동사 casar에서 파생된 것으로 로망스어 단계에서 만들어진 것이다. casar는 다시 casa '집'에서 파생된 어휘이니,[241] '집(가정)을 이루는 행위'가 곧 '결혼'이 되는 것이다.

'결혼'을 위해 하는 사전 행위가 '청혼'이다. 스페인어에서 '청혼하다'는 pedir la mano이다. 이 관용어의 의미를 이해하기 위해서는 mano의 의

238 Del lat. *matrimonium*. https://dle.rae.es/matrimonio?m=form 참조.

239 Ramos Pazos(1998:31)는 matrimonium을 'cuidado de la madre por el marido/padre'라고 해석하고 있으며, Briseño(1870:144)는 'oficio de la madre'로 해석하고 있다. 〈El matrimonio en la antigua Roma〉, http://hayvidaenelexterior.blogspot.com/2008/01/el-matrimonio-en-la-antigua-roma.html에서 재인용 참조. patrimonium의 의미에 대해서는 〈Concepto del patrimonio〉, https://www.monografias.com/trabajos14/patrimonio/patrimonio.shtml 참조.

240 반면에, patrimonio는 patri '아버지'+monium '임무, 역할'이 된다. 전통적으로 어머니의 주된 임무가 자식을 낳고 기르는 것이라면, 아버지의 책임은 재산을 늘리고 보존하는 것이다. 따라서 현재의 patrimonio는 lo recobido por línea paterna '조상으로부터 물려받은 것', 즉 '유산(遺產)'으로 해석된다. Del lat. *patrimonium*. https://dle.rae.es/patrimonio?m=form 참조.

241 De *casa*. https://dle.rae.es/casar?m=form 참조. casa는 라틴속어에서 유래한 어휘인 것으로 보아 기원이 매우 후기인 것을 알 수 있다. 고전 라틴어에서 '집'은 domus였다. 영어의 dome, 이탈리아어의 Duomo 등이 여기서 유래했다.

미를 알아야 하고 로마 시대의 결혼 방식을 알아야만 한다.[242]

DRAE의 해석에 따르면 pedir la mano의 의미는 “solicitar de su familia en matrimonio a su mujer”이다.[243] 즉 '결혼식 때 (신부의) 가족에게 신부를 달라고 청하는 것'이다. 엄밀하게 말하자면, 신부에 대한 '권리'를 가지고 있는 신부의 아버지에게 딸을 달라고 요청하는 것, 즉 '딸에 대한 권리를 넘겨달라'고 요청하는 것이다. 어원적 해석에 따르면, 여기서 mano란 '손'이 아니라 autoridad '권리'이다. 따라서 '청혼'은 신부에게 직접 하는 것이 아니라, 신부의 아버지에게 하는 것이었다. 아버지가 승낙하고 혼례가 이루어지면 신부에 대한 권리는 아버지로부터 남편에게로 이관되었던 것이다.[244]

로마에서는 17세부터 성인으로 간주되었지만, 남자는 14세, 여자는 12세 이상이면 결혼이 가능했다. 가부장의 권한이 막강한 사회였으며 상류층에서는 정략결혼이 흔했다. 로마 시대에는 두 가지 결혼 방식이 있었다. 하나는 cum manu이고 다른 하나는 sine manu이다. 여기서도 manu는 '권리'를 의미한다.[245] 전자는 '권리를 갖는 결혼'이고 후자는 '권

---

242 로마의 결혼의 유형과 방식에 대해서는 Contreras Valverde, José, *et. al.*(1994:62-63) 참조. 결혼 방식으로는 귀족들 사이에서 행해지던 confarreatio 'confarreación', 평민들 사이에서 행해지던 coemptio 'coemción'와 usus 'práctica 또는 ejercicio' 등이 있었으며, 결혼과 이혼의 절차가 서로 달랐다. 이혼에 대해서는 같은 책 p.70 참조.

243 https://dle.rae.es/mano?m=form 참조.

244 이런 이유로, 아무리 pedir la mano가 '청혼하다'라는 의미로 쓰이지만, 남자가 여자에게 직접 쓸 수 있는 표현은 아니다. 예를 들어 José가 María에게 청혼을 하는 상황이라면, *José pide la mano a María.가 아니라 José pide la mano de María a su padre.가 되기 때문이다. 만약 여자에게 직접 청혼을 하는 표현이라면, prononer matrimonio를 쓴다: José propone matrimonio a María.

245 주격 단수는 manus로 제4변화 명사이다. 여기서 manu는 탈격 단수 형태이다. 전치사인 cum과 sine가 모두 탈격을 지배하기 때문이다. manus는 스페인어에서 mano로 변했다. Del lat. *manus.*

리를 갖지 못하는 결혼'이다. 여기서 권리의 유무 여부는 철저하게 남자 입장에서 말하는 것이다. 즉, 남자가 여자에 대한 권리를 갖느냐 갖지 못하느냐 하는 문제인 것이다.

cum manu는 여자가 '부친의 권한에서 남편의 권한으로' 이관되는 것을 말한다. 주로 상류층에서 행하던 결혼 방식으로, 당시 여자는 자주적으로 재산권을 행사하기는커녕 자신의 신체 주권조차 갖고 있지 못했다. 초기에는 cum manu 방식이 주를 이루었는데 시간이 지나면서 점차 바뀌었다. 공화정 말기에는 거의 사라지고 대신 sine manu라는 형태가 유행하게 되었다.

sine manu 방식하에서는 여자가 계속 친정아버지, 아버지가 없는 경우에는 후견인의 권한하에 놓이며 친정의 상속권도 유지했다. 결혼 후에도 자신의 재산에 대한 권리를 유지했으며 이혼 시에는 지참금에 대한 권리도 행사할 수 있었다. 이 방식에 따른 결혼에서는 여자가 cum mano 방식보다 일찍 자신의 신체와 재산에 대한 권리를 소유할 수 있었다. 보통 이 권리를 가진 부친이 남편보다 일찍 사망했기 때문이었다. cum manu와 같은 공식적인 절차가 요구된 것은 아니었지만, 법적으로는 적법한 혼인 관계의 성립으로 인정되었으므로 자녀의 출산, 양육, 교육, 상속 등에서 아무런 차별이나 제약이 없었다. 이혼하고 싶으면 별도의 절차 없이 서로 헤어지면 되는 방식이었다. 자연스럽게 남편의 manus '권리'로부터 자유로울 수 있었던 것이었다.

로마 시대의 가부장권은 전 가문 구성원의 생사여탈권을 쥐고 있었

https://dle.rae.es/mano?m=form 참조.

다고 할 만큼 강력했다. 따라서 여자의 경우, 어떤 형태의 결혼을 하느냐에 따라 자신의 운명이 결정되었다. 결혼 전에는 아버지의 권한하에 있다가, cum namu인 경우에는 남편의 권한하에서 sine manu인 경우에는 계속 친정아버지의 권한하에서 살아가는 것이었다. 전자의 경우에는 삶이 '수동적'일 수밖에 없었을 테지만, 후자의 경우에는 친정아버지가 사망한 후에는 재산을 상속받고 비교적 능동적으로 살아갈 수 있었다. 이러한 법적 제도적 제약과 사회적 관습에 비추어 보면 manus라는 것이 얼마나 구속력이 강한 '권한'이었는지 잘 알 수 있다. pedir la mano라는 표현의 의미는 이처럼 여자에 대한 전반적인 권리를 주고받던 로마의 사회적 관습에서 유래한 것이다.

로마에서 '결혼'에는 여러 종류가 있었다. 가장 대표적인 것이 connubium이다. 현재 스페인어에서 connubio는, 많이 쓰이지는 않지만, matrimonio와 동의어이다.[246] 어원적 의미에서 보면, matrimonio는 제도로써의 결혼을 가리키는 것이고 connubio는 결혼의 종류 중 하나였다. 로마에서는 주로 시민들이 하던 결혼 방식으로 법적 보호를 받는 '정식 혼인'을 이르는 말이었다. 이것이 시간이 흘러 matrimonio와, 제도든 종류든, 모두 '결혼'이라는 의미로 합쳐진 것이다. 이 밖에도 '로마 귀족과 외국 여인 간의 결혼'은 concubinatus라고 불렀다. 스페인어로는 concubinato이며, '동거'에 해당한다.[247] 법적 효력을 갖지 못하므

246 Del lat. *connubium*. https://dle.rae.es/connubio?m=form 참조.

247 Del lat. *concubinātus*. https://dle.rae.es/concubinato?m=form 참조. DRAE에 따르면, 의미는 "Relación marital de un hombre con una mujer sin estar casados"이다.

로, 자식을 낳아도 로마시민이 되지 못했다.[248] 여기서 파생된 어휘가 concubina '첩, 정부(情婦)'이다. 노예들 간의 혼인은 contubernium이라고 불렀다. 대체로 주인의 허락하에 이루어졌는데, 굳이 글자 그대로를 번역하지만 '합방'이다. 스페인어로는 contubernio이다.[249] 이 또한 로마시대 결혼의 한 방식이었다.

[sólido와 sueldo]

고전 라틴어에서 solĭdus는 '단단한'이라는 의미의 형용사였다. 현재 스페인어에서는 sólido라는 교양어 형태로 쓰인다.

그런데, sueldo '급료' 또한 solĭdus에서 유래한 어휘이다.[250] solĭdus에서 어중의 비강세 모음 -ĭ-가 탈락하고 강세를 받는 -ŏ-가 이중모음화되어 sueldo로 변한 것이다. 얼핏 보면 sólido와는 형태적으로든 의미적으로든 별 관계가 없는 것처럼 보이지만, 어원을 거슬러 올라가면 같은 어원에서 유래한 어휘이다. 그렇다면, 왜 이 두 어휘가 이처럼 상이한 형태와 의미를 갖게 된 것일까?

sueldo의 유래를 알기 위해서는 먼저 로마의 통화 체계를 알아야만

---

248 카이사르와 클레오파트라 간의 '동거'가 대표적인 예이다. 카이사르는 클레오파트라가 자식까지 낳았으나 '결혼'이라는 말은 입에도 담지 않았고, 자식인 카이사리온도 끝내 로마시민으로 인정받지 못했다. 후에 안토니우스는 로마 여자인 본처 옥타비아를 버리고 외국 여자인 클레오파트라와 '결혼'했다. 그러나 이 행위는 로마시민들이 등을 돌리는 결정적인 계기가 되었다. 평민이었던 군단병들은 외국 여자와 '결혼'해도 무방했지만, 귀족들은 그렇지 못했다.

249 Del lat. *contubernium*. https://dle.rae.es/contubernio?m=form 참조. DRAE에 따르면, 의미는 "Habitación con otra persona, Cohabitación ilícita, Alianza o liga vituperable"이다.

250 Del lat. tardío *solĭdus* 'sólido, moneda de oro romana'. https://dle.rae.es/sueldo?m=form 참조. 의미 획득 과정에 대해서는 Gil, Juan, *et. al.*(2015:292) 참조.

한다. 로마에는 aurĕus '금화', denarĭus '은화', sestertĭus '동화'가 있었으며, 그중에서 가장 일반적으로 통용되던 것은 은화였다. 통화 체계를 정립한 사람은 아우구스투스였다. 그는 1아우레우스를 25데나리우스 및 100세스테르티우스의 가치로 고정시킴으로써 제국의 경제적 안정과 활성화에 크게 기여했다. 약간의 변동은 있었지만, 이 체계는 2세기 말까지 유지되었다. 그랬던 것이 제국의 정국이 점점 혼미를 거듭해 가면서 통화의 가치도 같이 하락했다. 이를 가장 직접적으로 반영하는 것이 바로 은화의 은 함유량 하락이었으며, 이에 따라 자연히 통화 가치도 동반 하락하게 되었다. 이에 4세기 콘스탄티누스는 당시까지의 은본위제를 포기하고, 금본위제를 도입하면서 기존의 금화인 아우레우스보다 금 함유량이 적은 새로운 금화를 발행했다. 그리고 새로운 금화의 이름을 solĭdus라고 지었다. 아마도 통화 제도가 '단단해지길' 바라는 간절한 마음이 담겨 있었을 것이다. 이 어휘로부터 나온 sueldo가 '급료'가 된 것은 이 금화의 주된 용도가 바로 군단병들에게 지급하던 '급료'였기 때문이었다. 따라서 (solĭdus>) sueldo가 '급료'라는 의미로 쓰이기 시작한 것은 4세기 콘스탄티누스 이후부터이다.[251]

그렇다면 그 이전에는 '급료'라는 의미로 어떤 어휘가 사용되었을까? 라틴어에서는 salarĭum이라는 용어가 가장 일반적으로 쓰였다. sueldo의 동의어인 salario는 여기에서 유래된 것인데, 이는 본래 sal '소금'에서 나온 것이다. 동서양을 막론하고 화폐가 통용되기 전에는 귀한 '소금'이 교역의 매체로 화폐 역할을 대신하기도 했기 때문이다. 로마에서도

251 시오노 나나미(2005), 『로마인 이야기』, 제13권, pp.288-293 참조.

마찬가지로 소금은 음식의 맛을 내기 위해서뿐만 아니라 경제생활에서도 매우 귀한 것이었다. 제정 시대부터는 관리와 군인들의 급료로 소금 대신 돈이 지급되었지만, 여전히 salarĭum으로도 불렸던 것이다. 로마의 주요 가도 중 하나였던 Vĭa Salarĭa 역시 염전과 연결되어 있었던 관계로 '소금길'이라는 이름이 붙은 것이다.[252] merces도 '급료'라는 의미를 갖고 있었으나, 이는 주로 merx '물건'에 대한 '값, 삯'이라는 의미로 쓰였다. 여기서 파생된 어휘가 mercenarĭus (>mercenario) '용병'이다. 말 그대로 '(주로 군대에서) 용역 제공의 대가로 삯을 받는 사람'이다. mercado '시장' 역시 여기서 파생된 것으로, mercātus '매매, 교역'이 이루어지는 장소를 가리키는 말이다.

252 Gil, Juan, *et. al.*(2015:279) 참조.

3.18. 역법과 요일명의 변화

3.18.1. 역법의 변화

로마 건국 초기, 로물루스 시대의 로마력은 1년이 10개월, 총 304일로 구성되어 있었다.[253]

1월 Mars: 로마 건국자의 아버지로 추앙받는 '전쟁의 신' Mars를 기리기 위해 첫 번째 달의 영광을 그에게 바쳤다. marzo로 변했다.[254]

2월 Aprilis: 로마의 비너스에 해당하는 에트루리아의 '미의 여신' Apru에게 바친 달이라는 설도 있고, '열다, 꽃이 피다'라는 의미의 aperio (>abrir)에서 파생했다는 설도 있다.[255] abril로 변했다.

253 본 절의 내용은 Contreras Valverde, José, *et. al.*(1993:44-45)를 주로 참조했으며 Ovidius Naso, Publius(2010)도 참조했음을 밝힌다.

254 초기에는 martius (>marzo)가 1월이었다. 따라서 로마와 관계된 책을 읽을 때는 언급하는 시기가 언제인지에 따라 '1월'이 될 수도 있고 '3월'이 될 수도 있으므로 주의해야 한다.

255 Contreras Valverde, José, *et. al.*(1993:44)와 시오노 나나미(1992), 『로마인 이야기』, 제1권, p.51 참

3월 Maius: 식물의 생장을 주재하는 여신이자 머큐리의 어머니인 Maya 여신에게 바친 달이다.[256] 이는 다음 달인 4월이 mayo로 변했다.

4월 Iunius: Juno 여신에 바친 달이다.[257] junio로 변했다.

5월 Quintilis: 해당 수사 quinque '5'에 형용사형 어미를 붙여 만들었다. 후에 Iulius로 대체되었다 (>julio).

6월 Sextilis: 해당 수사 sex '6'에서 유래했으며, 후에 Augustus로 대체되었다 (>agosto).

7월 September: 해당 수사 septem '7'에서 유래했으며, septiembre로 변했다.

8월 October: 해당 수사 octo '8'에서 유래했으며, octubre로 변했다.

9월 November: 해당 수사 novem '9'에서 유래했으며, noviembre로 변했다.

10월 December: 해당 수사 decem '10'에서 유래했으며, diciembre로 변했다.

이처럼 1년을 10개월, 총 304일로 계산하자, 해가 바뀜에 따라 계절과 절기가 일정하지 못한 문제가 발생했다. 이에 기원전 8세기경 로물루스의 뒤를 이은 로마의 두 번째 왕인 누마 폼필리우스에 의해 2개월, 즉 Ianuarius '11월'과 Februarius '12월'이 추가되어, 12개월 총 355일로 개정되었다.

Ianuarius '11월'은 두 얼굴을 가진 신 Ianus '야누스'로 거슬러 올라간

조. Ovidius Naso, Publius(2010:20)에 따르면, Aprilis에서 따온 것이라고 하며 마르스는 그녀의 아버지이고, 베누스는 그녀 가문의 시조 할머니라고 한다.

256 Contreras Valverde, José, *et. al.*(1993:44-45) 참조. 조상들, 즉 maiores를 기리기 위한 달이라는 의미에서 유래됐다는 설도 있다. 이에 대해서는 Ovidius Naso, Publius(2010:21) 참조.

257 Ovidius에 의하면, 주노, 유벤타스, 콩토르디아 세 여신이 4월의 명칭을 차지하기 위해 다투었다고 한다. 주노는 자신이 신들의 여왕이니 자신의 이름에서 따야 한다고 주장했고, 유벤타스는 3월(maius)가 maiores에서 나왔으니 그 다음 달은 iuniores '주니어'에서 나와야 한다고 주장했고, 콩코르디아는 자신이 로마와 사비니인들을 화합시켰으니 iunctus에서 나와야 한다고 각기 주장했다고 한다. 이에 대한 자세한 이야기는 Ovidius Naso, Publius(2010:21) 참조.

다. 그리스 신화에 대응 신을 갖지 않은 유일한 신으로써 문(門)의 수호 신이며, 앞뒤로 향한 두 개의 얼굴을 가진 모습으로 표현된다. 로마 시대에는 전쟁과 평화를 동시에 주재하는 신으로써, 전쟁 중일 때는 야누스 신전의 문이 늘 열려 있었다고 한다. enero로 변했다.

Februarius '12월'은 한 해를 마치면서 1년 동안 저지른 잘못을 회개한다는 의미에서 사비니아의 '정화의 여신' Februa에게 바친 달이라는 설도 있고 '정화시키다'라는 의미의 purificatio (>purificación)에서 나왔다는 설도 있다.[258] febrero로 변했다.

각 달의 일 수는 Februarius 28일; Ianuarius, Aprilis, Iunius, Sextilis, September, November, December 29일; Martius, Maius, Quintilis, October 31일로 구성되었다. 그러나, 1년을 355일로 계산해도 과거와 같은 문제가 계속 발생하자 4년마다 Mercedonius와 Intercalaris라는 22, 23일짜리 2개월을 추가했다.

기원전 155년과 154년 이베리아에서 루시타니아 전쟁과 제2차 셀티베리아 전쟁이라는 큰 전쟁이 연이어 터졌다. 로마에서 연례행사로 가장 중요한 것은 매년 Martius '1월' 15일에 집정관을 선출하는 것이었다. 그런데 갑자기 연말에 집정관이 군단을 이끌고 출정해야 하는 일이 생긴 것이었다. 이에 연초에 실시하던 집정관 선거를 2개월 앞당겨 Ianuarius 1일, 즉 전년 11월 1일에 실시했다. 그리고 당시까지만 해도 한 해의 시작과 집정관 선거는 매우 밀접한 관계가 있었으므로, 그 해는 아예 2개

258 시오노 나나미(1992), 『로마인 이야기』, 제1권, p.51 참조.

월 앞당겨 Ianuarius로부터 새해가 시작되는 것으로 정했다. 이것이 후에도 계속 이어져 내려오게 되어, 이때부터 Ianuarius가 1월이 되었고 Februarius는 2월이 된 것이다. 따라서 과거 '1월'이었던 Martius부터는 이제 두 달씩 밀려 '3월'이 되었고, 수사에서 파생된 Quintilis '5월'부터도 해당 수사와 두 달씩 차이가 나게 되었다.

그러나, Mercedonius와 Intercalaris를 더했음에도 불구하고 문제는 해결되지 않고 오히려 해가 거듭될수록 더 심각해져 갔다. 결국 기원전 46년 율리우스 카이사르가 개혁을 단행하기에 이르렀다. 그는 알렉산드리아로부터 소시게네스라는 천문학자를 초빙해 와 지구 공전 주기를 365일 6시간으로 비교적 정확하게 계산해 냈고, 이에 맞추어 태양력을 만들었다. 1년은 다음과 같이 나누었다:

Februarius : 29일

Aprilis, Iunius, Sextilis, October, December : 30일

Ianuarius, Martius, Maius, Quintilis, September, November : 31일

나머지 6시간은 다음 해로 넘어가 쌓이다가 4년마다 Februarius에 하루를 더했다. 윤년이 시작된 것이었다.

이 개정 2년 후, 즉 기원전 44년 카이사르가 암살당하자 안토니우스는 그가 태어난 달을 기려 Quintilis를 Iulius라 개칭했다. 카이사르의 성인 Iulius를 월명으로 바친 것이었다. 그 후, 그 뒤를 이어 Augustus가 황제에 오르자, 기원전 8년 원로원은 황제에게 아부하기 위해 Sextilis 대신에 Augustus라는 이름을 부여했다. 그러나 이달은 황제가 태어난 달도 아니고 그의 신상과 어떤 특별한 인연이 있는 달도 아니라고

한다. 다만 전임자를 앞설 수 없으니, Sextilis '8월'을 그에게 바친 것이었다. 또한 일 수가 31일인 Iulius '7월'과 동등하게 대접해주기 위해 Februarius에서 하루를 떼어내 본래는 30일이었던 Augustus에 덧붙였다. 그 결과 현재와 같이 julio와 agosto 모두 31일이 되었다.

Februarius : 28일
Aprilis, Iunius, September, November : 30일
Ianuarius, Martius, Maius, Iulius, Augustus, October, December : 31일

이러한 과정을 거쳐 현재 '7월'과 '8월'의 명칭이 각각 julio와 agosto가 된 것이며, 9월(september>septiembre)부터는 해당 수사 septem '7'과 비교해 볼 때 2개월씩 뒤로 밀리게 된 것이다. 이로써 현 역법 체계의 골격은 갖추어졌으나, 문제가 완전히 해결된 것은 아니었다.

율리우스력에서는 1년을 365.25일(=365일 6시간)로 계산했으나, 실제 공전 주기는 365.242198일이다(=365일 5시간 48분 45초 9). 따라서 실제와는 약 11분 14초 오차가 발생했다. 율리우스력에서는 6시간을 4년마다 2월에 하루를 더해 털어냈으나, 미처 계산하지 못한 분과 초 역시 128년간 쌓이자 24시간이 되었는데, 이것은 해결하지 못했다. 이를 간과한 결과, 세월이 흐를수록 여분의 시간은 계속 쌓여갔고 달력은 실제 시간의 흐름보다 점차 느려지게 되었다.

고대 사회에서 일 년 중 가장 중요한 날 중 하나는 낮과 밤의 길이가 같은 '춘분'이었다. 이날부터 낮의 길이가 점차 더 길어지므로 농사가 시작되는 기점이었기 때문이었고, 가톨릭 세계에서는 '부활절'을 계산하는 기준일이었기 때문이다. 325년에 열린 니케아 종교회의에서는 부활절

을 '춘분 다음에 오는 만월 이후의 첫 일요일'로 정했다. 니케아 종교회의 당시 춘분은 3월 21일이었고, 이 전통은 1582년까지 지속되었다. 그런데 1582년에 춘분이, 달력상으로는 3월 21일인데, 실제로는 3월 11일에 떨어졌다. 325년부터 1582년까지 1257년 동안 실제와 무려 10일, 정확히는 9.82일 오차가 발생한 것이었다.

이에 당시 교황이던 그레고리우스 13세는 달력을 1582년 10월 4일에서 15일로 10일 건너뛰도록 조치했다. 영화에서나 보던 시간여행이 실제로 일어난 것이었다. 요일은 그대로 두었다. 10월 15일은 본래 월요일이었으나, 4일이 목요일이었으므로 금요일이 되었다. 그리고 지구의 공전 주기(회귀년)를 365.2425일로 다시 계산해 역법을 개정했다. 율리우스력과 마찬가지로 4년마다 윤년이 돌아오는 것은 그대로 두었다. 그러나, 400으로 나뉘는 해((1600, 2000, 2400년 등)에는 윤년을 두었지만, 100으로 나뉘는 해(2100, 2200, 2300년)에는 윤년을 두지 않았다. 그 결과 매 400년당 윤년이 율리우스력보다 세 번 적게 되었다. 이로써 128년마다 24시간 오차가 생기는 문제를 해결했다. 이런 과정을 거쳐 현재의 역법 체계가 완성되었다.

그렇다고 해서 문제가 완전히 해결된 것은 아니었다. 공전 주기를 365.2425일로 계산함으로써 다시 실제 공전 주기와 약 26초 오차가 발생했다. 이것이 3320년 동안 쌓이면 다시 24시간이 된다. 따라서 현재 세계 각국은 이 문제를 해결하기 위해 주기적으로 윤초를 설정해서 원자시와 천문시 간의 차이를 해소하고 있다.[259]

---

259 달력의 기원에 대해서는 이정모(2001)과 Richards, E.G.(2003) 참조.

3.18.2. 요일명의 변화

요일명도 로마의 신들에게 바쳐졌다.[260]

lunes '월요일': '달의 여신' Luna에게 바친 날이다. 즉, dies Lunae '루나 여신의 날'에서 속격 형태만 남아 lunes로 변했다. -s로 끝나는 다른 요일명과의 유추에 의해 lunes로 변했다.

martes '화요일': '전쟁의 신' Mars에게 바친 날이다. 즉, dies Martii '마르스의 날'에서 속격 형태만 남아 martes로 변했다. 태양계 행성 중 하나인 Marte '화성'이 같은 어원의 어휘이다. martii 역시 -s로 끝나는 다른 요일명과의 유추에 의해 martes로 변했다.

jueves '수요일': '최고의 신' Iupiter에게 바친 날이다. 즉, dies Iovis '주피터의 날'에서 속격 형태만 남아 jueves로 변했다. 태양계 행성 중 하나인 Júpiter '목성'이 같은 어원의 어휘이다.

miércoles '목요일': '상업의 신' Mercurius에게 바친 날이다. 즉, dies Mercurii '머큐리의 날'에서 속격만 남아 miércoles로 변했다. 태양계 행성 중 하나인 Mercurio '수성'이 같은 어원의 어휘이다. mercurii도 -s로 끝나는 다른 요일명과의 유추에 의해 miércoles로 변했다.

viernes '금요일': '미의 여신' Venus에게 바친 날이다. 즉, dies Veneris '비너스의 날'에서 속격만 남아 viernes로 변했다. 태양계 행성 중 하나인 Venus '금성'이 같은 어원의 어휘이다.

sábado '토요일': 본래는 로마 신화에서 나오는 '농업의 신' Saturnus에

260 요일명의 기원에 대해서는 Gil, Juan, *et. al.*(2015:124) 참조.

게 바친 날이었다. 따라서 dies Saturni '사투르누스의 날'이라고 불렸다. 그런데, 가톨릭이 전파되고 난 후에 명칭이 바뀌었다. 사투르누스는 그리스 신화의 크로노스와 동일시되는 신이다. 그리스 신화에서 크로노스는 자신의 권좌를 지키기 위해 '자식들을 잡아먹는 괴물'로 나온다. 가톨릭 전파 후에 이런 이미지를 갖고 있던 사투르누스는 '어둠의 신', 즉 사탄의 다른 이름이 되었다. 따라서 이 명칭은 폐지되고 대신 히브리어 sabat '휴식'에서 유래한 sábado로 대체되었다.[261] Saturno는 태양계 행성 중 하나인 '토성'에 이름을 남기고 있다.

domingo '일요일': 본래는 '태양의 신' Sol에게 바친 날이다. 따라서 dies Solis '태양의 날'로 불렸다. 대부분의 고대 종교에서 Sol은 '최고의 신'으로 추앙받고 있었다. 일신교인 가톨릭 입장에서는 그 위상이 자신들의 Dios와 중첩되므로 받아들이기 어려운 용어였다. 따라서 이 명칭은 폐지되고, 대신 dies Dominĭcus '주의 날'로 대체되었다. 여기서 형용사만 남아 domingo가 된 것이다.[262]

요일에 바쳐지는 영광을 누리지 못한 신들은 태양계 행성들에 이름을 남긴 것만으로 아쉬움을 달래고 있다.

Urano '천왕성'

그리스 신화에서 대지의 어머니인 가이아의 아들이자 남편으로써 대

---

261 Del lat. tardío *sabbătum*, este del gr. σάββατον *sábbaton*, este del hebr. *šabbāt*, y este del acadio *šabattum* 'descanso'. https://dle.rae.es/s%C3%A1bado 참조.

262 Del lat. tardío *[dies] dominĭcus* '[día] del Señor'. https://dle.rae.es/domingo?m=form 참조.

부분 신들의 조상이다. 본래의 의미가 '하늘'이었으므로 로마 신화에서는 의인화된 Caelus가 이에 해당한다. 여기서 우리가 현재 쓰고 있는 cielo가 유래되었다. caelu〉cielo 변화는 라틴어의 ae가 강세를 받는 위치에서는 ie로 이중모음화 되었기 때문이다. 화학에서 쓰이는 uranio '우라늄'이라는 방사성 원소의 기원이기도 하다.[263]

Neptuno '해왕성'

그리스 신화의 Poseidón에 해당하는 '바다의 신'이다. 여기서 파생된 형용사가 neptúneo(a) '[시] 바다의 신의, 바다의'이다.[264] 화학에서 쓰이는 neptunio '넵튜늄'이라는 방사성 원소의 기원이기도 하다.[265] 물을 지배하는 신인 만큼 유명 분수에 많이 등장한다.

Plutón '명왕성인가 왜소행성인가?'

그리스 신화의 Hades에 해당하는 '저승의 신'이다. 과거에는 태양계의 마지막 행성인 '명왕성'을 가리키는 용어였는데, 2006년 행성 지위에서 퇴출당하는 비운을 맞았다. 과거 천문학자들은 천왕성의 궤도운동이 정상적인 타원형이 아니라는 사실을 알게 되자 그 이유를 찾기 시작했다. 행성의 궤도가 다른 천체의 힘으로 정상적인 타원에서 벗어나는 현

---

263 Del lat. cient. *uranium*, y este de *Uranus* 'Urano', planeta descubierto ocho años antes que el uranio, e *-ium* '-io'. https://dle.rae.es/uranio?m=form 참조.

264 De *Neptuno* e *-́ico*. https://dle.rae.es/nept%C3%BAneo 참조.

265 Del lat. cient. *neptunium*, y este de *Neptunus* 'Neptuno' e *-ium* '-io', por estar en la tabla periódica justo a continuación del uranio, como lo está el planeta Neptuno en relación con Urano. https://dle.rae.es/neptunio?m=form 참조.

상을 섭동현상(攝動現想)이라고 하는데, 해왕성의 영향만으로는 설명이 부족한 상황이었다. 이에 이 현상을 야기하는 제9의 행성이 존재할 것이라는 가정하에 이를 찾기 시작했다. 1930년 드디어 이에 해당하는 별을 찾아냈고, Pluto라는 이름을 붙였다. 가히 '저승의 신'이라는 이름이 어울리는 쾌거였다. 그러나 이 별은 질량이 너무 작아 천왕성에 섭동현상을 일으킬 정도는 아니라고 판단되어 학계에서 퇴출되었다.[266] 그래도 명색이 '저승의 신'인데 대접이 좀 신통치 않은 모양새다. 그래도 화학에서 쓰이는 plutonio '플루토늄'이라는 무시무시한 방사성 원소에 이름을 남기고 있으니 그나마 체면은 차린 셈이다.[267]

266 Moché, Dinah L.(2008:249-250) 참조.

267 Del ingl. *plutonium*, y este del lat. cient. *Pluto, -onis* 'Plutón' y el ingl. *-ium* '-io', por estar en la tabla periódica a continuación del uranio y el neptunio, como lo está Plutón en relación con los planetas Urano y Neptuno; *cf. neptunio*. https://dle.rae.es/plutonio?m=form 참조.

3.19. 라틴어 기원의 접두사와 접미사

[접두사][268]

a- '명사나 형용사를 타동사화 시킴'

abrazar 껴안다 [brazo '팔']

aconsejar 조언하다 [consejo '조언']

aclarar 명확하게 밝히다 [claro '명확한']

afirmar 단언하다 [firme '굳은']

a-, ad-[269]

① '방향, 움직임'

(a+bajo>) abajo 밑으로

268 라틴 기원의 접두사에 관한 자세한 자료는 Varela Ortega, Soledad(2005); Real Academia Española & Asociación de Academias de la Lengua Española(2009), 접두사에 관해서는 특히 제10장, pp.663-734; Real Academia Española(2014) 참조.

269 명사나 형용사를 타동사화시키는 데 쓰인 a-와 '방향, 움직인, 경향, 근접, 부가' 등의 의미를 부여하

(a+tras>) atrás 뒤로

② '경향, 근접, 부가'

adyacente 인접한 [yacente '누워 있는' (<yacer '누워 있다)']

admitir 받아들이다 [meter '넣다']

atraer 끌어당기다 [traer '가져오다']

ab-, abs-

① '분리, 부정'

abdicar 퇴위, 양위하다, (주장 등을) 포기하다 [<[라] ab+dicĕre '말하다(decir)']

abstenerse de 기권하다, 삼가다 [<[라] abs+tenēre '갖다(tener)']

② '과도'

abrupto(a) 깎아지른 듯한, 성급한 [<[라] ab+rumpĕre '파괴하다, 부수다(romper)']

abusar 남용하다, 오용하다 [<[라] ab+usus '사용, 이용(uso)']

agri-, agro- '토지, 농지, 땅'[270]

agricultura 농업 [cultura '문화, 재배']

agronomía 농학[271]

는 데 쓰이는 a-는 라틴어 ad-에서 유래된 것인 반면에, '박탈, 부정, '비(非), 무(無)'의 뜻을 갖는 접두사는 그리스 기원이다. 비강세 모음 앞에서는 an-이 된다: anestesia '무감각, 마취', anorexia '식욕 상실, 감퇴' 등.

270 '신(맛)'이라는 의미의 agrio는, 형태는 유사하지만, 어원이 다른 어휘이다. 'Del ant. *agro*, con infl. de *agriar*. https://dle.rae.es/agrio?m=form 참조. 동사 agriar는 "1. tr. Poner agrio algo"라는 의미이다. https://dle.rae.es/agriar?m=form 참조.

271 Del gr. ἀγρονόμος *agronómos* 'inspector de campos'. https://dle.rae.es/agr%C3%B3nomo 참조. 접두사는 라틴어 기원이고 어간은 그리스어 기원이다.

alti- '높은'

altavoz 스피커 [voz '목소리']

altiplanicie 고원 [planicie '평원']

ante- '앞, 이전'

anteayer 그저께 [ayer '어제']

antepasado 조상 [pasado '지난']

antesala 대기실 [sala '방']

anteponer 앞에 놓다 [poner '놓다']

bene-, bien- '좋은'

bendecir 축복하다 [decir '말하다']

benevolencia 자비, 선행 [<[라] bene+volentia (<volo '원하다(desear)')]

bienestar 복지 [estar '있다, 이다']

bienvenida 환영 [venida '도착' (<venir '오다')]

bi-, bis- '둘'

bicicleta 자전거 (<[그] cýclos '원')[272]

bilingüe 2개 국어의, -m.f. 2개국어 사용자

bisabuelo 증조부모

bisnieto(a) 증손

---

272 Del Hoyo, Javier(2013:49) 참조.

cent- '100'; centi- '1/100'

centanerio 100의, -m. 100주년

centuria (로마의) 백인대

→ centurión 백인대장

centigramo 센티그램

centímetro 센티미터

circun- '주위, 둘레'

circundar 돌리다, 둘러싸다 (=rodear, cercar)

circunstancia 주변 상황

circunvalar 주위를 둘러싸다, 포위하다

co-, con- '함께'

convivir 함께 살다

cónyugue 배우자 [<[라] coniux, -iugis '배우자'; [라] iugum '굴레, 멍에']

cooperar 협력하다

coordinar 정돈하다

correlacionar 연관시키다

contra- '반대, 대(對)'

contraataque 역습 [ataque '공격']

contraluz 역광 [luz '빛']

contramano 거슬러[273] [mano '손']

---

273 주로 a contramano 형태로 쓰인다: La nueva ley va a contramano de los acuerdos establecidos.

cuadr(i)-, cuatr(i)- '4, 넷'

cuadrángulo 사각형 [ángulo '각도']

cuadripétalo(a) 꽃잎이 4개인 [pétalo '화관(花冠), 꽃잎' (<[라] petalum '(금속) 판')

→ sépalo 꽃받침

cuatrimestre 4개월간 [mes '달, 월']

deci- '1/10'

decigramo 1/10 그램

decilitro 1/10 리터[274]

décimo 열 번째의

de- '기원, 유래, -로부터'

declarar 밝히다, 선언하다

demostrar 드러내다

denegar 거부하다, 거절하다

denominar 명명하다

depurar 정화하다

des-: 주로 라틴어 접두사 de-+ex-

① '부정, 반대'

desafortanado(a) 운이 나쁜

desaparecer 사라지다

desconfiar 신뢰를 잃다

---

274 '10'을 나타내는 deca-는 그리스 기원어이다: decasílabo 10음절의 시, decatlón 10종 경기.

desagraciado(a) 불운한

descubrir 발견하다

destruir 파괴하다

② **'박탈'**

desapoyar 지지를 철회하다

desanimar 용기를 꺾다

desodorante 냄새 제거제, 탈취제 (<[라] odor '냄새')[275]

despoblar 주민들을 소개(疏開)하다, 황폐하게 만들다

③ **'과도'**

describir 묘사하다

destrozar 토막 내다

④ **'이탈'**

desaviar(se) 길을 벗어나다

descarrilar(se) 탈선하다

desplazar(se) 자리를 옮기다, 이동하다

descaminar(se) 길을 잘못 들다, 나쁜 길에 빠지다

di-, dis- '부정, 반대'

difícil 어려운

difamar 중상모략하다

discontinuidad 불연속

---

275 스페인어에서는 형용사 odorante '향기로운'에 des-가 붙은 것이다. odorante는 라틴어 동사 odorare의 능동분사이다. 여기에 des-가 붙어 '탈취제'라는 의미가 된 것이다. '향수'라는 유사한 의미의 어휘 perfume는 동사 perfumar에서 파생된 것이다. Del lat. *per-* 'per-' y *fumāre* 'producir humo'. https://dle.rae.es/perfumar?m=form 참조.

discordia 불화

disconformidad 불합치

distopía 디스토피아, 역유토피아[276]

↔ utopia 유토피아, 이상향[277]

en-

① 어떤 형상이 이루어짐을 나타냄:

embellecer 예쁘게 하다

emborracharse con 술에 취하다

empobrecer 가난하게 만들다,

engordar 살이 찌다, 뚱뚱해지다

engrandecer 커지다

② '안에, 사이에'

embocar 입 안에 넣다, 끼우다

embarcar 선적하다

embotellar (병에) 채워 넣다

enterrar 매장하다

encuadernar 제본하다

encajar 상자에 넣다, 끼워 넣다

---

276 '유토피아'와는 반대되는 개념으로, 현대 사회의 부정적인 측면들이 복합적으로 실현될지도 모르는 암울한 미래사회를 일컫는 말이다. Del lat. mod. *dystopia*, y este del gr. δυσ- *dys*- 'dis-2' y u*topia* 'utopía'. https://dle.rae.es/distop%C3%ADa 참조.

277 Del lat. mod. *Utopia*, isla imaginaria con un sistema político, social y legal perfecto, descrita por Tomás Moro en 1516, y este del gr. οὐ *ou* 'no', τόπος *tópos* 'lugar' y el lat. *-ia* '-ia'. https://dle.rae.es/utop%C3%ADa 참조.

entre '중간, 반'

entreabrir 조금, 절반가랑 열리다

entrecejo 미간, 찌푸린 얼굴 [ceja '눈썹'][278]

entrever 엿보다, 짐작하다

→ entrevista 인터뷰

entrometer 사이에 넣다. 끼우다 (=entremeter)

equi- '동등'

equidad 공평, 공정

equidistancia 등거리

equilibrio 균형

equinoccio 춘분, 추분 [noccio '밤' (<noctium)][279]

→ - primaveral 춘분, - otoñal 추분

equivalencia 등가치

ex- (e-, es-로도 쓰임)

① '전, 과거'

exmiembro 전 회원

exministro 전직 장관

expresidente 전직 대통령

---

278 ceja '눈썹'의 형용사는 ciliar이다. 이는 ceja의 어원이 라틴어 cilĭa로써 동일한 어간을 공유했기 때문이다. Del lat. *cilia,* pl. n. de *cilium* 'ceja'. https://dle.rae.es/ceja?m=form 참조.

279 밤과 낮의 길이가 동일한 춘분과 추분을 가리키는 말이다. 라틴어 noctium은 제3변화 여성명사인 nox, -ctis '밤'에서 파생된 형태이다. 영어에서는 오히려 equinox로 라틴어 원형에 더 가까운 형태를 보존하고 있다. Del lat. *aequinoctium.* https://dle.rae.es/equinoccio 참조.

② **'-로부터, 밖으로'**

emanar 발산하다, 유출하다 [(<[라] manare '흐르다')]

emerger 돌출하다, 떠오르다 [<[라] mergere '녹아들다, 합치다, 가라앉다']

↔ sumergir 가라앉다[280], sumersion '침강, 침하, 잠수, 가라앉음'(=inmersión)

emigrar 출국하다, 이민 가다 [migrar '이주하다, 이동하다]

→ migración 이주, 이민, (철새의) 이동

→ ave migratoria 철새 ↔ ave sedentaria 텃새

↔ inmigrar 입국하다, 이민 오다

emitir 송출하다 [-mitir (<mittĕre '놓다, 보내다')]

→ (estacion) emisora '방송국' (de radio '라디오 방송국'; de televisión 'TV 방송국')

admitir 용인하다, 받아들이다

dimitir 해임하다, 사직하다

omitir 생략하다

prometer 약속하다

remitir 보내다, 발송하다

someter 굴복시키다, (<submittere)

excéntrico 중심에서 벗어난, 유별난 [centro '중심', céntrico(a) '중앙의, 중심의']

excluir 배제하다 [-cluir (<claudo '닫다')][281]

→ incluir 포함하다

expiar 속죄하다 [<[라] ex+pio '제물을 바치다, 속죄하다'][282]

→ piedad 자비, pío(a) 자비로운

expiación 속죄, 보상; expiatorio(a) 희생의, chivo - 희생양

---

280 스페인어에서 동사 inmergir는 잘 쓰이지 않지만, 명사 inmersión은 흔히 쓰인다. Del lat. *immersio, -ōnis*. https://dle.rae.es/inmersi%C3%B3n 참조.

281 Del lat. *excludĕre*. https://dle.rae.es/excluir?m=form 참조.

282 여기서 파생된 스페인어 동사는 piar가 아니라 expiar이다. piar는 의성어로 '(병아리 등이) 삐약 거리다'라는 뜻이다. https://dle.rae.es/piar?m=form 참조.

exportar 수출하다

↔ importar 수입하다 [portar '나르다', -se [bien, mal과 함께] '행실이 좋다, 나쁘다']

exponer 표명하다 [poner '놓다, 두다']

extender 넓히다 [tender '넓히다, 펼치다']

③ **'반대; 배제, 제거'**

enorme 거대한 [-norme (<normalis '정상적인')]

escampar 말끔하게 치우다, 방해물을 없애다 (=descampar)

excomulgar 파문하다 [-comulgar '알리다, 전달하다'][283]

→ excomunión 파문, excomulgado(a) 파문당한, -m.f.

extra- '외(外)의, 범위 밖의'

extramuros 성벽 밖의, 도시 밖의 [muro '성벽'(=muralla)]

extraterrestre 지구권 밖의, 외계의, -m.f. 외계인 [tierra '땅, 지구']

extraterritorialidad 치외법권

in-

① **'의 안에, 위에'** (im-, en-**으로도 쓰임**)

imponer 강요하다 [poner '두다, 놓다']

envolver 포장하다 [volver '돌아가다']

→ devolver 되갚다, 되돌려주다

revolver 회전시키다, revólver -m. 회전식 연발 권총

infiltrar 스며들다 [filtrar '여과하다, 거르다']

---

283 Del lat. *communicāre* 'comunicar'. https://dle.rae.es/comulgar?m=form 참조. 명사형으로 excomunicación은 잘 쓰이지 않는다. Del lat. tardío *excommunicatio, -ōnis*. https://dle.rae.es/excomunicaci%C3%B3n 참조.

informar 알리다 [formar '형태를 이루다, 조직하다']

ingresar 들어가다 [-gresar (<[라] gradior '가다, 걷다')]

② **'무(無), 불(不), 결여'** (i-, im-**으로도 쓰임)**

ilegal 불법적인 ↔ legal

imposible 불가능한 ↔ posible

improbable 개연성이 없는 ↔ probable

inestable 불안정한 ↔ estable

inequívoco(a) 의심할 바 없는, 명백한 ↔ equívoco(a)

irreal 비현실적인 ↔ real

irresistible 저항할 수 없는 ↔ resistible

infra- '-밑에'

infraestrutura 하부 구조, 사회간접자본 [estructura '구조']

infrarrojo 적외선의 (=ultrarrojo) [rojo '빨간'], rayos -s 적외선

→ ultravioleta 자외선의, rayos -s 자외선, rayo directo 직사광선

rayo visible 가시광선

infrahumano 인간 이하의, 인간 같지 않은 [humano '인간']

inter- '서로, 상호'

intercambio 상호교환 [cambio '교환']

intercomunicación 상호 교신 [comunicación '통신']

intercontinental 대륙 간의 [continente '대륙']

→[영] ICBM 대륙간 탄도 미사일 (= InterContinental Ballistic Missile)

interdependencia 상호의존 [dependencia '의존']

internacional 국가 간의 [nación '국가']

interurbano 도시 간의 [urbano '도시의']

introducir 도입하다 [inter+ducir (<[라] ducĕre '이끌다')

→ aducir 인용하다, 입증하다

conducir 인도하다, 운전하다

deducir 추측하다, 추론하다

producir 생산하다

reducir 줄이다, 환원하다

seducir 유혹하다

intra- '속, 안'

intracelular 세포 내의 [célula '세포']

intramuros 역 내에, 도시 내에 [muro '성벽']

intramuscular 근육 내의 [músculo '근육']

mal- '악, 나쁜, 잘못된'

maldecir 저주하다 [decir '말하다'] ↔ bendecir 축복하다

malentender 오해하다 [entender '이해하다']

malevolencia 악의 ↔ benevolnecia 선의 [-volencia (<[라] volere '원하다')]

malgastar 낭비하다 [gastar '낭비하다']

maltratar 학대하다 tratar '다루다, 처리하다'mil- '1000'; mili- '1/1000'

milenio 천 년간 [-enio (<[라] annus '년, 해')]

miligramo 밀리그램

milímetro 밀리미터

multi- '많은, 다(多)'

multicolor 다채 색의 [color '색깔']

multilateral 다자간의 [lateral '측면의, 한쪽으로 치우친']

multiplicar 배가하다 [-plicar (<[라] plicare '접다(plegar, doblar)')]

noct-, nocti- '밤(夜)'

noctambulismo 몽유병(=somnambulismo)

noctámbulo 밤에 쏘다니는, 몽유병의(somnámbulo)

nocturno 밤의 [noche '밤' (<[라] nocte)

ob-

① '방향'

obsequiar (<ob+sequor '따르다(seguir)') 환대하다

observar (<ob+servare '지키다(guardar, conservar)') 관찰하다

obtener (<ob+tenere '가지다(tener)') 얻다

② '적의, 저항'

objetar (<ob+iactare '던지다, 앞에 두다(echar, poner delante)') 반대하다

obstruir (<ob+struĕre '설치하다, 건설하다(construir)') 방해하다[284]

→ construir 건설하다

destruir 파괴하다

obviar (<ob+via '길') 회피하다, 방해하다[285]

③ '억압, 은폐'

obligar (<ob+ligare '결합하다, 엮다(ligar)') 강요하다

---

284 constituir, destituir, restituir, sustituir 등에서 쓰인 -stituir의 어원은 라틴어 statuĕre '설치하다, 건설하다'이다. 스페인어에서는 *statuir나 *stituir 단독으로는 쓰이지 않고 접두사, con-, de-, re-, su- 등과 함께 쓰인다.

285 Del lat. tardío *obviāre* 'ir al encuentro de, ir contra', 'cerrar el paso, oponerse', 'prevenir', 'apartar, obviar'. https://dle.rae.es/obviar?m=form 참조.

oprimir (<ob+premere '억누르다(apretar)') 억누르다, 억압하다

omni- '전(全), 통(統)'

omnipotente 전지전능한 [potente '강력한'] ↔ impotente

omnisapiente (<[라] sapiens '박식한')[286] 박식한

omnívoro(a) 잡식성의 (동물) [-voro '-을 먹는'][287]

→ carnívoro 육식성의, herbívoro 채식성의, piscívoro(a) 물고기를 즐겨 먹는

para- '방호, 피난'[288]

parasol 파라솔 [sol '태양']

paraguas 우산 [agua '물']

parapeto 손잡이, 난간, [건] 흉벽 [(라) pectus>pecho '가슴']

pen- '약, 거의'

penúltimo(a) 끝에서 두 번째의 [último '마지막의']

→ antepenúltimo(a) 끝에서 세 번째의; sílaba -a 끝에서 세 번째 음절

→ esdrújulo(a) 끝에서 세 번째 음절에 강세가 있는 (단어)[289]

grave 뒤에서 두 번째 음절에 강세가 있는 단어(=llano)

agudo 끝음절에 강세가 있는 단어

---

286 스페인어에서 sapiente는 잘 쓰이지 않고, 대신 sabio(a)가 쓰인다. Del lat. *sapiens, -entis*. https://dle.rae.es/sapiente?m=form 참조.

287 Del lat. *omnivŏrus*, de *omnis* 'todo' y *vorāre* 'devorar'. https://dle.rae.es/omn%C3%ADvoro 참조.

288 같은 para-라도 '유사, 보호, 부정' 등의 의미는 그리스 기원이다.

289 이탈리아 기원의 어휘로, 예를 들어 gramática, kilómetro 등이 이에 해당한다. Del it. *sdrucciolo*. https://dle.rae.es/esdr%C3%BAjulo 참조.

per- '-통해'

percibir (<[라] per+capĕre '잡다(coger)') 느끼다

permanecer (<[라] per+manēre '머물다(permanecer)') 머물다

permitir (<[라] per+mittĕre '보내다(enviar)') 허락하다

perseguir (<[라] per+sequor '따르다(seguir)') 추적하다

pisci- '어(漁), 물고기'

piscicultura 물고기 양식 [cultura '양식, 문화']

piscina 수영장, 양어장[290]

piscívoro(a) 물고기를 즐겨 먹는 [-voro '-을 즐겨 먹는'][291]

plus- '더'

pluscuamperfecto 대과거[292]

plusvalía (물가, 가치) 폭등 ↔ minusvalía (가치) 폭락[293]

pos-, post- '뒤(後)'

posgrado 대학원 (<graduar '졸업하다'][294]

→ licenciatura 학사과정 (4년 → licenciado 학사)

---

290 Del lat. *piscīna*, der. de *piscis* 'pez'. https://dle.rae.es/piscina?m=form 참조.

291 같은 의미의 ictiófago(a) '물고기를 즐겨 먹는'은 그리스 기원의 어휘이다. 파생어로는 ictiología '어류학(魚類學)', ictiológico(a) '어류학의', ictiologo(a) -m.f. '어류학자' 등이 있다. Del gr. ἰχθύς, -ύος *ichthýs*, *-ýos* 'pez1' y *-logía*. https://dle.rae.es/ictiolog%C3%ADa 참조.

292 Del lat. *plus* 'más', *quam* 'que' y *perfectus* 'perfecto'. https://dle.rae.es/pluscuamperfecto?m=form 참조.

293 Del lat. *minus* 'menos' y *valía*. https://dle.rae.es/minusval%C3%ADa 참조.

294 posgraduado(a)라고도 쓴다. https://dle.rae.es/posgraduado?m=form 참조.

maestría 마스터과정 (2년 → máster 석사)

doctorado 박사과정 (수업 없이 논문만 작성 → doctor 박사)

posponer 뒤에 두다 [poner '두다']

posterior 후의 (<-ior '라틴어의 비교급 어미')

→ inferior 아래의, 열등한, interior 내부의, citerior 더 가까운, superior 위의, 우등한, ulterior 더 먼[295]

postguerra 전쟁 후 [guerra '전쟁']

postmodernismo 후기모더니즘 [modernismo '모더니즘'][296]

póstumo(a) 사후의; hijo - 유복자(遺腹子), obra - 유작(遺作)

pre- '미리, 이전, 앞(前)'

preceder (a와 함께) -보다 앞서다 (<[라] cedere '가다, 굴복 가, 양보하다(ceder)')

→ ceder, acceder, retroceder, suceder

precolombino(a) 콜럼버스 이전의 (아메리카) (<[라] Christophorus Columbus, [스] Cristóbal Colón)

predecir 예언하다, 예견하다 [decir '말하다']

preexistir 선재하다 [existir '존재하다']

prefijo 접두사 [-fijo (<[라] fixus '고정된(fijo)')][297]

→ sufijo 접미사

---

295 Citerior는 citerius '이쪽, 가까운'의 비교급이고 Ulterior는 ultra '저쪽, 초과'의 비교급이다. 둘 다 로마 시대에 이베리아반도를 나눈 속주의 이름으로 쓰였다. Hispania Citerior는 에브로강에서 '더 가까운' 북동부 지역을, Hispania Ulterior는 에브로강에서 '더 먼' 남서부 지역을 가리키는 말이었다.

296 모더니즘이란 20세기 초에 예술, 건축, 문학, 신앙, 철학, 과학 등 각 분야에서 기존의 전통이나 권위에 반대하여 과학의 합리성과 이성을 중시하고 개인의 자유와 평등을 강조한 사상 경향이다. 반면에, 포스트모더니즘은 20세기 후반, 특히 1960년 전후에 모더니즘이 확립해 놓은 도그마, 원리, 형식 따위에 대한 거부 및 반작용(反作用)으로 일어난 예술 경향이다.

297 Del lat. *praefixus*, part. de *praefigĕre* 'colocar delante'. https://dle.rae.es/prefijo?m=form 참조.

prever 예견하다, 짐작하다 [ver '보다']

pro-

① '-대신에'

prohijar 양자로 삼다 [hijo '아들']

pronombre 대명사 [nombre '[문] 명사(=sustantivo), 이름']

proverbio 속담, 격언 [verbo '말, [문] 동사' (<[라] verbum)]

② '-앞에, 앞으로'

proceder (de와 함께) -에서 비롯되다, 나오다 (<[라] cedere '가다, 양보하다(ceder)')

proveer 준비하다 [veer (<[라] vidēre '보다(ver)')

③ '공공연히'

proclamar 공포하다 [clamar '부르다, 외치다']

promover 장려하다, 승진시키다 [mover '움직이다']

pronunciar 발음하다 (<[라] nuntiare '알리다')

proponer 제안하다 [poner '놓다, 두다']

propulsar 추진하다 [-pulsar (<[라] pellere '독촉하다, 밀어붙이다')

proseguir 계속하다 [seguir '따르다']

④ '부정, 반대'

prohibir 금지하다 (<[라] prohibēre <habitare '거주하다')

proscribir 추방하다, 금지하다 (<[라] scribĕre '쓰다')

→ deportar 추방하다, deportación 추방 (<[라] portare '나르다(portar)')[298]

---

298 deporte '스포츠'는 영어의 sport에서 변형되어 유래된 것이다. Calco del ingl. *sport*, a partir del desus. *deporte* 'diversión', y este der. de deportarse 'divertirse'. https://dle.rae.es/deporte?m=form 참조.

desertar 추방하다 (<[라] serěre, serui, sertum '모으다, 합치다')[299]

⑤ **'-를 위하여, 찬성'**

proaborto 낙태 찬성 [aborto '낙태']

provida [vida '생명, 삶']

re-

① **'반복, 재(再)'**

readmitir 재수용하다 [admitir '받아들이다']

reafirmar 재확인하다 [afirmar '긍정하다, 확인하다']

reelegir 재선하다 [elegir '선출하다']

renombrar 재임명하다 [nombrar '임명하다']

② **'강조, 증가'**

rebajar 세일하다 [bajar '내리다, 아래로 향하다']

recargar 짐을 더 지우다, 더 무겁게 하다 [cargar '짐을 싣다']

repudrirse 완전히 썩히다 [pudrir '썩히다(=corromper)'][300]

③ **'부정(否定)'**

reprobar 비난하다, 불합격시키다

↔ probar 시험하다, 합격시키다

---

299 desierto '사막'은 여기서 파생된 어휘이다. Del lat. *desertus*. https://dle.rae.es/desierto 참조. 즉, de+sertus로써 '추방된 (곳)'이므로 '황폐한, 사람이 거주하지 않는 (곳)'이라는 뜻이다.

300 Del lat. *putrēre* 'estar podrido'. https://dle.rae.es/pudrir?m=form 참조. 동사로 *podrir는 사용되지 않으며, 과거분사는 podrido(a)가 쓰인다.

rect-, recti- '곧은, 올바른'

rectángulo 직각의, -m. 직각사각형 [ángulo '각도']

→ triángulo rectángulo 직각 삼각형

rectificar 개정하다, 수정하다

rectilíneo(a) 직선의 [línea '선']

rectitud 똑바름, recto(a) 올바른

↔ torcido(a) 꼬인, 휜; injusto(a) 부정한

rector 총장 (<[라] rectum, pp de regĕre '통치하다, 지배하다(regir)')

res- (어원의 뜻을 부드럽게 해주거나 강조해 줌)

resbalarse 미끄러지다 (=deslizar)[301]

rescatar 되찾다 (=recobrar) (<[라] captāre 잡다')

resfriar 식히다, 차갑게 하다 [frío '차가운']

→ enfriar 냉각하다, 식히다

resguardar 지키다, 보호하다 [guardar '지키다']

resquebrar(se) 금이 가다, 깨지다 [quebrar '깨다']

resquemar (입안을) 톡 쏘다, 자극하다 [quemar '태우다']

rete- '과장, 대(大)'

retebién 아주 좋은, 아주 훌륭한 [bien '좋은']

retecontento(a) 아주 만족하는 [contento '만족한']

reteguapo(a) 아주 예쁜 [guapo '예쁜']

---

301 De *re-* y *esbarar*. https://dle.rae.es/resbalar 참조. 여기서 쓰인 *esbarar*는 Del lat. vulg. **exvarāre*, y este del lat. *ex-* 'ex-' y *varus* 'zambo'에서 나온 것이다. https://dle.rae.es/esbarar?m=form 참조.

retro- '앞으로, 가꾸로, 다시 원상태로'

retroacción 되돌아가기, 소급 (=regresión) [acción '행동']

retroceder 되돌아가다, 후퇴하다 [ceder '양보하다']

→ avances y retroceso 일진일퇴

retrospección 회고, 회상 (<[라] spectare '보다, 숙고하다(mirar, contemplar)')

retroversión 반전, 역전 (<[라] vertere '돌리다, 바꾸다(hacer girar, cambiar)')

→ invertir 반전시키다, 투자하다, [문] 도치시키다, inversión

divertir(se) 즐기다, diversión

semi- '반(半)'

semiautomático(a) 반자동의 [automático(a) '자동의']

semicírculo 반원 [círculo '원']

→ semicircular 반원의

semifinal 준결승전 [final '마지막의, 결승전']

→ semifinalista 준결승 진출자

→ octavo de final 16강전

cuarto de final 8강전, 준준결승

semitransparente 반투명한 [transparente '투명한']

↔ opaco(a) 불투명한

sobre- '위에, 지나친'

sobrenatural 초자연적인 [natural '자연적인']

sobrepasar 초과하다, 넘다, 지나치다 [pasar '지나가다']

sobreponer 위에 놓다, 포개다, 덧대다 [poner '놓다']

sobresalir 두드러지다, 돌출하다, 빼어나다 [salir '나가다']

→ [스페인의 성적 등급: Matrícula de honor 최우수(해당 학점 수에 해당하는 등록 금만큼 장학금 수여), Sobresaliente 우수, Notable 양호, Aprobado (또는 Bien,

Suficiente) 통과, Suspenso (또는 Reprobado) 낙제

sobrevivir 살아남다 [vivir '살다']

→ [명] supervivencia, [형] sobreviviente, superviviente -m.f. 생존자

sorprender 놀라게 하다 ([프] sur '위에'+prendere '잡다(coger, asir)')[302]

→ prender, aprender, comprender, desprender, reprender

sub- '하(下), 경미' (so-, son-, sos-, sor-, su-로도 쓰임)

someter 굴복하다 (<[라] summittĕre ← mittĕre 'enviar, meter')

→ [명] sumisión 복종, [형] sumiso

sonsacar 밑에서 캐내다, 몰래 끄집어 내리다 [sacar '꺼내다']

sostener, , sostenimiento, sostenido(a) [tener '갖다']

→ sostén 받침, 지주, 브래지어(corpiño[303])

→ atener, contener, detener, mantener[304], obtener, retener

subestimar 과소평가하다 [estimar '존경하다, 평가하다']

↔ sobreestimar 과대평가하다

submarino 잠수함 [marino '바다의, -m. 뱃사람, 해병']

→ Armada Española 스페인군: Armada 해군 [Infantería de Marina 해병대(해군 소속); infante de marina '해병'], Ejército del Aire 공군, Ejército de Tierra 육군

subterráneo(a) 지하의 [tierra '땅']

suponer 가정하다, 추정하다 [poner '놓다, 두다']

→ componer, deponer, imponer, proponer, reponer, sobreponer

---

302 Del fr. *surprendre*, de *sur-* 'sobre-' y *prendre* 'prender'. https://dle.rae.es/sorprender?m=form 참조.

303 Del dim. desus. de *cuerpo*. https://dle.rae.es/corpi%C3%B1o 참조.

304 Del lat. *manu tenēre* 'tener en la mano'. https://dle.rae.es/mantener?m=form 참조.

super- '이상, 초월, 초과, 초(超)'[305]

superabundancia 과다, 풍부 [abundancia '풍부, 많음']

superhombre 초인(超人), 슈퍼맨 [hombre '인간, 남자']

superior 우등한, 위의 [superus '위에(de arriba, de encima)'의 비교급]

→ supremo(a) 최고의 [superus의 최상급]

↔ inferior 열등한, 아래의 [inferus '낮은(de abajo)'의 비교급]

superlativo(a) 최상급[306]

→ relativo 비교급

supersónico(a) 초음속의 [son '소리']

→ sonar 소리가 나다, sonido[307]

supra- '위에, 전에, 초(超)'

suprarrealismo 초현실주의(=surrealismo) [real '실제의, 현실의'+-ismo '-주의, -설(說)']

suprasensible 초감각적인, 고감도의 [sensible '감각적인']

---

305 인도유럽어 uper '위'에서 나온 말이다. 그리스어에서는 hiper로 변했다. Roberts, Edward A. & Pastor, Bárbara(2007:185) 참조.

306 라틴어에서 lat-은 '나르다'라는 의미의 형태소이며, -ivo는 -ivus에서 유래한 어미로써 '-경향이 있는, -성(性)의'라는 뜻이다.

307 '소리'의 파생어에서 쓰이는 -ido는 '(구체적인) 소리'를 나타낸다: aullar (개, 늑대 등이) 울부짖다, 하울링하다→aullido, ladrar (개가) 짖다→ladrido, maullar (고양이가) 야옹거리다→maullido, mugir (소가) 음매하다→mugido, quejarse 불평하다→quijido (queja '(추상적인) 불평, 불만'), roncar 코를 골다→ronquido, rugir (호랑이, 사자 등이) 으르렁거리다→rugido. 그러나 piar '(병아리가) 삐약거리다'는 piído를 쓰지 않고 piada를 쓴다. 옛 사전이나 온라인 상에서는 아직도 piído가 남아 있지만, DRAE(2014)에는 등재되어 있지 않다. -ií-가 연속되는 음 구조상 스페인어의 음운구조 체계와 맞지 않으므로 쓰이지 않는 것으로 풀이된다. ronronear '(고양이가) 그르릉거리다'도 *ronroneido는 쓰이지 않는다. 대신 명사로는 ronroneo나 runrún이 쓰인다. ronrón은 '(아이들이 놀 때 내는) 윙윙소리' 또는 '풍뎅이의 일종'을 가리킨다.

suprasegmento 초분절음[308] [segmento '부분, 쪼가리']

trans- '넘어, 지나서, 저쪽에; 가로질러; 변화' (tra-, tras-로도 쓰임)

traducir 번역하다 (<[라] ducĕre 'conducir, guiar')

→ aducir, conducir, deducir, introducir, producir, reducir, seducir

transatlántico(a) 대서양 너머의 [atlántico(a) '대서양의']

→ Oceáno Atlántico 대서양, - Pacífico 태평양, - Indio 인도양

→ línea - 대서양 횡단 노선

transbordar [bordo '[선] 현측, 배의 옆구리'][309]

→ abordar 배를 대다, 입항하다

→ a bordo 배로, 배에서, 비행기로 [Bebé a bordo '아기가 타고 있음']

transformar [formar '형성하다']

transmitir (<[라] mittĕre 'enviar')

→ transmisor 송신기, receptor 수신기

trasladar 옮기다 (<[라] translatum, pp. de transfero '가져오다')

→ traslado 이전, 이동[310]

tri- '3, 셋'[311]

triángulo 3각형 [ángulo '각도']

---

308 음운론에서 다루는 분절음인 음소(fonema) 이외의 '강세, 억양, 리듬' 등을 가리키는 말이다.

309 bordo는 프랑스어 bord에서 나온 말로 '배의 옆구리'를 가리킨다. Del fr. *bord*, y este del franco *bord* 'lado de la nave'. https://dle.rae.es/borde?m=form 참조. 참고로, '수를 놓다'라는 의미의 동사 bordar는 '(물건의) 모서리, 가장자리'를 의미하는 borde에서 나온 어휘이며, 명사는 bordado '자수(刺繡)'이다. Quizá del germ. **brŭzdan*, infl. por *borde*. https://dle.rae.es/bordar?m=form 참조.

310 Del lat. *translātus*, part. pas. de *transferre* 'transferir, trasladar'. https://dle.rae.es/traslado?m=form 참조.

311 접두사 tri는 그리스어 기원도 있고 라틴어 기원도 있다. Del lat. *tri-* o del gr. τρι- *tri-*. https://dle.

→ esquina 바깥쪽 모서리, rincón 안쪽 모서리, 구석

trilingüe 3개 언어를 쓰는 [lengua '언어']

→ bilingüe 2개 언어를 쓰는

trinidad (성부, 성자, 성령) 삼위일체

trío 트리오, 3중주

→ duo 2중창, 2중주, solo 독주, 독창

triplicar 3배가 되다 (<[라] plicare '접다(doblar, plegar)')

→ duplicar 2배가 되다[312]

ultra- '저쪽, 극단의, 초(超)' (ulter-로도 씀)

ultraísmo 극단주의, 이론 [-ísmo '-주의, -설(說)']

ultramar 해외 [mar '바다']

ultramicroscopio 초미세 현미경 [micro- '미세', scopio (<[그] scopéo, '보다 (mirar)')]

→ microscopio 현미경[313], telescopio 망원경[314]

ultrarrojo(a) 적외선의 [rojo '빨간']

→ rayos - 적외선, rayos violetas 자외선

---

rae.es/tri-?m=form 참조.

312 doblar의 어원은 라틴어 duplus 'doble'에서 파생된 duplare이다. Del lat. *duplāre*, de *duplus* 'doble'. https://dle.rae.es/doblar?m=form 참조.

313 Del lat. cient. *microscopium*, y este del gr. μικρο- mikro- 'pequeño' y el lat. cient. *-scopium* '-scopio'. https://dle.rae.es/microscopio?m=form 참조.

314 Del lat. cient. *telescopium*, y este del gr. τηλεσκόπος *tēleskópos* 'que mira lejos'. https://dle.rae.es/telescopio?m=form 참조.

uni- '1, 하나의, 단일한'

uniforme 같은 모양의, -m. 유니폼 [forma '형태']

unilateral 일방적인 [lateral '측면의, 옆의']

→ bilateral 쌍방 간의, multilateral 다자 간의

unísexo 성 구분이 없는 [sexo '성(性)']

univeridad 대학교 (<[라] vertĕre '-로 화하다(=verter)')[315]

→ universo 우주

vice- '부(副), 차(次)'

vicepresidente 부통령, 부회장 [presidente '회장, 대통령']

vicerrector 부총장 [rector '총장']

vicedecano 부학장 [decano '학장 (<[그] deca- '10')']

vicealcalde 부시장 [alcalde '시장']

→ [비교]

director (단체)장, 감독, 국장 → subdirector

gobernador 지사, 시장, 총독 → subgobernador

gerente 지배인, 지점장 → subgerente

jefe (단체)장, 우두머리, 보스, 대장 → subjefe

yuxta- '-와 함께, 병렬'

yuxtaponer 나란히 놓다 [poner '놓다, 두다']

yuxtalineal 원문과 번역문 대조의 [línea '선, 일렬']

→ renglón por renglón 한 줄씩 대조하여

---

315 Del lat. *universĭtas, -ātis* 'universalidad, totalidad', 'colectividad', 'gremio, corporación', en lat. mediev. 'institución de enseñanza superior'. https://dle.rae.es/universidad%20?m=form 참조.

→ leer entre líneas (또는 renglones) 행간을 읽다

[접미사][316]

-áceo '-에 속하는 (종)'

crustáceo 갑각류(의)

foliáceo 잎사귀 모양의

orquidáceo 난초의

-ario '-의, -와 관계된'

agrario 농업의

contrario 반대의

diario 날의, -m. 신문, 일간지

literario 문학의, 문예의

-ble '할 수 있는'

amable 사랑할 수 있는, 친절한

posible 할 수 있는, 가능한

visible 볼 수 있는, 보이는

-cultura '-업' (-cola '하는')

agricultura 농업 [agri-, agro- '토(土), 농(農)']

agrícola 농업의, -m.농부(=agricultor)

---

316 라틴 기원의 접미사에 대해서는 Varela Ortega, Soledad(2005); Real Academia Española & Asociación de Academias de la Lengua Española(2009), 접미사에 관해서는 특히 제5-8장, pp.337-626; Real Academia Española(2014) 참조.

→ Ciencias Agrícolas 농학(農學)

apicultura 양봉 [abeja (<apis) '꿀벌']

→ apícola 양봉의, apicultor 양봉업자

arboricultura 조림, 임업 [arbol '나무']

→ arborícola 나무에 기생하는, arboticultor 조림가

→ silvicultura 조림, 임업 [silva '숲'+cultura '재배']

→ Ciencias Forestales 임학(林學)

avicultura 조류업, 양계 [ave '새']

→ avícola 양계업의, avicultor 양계업자

horticultura 원예 [huerta, huerto '텃밭']

→ hortícola 원예의, horticultor 원예가

→ Ciencias Hortícolas 원예학(園藝學)

-cidio '살해'; -cida '살해자'

fratricidio 형제살해, fratricida -m.f. [fratri- '형제'] ← [라] frater '형제'

matricidio 모친살해, matricida -m.f. [matri- '어머니'] ← [라] mater '어머니'

patricidio 부친살해, patricida -m.f. [patri- '아버지'] ← [라] pater '아버지'

uxoricidio 아내살해, uxoricida -m.f. [uxori- '아내'] ← [라] uxor '아내'

insecticida 살충제 [insecto '곤충, 벌레']

parasiticida 구충제 [parásito '기생충']

→ vermicida 구충제(=vermífugo) [verme '회충(lombriz)']

-fero '-을 가지고 있는'

aurífero 금을 함유한 [auri- '금']

fructifero 성공적인, 열매가 많이 맺는 [fruto (<fructus '열매') '열매']

→ fructuoso(a) 결실이 많은, 유리한

↔ infructuoso 무익한, 쓸모없는(=estéril, improductivo)

lucífero 빛나는, 반짝이는, -m. 샛별, 금성(=Lucifer, Venus) [luz ‘빛’]

mamífero 젖을 가지고 있는, -m. 포유류 [mamas ‘젖’]

petrolífero 석유를 함유하고 있는 [petróleo (<petra ‘돌’+oleum ‘기름’) ‘석유’]

prolífero 번식력이 강한, 다산의 [prole ‘아이들, 자손’]

→ proletario 프롤레타리오, 무산계급; proliferación 다산, 번식, 증식

somnífero 잠자게 하는, 최면의(=hipnótico) [somni- ‘잠, 꿈’]

-forme ‘-모양의’[317]

conforme 모양이 같은, 잘 맞는 [con- ‘함께’]

cuneiforme 쐐기 모양의 [cuña (<[라] cunĕus) ‘쐐기’]

informe 형태를 갖추지 못한, -m. 보고서 [in-‘무(無), 불(不), 결여(缺如)’]

uniforme 단일한 [uni- ‘단일한’]

-fugo ‘-로부터 도망치는’

centrífugo 원심력의

→ fuerza centrífuga 원심력, centrifugadora 원심분리기

↔ centrípeto 구심력의: fuerza centrípeta 구심력 [-peto ‘안으로 향해’]

ignífugo 내화성의 [igni- ‘불’]

→ pintura ignífuga 내화성 페인트

→ ignícola 배화교(拜火敎)의, -m.f. 배화교 신자(=zoroástrico)

lucífugo 빛을 싫어하는

→ planta lucífuga 빛을 싫어하는 식물

prófugo 도망치는, -m.f. 도망자, 탈주범(=fugitivo) [pro- ‘앞에, 찬성의’]

---

317 Del Hoyo, Javier(2013:103) 참조.

-oso '-하는' (주로 명사에 붙여 형용사형을 만든다)

amistoso 우호적인, 친분이 있는 [amistad '우정']

asombroso 놀라운, 놀라게 하는 [asombro '놀라움'][318]

→susto 놀라움 (<substulus)[319]

sorpresa 놀라움[320] (<sor- '위에', -prender '잡다')

chistoso 익살맞은, 우스꽝스러운 [chiste '재담, 우스갯말']

poderoso 강력한 [poder '힘']

-paro '-에서 태어나는'

ovíparo 난태생의 (알에서 부화하는 동물) [ovi- '알']

vivíparo 모체 발아의, 태생(胎生)의 (모체에서 태어나는 동물) [vivi- '생(生)']

gemíparo 발아 생식의 [gemi- '싹, 난황(卵黃)'][321]

-pedo '발의'

bípedo 두 발의 (짐승)

cuadrúpedo 네 발의 (짐승)

→ pedestre 도보의; viaje - 도보여행

---

318 동사 asombrar에서 파생된 명사이다. a+sombra '그늘'에서 파생된 어휘이다. De *sombra*. https://dle.rae.es/asombrar?m=form 참조.

319 De **sustar*, y este del lat. *suscitāre* 'excitar', 'suscitar'. https://dle.rae.es/susto?m=form 참조.

320 동사 sorprender에서 파생된 명사이다. Del fr. *surprendre*, de *sur-* 'sobre-' y *prendre* 'prender'. https://dle.rae.es/sorprender?m=form 참조.

321 Del lat. cient. *gemmiparus*, y este del lat. *gemma* 'yema vegetal' y *-părus* '-́paro'. https://dle.rae.es/gem%C3%ADparo 참조.

-sono '소리 나는'

altísono 고음의, 가락이 높은 (소리) [alti- '높은']

cónsono 동음의, 화음이 맞는 (소리) [con- '함께']

unísono 한 소리의, 같은 가락의 (소리) [uni- '단일한']

-voro '-먹는'

carnívoro 육식동물 [carne '고기']

herbívoro 초식동물 [hierba '풀']

→ vegetariano 채식주의자[322]

omnívoro 잡식동물 [omni- '모든']

이 밖에도 라틴어 기원의 명사 또는 형용사 어미로는 다음과 같은 것들이 더 있다.

-al (어간에 붙어 형용사나 명사를 만듦)[323]

① '연관, 소유'

cultural 문화의, 문화적인 [cultura '문화]

primaveral 봄의, 봄 같은 [primavera '봄']

regional 지방의, 지역의 [región'지방, 지역']

② '풍부함'

arrozal 논(=campo de arroz) [arroz '쌀']

---

322 DRAE에 '육식주의자'라는 어휘는 등재되어 있지 않다. 다만, 온라인 상에서는 드물지만 carnetariano 또는 carnetario라는 신조어가 관찰된다. 영어로는 meat eater라는 의미에서 meatatarian이라는 신조어가 관찰된다. 영어에서는 '채식주의자' 중에서도 lacto-ovo vegetarian(유제품과 계란 섭취, 기타 육류 거부), lacto vegetarian(유제품 섭취, 계란 거부), ovo vegetarian(계란 섭취, 유제품 거부), vegan(모든 동물 관련 음식 거부) 등으로 나뉘어 쓰인다.

323 Del lat. *-ālis*. https://dle.rae.es/-al#1PYY1SR 참조.

lodazal 흙탕길, 진창 [lodo '진흙']

peñascal 바위 땅, 암벽 [peña '바위', peñasco '큰 바위']

-ano '(국가, 도시, 사람 등)의'

americano 아메리카(América)의

pidaliano 메넨데스 피달(Menéndez Pidal)의

toledano 톨레도(Toledo)의

-ato (어간에 붙어)

① '지위, 직업, 임기'

decanato 학장직, 학장 임기 [decano '학장']

candidato 입후보자 [cándido '흰(blanco)'][324]

emirato 에미르 국 [emir 에미르, 왕][325]

virreinato 부왕령 [vi- '대행, 부', reino '왕국']

② [화학] '-염'

acetato 초산염 [ácido acético '초산']

→ acetificar 시게하다, 식초(vinagre)로 만들다, acetificación 산화(酸化)

carbonato 탄산염 [carbono '탄소']

→ carbohidrato 탄수화물

hidrato 함수물(含水物) [hidro- '물']

nitrato 질산염 [ácido nítrico '질산', nitrogéno '질소']

---

324 로마 시대에 공직에 입후보하는 사람은 '흰(cándido)' 토가를 입고 연단에 섰던 데서 유래한 말이다. Del lat. *candidātus*. https://dle.rae.es/candidato?m=form 참조. 의미 획득 과정에 대해서는 Gil, Juan, *et. al.*(2015:90) 참조.

325 '황제'에 해당하는 칼리프 밑의 '왕'에 해당하는 •직이다. Del ár. hisp. *amír*, y este del ár. clás. *amīr*. https://dle.rae.es/emir?m=form 참조.

→ ácido hidroclórico 염산

③ '동물의 새끼'

cervato 새끼 사슴 [ciervo '사슴']

chivato 새끼 염소 [chivo '새끼 염소(cabrito)'][326]

→ chivo expiatorio 희생양; oveja 양(cordero)[327]

novato 신참, 신출내기 [nuevo '새로운']

→ novatada 신참 길들이기, 신참 군기 잡기

→ novillo (2-3살짜리) 송아지[328]

-ción (주로 동사 어간에 붙어 명사화시킴)

actuación 행동, 행위 [← actuar '행동하다']

exitacion 자극, 흥분 [← excitar '자극하다, 흥분시키다']

imitación 모방 [← imitar '모방하다']

alimentación 영양, 공급 [← alimentar '부양하다, 영양을 공급하다']

-dad이나 -tad (주로 형용사 어간에 붙어 명사화시킴)

claridad 밝음, 명쾌함 [← claro '밝은, 분명한']

hermandad 형제애 [← hermano '형제']

---

326 chivo는 '염소(cabra)의 새끼'이다. De *chib*, voz de llamada para que el animal acuda. https://dle.rae.es/chivo?m=form 참조.

327 '(특히 포유기의) 새끼 양'은 lechal이라고 한다. 이는 '포유 중인, -m.f. 포유기 동물 (특히 새끼 양)'이라는 의미이며, leche '젖, 우유'에서 나온 어휘이다. cordero도 '새끼 양'이라는 뜻으로 '양(oveja)의 새끼'이다. Del lat. vulg. **cordarius*, der. de *cordus* 'tardío'. https://dle.rae.es/cordero?m=form 참조. oveja에서 파생된 표현으로 oveja negra가 있다. '왕따, 튀는 놈'이라는 뜻이다.

328 '암송아지'는 ternera라고 하는데, '암소(vaca)의 새끼'이며 tierno '연한, 부드러운'에서 나온 어휘이다. '새끼 돼지'는 cochinillo라고 하는데, 이는 (cocho '돼지'의 축소사인) cochino '돼지'에서 나온 것이다. 세고비아의 특산 음식으로 유명하다.

amistad 우정 [← amigo '친한, -m.f. 친구']

libertad 자유 [← libre '자유로운']

-eño(a) '-출신의 (사람)'

madrileño(a) 마드리드(Madrid)의, -m.f.

brasileño(a) 브라질(Brasil)의, -m.f.

porteño 부에노스아이레스(Buenos Aires)의, -m.f.

-ero(a), -or(a) '-하는 사람' (명사나 형용사 어간에 붙어 '-하는 사람'을 나타냄)

bombero 소방관 [← bomba '펌프, 폭탄']

doctor 박사 [← docto '박식한, -m.f. 박사']

jugador 운동선수 [← juego '경기, 게임']

obrero 노동자 [← obra '일, 노동']

profesor 교수 [← profeso '서원(誓願)한, -m.f. 서원한 수도자, 도를 깨우친 사람']

rector 총장 (<[라] rectum, pp de regĕre '통치하다, 지배하다(regir)')

trabajador 노동자 [← trabajo '일, 노동'][329]

여성형으로 -triz가 쓰이기도 한다: *actora→actriz, *emperadora→emparatriz 등.

-eza (주로 형용사 어간에 붙어 명사화시킴)

belleza 미, 아름다움 [← bello '예쁜, 아름다운']

firmeza 단호함, 굳음 [← firme '단호한, 굳은']

pureza 순수함 [← puro '순수한']

---

329 동사 trabajar는 로마 시대의 형벌 기구였던 tri- '3'+palium '몽둥이'에서 파생된 것이다. Del lat. vulg. **tripaliāre* 'torturar', der. del lat. tardío *tripalium* 'instrumento de tortura compuesto de tres maderos'. https://dle.rae.es/trabajar?m=form 참조. 의미 획득 과정에 대해서는 Gil, Juan, *et. al.*(2015:308) 참조.

riqueza 부(富) [← rico '부유한']

-ia 또는 -ía (주로 형용사 어간에 붙어 명사화시킴)

audacia 대담함 [← audaz '대담한, 무모한']

elegancia 우아함 [← elegante '우아한']

alegría 기쁨 [← alegre '기쁜, 즐거운']

cobardía 비겁함 [← cobarde '비겁한']

-icie (주로 형용사 어간에 붙어 명사화시킴)

altiplanicie [alti- '높은', plano '평원'][330]

calvicie [calvo '대머리'][331]

superficie [super '위'][332]

-isco '출신, 유사성'

arenisco 모래가 많은 [arena '모래']

asterisco 별표 [astro '별'][333]

marisco -pl. 해산물 [mar '바다'][334]

morisco 모로인의 [moro '모로인']

---

330 Del lat. *planities*. https://dle.rae.es/planicie?m=form 참조.

331 Del lat. *calvities*. https://dle.rae.es/calvicie?m=form 참조.

332 Del lat. *superficies*. https://dle.rae.es/superficie?m=form 참조.

333 Del lat. *asteriscus*, y este del gr. ἀστερίσκος *asterískos*; propiamente 'estrellita'. https://dle.rae.es/asterisco?m=form 참조.

334 Del adj. ant. *marisco* 'de mar'. https://dle.rae.es/marisco?m=form 참조.

-izo '경향, 유사성'

cobrizo 구리를 포함한, 구릿빛의 [cobre '구리, 동']

enfermizo 병약한, 자주 앓는 [enfermo '아픈']

movedizo 움직이기 쉬운 [mover '움직이다']

rojizo 불그스름한, 불그레한 [rojo '붉은']

-miento (주로 동사에 붙어 명사화시킴)

casamiento 결혼(식) [casar '결혼시키다']

fusilamiento 총살 [fusilar '총살하다']

hundimiento 침몰, 내려앉음 [hundir '침몰시키다, 가라앉다']

nombramiento 임명, 지명 [nombrar '명명하다, 임명하다']

-nte (-ante, -iente, -yente 등; 라틴 능동분사의 어미임)

cantante 노래하는 (사람), 가수 [cantar '노래하다']

estudiante 공부하는 (사람), 학생 [estudiar '공부하다']

cliente 기우는 (사람), 고객 (<[라] clinare '기울다'(=inclinar))

oyente 듣는 (사람), 청중 [oír '듣다'][335]

sobreviviente 살아남은 (사람), 생존자 [sobrevivir '살아남다, 생존하다']

-oso(a) (명사나 형용사에 붙어 의미를 강조함)

amarilloso 노르스름한(=amarillento) [amarillo '노란, -m. 노란색']

---

335 '-하는 사람'이라는 의미의 어미 -dor가 붙은 oídor는 '듣는 사람'이라는 의미에서 '청중(=oyente)'이라는 의미도 있지만, '재판관'이라는 의미도 있다. "Ministro togado que en las audiencias del reino oía y sentenciaba las causas y pleitos." https://dle.rae.es/oidor?m=form. 같은 어원의 auditor는 '심판관'이라는 의미 이외에 '감사'라는 의미도 갖고 있다. Del lat. *audītor, -ōris*. https://dle.rae.es/auditor?m=form 참조.

afrentoso 모욕적인 [afrentar '모욕하다', afrenta '모욕, 망신']

verdoso 녹색을 띤 [verde '녹색의, -m. 녹색']

-sión (주로 동사의 어간에 붙어 명사화시킴)

misión 임무 [meter '넣다; 보내다' (<[라] mittĕre '풀어주다, 보내다')][336]

→ admisión 수용, 받아들임 (<[라] ad+missio)

comisión 위임, 위탁 (<[라] cum+missio)

dimisión 해임, 사퇴 (<[라] di+missio)

sumisión 복종 (<[라] sub+missio)

confesión 고백 [confesar '고백하다']

televisión 텔레비전 (<[그] tele- '먼'+[라] video '보다')

visión 봄, 시각, 통찰력 [ver (<[라] videre '보다')]

-tud (주로 동사나 형용사 어간에 붙어 명사화시킴)

actitud 태도, 자세 [actuar '행동하다']

juventud 젊음 [joven '젊은이']

lentitud 느림 [lento '느린']

multitud 다수, 많음 (=muchedumbre) [mucho '많은']

-umbre (주로 형용사 어간에 붙어 명사화시킴)[337]

certidumbre 정확함, 확신 (=certeza, seguridad) [cierto '분명한']

muchedumbre 군중, 많음 [mucho '많은']

---

336 Del lat. *mittĕre* 'soltar', 'enviar'. https://dle.rae.es/meter?m=form 참조.

337 -umbre가 모두 접미사는 아니다. 예를 들어, costumbre는 consuetudinem이 변화된 결과이다. 변화 과정은 다음과 같다: consuetudine>consuetumne>costumne>costum're>costumbre. Del lat. **cosuetumen*, por *consuetūdo, -ĭnis*. https://dle.rae.es/costumbre?m=form 참조.

pesadumbre 슬픔, 괴로움 [pesado '무거운, 괴로운']

-ura (주로 형용사 어간에 붙어 명사화시킴)

hermosura 아름다움, 미(美) [← hermoso '아름다운']

locura 광기, 미침 [← loco '미친']

llanura 평원, 평탄함 [← llano '평평한, -m. 평원']

ternura 부드러움 [← tierno '부드러운']

-xión (주로 동사의 어간에 붙어 명사화시킴)

anexión 합병, 병합 (<[라] a+nectare '묶다, 합치다']

conexión 연결, 접속 (<[라] cum+nectare)

flexión 휨, 굴곡, 어미변화 (<[라] flexio, flectare '구부리다, 휘다')

→ reflexión 반성 [re-'다시']

inflexión 굴절, 구부러짐 [in- '안으로']

irreflexión 경망함, 경솔함, 무반성 [ir- '반대']

4

제4장

서고트 시대의 언어

4.1. 게르만족의 이동과 서고트족의 정착

로마에서는 이른바 '오현제 시대'의 마지막 황제인 마르쿠스 아우렐리우스가 사망한 180년을 기점으로 무력이 모든 것을 말해주는 이른바 '군인황제 시대'가 도래했다. 연이은 쿠데타로 인해 야기된 정치 불안은 곧 국경선의 붕괴로 이어졌고, 경제와 문화도 따라서 쇠퇴해 갔다. 3세기 들어서부터는 제국의 정치적, 도덕적 타락과 과거 강인했던 기상의 쇠퇴가 더욱 두드러졌다.[1] 도시 경제가 갈수록 피폐해지면서 소수 귀족 가문에 의한 대토지 겸병(兼倂) 현상이 더욱 두드러졌다. 로마의 대농장 제도를 latifundium이라고 한다. 이는 '넓은'이라는 의미의 latus와 '농장'이라는 의미의 fundus가 합쳐져 만들어진 합성어로써, 그야말로 '드넓은 농장'을 개인이 소유하는 것을 가리키는 말이다. 포에니 전쟁과 같은 대규모 전쟁이 오랜 기간 지속되자 자영농이 몰락하고 농지가 황폐해졌

1 로마 제국 말기의 상황에 대해서는 Heather, Peter(2006) 참조.

다. 이틈을 타 소수의 귀족이 광활한 토지를 소유하게 된 것이었다. 이미 그라쿠스 형제에 의해 토지개혁이 진행되기도 했으나, 큰 성과를 거두지는 못했다.[2] 3세기 이후, 경제가 피폐해지고 화폐제도가 붕괴하자 대토지를 소유한 영주들은 도시로부터 흘러나오는 값싼 잉여 노동력을 더 쉽게 흡수했다. 또한 국경 경비가 허술해지자 자체 방어를 위해 사병까지 거느리기 시작했다. 점차 자체 행정 조직과 사제단까지 보유하고 자급자족 경제를 일구어 가면서 초기 형태의 장원으로 발전해 갔다. 중세가 다가온 것이었다.[3]

중세 봉건제도의 씨를 뿌린 것은 게르만족이었다. 로마가 약화된 틈을 타 라인강과 다뉴브강 너머에 거주하던 게르만 인들이 로마 영내로 이주하는 빈도가 잦아졌고 규모도 커졌다. 국경을 지키는 수비대도 이민족으로 채워졌다. 게르만족은 주종 간에 계약을 통해 보호와 충성을 주고받는 '종사제(從士制)'라는 독특한 제도를 갖고 있었다.[4] 왕은 '계약', 즉 충성 서약의 대가로 신하들에게 땅을 나누어 주었는데, 이것이 beneficium '은대지(恩貸地)'였다. 라틴어로 이러한 '계약, 협정'을 foedus 라고 하며, 이것이 latifundium과 만나 더욱 발전했다. 이 foedus에서 나

---

2 기원전 2세기 공화정 시대에 활동했던 티베리우스 그라쿠스(기원전 163-132)와 가이우스 그라쿠스(기원전 154-121) 형제를 가리키는 것이다. 둘 다 호민관이 되어 농지개혁을 시도했으나 원로원과 보수파 귀족들의 반대에 부딪혀 무산되었으며, 끝내 피살되었다. 그러나 시간이 흐를수록 그들의 개혁 방향이 옳았음이 드러났다.

3 중세의 기원에 대해서는 Le Goff, Jacques(2008), 제5장, pp.187-211과 배영수 외(2000), 제3장, pp.130-185 참조.

4 독일어로 Gefolgschaft라고 하는데, gefolge는 séquito '신하'이고 schaft는 '일, 분야, 영역'을 뜻한다. 즉, '신하의 임무'라는 뜻인데, 그 댓가로 주어지는 것이 beneficium '은대지'였다. 종사제도와 은대지 제도는 중세 봉건제도를 이루는 중요한 두 요소이다. 로마 시대에 시행하던 comitatus 'condado'가 더욱 발전된 형태이다.

온 말이 feudalismo '봉건제도'이다.[5] 로마에는 존재하지 않던 새로운 제도와 용어들이 도입된 것이었다. 476년 영내로 진입하는 게르만족을 더 이상 막지 못한 서로마 제국은 게르만족 출신의 용병대장인 오도아케르에 의해 역사 속으로 사라졌고, 서로마 제국의 옛 영토는 게르만 각 부족들에 의해 분할되었다.[6]

이베리아반도에 들어온 최초의 게르만 부족은 수에보족이었다. 수에보족은 406년 반달족, 알라노족과 함께 라인강을 건넜다. 갈리아를 가로질러 남하한 후, 409년 이베리아반도에 들어왔다. 411년 족장 에르메리코는 로마와 동맹자 협정을 맺고 정착지로 갈리시아를 할양받았다. 로마 황제의 우월권을 인정하는 대신에 '동맹자이자 왕'으로 정착을 인정받은 것이었다. 여러 게르만 부족 중에서 로마로부터 인정받은 서유럽 최초의 왕이었다. 그러나 수에보족은 갈리시아라는 폐쇄된 공간에 갇힌 데다 뒤이어 들어온 서고트족에게 밀려 더 이상 세력을 확장하지 못했다. 알라노족은 루시타니아를 포함한 반도 중부에, 반달족은 더 남쪽의 베티카에 자리를 잡았으나, 이들 역시 세력을 크게 확장하지 못했다. 당시 에브로강 이북의 타라고넨세 지역은 예전만은 못하지만 아직은 상당한 전투력을 보유하고 있고 로마 황제의 후광을 업고 있는 로마

---

5 봉건제도와 장원제도에 대해서는 김형곤(2006:187-192) 참조.

6 반면에, 제국의 동쪽, 즉 동로마 제국은 여전히 건재했다. 비잔틴 제국이라고도 불리는 동로마 제국은 1453년까지 존속했기 때문에 '로마 제국이 멸망했다'는 것은 올바른 표현이 아니다. 서로마의 마지막 황제 이름은 로물루스인데, 기원전 753년 처음 로마라는 도시를 세운 왕의 이름 또한 로물루스였다. 우연의 일치치고는 기가 막힌 수미상관이다.

군이 차지하고 있었다.[7]

이들의 뒤를 이어 서고트족이 이베리아반도에 들어왔다. 고트족은 동고트와 서고트로 나뉘어 있었다. 2-3세기경 동고트는 흑해 북서 연안에, 서고트는 다뉴브강 하류에 거주하고 있었다. 이들은 로마 영내로 들어오기 전부터 이미 니케아 종교회의에서 이단으로 파문당한 아리우스파의 교리를 믿고 있었다.[8] 아리우스파는 삼위일체설을 부정하여 이단으로 몰리자 북아프리카와 게르만인들 사이에서 세력을 확장했던 것이었다. 376년 서고트족은 훈족을 피해 다뉴브강을 건너 로마 영내로 이주했다. 족장 알라리코는 발칸 일대를 휩쓸고 다녔으나 로마에 스틸리코가 아직 살아있는 동안에는 서로마 제국에 큰 위협이 되지 못했다.[9] 그러나 408년 스틸리코가 죽자 410년에는 로마를 약탈했다. 알라리코에 의한 '로마 약탈'은 매우 상징적이고 충격적인 사건이었다. '세계의 수도'로 그 영광이 영원할 듯했고 모든 이들에게 신성시되기까지 했던 로마가 야만족에게 힘 한번 제대로 써보지 못하고 굴복한 것이었다. 로마라는 천년의 신화가 처참하게 무너져 내린 순간이었다. 이를 계기로 게르만 부족들은 로마를 우습게 여기게 되었고, 갈리아 지역으로의

---

7 게르만족의 이동에 대해서는 Arens, Peter(2006) 참조. 특히 서고트족의 이동과 로마 약탈에 대해서는 pp.194-204, 이베리아반도 정착 과정에 대해서는 pp.270-285 참조.

8 아리우스(250/256-336)는 알렉산드리아 출신의 가톨릭 성직자이자 신학자이다. 그는 예수를 창조된 피조물이므로, 성부에 가깝긴 하지만 동일한 신성(神性)을 갖고 있는 것은 아니라고 주장했다. 즉, 성부에 종속적인 개념으로, 신과 인간의 중간자로 보았다. 그의 주장은 대중들에게 폭넓게 받아들여졌으나 325년에 개최된 제1차 니케아 종교회의에서 이단으로 몰려 파문당했다. 제1차 니케아 종교회의 내용에 관해서는 〈The First Council of Nicaea〉, https://www.newadvent.org/cathen/11044a.htm 참조.

9 알라리코는 '모두의 왕'이라는 의미이다. 그의 생애에 대해서는 https://www.biografiasyvidas.com/biografia/a/alarico.htm 참조. 알라리코와 스틸리코 간의 대결은 아래 해당 단원 참조.

유입이 가속화되었다.

411년 알라리코의 뒤를 이은 아타울프는 부족을 거느리고 남프랑스로 이동했다.[10] 415년 아타울프가 이끄는 서고트족은 남프랑스에서 피레네를 넘어 바르셀로나까지 내려왔다.

416년 새로 족장이 된 왈리아는 이베리아반도의 다른 게르만 부족들을 치기 위해 로마와 동맹을 맺고 본격적으로 남하하기 시작했다. 418년에는 중부의 알라노족과 베티카의 반달족을 공격해 세력을 넓혔다. 같은 해 왈리아는 로마와 동맹자 협정을 맺고 제국 방어에 협력하는 조건으로 아키타니아에 정착하는 것을 승인받았다. 꿈에 그리던 자신들만의 왕국을 건설한 것이었다. 톨로사에 수도를 정해 '톨로사 왕국'이라고도 불린다. 이후 로마의 요청에 따라 이베리아반도의 반달족을 공격했다. 아무리 로마가 무기력해졌고 지배 영역이 이탈리아로 축소되었지만, 아직도 이민족들 사이에서는 로마와의 동맹자 관계 수립은 정권의 정당성과 정통성을 보장해주는 보증수표였고, 이는 곧 자기들끼리의 싸움에서 절대적으로 유리한 고지를 차지하는 것을 의미했다. 이처럼, 군사적으로뿐만 아니라 정치-외교적인 측면에서도 서고트족은 수에보족이나 반달족보다 우위에 서 있었다. 5세기 초 서고트족은 라틴어와 로마 문화를 적극적으로 받아들이고 피레네산맥을 넘어 이베리아반도 북부까지 영향력을 행사하게 됨으로써 서유럽의 새로운 강자로 떠올랐다.

당시 북아프리카에서는 예수의 신성을 둘러싸고 삼위일체파와 아리우스파가 전쟁을 치르고 있었다. 삼위일체설을 신봉하는 로마 교회

---

10 아타울프는 '고귀한 늑대'라는 의미라고 한다. 412년에는 나르본을 점령했으며, 415년에는 피레네산맥을 넘어 바르셀로나를 점령했다. Albaigés, José María(1993:48) 참조.

의 공세에 밀리던 카르타고의 아리우스파는 이베리아반도의 반달족에게 군사원조를 요청했다. 429년 마침 반도 내에서 로마군과 서고트족의 공세에 시달리던 반달족 족장 겐세리코는 아예 수만 명의 일족을 거느리고 지브롤터 해협을 건넜다. 동쪽으로 진격해 439년 카르타고를 점령하고 왕국을 건설했으며, 계속 세력을 확장해 북아프리카 전체와 시칠리아, 사르데니아, 코르시카까지 휩쓸었다. 455년에는 급기야 로마를 약탈하기에 이르렀다. 가히 공포의 대명사다운 행동이었다. 현재 Andalucía라는 지명은 'vandal족이 건너 온 곳'이라는 의미에서 아랍인들이 Al-Andalus라고 부른 데서 비롯된 것이다.[11] al-은 아랍어의 관사이다. 현재까지도 이 종족명에서 나온 단어로 vandalismo, vandálico(a) 등이 쓰이고 있을 정도로 이 종족이 북아프리카에서 보여준 야만적이고도 파괴적인 성격은 고스란히 '문화파괴주의' 또는 '야만성'이라는 의미로 남아 있다.[12]

465년, 로마의 힘이 극도로 약화된 틈을 타 서고트족의 에우리코(466–484)는 로마와 맺었던 동맹자 협정을 파기하고 본격적으로 이베리아반도로 남하하기 시작했으며, 475년에는 왕국의 독립을 선언했다.

476년 서로마 제국이 멸망하자 서고트족의 행보는 더욱 빨라졌다. 알라리코 2세(484–507)는 수에보족을 갈리시아 북부로 더 몰아내고 반도

---

11 Cano Aguilar, Rafael(1988:41)에 따르면 이 지명은 Portus Vandalus 또는 Portus Vandalusius에서 나온 것이라고 한다. '반달족의 항구'라는 의미로, 이들이 승선한 현재의 Tarifa '타리파'를 가리키는 것이라고 한다.

12 Lapesa, Rafael(1992:174) 참조. Del lat. tardío *Vandalĭcus* 'de los vándalos', pueblo germánico. https://dle.rae.es/vand%C3%A1lico 참조. 반달 왕국은 534년 동로마의 벨리사리우스 장군에 의해 멸망했다. Arens, Peter(2006), 특히 반달족의 이동과 멸망에 대해서는 pp.221-232 참조.

의 북부 전역과 중부의 카스티야 고원 지대까지 점령했다. 5세기 말에는 프랑스 남부의 아키타니아와 이베리아반도 대부분의 지역을 지배하게 되었다. 아직 점령되지 않은 지역은 수에보족이 차지하고 있는 갈리시아와 바스크족이 지배하고 있는 북부 산악지대뿐이었다. 507년 프랑크족에게 패해 아키타니아를 상실하자 결정적으로 반도로 이주했다. 이제 이베리아반도는 서고트족이 온전히 지배하는 새로운 시대를 맞이하게 된 것이었다.[13]

당시 이베리아반도 남부와 동부의 해안 지대에는 554년부터 로마 제국의 재건을 기치로 내걸고 들어온 비잔틴 세력이 자리 잡고 있었다. 또 북부에는 수에보족과 바스크족이 아직 남아 있었으며, 사회적으로도 기존의 반도 출신 로마인들과의 법률적, 종교적 장애로 인해 통합이 어려운 실정이었다. 반도 출신 로마인들은 삼위일체설을 믿고 있었는 데 반해, 서고트족은 아리우스파의 교리를 신봉하고 있었다. 서고트족은 법적으로 반도인들과의 혼인이 금지되어 있는 등 자기들만의 세계를 구축하고 있었다.

아타나힐도(554–567)는 수도를 톨레도로 옮겨 왕국의 기틀을 닦았다. 톨레도 천도는 왕국 발전에 매우 중요한 사건이었다. 반도 중앙부를 차지함으로써 반도 전체를 통제할 수 있는 힘을 갖추었다는 자신감의 표현이기도 했기 때문이었다.[14]

레오비힐도(573–586)는 584–585년 바스크와 갈리시아를 정복하고

---

13 서고트족의 이베리아반도 정복과 왕국 건설에 대해서는 Arens, Peter(2006:270-285) 참조.

14 García de Cortázar, F. & González Vesga, J.M.(1996:140) 참조.

반도 출신과의 결혼 금지령도 폐지함으로써, 정치–사회적 통합을 이룩해 왕국의 면모를 일신했다. 특히 585년에는 갈리시아의 수에보족을 서고트 왕국에 완전히 편입시키는 데 성공했다.[15]

레카레도(586–601) 때에는 여기서 더 나아가 제3차 톨레도 종교회의(589)를 통해 로마가톨릭 교리를 받아들임으로써 기존의 반도인들과의 종교적 통합을 이루었다. 이를 계기로 서고트 왕국은 정치적, 문화적 절정기에 다다랐다.

레세스빈토(653–672) 때에는 법전인 Liber Iudiciorum '재판관서'를 제정해 서고트족과 반도인들 간에 남아 있던 여타의 법률적 차별을 모두 철폐함으로써 완전한 통합이 이루어졌다. 이 '재판관서'는, 비잔틴 제국의 유스티니아누스 대제가 528–565년 사이에 기존의 로마법을 집대성해 놓은 Corpus iuris civilis '시민법'을 기초로 다시 편찬한 것으로써, 재판관들이 유의해야 할 규정들을 집대성해 놓은 것이다. 당시의 사회체계와 규범, 특히 중세 봉건제도의 기초가 되는 영주와 신하 간의 주종 관계 등이 잘 기술되어 있다.

이러한 통합 과정을 거쳐, 서고트족은 언어, 종교, 법률 모두 피정복민의 것을 받아들이면서 이베리아반도에서 다시 완전한 정치적, 종교적 통합체를 탄생시켰다. 프랑코족이 점령한 갈리아는 Francia로 불리게 된 반면에, 서고트족이 점령한 이베리아는 *Gotia나 *Visigotia가 아닌 Hispania로 남아 있는 이유이다. 이는 서고트족이 기존의 로마 문화에

15 산 이시도로에 따르면, 레오비힐도가 '왕의 복장으로 왕좌에 앉은' 최초의 왕이라고 한다. '왜냐하면 그전에 고트족은 그들의 왕과 똑같은 옷을 입고 똑같은 자리에 앉았었기 때문이다.' Arens, Peter(2006:278)에서 인용.

얼마나 잘 동화되었고, 또 반도인들과 얼마나 잘 융합했는지를 단적으로 보여주는 좋은 예이다. 이러한 완전 통합은 후에 아랍인들을 상대로 국토 회복 전쟁을 벌일 때, 왜 이들의 정치-사회적 목표가 '서고트 왕국의 재건'이었는지도 잘 설명해 준다.

수인틸라(621–631) 때에는 안달루시아 남부에 남아 있던 비잔틴 잔존 세력을 몰아내고 반도의 통일을 완성했다.[16]

이처럼 많은 문제들을 하나씩 현명하게 잘 해결해 나가던 서고트 왕국도 왐바(672–680) 집권 후에는 귀족들 간의 내분과 왕위 다툼, 흉작과 페스트의 만연, 또 레세스빈토 이후의 종교적, 상업적인 면에서 행한 유대인 박해 등을 계기로 상황이 날로 악화되어 갔다. 특히, 710년 위티사 사후에 후계 자리를 놓고 계승파와 게르만 전통에 따른 선출파 사이에 내분이 발생함으로써 상황은 최악으로 치달았다. 위티사 가문은 비잔틴 세력과 손잡고 당시 베티카의 영주이자 선출파의 영수인 로드리고에 맞섰으나 권력투쟁에서 패하자, 다시 북아프리카에 있던 모로족과 손을 잡았다. 이미 이슬람교로 개종한 모로족은 호시탐탐 이베리아반도로 쳐들어올 기회만을 노리고 있던 상황이었으므로, 이는 그야말로 알라께서 내려 준 천금 같은 기회가 아닐 수 없었다.

711년 4월 탕헤르 총독인 타릭은 군대를 이끌고 이베리아반도에 상륙했다. 7월에는 과달레테강 전투에서 로드리고가 이끄는 서고트 군대를 격파했다. 로드리고는 이 전투에서 패해 사망했다. 로드리고와 동맹을 맺었던 위티사 가문이 결정적인 순간 배신을 했기 때문이었다. 타릭

---

16 서고트 왕국의 전성기였던 아타나힐도, 레오비힐도, 레카레도, 레세스빈토 치세 하의 상황에 대해서는 Carr, Raymond(2006), 제2장, pp.57-83 참조.

은 별다른 저항 없이 톨레도에 입성했다. 본래 타릭의 목적은 왕국의 보물이었지 영토 정복이 아니었다. 따라서 톨레도에 입성하자마자 즉시 왕국을 멸망시킨 것은 아니었다. 타릭은 위티사의 아들인 아길라 2세를 톨레도 왕위에 앉혔고 그의 숙부인 세비야 주교였던 옵파스를 모로족을 도운 공로로 스페인 최고위 성직인 톨레도 대주교에 앉힌 후, 공물 액수 협상에 들어갔다. 그러나 협상이 순탄치 않자 이듬해 아예 왕국을 멸하고 눌러앉았다.[17]

전설에 따르면, 서고트의 왕이 된 로드리고(재위 710–711)는 톨레도에 볼모로 잡혀와 있던 세우타 백작의 딸인 플로린다 데 라 카바가 타호강에서 목욕하는 것을 훔쳐보다 욕정을 참지 못하고 그녀를 겁탈했다고 한다. 이에 북아프리카에 있던 그녀의 아버지 훌리안은 복수를 하기 위해 모로족에게 도움을 청했고, 이것이 이슬람교도들이 지브로올터 해협을 건너는 결정적인 계기가 되었다고 한다. 또 다른 요인으로는 법률적, 사회적으로 차별과 억압을 받던 유대인들, 기아와 페스트에 시달리던 농민 대다수와 노예들도 사회 불만 세력으로 왕국 멸망의 한 축을 담당했다고도 한다. 권력투쟁의 산물이든 욕정의 산물이든, 어쨌든 서고트 왕국은 711년 타릭이 이끄는 이슬람 군대에 의해 멸망했다.[18]

17 아길라 2세(681-716)는 위티사의 아들로 711년 당시 타라코넨세와 나르보넨세의 왕이었다. 이슬람 세력을 끌어들여 로드리고를 쳐내고 톨레도의 왕이 되기를 꿈꾸었으나 자신이 끌어들인 타릭은 이를 용납하지 않았다. 711년 로드리고가 패한 후 잠시 왕위에 앉았으나 허수아비에 불과했으며 일장춘몽에 지나지 않았다. 서고트 왕국이 멸망한 것은 712년이지만, 711년에 이미 로드리고가 사망하고 타릭이 톨레도를 점령했기 때문에, 로드리고를 마지막 왕이라고 부르고 왕국이 멸망한 해를 711년이라고 하는 것이다. 아길라 2세는 다마스커스로 끌려갔다가 돌아와 716년에 사망했다.

18 서고트 왕국의 역사에 대한 더 자세한 사항은 Tuñón de Lara, Manuel, *et. al.*(1991), 특히 제4장 pp.50-63과 García de Cortázar, F. & González Vesga, J.M.(1996), 제7장, pp.135-150 참조.

4.2. 스틸리코와 알라리코

플라비우스 스틸리쿠스(359?-408)의 어머니는 로마인이었고 아버지는 반달족 군인이었다. 이처럼 온전한 로마인도 아니었으며, 출생 연도가 정확하지 않을 정도로 이름 있는 가문 출신도 아니었다. 젊어서부터 로마군에 입대해 두각을 나타냈다. 특히 383년 페르시아와 불가침 협정을 맺는 데 결정적인 역할을 했다고 한다. 이미 20대 중반에 테오도시우스 황제의 신임을 얻어 호위대장이 되었으며 황제의 조카딸과 결혼했다. 다뉴브강 북부에 거주하던 서고트족의 족장 알라리코와는 전부터 서로 아는 사이였다. 알라리코가 로마의 보조부대장으로 복무했었기 때문이었다.

395년 테오도시우스가 죽은 후 제국은 두 아들에게 분할되었다. 첫째인 아르카디우스는 동로마를, 둘째인 오노리우스는 서로마를 물려받았다. 사실 제국의 일부분을 후계자와 분할해 방위하는 제도는 새로운 것이 아니었으나, 이는 결과적으로 제국을 영구 분할한 꼴이 되었다. 다시는 통합되지 못했기 때문이었다. 테오도시우스는 스틸리코에게 11살의 어린 오노리우스를 부탁했다. 황제의 후견인이 된 스틸리코는 자신의 딸을 오노리우스와 결혼시켰고 서로마군 총사령관이 되었다. 이는 로마 귀족들 사이에서 큰 반감을 불러일으켰다. 아버지가 '야만인'인 반쪽짜리 로마인이 황제의 장인이 된 것도 모자라 총사령관이 되었기 때문이었다.[19]

376년 알라리코는 다뉴브강 북부에 거주하던 부족을 규합해 로마 영내로 진입했다. 알라리코와의 첫 번째 대결은 395년에 이루어졌다. 서고트족의 왕이 된 알라리코가 로마와의 동맹을 깨고 트라키아(현 불가리아)를 침략한 것이었다. 스틸리코는 동,서로마 연합군을 이끌고 살로나에서 알라리코를 격퇴했다. 396-7년 알라리코가 다시 마케도니아와 그리스를 침공했으나, 이때도 스틸리코에 의해 격퇴되었다. 그러나 동로마의 황제는 알라리코와 동맹자 협정을 맺고 그를 발칸반도 일리리쿰(현 크로아티아와 불가리아)의 사령관으로 임명했다. 어제의 약탈자가 느닷없이 합법적인 군사령관이 된 것이었다. 당시 로마의 방위 수준이 어떠했는지를 가늠케 해주는 상징적인 사건이었다. 세 번째 대결은 401-2년에 일어났다. 알리리코는 이제 명색이 동로마의 군사령관인데도 태연하게 알프스를 넘어 이탈리아를 침공했다. 황제 따위는 안중에도 없는 인물이었다. 1년 넘게 이탈리아 북부를 휩쓸고 다녔으나 동로마 측에서는 감히 아무도 나서서 제지하는 사람이 없었다. 오히려 서로마 지역에 가서 분탕질하고 다니는 것이 자신들에게는 다행이라고 생각하는 듯했다. 이듬해 폴렌초와 베로나에서 연달아 스틸리코에게 격파당했다. 알라리

19 스틸리코의 생애와 알라리코와의 관계 및 당시 로마 제국의 상황에 대해서는 시오노 나나미(1992), 『로마인 이야기』, 제15권 제1부 <최후의 로마인>과 Heather, Peter(2006:305-320) 참조.

코는 이 패배로 큰 타격을 받았으나 세력이 완전히 말살된 것은 아니었다.

스틸리코를 못마땅하게 여기던 로마 귀족들은 스틸리코가 여러 차례 로마를 구했음에도 불구하고 알라리코와의 관계를 의심하기 시작했다. 알라리코의 공격을 세 번씩이나 크게 격퇴했음에도 끝까지 추격해 죽이지 않은 것에 의심을 품은 것이었다. 그러던 차에 408년 스틸리코는 알라리코와 방위협정을 체결하겠다고 공표했다. 그러자 귀족들은 스틸리코가 알라리코와 밀약을 통해 자기 아들을 황제에 앉히려 획책한다고 중상모략했다. 그 이면에는 방위비를 분담하고 싶지 않은 금전적 이기주의와 야만족에게 복종하고 있다는 굴욕감이 깔려 있었다. 스틸리코는 결국 어린 황제까지 자신을 불신하자 408년 총사령관직에서 순순히 물러났다. 황제와 귀족들에 맞설 힘은 충분했으나 전임 황제의 고명을 받은 몸이었기 때문에 사형을 선고한 어린 황제의 결정에 묵묵히 따랐다. 자신이 반쪽짜리 로마인임을 누구보다도 잘 알고 있었기 때문에 오히려 더 로마 장군답게 구차한 변명 따위는 하지 않고 담담하게 죽음을 받아들였다.

그가 죽은 후 가족과 측근들도 모두 처형되었다. 그러자 그를 따르던 수만 명의 베테랑 병사들은 알라리코에게 귀순했다.[20] 주인을 죽인 자에게 충성하느니 차라리 적일지언정 주인이 실력을 인정한 사람에게 의탁한 것이었다. 그 결과는 즉시 로마의 대재앙으로 나타났다. 알라리코는 그 군대를 이끌고 이탈리아로 쳐들어갔다. 이미 로마에는 그를 막을 수

20 Arens, Peter(2006:196) 참조.

있는 실력 있는 장군이 아무도 없었다. 알라리코는 거침없이 로마의 성문 앞에 도달했고 410년 마침내 성문을 돌파하는 데 성공했다.[21]

스틸리코가 알라리코를 죽이지 않은 이유는, 명시적으로 밝혀진 바는 없으나, 아마도 그를 제국 방어의 방패막이로 삼고자 했기 때문이었을 것이다. 실제로 408년 이전부터 둘 사이에 대화가 오갔을 것이라고 한다. 당시 서로마 제국은 이미 갈리아와 이베리아, 브리타니아를 포기했고, 겨우 이탈리아만을 통치하고 있었다. 이탈리아마저도 게르만족의 약탈로부터 안전하지 않았다. 이런 상황에서 다뉴브강 일대에서 가장 큰 세력인 알라리코의 서고트족을 완전히 말살하면 또 다른 세력이 그 자리를 차지하거나, 더 북쪽의 다른 게르만족이 대거 로마 국경으로 밀려들 가능성이 매우 컸기 때문이었다. 반면에 알라리코와는 젊었을 때부터 아는 사이인데다가 이미 세 번씩이나 싸워 이긴 바 있었기 때문에, 어느 정도 통제가 가능했다. 그를 살려 둬야만 다른 세력을 견제할 수 있었고, 그것이 결국에는 이탈리아 방어에 유리하게 작용했기 때문이었다. 서로에게 득이 되는 전략이었다. 그러나 권력욕과 시기심에 눈이 먼 로마의 어린 황제와 귀족들은 스틸리코의 심모원려를 짐작조차 하지 못했고, 그 결과는 참혹하고도 수치스러운 약탈로 되돌아온 것이었다.

---

21 알라리코에 의한 로마 약탈에 대해서는 Heather, Peter(2006:320-328)과 Gibbon, Edward(2016), 제10장, pp.381-404 참조. 스틸리코 사후, 409년 초 알라리코는 로마로 향했다. 첫 번째는 금 5천 리브라(1,875kg), 은 3만 리브라(11,250kg), 비단 가운 4천 벌, 붉은색의 얇은 고급 천 3천 필, 인도산 향신료 3천 리브라(1,125kg) 등을 받는 조건으로 성문 앞에서 물러났으며, 두 번째 역시 포위만 한 채 군량과 원하는 것을 받고 물러갔다. 그러나 세 번째는 이에 만족하지 않고 끝내 성문을 돌파하고 시내로 진입했다. 410년 8월 24일의 일이었다. 10만의 고트족이 닷새 동안 세계의 수도 로마를 참혹하게 약탈했다. 값비싼 물건은 닥치는 대로 모두 빼앗아 갔으며, 저항하는 자는 가차 없이 죽였다. 로마는 약속대로 교회와 수도원이 무사한 것만으로 만족해야 했다. 이로써 로마의 위신은 땅에 떨어졌고 조롱거리로 전락했다. 시오노 나나미(2007), 『로마인 이야기』, 제15권, pp.174-189 참조.

로마의 별칭은 Urbs Aeterna '영원의 도시' 또는 Caput Mundi '세계의 수도'였다. 영원할 것 같았던 천년 역사의 로마가 그들이 그토록 경멸해 마지않던 야만족에게 굴복하고 치욕스럽게 약탈당한 것이었다. 로마의 방패를 자임했던 '야만인' 스틸리코를 자신들의 손으로 죽인 결과였다. 자업자득(自業自得)이라는 말이 가장 잘 어울리는 대목이다.[22]

22 로마를 약탈한 후, 알라리코는 풍요로운 북아프리카로 가기 위해 남쪽으로 내려가다가 캄파냐 지방에서 사망했다. 이에 아타울프는 부족을 이끌고 다시 로마로 돌아가 이번에는 황제의 여동생인 갈라 플라키디아를 약탈해 근사하게 결혼식까지 올렸다. 후에 남프랑스로 이동해 나르본과 툴루즈를 정복했으며, 최종적으로는 이베리아반도로 들어가 정착했다. Arens, Peter(2006:197-204) 참조.

4.3. 게르만족이 세운 도시

[Toledo]

서고트 왕국의 수도로 당시 가장 중요한 도시였다. 그러나 서고트족이 이 도시를 세운 것은 아니었다. 도시의 기원은 오랜 옛날 카르페타노족으로 거슬러 올라간다고 하지만, Toledo라는 이름은 로마 시대에 지어진 것이다. 기원전 193년 로마군에 의해 정복되었으며 Toletum이라고 불렸다. 의미는 '언덕 위에 세워진 도시' 또는 '강이 감싸고 도는 굽이진 곳'으로 해석된다. 어원은 tolus '언덕'에서 파생된 것이라고 한다. '강이 반원형으로 감싸고 도는 산언덕 위에' 세워졌기 때문에 이런 이름이 붙은 것으로 풀이된다.[23]

로마 시대부터 특히 제철 산업이 발달해 양질의 검을 생산하고 동전

23 톨레도의 지명과 역사에 관해서는 〈La ciudad de Toledo en la web de la Diputación de Toledo〉, https://web.archive.org/web/20150923214950/http://www.diputoledo.es/global/areas/turismo/muni_datos.php?id_area=11&id_cat=&f=&codine=45168&id_ent=222 참조.

을 주조했다. gladius라 불리는 짧은 양날 검은 찌르거나 베는 데 모두 유용해 스키피오가 로마군의 제식 무기로 삼을 만큼 질이 우수하고 위력적이었다.[24]

6세기 중반 아타나힐도(554–567) 때 알라노족으로부터 정복했으며, 수도 겸 대주교좌가 되었다. 이때부터 이베리아반도의 정치, 경제, 사회, 문화의 중심지로 크게 발전했다. 현재까지도 스페인의 수석 주교좌이며 대주교는 추기경을 겸하고 있다.

톨레도는 고대, 중세, 현대와 가톨릭, 이슬람, 유대교 문화가 시공을 초월해 함께 어우러져 있는 그야말로 '역사와 문화의 도시'이다. 도시 자체가 하나의 거대한 박물관이자 문명의 용광로이다. 카를로스 1세가 궁정을 차려 Ciudad Imperial '제국의 도시'라고도 불린다. 1986년 구도심 전체가 인류문화유산으로 등재되었다.[25]

[기타]

게르만족이 직접 세운 도시로는 다음과 같은 것들을 더 들 수 있다. 게르만족으로부터 유래한 지명에는 '영주의 이름에 라틴어의 속격 어미가 붙은 형태', 즉 '–의 (마을)'이 많다.

Allariz: 오렌세 지방에 위치해 있다. 수에보족의 전사인 Aliaricus의 라틴식 속격 (Vila) Aliarici에서 유래했다.[26]

---

24 Del lat. *gladius* 'espada', voz de or. celta. https://dle.rae.es/gladio 참조.

25 〈Toledo, la ciudad de las Tres Culturas〉, https://viajes.nationalgeographic.com.es/a/toledo-ciudad-tres-culturas_6263 참조.

26 https://www.allariz.gal/ 참조.

Gondomar: 폰테베드라 지방에 위치해 있다. 수에보족의 전사인 Gundemarus의 라틴식 속격 Gundemari에서 유래했다.[27]

Guitiriz: 루고 지방에 위치해 있다. 수에보족의 전사인 Witericus의 라틴식 속격 Witerici에서 유래한 지명이다.[28]

이 밖에도, 폰테베드라 지방에 있는 Aldán과 Mondariz, 오렌세 지방에 있는 Gomesende, 사모라 지방에 있는 Hermisende 등도 이와 유사한 과정을 거쳐 형성된 게르만 기원의 지명이다. 이들은 주로 과거에 수에보족이 정착했던 곳인 갈리시아와 포르투갈 북부에서 많이 발견된다.

'라틴 보통명사와 서고트 고유명사'가 합쳐져 만들어진 것들도 있다.

Castrogeriz: 부르고스 지방에 위치해 있다. Castrum Sigerici '시게리쿠스의 성'에서 유래했다.[29]

Mondariz: 폰테베드라 지방에 위치해 있다. Munderici '문데리쿠스의 땅'에서 유래했다.[30]

Villafáfila: 사모라 지방에 위치해 있다. Villa de Fávila에서 유래했으며, Fávila는 Fáfila로도 쓰였다.[31]

이 밖에도, 레온 지방에 위치한 Villeza (〈Villa de Agiza), 바야돌리드 지방에 위치한 Villalán de Campos (〈Villa Egilani), 부르고스 지방

27 https://concellodegondomar.gal/en/gondomar/historia 참조.

28 https://www.concellodeguitiriz.com/gl/content/historia 참조.

29 Menéndez Pidal, Ramón(2005:223) 참조. sigis는 victoria '승리'라는 뜻이라고 한다. 도시의 역사에 관해서는 http://www.castrojeriz.es/historia/origenes/ 참조.

30 Alatorre, Antonio(1989:70) 참조.

31 https://villafafila.net/historia/historia.htm 참조.

에 위치한 Villasandino (〈Villa de Dorotti Sendino) 등도 게르만 기원의 지명이며, 레온 지방에 있는 Villeza, 바야돌리드 지방에 있는 Villalán de Campos, 부르고스 지방에 있는 Villasandino 등도 이와 유사한 과정을 거쳐 형성된 게르만 기원의 지명이다.[32] 또한 부르고스 지방의 Villafruela 'finca de Froyla', 사모라 지방의 Hermisende (〈Hermesindi '헤르메신두스의 땅')와 Toro (〈[Campu] Gothorum '고트인들의 땅'), 오렌세 지방의 Gomesende (〈Gumesindi '구메신두스의 땅'), 바르셀로나 지방의 Castelladrall 'castillo de Aderaldo', 레온 지방의 Villasinde 'finca de Swíntila', 살라망카 지방의 Fuenteguinaldo 'fuente de Winibaldo' 등도 게르만어 기원의 지명이다.[33] 부르고스와 아빌라 지방에 있는 Villatoro는 Villa Gothorum '고트인들의 마을'이 변한 것이다.[34] 사모라 지방의 Toro와 마찬가지로 Gothorum이 변한 것이지 toro '황소'에서 유래한 지명은 아니다.[35]

---

32 Lapesa, Rafael(1981:120) 참조.

33 Alatorre, Antonio(1989:70) 참조.

34 Galmés de Fuentes, Alvaro(2000:15), Los topónimos: sus blasones y trofeos (la toponimia mítica), Madrid: Real Academia de la Historia 참조.

35 Menéndez Pidal, Ramón(2005:223)에 따르면, 스페인에는 약 2,400개 정도의 게르만 기원 지명이 있다고 한다. 본 절에서 인용한 것 이외에 더 많은 정보는 위 책 pp.223-224 참고.

4.4. 주요 인물과 문예부흥

7세기에 이베리아반도에서는 '비시고도 르네상스'라 불릴만한 문예부흥 운동이 일어났다. 서로마 제국이 멸망한 지 이미 한 세기 반이 지난 후였다. 그 사이 서유럽 각 지역에서는 여러 게르만 부족들이 난립하다가 차츰 갈리아의 프랑코족, 이베리아의 서고트족, 이탈리아의 랑고바르도족 등이 각기 해당 지역을 통일하고 뿌리를 내렸다. 이 부족들은 중에서 가장 먼저 안정된 왕국을 건설하고 로마 문화와 문예를 다시 부흥시킨 것은 서고트족이었다. 그것이 가능했던 이유는 우선, 삼면이 바다로 둘러싸인 반도라는 지형적 특성상 비교적 타 부족의 침입을 덜 받았기 때문이었다. 6세기 중반에 이미 톨레도에 수도를 정하고 정국을 안정시켰으며, 로마 문화에 빠르게 동화되었다. 이로써 7세기에는 다른 게르만계 부족들보다 한발 앞서 정치적 안정을 이룰 수 있었다. 또 다른 이유로는 지식층인 로마계 귀족계급이 비교적 안정적으로 유지되어 행정이 제 기능을 발휘하고 있었던 점을 꼽을 수 있다. 이는 세비야의 '산 이시도로'와 톨레도의 '산 일데폰소' 등 걸출한 인재들이 배출된 배경이

되었으며, 이들을 통해 문예뿐만 아니라 가톨릭 교리 또한 융성하게 발전했다.

4.4.1. 산 이시도로 데 세비야[36]

556년경에 태어났다고 한다. 아버지는 로마의 귀족이었고 어머니는 서고트족 왕가의 일원이었다고 한다. 집안은 본래 카르타헤나에서 살았는데 비잔틴 제국이 도시를 점령하자 세비야로 이주했다. 정확하게 어디에서 태어났는지는 알려지지 않았다. 당시 이베리아반도를 지배하고 있던 서고트족은 아리우스파 교리를 신봉하고 있었으나, 이시도로는 어려서부터 엄격한 로마가톨릭식의 교육을 받았다. 부모를 일찍 여의고 20살이나 위인 큰형 레안드로 밑에서 자랐다. 젊었을 때 한 방울씩 떨어지는 낙숫물이 돌을 뚫는 것을 보고 크게 깨달은 바 있어 꾸준히 수도에 전념했다고 한다. 신학뿐만 아니라 철학과 문학, 역사에서도 뛰어난 재능을 보였다. 589년에는 아리우스파의 교리를 믿고 있던 레카레도 왕을 로마가톨릭으로 개종시켰다. 600년 형 레안드로가 사망하자 그 뒤를 이어 세비야 주교에 임명되었다. 619년 제2차 세비야 종교회의

36 San은 '성스러운'이라는 의미로 주로 남성 성인 이름 앞에 붙는 경칭이다. 그러나 Isidoro의 경우에는 고유명사화 된 것으로 간주하여 굳이 '성'이라고 해석하지 않는다. 이에 따라 본 고에서는 '산 이시도로'라고 표기한다. 산 이시도로의 언어에 대해서는 Wright, Roger(1989:131-150) 참조; 생애와 업적, 일화 등에 대해서는 〈Isidoro, Santo, Arzobispo de Sevilla, 560-636〉, http://www.larramendi.es/i18n/consulta_aut/registro.cmd?control=POLI20090012875; 〈San Isidoro de Sevilla〉, http://www.enciclopediacatolica.com/i/isidoro.htm; 〈San Leandro y San Isidoro〉, http://www.historialago.com/leg_visig_0213.htm 참조.

를 통해 서고트족의 전면적인 개종을 추진했다. 633년에는 제4차 톨레도 종교회의를 열어 이베리아반도 가톨릭교회의 전례와 기도 양식을 개혁하고 통일했다. 많은 교리를 정비하고 교칙과 규약을 제정했으며, 현재까지 존속하는 톨레도의 '모사라빅 전례'를 완성했다. 그의 노력 덕분에 이베리아반도의 교회는 종교적으로 통일되어 보편교회의 길을 걷게 되었으며, 야만성을 벗고 학문과 문화의 중심지가 되어 유럽 다른 나라들의 안내자가 되었다. '고전 문화를 복원해 점증하는 야만의 위협으로부터 스페인을 구한 신에게 선택받은 자'라는 평가를 받았다.[37]

라틴어, 그리스어, 히브리어 등에 두루 능했던 그는 신학뿐만 아니라 의학, 법학, 철학 등 다양한 학문을 섭렵하고 제자들을 길러 7세기 이베리아반도의 문화 복원 운동을 주도했다. 모든 교구에 신학교와 수도원을 세워 인재를 양성하고 수양을 쌓도록 했다.

그의 위대한 학문적 업적은 전 20권으로 구성된 백과사전인 『Etymologiae』 '어원론'에서 집대성되었다. 이 책은 신학에서부터 문법, 수사학, 수학, 의학, 역사 등에 이르기까지 다양한 학문 분야를 다룬 '백과사전'이다.[38]

이 중에서 진정한 의미의 '어원'에 관한 것은 제10권이다. 예를 들

---

37 〈Isidoro, Santo, Arzobispo de Sevilla, 560-636〉, http://www.larramendi.es/i18n/consulta_aut/registro.cmd?control=POLI20090012875 참조.

38 〈Etymologiae〉에 대해서는 De Sevilla, Isidoro[2004]. *Etimologías* (edición bilingüe latín-español), Madrid: Biblioteca de Autores Cristianos 참조; 온라인 사이트로는 〈Etymologiae〉, Biblioteca Digital Hispánica, http://bdh-rd.bne.es/viewer.vm?id=0000051810 참조. 현대어 버전은 https://www.academia.edu/43569995/_Isidore_of_Seville_and_the_Etymologies_; https://www.academia.edu/248220/The_Etymologies_of_Isidore_of_Seville_AND_The_Medieval_World_of_Isidore_of_Seville_Truth_from_Words 참조.

면, gato의 어원은 cattus인데, 이는 '응시하다, 뚫어질 듯이 쳐다보다'라는 의미의 동사 cattare에서 나온 것이라 풀이했다. 고양이의 눈빛과 관계있는 어원이다. 이 단어는 현재 catar로 변했고, catador '감별사' (예: catador de vino '포도주 감별사')와 같은 파생어를 낳았다. abeja의 어원은 apes (정확히는 apes의 축소사 apicŭla)인데 이는 '결여'를 나타내는 라틴 접두어 a-에 '발'을 뜻하는 pes가 붙어 만들어진 것이라고 풀이했다. 즉 '다리가 짧은', 또는 '없는 듯이 보이는 짐승'이라는 의미이다. camisĭa에서 유래된 camisa는 cama, 즉 '침대에서 입는 옷'이라 하여 이름 붙여진 것이라고 하며, mantum에서 유래된 manto는 '손(mano)까지 내려오는 옷'이라 하여 이름 붙여진 것으로 풀이했다. '왕'인 rex는 regendo에서 나온 것으로, 이는 왕은 곧 recte agendo '올바르게 행하는 (사람)'이라는 뜻에서 생긴 것이라고 보았다. 성경에 따르면 '인간'은 humus '흙'으로 만들어진 것이므로 그 말의 형태가 homo '인간'이 되었다고 보았다. '닦다'인 luere는 lutum '진흙'에서 나온 것인데, 이는 진흙이 지저분하기 때문에 '잘 씻으라'는 의미에서 나온 것이라고 풀이했다. '숲'인 lucus는 lux '빛'에서 나온 것인데, 이는 숲이 빛이 잘 들지 않아 어두컴컴하기 때문이라고 풀이했다. 이처럼 사물의 어원을 그 본질적인 성격과 형태에 따라서가 아니라, 다분히 자의적인 해석에 따라서 분석하고 있다. 이런 식으로 독특하게, 형태적인 면에서가 아니라, 심리적 또는 의미적인 면에서 어원을 분석하고 있다.[39]

이 밖에도, 『Sententiarum』 '가톨릭 교리에 관한 편람서', 『De

39 Alatorre, Antonio(1989:68) 참조.

ecclesiasticis officiis』 '수도원의 권리와 의무, 전례', 『Historia de regibus gothorum, vandalorum et suevorum』 '고트, 반달, 수에비족의 역사' 등을 썼다. 그의 저서들은 많은 중세 학자들의 학문적 토대가 되었으며 인류의 지적 문화유산에 큰 족적을 남겼다. 그의 학문적 업적은 중세 유럽 대부분의 학자에게 큰 영향을 끼쳤다. 특히 오랫동안 잊혀졌던 아리스토텔레스를 비롯한 그리스 철학자들의 사상이 재조명받기 시작한 것도 산 이시도로의 연구에 힘입은 바 크다.

평생을 가난하고 병든 자들을 극진히 보살펴 주변에는 늘 그의 손길을 필요로 하는 사람들로 붐볐다고 한다. 그의 경건한 수도사적 삶과 실천 사상, 학문적 업적은 중세 유럽 교회에 큰 영향을 끼쳤다. 636년에 사망했으며, 현재까지 중세의 '위대한 교부(教父)'로 뿐만 아니라 '인문학의 수호성인'으로도 칭송받고 있다.[40] 1598년 시성되었고 1722년 '교회박사'에 임명되었다.[41]

---

40 그의 축일인 4월 4일은 '인문학의 날'로 스페인 대학교의 모든 인문학 관련 단과대학이 쉰다. 2003년에는 '인터넷 사용자와 프로그래머의 수호성인'으로도 선정되었다. 그가 쓴 『어원학』이 방대한 데이터를 모아 놓은 것이라 현대 빅데이터의 원조로 여겨졌기 때문이다.

41 교회박사란 가톨릭교회에서 '하느님의 성령을 구현하고, 뛰어난 학식을 갖추어, 교리 발전에 크게 기여한 인물'에게 부여하는 최고 칭호이다. 위의 세 가지 조건을 모두 충족한 인물에게만 수여된다. 라틴어로는 Doctor Ecclesiae, 스페인어로는 Doctor de la Iglesia이며 2021년 현재까지 총 36명이 임명되었다. 우리에게 잘 알려진 인물로는 북아프리카 히포의 주교인 아우구스티누스, 밀라노의 주교인 암브로시우스, 중세의 대표적인 신학자인 토마스 아퀴나스 등이 있으며, 스페인 출신으로는 '산 이시도로 데 세비야(1722년), 산 후안 데 라 크루스(1926년), 아빌라의 산타 테레사(1970년)' 세 명이 포함되어 있다. https://archive.org/details/33doctorsofchurc0000reng 또는 〈Doctores de la Iglesia〉, https://web.archive.org/web/20061113001019/http://www.enciclopediacatolica.com/d/doctoresiglesia.htm 참조.

4.4.2. 산 일데폰소 데 톨레도[42]

607년 톨레도에서 출생했다. 어려서부터 수도원에 들어가 공부했으며 650년 수도원장이 되었다. 657년 톨레도 대주교인 숙부가 죽자 그 뒤를 이어 대주교에 올랐다. 667년 사망해 톨레도의 성 레오카디아 교회에 묻혔다가 후에 사모라로 이장되었다. 산 이시도로의 뒤를 이어 서고트 시대의 문예 부흥을 이끈 인물이었다.[43]

665년 톨레도에서 그가 경험했다는 기적은 특히 유명하다. 어느 날 밤 보좌신부들과 기도를 드리기 위해 교회에 들어섰을 때 제단이 밝게 빛나고 있는 것을 목격했다고 한다.[44] 가까이 다가가 보니 성모 마리아가 주교좌에 앉아 있었다고 한다. 성모는 그에게 법의(法衣) 한 벌을 건네주며 '너는 나의 충실한 종이요 사제이니 내 아들이 네게 주는 선물이다'라고 했다고 한다. 성모 마리아의 발현에 관한 이 기적은 교회에서 공식적으로 기록되었으며, 서고트 시대뿐만 아니라 이슬람 시대에도 계속 인구에 회자되었다고 한다. 성당을 메스키타로 바꾼 아랍인들도 성모 마리아가 발현한 이 교회만큼은 함부로 건드리지 않았고, 오히려 그녀가 밟았던 제단의 돌을 신성시했다고 한다.[45] 성모 마리아의 발현을 체험한 일데폰소는 특히 '성모숭배'에 주력해 성모 마리아의 처녀 잉태

42 일데폰소의 경우에도, 산 이시도로와 마찬가지로, San을 '성(聖)'으로 해석하지 않고 고유명사화 된 것으로 간주하여 '산 일데폰소'로 표기한다.

43 산 일데폰소의 생애와 업적에 관해서는 <San Ildefonso>, http://www.corazones.org/santos/ildefonso.htm 참조.

44 교회 전설에 따르면, 12월 18일이라고 한다.

45 성모 마리아는 이슬람교에서도 신성시되는 인물이다. 현재 톨레도 대성당 내 한 기둥에 성모가 발현한 곳이라는 표지가 붙어 있다.

와 신성에 대한 이론적 체계를 세웠다.

스페인 가톨릭사에서 서고트족이 삼위일체설을 받아들인 589년부터 711년까지는 '전례, 교리, 영성' 면에서 가장 눈부시게 발전한 시기였다. 바로 '산 이시도로와 산 일데폰소의 시대'이다. 현재 여러 도시에서 수호 성인으로 받들고 있는데, 특히 그의 유해가 안치되어 있는 사모라의 수호성인으로 추앙받고 있다. 축일은 1월 23일이다.

그의 이름을 딴 유명한 곳으로는 세고비아 근교에 있는 Palacio Real de La Granja de San Ildefonso를 들 수 있다. 1724년 펠리페 5세가 지은 별궁이다. 작지만 기품있는 바로크식 건물과 널찍하게 잘 가꾸어진 정원이 특히 아름답다. 루이 14세의 손자인 펠리페 5세가 베르사유 궁을 본떠 지었다고 하여 '작은 베르사유'라고도 불린다. 잘 정돈된 숲길과 예쁘게 조성된 분수들이 특히 아름답다.[46]

Granja는 라틴 속어 granĭca에서 유래한 것이다. 이는 라틴어 granum '곡식, 낟알(〉grano)'에서 기원한 것으로 '농장, 장원'라는 뜻도 있고 '곡물 창고'라는 뜻도 있다. 이름에서도 알 수 있듯이, 왕실 전용 농장이자 사냥터였던 곳에 별궁을 세운 것이었다.[47]

---

46 이 궁전에 대한 자세한 사항은 https://www.patrimonionacional.es/real-sitio/palacios/6252 참조.

47 Del fr. *grange*. https://dle.rae.es/granja?m=form 참조.

4.5. 언어적 특징

서고트 시대의 언어적 특징은 로마적 요소가 거의 단절 없이 이어졌다는 것이다. 서로마 제국은 이미 멸망했고 지배자는 서고트족으로 바뀌었으므로 정치, 경제, 사회뿐만 아니라 언어 체계까지 모두 바뀌었을 것이라고 생각하기 쉽지만, 그런 일은 일어나지 않았다. 서고트 지배자들은 소수였을 뿐만 아니라 로마 문화를 동경하고 존중했다. 심지어는 자신들의 규범과 종파까지 포기하고 스스로 로마 문화에 동화되었다. 언어도 마찬가지였다. 서고트족이 지배한 2세기는 짧은 시간이 아니었다. 기나긴 인류의 역사에서 보면 찰나의 시간에 불과할지 모르지만, 우월한 지배자로서 피지배자의 언어 체계를 변화시키기에는 부족한 시간이 아니었다. 그러나 서고트족은 로마가톨릭으로 개종하고 로마법을 받아들였으며, 라틴어를 자신들의 언어로 취함으로써 철저하게 로마화되었다. 게르만 기원의 언어 흔적이 일부 어휘에서만 남아 있는 이유이다.[48]

---

48 서로마 제국 멸망 후에 각 지역 별로 언어가 분화되는 과정에 대해서는 Wartburg, Walther von(1979), 특히 게르만족이 남긴 흔적에 대해서는 제4장, pp.77-188 참조.

로마계 식자층도 그대로 존속했다. 지배자는 서고트인들로 바뀌었지만, 치안을 유지하고 세금을 걷고 사법제도를 유지해 나간 사람들은 스페인 사람들, 즉 이베리아반도 출신의 로마인 후손들이었다.[49] 로마의 행정 체계가 계속 기능을 발휘하고 있었다는 뜻이다. 로마계 식자층이 모두 사라졌다면 산 이시도로나 산 일데폰소 등과 같은 인물들이 나타나지 못했을 것이다. 이들은 로마의 귀족 가문 자제들이었다. 옛날 같았으면 원로원에 들어가 행정 관료로 출세했겠지만, 시대가 변해 이제는 그럴 수 없는 상황이 된 것이었다. 귀족 가문 자제 중 일부는 서고트족을 도와 행정 관료로 나갔지만, 그게 싫은 사람들은 수도원으로 들어갔다. 이들을 통해 아직 문예가 살아 있었다. 따라서 언어도 역시 과거와 같이 정선된 라틴어로 살아 있었다. 이 시대는 아직 한 언어로 갈리아, 프로방스, 이탈리아 등 모든 지역을 여행하는 것이 가능하던 때였다. 따라서 이 당시 문예부흥의 핵심은 언어 체계의 개혁이 아니었다. 다시 로마와 같은 대 제국을 일으킬 수는 없지만, 스러져 가는 문명과 문화를 복원하고자 하는 것이었다. 이는 가톨릭 교리 연구를 통해 구체적으로 나타났다.

7세기 초까지만 해도 지중해를 중심으로 한 문화가, 예전처럼 아주 매끄럽게 굴러가진 못했지만, 여전히 살아 있었다. 439년 반달족이 카르타고를 함락시켰을 때와 그 이후에도 여전히 로마라는 이름의 힘은 유효했다. 서고트의 지배자들도 다른 게르만족 지배자들처럼 왕을 칭했지만, 명목상으로는 비잔틴 황제에 종속된 하위 개념이었다. 아직도 스

49 이들을 hispanorromano라고 부른다. 의미는 "Natural de la Hispania romana, territorio del Imperio romano."이다. https://dle.rae.es/hispanorromano 참조.

스로를 로마라는 큰 틀의 일원으로 간주했던 것이었다. 언어적으로는 아직 중세가 오지 않았다. 지중해 항해를 통해 타 지역과 소통이 가능했던 때는 언어적으로 통일되어 있던 때와 일치한다. 이러한 상황은 7세기 중반 이슬람교도들이 북아프리카를 점령함으로써 지역 간 교류가 단절될 때까지 지속되었다.[50]

4.5.1. 발음 및 형태

7세기에 이미 라틴어 발음은 철자와 상당히 달라져 있었다. 철자는 키케로와 베르길리우스 시대의 것 그대로인데 이미 구어의 발음은 거의 라틴어가 아닐 정도로 변해 있었다. 이 당시 언어에 대한 자료를 가장 많이 제공해 주고 있는 것이 앞에서 언급한 산 이시도로(560−636)의 『어원론』이다. 그러나 이 책에서 쓰인 언어가 6세기 말에서 7세기 초에 쓰이던 구어체는 아니다. 이는 기본적으로 교양 라틴어이다. 그러나 여기에는 라틴 기원이 아닌 어휘들이 일부 들어 있어 당시 속어의 상황을 엿볼 수 있게 해주고 있다. 또한 라틴 기원의 어휘들도 고전어와는 약간 다른 형태로 표기된 것들이 있는데, 이는 당시의 발음에 따라 표기된 것들이므로 당시의 발음 체계를 보여주는 좋은 예이다. 산 이시도로의

50 이슬람 세력은 642년 이집트, 651년 트리폴리, 680년 모리타니아 등 북아프리카를 점령했고, 711년에는 이베리아반도를 정복했다. 이로써 지중해는 이제 더 이상 로마의 내해(mare nostrum)가 아니었으며 항해의 안전도 보장받을 수 없게 되었다. 이는 곧 교류의 단절로 이어졌고, 언어 분화를 촉진한 주요 요인이 되었다.

자료에 따르면, 7세기의 언어 형태들은 다음과 같았다.[51]

고전 라틴어	7C	현대 스페인어
(bonu>)	buono	'bueno'
(ecclesĭa>)	eglesia	'iglesia'
(factu>)	fahte [fayte]	'hecho'
(famĭne>)	famne	'hambre'
(lingua>)	llingua	'lengua'
(luna>)	lluna	'luna'
(nocte>)	nohte [noyte]	'noche'
(oclu>)	ollo [ožo]	'ojo'

4.5.2. 어휘

게르만족은 자신들의 언어를 포기하고 라틴어를 받아들였으므로 음성학적인 면에서 영향을 남긴 것은 별로 없다. 다만 오랜 세월 정복자로 군림하면서 이베리아반도에 많은 어휘를 남겼을 뿐이었다. 흔히 간단하게 게르만족 기원어라 칭하지만, 자세히 살펴보면 그 속에는 반달, 수에보, 알라노, 서고트 등 각 부족의 말이 섞여 있다. 그러나 본고에서는 이를 세분하지는 않을 것이다. 게르만어에서 유래된 어휘들을 정리하면 다음과 같다.[52]

51 Alatorre, Antonio(1989:69) 참조.

52 게르만어 기원의 어휘에 대해서는 Lapesa, Rafael(1981:111-122) 참조.

먼저, 종족의 특성상 '전쟁'에 관한 용어들이 많다.

albergue 숙소	anca (짐승의) 궁둥이	ardido 용감한
bando 도당	bandera 깃발	barón 남작
blandir 휘두르다	botín 전리품	brida 고삐
burgo 마을	dardo 표창	escarnecer 비웃다
esgrimir 휘두르다	espía 간첩	espuela 박차
estampa 도장	estribo 등자	gana 욕구
galardón 보수	ganar 획득하다	guerra 전쟁
guiar 인도하다	guisar 요리하다	guardar 지키다
guarecerse 보호하다	heraldo 전령, 사자(使者)	lastar 대체하다
orgullo 자부심	riqueza 부	rapar 수염을 깎다, 강탈하다
ropa 옷	robar 훔치다	sayón 사형집행인
talar 벌채하다	tregua 휴전	triscar (발로) 요란한 소리를 내다
ufanía 우쭐거림	yelmo 투구	

일상생활 용어로는 다음과 같은 것들이 있다. 이들은 라틴어에 해당 용어가 없었거나, 이들의 것이 더 우수해 대체된 것들이다.

aspa x자형 물건, 얼레	atavío 장신구	banco 긴 의자
brote 싹	cofia 헤어 네트	embajada 사절
estaca 말뚝	estofa 수놓은 천	falda 치마
fieltro 펠트[53]	fresco 신선한	guadaña (자루가 긴) 낫

53 '펠트(영어 felt)'란 실을 이용해 짜는 것이 아니라 양모와 면화, 털 등을 압축하여 얻는 직물이다. 또는 '펠트천'을 이용해 만든 모자나 양탄자 등을 가리키기도 한다. Del germ. **filt*. https://dle.rae.es/

guante 장갑

hacha 도끼

jabón 비누

parra 포도덩굴[54]

poderoso 강력한

rueca 물레

sala 방

sopa 수프[55]

tapa 덮개

toalla 수건

toldo 햇빛 가리개

vástago 싹

vergüenza 부끄러움

4.5.3. 어휘에 얽힌 역사 문화적 요소

[guapo]

'예쁜'이라는 의미의 형용사는 bonito, hermoso, lindo, bello, guapo 등 여러 가지가 있다. 그중에서 게르만 기원의 어휘는 guapo이고, 나머지는 라틴어 기원어이다.

guapo(a)의 어원은 후기 라틴어에 들어온 vappa이다.[56] 의미는 '건달(hombre vil), 부랑자(vagabundo)'이다. 아마도 전사(戰士)를 우대하던 게르만족 사회에서는 '건장하고 힘깨나 쓰는 건달'을 '멋있다'고 생각했던 모양이다. 이것이 의미가 변해 '잘생긴'이 된 것이다. 따라서 어원적으로 보면 '예쁜' 것과는 거리가 좀 있는 어휘이지만 현재는 큰 구분 없이 쓰

---

fieltro?m=form 참조.

54 vid와 동의어이다. Quizá del gót. **parra, -ans* 'cercado, enrejado'. https://dle.rae.es/parra?m=form 참조.

55 Del germ. **sŭppa*. https://dle.rae.es/sopa?m=form. 로마인들이 즐겨 먹었던 것은 caldo였다. calĭdus에서 어중 비강세 모음이 탈락된 형태이다. Del lat. *caldus* 'caliente'. https://dle.rae.es/caldo?m=form 참조.

56 Del lat. *vappa* 'bribón, granuja'; cf. *guapo* 'hombre pendenciero'. https://dle.rae.es/guapo?m=form 참조.

이고 있다. 이런 이유로 물건에는 잘 쓰지 않는다.

bonito의 어원은 bueno의 축소사인데, 이 bueno는 라틴어 bonus에서 나온 것이다. 따라서 bonito(a)는 엄밀한 의미에서 보면 '(마음씨가) 착한' 사람을 이르는 말이다.[57] 마음씨가 착하면 예뻐 보이는 것은 동서고금을 막론하고 다 같은 모양이다.

hermoso(a)의 어원은 라틴어 formosus이다. 명사형은 forma이다. '형태'라는 의미 이외에도 '미(美)'라는 의미도 갖고 있었다. '균형 잡힌 형태'는 곧 '아름다움'이었기 때문일 것이다. 어두의 f-는 바스크어의 영향으로 h-로 변했고 첫음절의 -o-는 이화되어 hermoso(a)로 변한 것이다. 따라서 이 어휘의 본래 의미는 '(형태가) 예쁜'이라는 뜻이다.[58]

lindo(a)의 어원은 라틴어 limpĭdus이다.[59] '깨끗한' 이외에도 '맑은(claro), 투명한(transparente)'라는 의미도 갖고 있었다. 따라서 mujer linda라고 하면 본래는 '깔끔한 여자'라는 뜻이다. 깔끔하니까 예쁜 것이었다. limpĭdus에서 유래된 어휘로 límpido(a) '[시] 맑은'은 교양어이고, limpio(a) '깨끗한'은 준교양어이다.

bello(a)의 어원은 라틴어 bellus이다. 본래의 의미는 '친절한, 서글서글한, 붙임성 좋은'이라는 뜻이다.[60] 어원적 의미로 보면 bonito(a)에 매우 가까운 어휘로, 본래 의미는 amable나 simpático에 가까운 어휘이다.

---

57 Del dim. de *bueno*. https://dle.rae.es/bonito?m=form 참조.

58 Del lat. *formōsus*. https://dle.rae.es/hermoso?m=form 참조. 16세기 포르투갈 선원들이 중국(마카오)을 거쳐 일본까지 항해할 때 도중에 거치는 섬이 '타이완'인데, 당시 이들이 붙여준 이름이 Formosa이다. '아름다운 (섬)'이라는 뜻이다.

59 Del lat. *limpĭdus* 'limpio', 'puro'. https://dle.rae.es/lindo?m=form 참조.

60 Del lat. *bellus* 'bonito'. https://dle.rae.es/bello?m=form 참조.

이처럼 현재는 '예쁜, 아름다운, 잘생긴' 등으로 모두 거의 동일한 의미로 쓰이고 있지만, 어원적으로 살펴보면 서로 다른 의미를 갖고 있던 어휘들이다.

그렇다면, 고전 라틴어에서 '예쁜'이라는 의미의 형용사는 무엇이었을까? 바로 pulcher, chra, chrum이었다. 현재 스페인어에서는 많이 쓰이는 어휘는 아니지만 pulcro(a)가 남아 있다. 의미도 앞의 어휘들에 밀려서 '예쁜'보다는 aseado '깔끔한', esmerado '깨끗한' 등의 의미로 더 많이 쓰이고 있다.[61] 명사는 pulcritud '청결(aseo, esmero, limpieza)'이다.

[ropa]

게르만족이 들어오면서 '옷'에 관한 용어도 풍부해졌다. 라틴어에서 유래한 '옷'이라는 의미의 어휘로는 vestido와 traje가 있었는데, 게르만어에서 ropa가 들어와 추가되었다.

로마인들은 대체로 짧은 túnica와 긴 toga를 입었다. 투니카는 T자 형태의 반팔 원피스로 보통 무릎 정도까지 내려오는 옷이었으며 토가는 주로 겨울에 투니카 위에 껴입는 긴 도포 형태의 옷이었다.

이러한 구체적인 옷들을 통칭하는 라틴어 용어는 vestis나 vestitus였다. 동사 vestīre '옷을 입다'에서 파생된 어휘들이다. 동사의 경우에는 'vestīre aliquem(−을) aliqua re(−으로) 입히다'라는 형식으로 썼다. 스페인어로는 vestirse de이다. 명사는 mutare vestem 'vestirse de luto' 또는 mutare vestitum 'cambiarse de ropa'와 같이 썼다. 그러나 vestitus는 게

61 Del lat. *pulcher, pulchra*. https://dle.rae.es/pulcro?m=form 참조.

르만어에서 유래된 ropa가 도입되자 의미가 축소되어, 현재는 '(여성) 원피스'를 주로 가리킨다.[62]

traje의 어원은 라틴어 trahĕre로 거슬러 올라간다. 이것이 후기 라틴어에서 tragere로 변했고, 후에 traer가 되었다. traje는 이 단어에서 파생된 포르투갈어 traje를 통해 유입된 것으로, '특정 부족이나 계층의 특징적인 옷' 또는 '개인의 옷 한 벌'을 가리킨다.[63] 20세기 들어서는 '남성 정장' 또는 '특정 목적의 옷'을 가리킬 때 쓰이게 되었다.

traje de etiqueta (남성) 정장 *vs.* traje de chaqueta (여성) 투피스 정장

traje de novio (남성) 결혼 예복 *vs.* vestido de novia (여성) 웨딩드레스

traje de ceremonia, traje de gala (남성) 예복

traje de baño 수영복

traje de dormir 잠옷

traje hecho 기성복

traje de calle 평상복

traje de luces 투우사 복장

traje corto (남자 플라멩코 무용수가 입는) 재킷은 짧고 바지는 긴 의상

이 어휘들은 라틴어에서 유래된 것인 데 반해, ropa는 게르만어에서 들어온 것이다. 이 어휘는 고대 고지독일어 *raupa에서 나온 것으로, 몸을 보호하거나 아름다움을 위해 입거나 걸치는 모든 종류의 의상을

62 Del lat. *vestītus*. https://dle.rae.es/vestido?m=form 참조.

63 Del port. *traje*, y este der. del ant. y dialect. *trager* 'traer'. https://dle.rae.es/vestir?m=form 참조.

가리키는 총칭이다.[64] 따라서 복수형은 쓰이지 않는다.

[misa]

이 어휘는 despedida '헤어짐, 작별'이라는 뜻을 가진 라틴어 missa에서 유래한 것이다.[65] 따라서 게르만어에서 기원한 어휘는 아니다. 본래 로마의 황제가 군단이나 대신들을 속주로 파견하기 위해 접견할 때 거치는 의식에서 쓰이던 용어였다고 한다. 의식을 주관하는 신하가 접견 마지막에 '이제 접견이 끝났으니 떠나시오'라는 의미에서 Ite, missa est라고 했다고 한다. 이 말이 중세 교회에서 재활용된 것이었다. 4세기경부터 라틴 전례에서 마지막에 사제가 '미사가 끝났으니 가셔도 좋습니다'라는 의미에서 Ite, missa est라고 했다고 한다. 여기에서 'missa'만 남아 사용되다가, 전례 자체를 일컫는 말로 변한 것이다. 이는 라틴어에서 기원된 것이지만, 이 말이 '전례(미사)'라는 종교적 의미로 정착된 것은 중세 때이므로 시대상 서고트 어휘로 분류한 것이다.[66]

[compañero]

의미적인 면에서 영향을 받아 만들어진 단어이다. 본래 고전 라틴어에서 '동료'라는 의미의 단어는 sodalis, socius, comes 등이었다. 동일

---

64 Del gót. **raupa* 'botín', y este der. del germ. **raupjan* 'pelar, arrancar'; *cf.* a. al. ant. *roufen*, al. *raufen*. https://dle.rae.es/ropa?m=form 참조.

65 Del b. lat. *missa* 'despedida', 'misa'. https://dle.rae.es/misa?m=form 참조.

66 가톨릭 미사 전문을 오늘날의 형태로 만드는 데 가장 크게 기여한 사람은 제64대 교황인 그레고리우스 1세(590-604)라고 한다. 〈Breve historia de la misa〉, https://books.google.es/books?id=h5lQ6GWwXj4C&pg=PA27&lpg=PA27#v=onepage&q&f=false 참조.

한 의미의 게르만어는 *ga-hlaiba였다고 한다. 이 조어법을 그대로 라틴어로 옮기면 cum-panio가 된다.[67] 즉, '빵을 함께 나누어 먹는 사람'이라는 뜻이다. 이는 '아주 친한 사이'를 가리키는 말로써, 기존의 라틴어인 sodalis 등을 대체했다. 우리말로 하면 '식구(食口)', 즉 '밥을 함께 나누어 먹는 사람'이다. 라틴 속어의 특징 중 하나가 표현력을 더 강조하는 것이었으므로, 아무래도 밋밋한 '동료'보다는 뭔가 좀 더 친근하고 끈끈한 맛이 느껴지는 '식구'가 더 와 닿았기 때문일 것이다. 형태상 compañero는 라틴 기원이지만, 조어법과 의미는 게르만어에서 유래한 것이다.

compañero의 동의어로 흔히 쓰이는 colega '동료'는 라틴 기원어이다. 어원은 '함께'라는 의미의 접두사 co-와 '사절로 임명하다'라는 의미의 legare가 합쳐진 동사에서 파생된 collēga이다.[68] 따라서 어원적으로 봤을 때 그 친밀함 정도가 compañero와는 비할 바가 못 된다. 차라리 어원적으로 colega보다 더 친근한 의미의 어휘는 camarada '친구, 동무'이다. 어원은 cámara로써 '같은 방(cámara)에서 자는 사람'이라는 뜻이 된다.[69] 이 또한 '식구'에 가깝다. 라틴어 amīcus에서 유래한 amigo는 단순히 '친구'이지만, commilito, -onis는 '전우'이다. 스페인어로는 compañero de armas로 번역된다. 이 또한 접두사 cum- 'con'을 붙여 의미를 더 친밀하게 만든 예이다.

---

67 La forma f., del lat. vulg. **companía*, de *com-* 'com-' y *panis* 'pan'. https://dle.rae.es/compa%C3%B1o 참조.

68 Del lat. *collēga*, y este de co- '*co-*' y *legāre* 'nombrar como legado o lugarteniente'. https://dle.rae.es/colega?m=form 참조.

69 De *cámara*, por dormir en un mismo aposento. https://dle.rae.es/camarada?m=form 참조.

비슷한 예로 의미를 전사한 것도 있다. 대표적인 것이 '유치원'을 뜻하는 jardín de infancia이다. 독일어 Kindergarten을 의미 그대로 스페인어로 옮긴 것이다. 그러나 이 어휘는 현대에 들어온 것이지, 게르만족 이동 시기에 들어온 것은 아니다. 다만, 게르만어의 영향으로 인해 만들어진 것이므로 참고할 뿐이다. 스페인에서는 '유치원'을 guardería infantil 또는 escuela infantil이라고도 한다. 이 또한 대상 연령과 운영 주체 및 방법 등에 따라 부르는 이름이 상이할 수 있다.

이 밖에도 어휘 자체가 게르만어에서 온 것이 아니라, 어휘의 일부(예: 접미사) 또는 의미만 게르만어에서 유래된 경우도 있다.

게르만어 기원의 접미사로는 대표적으로 -engo를 들 수 있다. 예를 들어, abadengo '수도원장의', abolengo '조상, 혈통', realengo '왕실의' 등은 라틴 어간에 게르만어 접미사 -engo가 붙어 만들어진 어휘들이다.

'–의 땅'이라는 의미의 -landia (>[영] land)도 게르만 기원의 접미사이다: Finlandia '핀족의 땅',[70] Islandia '아이스랜드'.[71]

70 핀족(finés)은 본래 중앙아시아에서 발원한 것으로 추정되며, 우랄산맥 일대에 거주하다가 서기 1세기경 현재의 핀란드 지역으로 이주했고 8세기 무렵에 주류를 형성한 것으로 추정된다고 한다. 따라서 핀어는 주변의 에스토니아어와 함께 우랄어족에 속하는 것으로 분류된다. 핀란드어에 관한 자세한 사항은 김수권(2019:17-18) 참조.

71 북게르만어의 일파인 아이슬랜드어로는 Island이며 '얼음의 땅'이라는 뜻이다. 따라서 영어로는 Iceland이지만, 스페인어는 원어에 따라 Islandia라고 표기한다.

[동물명]

ganso 기러기[72]

marta 담비[73]

tejón 오소리[74]

[색깔명]

blanco 흰색의[75]

gris 회색의[76]

gualdo 누런색의[77]

고전 라틴어에서 '흰색'은 albus, candidus, niveus 등이 쓰였으며, 각각 albo(a), cándido(a), níveo(a)로 변했다. albo(a)는 아침에 떠오르는 '태양의 빛깔'이다. 따라서 현재에도 시어로 '흰색'이라는 의미로 쓰인다.[78]

72 ganso를 사육한 것이 oca '거위'이다. 이는 라틴 속어 auca에서 나온 것이다. Del lat. vulg. *auca*. https://dle.rae.es/oca?m=form 참조.

73 유사한 동물인 visón '밍크'는 프랑스어 vison에서 유래한 것이며(https://dle.rae.es/vis%C3%B3n 참조), comadreja '족제비'는 (라틴어 commāter에서 유래한) comadre '산파, 대모'에서 나온 것이다(https://dle.rae.es/comadre?m=form 참조).

74 '너구리'는 개과에 속하므로 perro mapache라고 한다. mapache는 나우아틀어 mapach에서 나온 것이다. https://dle.rae.es/mapache?m=form 참조. 이 너구리와 아메리카 너구리과에 속하는 라쿤(raccoon)과는 구분해야 한다.

75 Del germ. **blank*; *cf.* a. al. ant. *blank*. https://dle.rae.es/blanco?m=form 참조.

76 Quizá del occit. *gris*. https://dle.rae.es/gris?m=form 참조. DRAE에서는 gris를 오키타니아 기원어라고 제시하고, Alatorre, Antonio(1989:70)는 gris를 blanco와 더불어 게르만 기원어라고 제시하고 있다.

77 Del germ. **walda*; *cf.* neerl. medio *woude*, ingl. medio *wolde*. https://dle.rae.es/gualda#JeEDSLY 참조.

78 Del lat. *albus*. https://dle.rae.es/albo?m=form 참조.

여기서 파생된 어휘로 albor '순백 여명기', alborada '새벽, 여명' 등이 있다. cándido(a)는 라틴어에서 '흰색'이라는 의미였다.[79] 여기서 파생된 것이 candidatura '입후보', candidato '입후보자'이다.[80] blanco가 '흰색'의 자리를 차지하자 현재는 '흰색' 이외에도 '천진난만한, 악의 없는' 등의 의미로 쓰이고 있다. níveo(a)는 말 그대로 '눈의 빛깔'이다.[81] nix, nivis '눈'에서 나온 nieve의 형용사이다.

고전 라틴어에서 '회색'은 pullus였다. 현재 스페인어에서 여기서 파생된 어휘는 사용되지 않는다. cinereus도 '회색'이라는 의미로 사용되었다. 본래는 말 그대로 '잿빛'이었다. 고전 라틴어에서 '재'는 cinis였으며, 속어는 *cinisia였다.[82] 그 형용사형인 cinereus가 변해 cinéreo(a)가 된 것이다.[83]

고전 라틴어에서 '노란색'은 flavus, croceus, luteus 등이 쓰였다. 그런데, 게르만어에서 gualdo가 들어오자 '노란색'의 자리를 내주었고, 스페인어에서는 각각 flavo(a) '황색의, 벌꿀 빛깔의', croco '크로커스, 사프란', lodo '진흙'으로 변했다. flavina '[생화] 플라빈, 비타민 B2', crocino '크로커스의, 사프란의', luteína '노란 색소'와 lúteo '진흙의(de lodo) 등이 해당 어휘의 파생어들이다.

그런데 gualdo는 다시 amarillo에게 '노란색'의 자리를 내주었다.

---

79 Del lat. *candĭdus*. https://dle.rae.es/c%C3%A1ndido 참조.

80 Del lat. *candidātus*. https://dle.rae.es/candidato?m=form 참조. '흰(candidus)' 토가를 입고 연단에 서면 선출직 공직에 출마하는 것이 되었기 때문에 '입후자'라는 의미를 갖게 된 것이다.

81 Del lat. *niveus*. https://dle.rae.es/n%C3%ADveo 참조.

82 Del lat. vulg. **cinisia*, y este del lat. *cinis*. https://dle.rae.es/ceniza?m=form 참조.

83 Del lat. *cinereus*. https://dle.rae.es/cin%C3%A9reo 참조.

amarillo의 어원은 후기 라틴어 amarĕllus이며, 고전 라틴어 amarus에서 나온 것이다. amarus의 본래 의미는 '쓴, 고통스러운'이다. 그런데, 어떻게 '쓴맛'이라는 의미의 amarus에서 나온 축소사 amarillo가 '노란색'이라는 의미를 갖게 되었을까? 이를 알기 위해서는 먼저 '쓴맛'이라는 의미의 amargo부터 살펴보아야 한다.[84] DRAE에 따르면, amargo의 이 의미는 '쓸개(hiel)의 맛'을 가리키는 것이다.[85] 그런데, 쓸개의 색깔, 즉 담즙의 색깔은 노란색 또는 초록색이다. amargo가 '쓴맛'을 가리키자, amarillo가 쓸개의 맛이 아닌 색깔을 가리키는 용어로 변한 것이었다.[86] 이제 amarillo가 '노란색'을 가리키게 되자, gualdo는 약간 다른 색, 즉 '누런색'을 가리키는 것으로 변했다.[87]

[악기와 연회]

arpa 하프

연회 용어로는 agasajar '환대하다', ataviar '치장하다', escanciar '술을

---

84 amarus가 amargo로 변한 이유는, amarus는 고전 라틴어 amarare에서 파생된 것인 반면에, amargo는 후기 라틴어 amaricare에서 파생된 것이기 때문이다. '쓴맛'이라는 같은 의미인데, 고전 라틴어 amarare가 후기 라틴어에서 amaricare로 변했기 때문에, 파생어 형태도 달라진 것이다. amarillo는 amarus에서 나온 축소사이고, amargo는 *amarĭcus에서 나온 것이다. Del lat. tardío *amaricāre*, y este de *amarāre* 'hacer amargo'. https://dle.rae.es/amargar?m=form 참조.

85 "Que tiene el sabor característico de la hiel, de la quinina y otros alcaloides; cuando es especialmente intenso, produce una sensación desagradable y duradera." https://dle.rae.es/amargo?m=form 참조.

86 Del b. lat. hisp. *amarellus*, y este del dim. del lat. *amārus* 'amargo'. https://dle.rae.es/amarillo?m=form 참조. 새로운 의미 획득 과정에 대해서는 Gil, Juan *et. al.*(2015:43) 참조.

87 같은 '노란색' 계열이지만, 엄밀하게는 서로 다른 색이다. 색깔 코드(HTML)에 따르면, amarillo puro는 FFFF00이며, gualdo (또는 amarillo gualda)는 FABD00이다. gualdo는 특히 스페인 국기의 가운데 부분에 사용되는 색깔이다. https://dle.rae.es/gualdo?m=form 참조.

따르다' 등이 남아 있다.

[인명과 지명]

게르만족이 남긴 대표적인 인명과 그 의미는 다음과 같다.

Abelardo (<Hebel 'efímero'+ hard 'duro')[88]

Adolfo (<Ataulfus <dal 'noble'+wulf 'lobo')[89]

Alberto (<All 'todo'+bertu 'brillante')[90]

Alfonso (<All 'todo'+funs 'preparado')[91]

Álvaro (<All 'todo'+wars 'prevenido')[92]

Bermudo (<Ber 'oso'+muds 'ánimo, espíritu')[93]

Elvira (<Gelovira <Gails 'alegre'+wers 'fiel')[94]

Fernando (<Firth 'paz, alianza'+nanth 'atrevido')[95]

Gonzalo (<Gundi 'batalla'+salvus 'salvado')[96]

Guzmán (<Gods 'bueno'+man 'hombre')[97]

---

88 http://etimologias.dechile.net/?Abelardo 참조. 여기서 hebel은 히브리어 기원이라고 한다.

89 http://etimologias.dechile.net/?Adolfo 참조.

90 http://etimologias.dechile.net/?Alberto 참조.

91 Lapesa, Rafael(1981:121) 참조.

92 Lapesa, Rafael(1981:121) 참조.

93 Menéndez Pidal, Ramón(2005:224) 참조.

94 Lapesa, Rafael(1981:121) 참조.

95 Lapesa, Rafael(1981:121) 참조.

96 http://etimologias.dechile.net/?Gonzalo 참조.

97 Menéndez Pidal, Ramón(2005:302) 참조.

Ildefonso (<Hilds 'lucha'+funs 'preparado')[98]

Ramiro (Reginmund <Regin 'consejero, asesor'+ mund 'protector')[99]

Rodrigo (<Rodericus <Hroth 'fama'+riks 'poderoso')[100]

'hijo de'라는 의미의 -ez가 붙어 성(姓)을 형성한 것도 게르만 기원의 현상이다: Álvarez, Bermúdez, Fernández, González, López, Ramírez, Rodríguez 등.

대표적인 지명으로는 카스티야 왕국의 수도였던 Burgos가 남아있다. 이는 게르만어 burg에서 나온 것으로 ciudad '도시', castillo '성'이라는 의미이다. 이미 4세기 후반에 Vegetius가 〈castellum parvulum, quem burgum vocant (Veg. Mil. 4,10)〉 '작은 성채를 burgus라고 부른다'고 적고 있는 데서 잘 드러나고 있다.[101]

[귀족의 작위 명칭]

귀족 작위 중 duque '공작', marqués '후작', conde '백작'의 어원은 라틴어로 거슬러 올라가지만, barón '남작'은 게르만어에서 나온 것이다. 로마 시대에는 작위의 역할이 그다지 두드러지지 않았다. 반면에 서로

---

98 Lapesa, Rafael(1981:121) 참조.

99 http://etimologias.dechile.net/?Ramiro 참조.

100 Lapesa, Rafael(1981:121) 참조.

101 https://referenceworks.brillonline.com/entries/brill-s-new-pauly/castellum-e228620dptj 참조. burg는 '성, 도시'라는 의미인 데 반해, 유사한 음 형태를 지닌 berg는 '언덕'이라는 의미이다: [독] Heidelberg, [영] iceberg '빙산' 등. 이 밖에도 <si vis pacem, para bellum>, 'si quieres la paz, prepárate para la guerra'라는 유명한 말도 베게티우스가 『De re militari』에서 한 말이라고 한다.

마 제국이 멸망한 후 게르만족이 정착하는 과정에서 과거의 지위들이 새로운 가치를 부여받게 되었다. 왕실과의 친소관계나 개인적 공훈에 따라 일정 지역을 영지로 할양받고 국왕에 충성하는 새로운 통치체제, 즉 봉건제도가 자리 잡았기 때문이었다. 따라서 작위 명칭은, 비록 라틴어에서 기원한 것일지라도, 게르만 정치, 사회와 관련이 깊은 문화적 요소로 분류한 것이다.[102]

[duque]

어원은 라틴어 dux, 정확하게는 대격인 duce(m)이다. 이는 동사 duco '앞에서 이끌다'에서 파생된 명사로 '지도자, 지휘자'라는 뜻이다.[103] 로마 시대에는 주로 병사들을 앞에서 이끄는 '지휘관'을 나타내는 말이었다.[104] 서로마 제국이 멸망한 후 등장한 게르만 각 왕국은 지방을 영주들에게 나누어 통치하게 했는데, 이때 영지를 할당받은 작위 중 가장 높았다. 주로 왕위 계승 서열이 낮은 왕실 가족이나 국가에 특별한 공로가 있는 인물에게 수여했으며, '공작(公爵)'으로 번역된다. 지역 총독 겸 군사령관의 임무를 수행했다. 자치권을 갖고 독립된 군주처럼 행세

---

102 이 작위들보다 더 높은 것은 príncipe, princesa와 infante, infanta이다. 모두 '왕자' 또는 '공주'로 번역되지만, 대체로 전자는 '왕위계승권자'를, 후자는 '왕의 다른 자녀들'을 이르는 명칭으로 쓰인다. '왕자령'은 지금도 존재한다. 예를 들어, 스페인의 Asturias는 Principado이며, 모나코, 리히텐슈타인, 안도라 등도 마찬가지이다. 현 스페인의 왕위계승권자인 소피아 공주의 작위는 Princesa de Asturias이다. 그러나 이 자치단체를 *Princesado라고 하지는 않는다. 왕위계승권자는 특별한 존재로 취급되어 일반 작위에서는 제외한다.

103 이 동사에서 파생된 형태가 -ducir이다: conducir, deducir, seducir, traducir 등.

104 현 스페인어에서 dux는 '(옛 베네치아와 제노바의) 최고 지도자'를 가리키는 용어이다. 보통 '통령'으로 번역한다. 여성형은 특이하게도 dogaresa이다. https://dle.rae.es/dogaresa?m=form 참조.

하기도 했다. '공작령'은 ducado이며, 독립 국가처럼 기능하는 경우는 '공국'이라고 번역한다.[105]

[marqués]

어원은 '변경'을 뜻하는 marca이다.[106] 카롤링거 왕조에서 변경을 지키는 귀족에게 부여한 데서 비롯되었다. duque '공작' 다음으로 높은 지위이며, '후작(侯爵)'으로 번역된다. 이 작위 또한 자식에게 계승되었다. 영지인 '후작령'은 marquesado가 된다. 이보다 하위 작위인 백작은 보통 한 개 주만을 다스렸으므로, 넓은 국경지대를 효과적으로 다스리기에 부족했다. 따라서 여러 백작을 유기적으로 통합해 국경을 지키기 위해 후작령을 설치했다. 이런 의미에서 '변경백(邊境伯)'이라고도 불린다.

[conde]

어원은 라틴어 comes이다. 정확하게는 comes의 대격인 comĭte(m)이다. 이 comĭte(m)이 *comide〉*comde를 거쳐 conde로 변한 것이다. 본래는 compañero '동료'라는 뜻으로 '황제의 측근'을 가리켰으나 '백작(伯爵)'으로 번역된다.[107] 처음에는 황궁에서 정무를 보좌하던 관직이었으나, 차츰 지방에도 파견되어 사법, 행정, 군사 업무를 담당하기 시작했

105 '공국'은 현재까지도 남아있다. 룩셈부르크의 공식 명칭은 Gran Ducado de Luxemburgo '룩셈부르크 대공국'이며 최고 지도자는 Archiduque '대공'이라고 부른다. 부르봉 가문의 일파이다.

106 Der. de *marca* 'territorio fronterizo'. https://dle.rae.es/marqu%C3%A9s#OT28kUW 참조.

107 Del lat. *comes, -ĭtis* 'acompañante', 'miembro de un séquito', en lat. tardío 'conde'. https://dle.rae.es/conde?m=form 참조.

다. 제정 말기에 이르러서는 주로 국경지대에 파견되어 지역을 통치했다. 이 기능은 서고트 시대에도 지속되었다. 중앙에서 파견하는 경우도 있었고 지역의 유력 인사에게 작위를 내리는 경우도 있었다. '백작령'은 condado이다. 이베리아반도에서 백작령 설치된 것은 9세기 초반이다. 프랑크 왕국에서 이슬람 세력을 견제하기 위해 피레네 산간 지역에 Marca Hispánica라 불리는 백작령들을 설치한 것이었다. 바르셀로나 백작령(801년)과 아라곤 백작령(802년)이 대표적인 예이다.

[Vizconde]

어원은 '부, 차, 다음'을 뜻하는 viz-와 '백작'을 뜻하는 conde가 합쳐진 것이다.[108] '백작의 대리인'으로 백작의 영지를 관리했으며, '자작(子爵)'으로 번역된다. 백작의 작위는 장자에게만 상속되었으므로 주로 차남 이하의 아들들에게 부여되었다. 11세기 이후 서서히 중앙집권화가 진행되면서 공작, 후작, 백작 등이 차츰 중앙의 궁정으로 몰리게 되었다. 과거처럼 독립 군주와 같은 기능을 상실한 것이었다. 그러자 대신 영지를 관리할 관리인이 필요해졌고, 이에 등장한 것이 자작과 같은 하위 귀족이다.

[barón]

어원은 게르만어 baro에서 기원한 말이다. baro는 '자유인'이라는 뜻

108 접두사 viz-는 vice-가 변한 것이다. vice는 라틴어 vicis(>vez)의 탈격 vice에서 나온 것이다. '-대신에'라는 뜻이다. https://dle.rae.es/vice-?m=form 참조.

이지만, 보통 자신의 장원이나 영지를 직접 통치하는 소영주를 가리킨다.[109] 귀족 작위 중에서 가장 낮은 계급이며, '남작(男爵)'으로 번역된다. 남작이 다스리는 영지는 baronía라고 한다.

이 작위 중에서 공작, 후작, 백작은 자신의 궁을 가질 수 있었고 하위 귀족들을 거느릴 수 있었다. 작위에 서열은 있었으나 권력의 세기와 비례한 것은 아니었다. 예를 들어, 바르셀로나는 백작령이었지만 여느 공국 못지않은 부와 권력을 누렸으며, 룩셈부르크는 현재도 대공국이지만 여타 독립 국가와 동등하게 대접받고 있다. 반면에, 위상은 공국이었지만 역사에 이름 한번 변변히 내지 못하고 사라진 곳들도 상당히 많다. 국왕이 건재한 국가에서는 아직도 작위가 수여되고 있다.[110]

제1부 끝

---

109 Quizá del franco **baro* 'hombre libre'. https://dle.rae.es/bar%C3%B3n 참조.

110 스페인에는 일반 작위와는 별도로 Grandeza de España라는 작위가 있다. Infante 다음으로 높은 작위이다. 대개 공작(duque)를 중심으로 수여되지만, 국가에 공이 큰 하위 귀족들과 일반인에게도 수여된다. 이 작위를 받은 개인은 Grande de España라고 부르며, 국왕 앞에서 모자(sombrero)를 벗지 않아도 되며, 아내의 경우 여왕 앞에서 방석(almohada)에 앉을 수 있는 상징적인 특권이 부여된다. 외교관 여권이 발급되어 면책특권이 부여되고 국가 행사에서 특별 의전을 받는 혜택도 누린다. https://www.20minutos.es/noticia/2304533/0/titulos-nobiliarios/tipos-jerarquia/privilegios/ 참조.

부록

참고문헌

Alatorre, Antonio(1989), 『Los 1,001 años de la lengua española』, México, D.F.: Tezontle.

Albaigés, José María(1993), 『Diccionario de nombres de personas』, Barcelona: Universitat de Barcelona.

Alvar Ezquerra, Manuel(1993), 『La formación de palabras en español』, Madrid: Arco/Libros.

Alvar, Manuel & Pottier, Bernardo(1987), 『Morfología histórica del español』, Madrid: Gredos.

Andres-Suárez, Irene(1994), 『El verbo español: sistemas medievales y sistema clásico』, Madrid: Gredos.

Arens, Peter(2006), 『(게르만족의 대이동) 유럽의 폭풍』, 이재원 역, 파주: 들녘.

Ariza Viguera, Manuel(2012), 『Fonología y fonética históricas del español』, Madrid: Arco/Libros.

Aslan, Rüstem(2019), 『트로이, 신화의 도시』, 김종일 역, 파주: 청아.

Bassols De Climent, Mariano(1992a), 『Fonética latina』, Madrid: C.S.I.C.

________________(1992b), 『Sintaxis latina』, Madrid: C.S.I.C.

Beard, Mary(2015), 『로마는 왜 위대해졌는가』, 김지혜 역, 서울: 다른.

Benveniste, Émile(2014), 『인도유럽사회의 제도, 문화, 어휘 연구』, 제1권, 김현권 역, 서울: 그린비.

Benz, Franz L.(1982), 『Personal Names in the Phoenician and Punic Inscriptions』, Rome: Biblical Institute Press.

Cano Aguilar, Rafael(1988), 『El español a través de los tiempos』, Madrid: Arco/Libros.

Carr, Raymond(2006), 『스페인사』, 김원중 & 황보영조 역, 서울: 까치글방.

Castleden, Rodney(2004), 『사라진 대륙 아틀란티스』, 김현구 역, 서울: 다른 생각.

Castro, Ivo(2013), 『Historia de la lengua portuguesa』, Traducción del portugués al español de Beatriz Peña Trujillo, Bogotá: Edición Instituto Caro y Cuervo.

Celdrán Gómariz, Pancracio(1995), 『Historia de las cosas』, Madrid: Ediciones del Prado.

________________(2004), 『Diccionario de topónimos españoles y sus gentilicios』, 5ª ed., Madrid: Espasa-Calpe.

Celestino Pérez, Sebastián & López-Ruiz, Carolina(2020), 『Tarteso y los fenicios de Occidente』, Córdoba: Almuzara.

Chadwick, John(2012), 『선형문자 B의 세계』, 김운한 & 김형주 역, 서울: 사람과 책.

Cline, Eric H.(2016), 『트로이전쟁』, 손영미 역, 고양: 연암서가.

Colas, Martin(2006), 『(마지막 파라오) 클레오파트라』, 임헌 역, 서울: 해냄.

Collins Renfrew, Andrew(1987), 『Archaeology and Language: the Puzzle of Indo-European Origins』, New York: Cambridge University Press.

________________(2006), 『아틀란티스로 가는 길: 인류 역사상 가장 오래된 미스터리 아

틀란티스를 찾아서』, 한은경 역, 파주: 김영사.

Contreras Valverde, José, *et. al.*(1993), 『Pavlatim II: texto, vocabulario e instituciones』, Barcelona: Octaedro.

______________________(1994), 『Pavlatim I: texto, vocabulario e instituciones』, Barcelona: Octaedro.

Copleston, Frederic Charles(1998), 『그리스 로마 철학사』, 김보현 역, 서울: 철학과 현실사.

Córdoba de la Cruz, José Luis(2017), 『Breve historia de los fenicios』, Madrid: Nowtilus.

Coulmas, Florian(2016), 『문자의 언어학』, 연규동 역, 서울: 연세대학교, 대학출판문화원.

Dando-Collins, Stephen(2011), 『로마의 전설을 만든 카이사르 군단』, 조윤정 역, 서울: 다른세상.

Del Hoyo, Javier(2013), 『Etimologicón』, Barcelona: Ariel.

Díaz-Plaja, G.(1972), 『España, un modo de ser』, Barcelona: Teide.

『Diccionario ilustrado latino-español, español-latino』(1973), Barcelona: Bibliograf.

Dubois, Jean, *et. al.*(1983), 『Diccionario de lingüística』, Madrid: Alianza.

Elvira Barba, Miguel Ángel(2008), 『Arte y mito: Manual de iconografía clásica』, Mardid: Sílex.

Fernández Corte, José Carlos & Polit, Aurelio Espinosa(ed.)(1991), 『Eneida』, Madrid: Cátedra.

Fernández González, José Ramón(1985), 『Gramática histórica provenzal』. Oviedo: Universidad de Oviedo.

Fischer, Steven Roger(2010), 『문자의 역사』, 박수철 역, 파주: 21세기북스.

Fry, Stephen(1957), 『(스티븐 프라이의) 그리스 신화』, 이영아 역, 2019, 서울: 현암사.

García de Cortázar, F. & González Vesga, J.M.(1996), 『Breve historia de España』, I, Barcelona: Altaya.

Gaur, Albertine(1995), 『문자의 역사』, 강동일 역, 서울: 새날.

Gibbon, Edward(2016), 『로마 제국쇠망사』, 강석승 역, 서울: 동서문화사.

Gil, Juan, *et. al.*(2015:308), 『300 historias de palabras』, Madrid: Espasa.

Gimbutas, Marija(2016), 『여신의 언어』, 고혜경 역, 서울: 한겨레출판.

Girard, Patrick(2001), 『명장 한니발 이야기』, 전미연 역, 서울: 한길사.

Goldsworthy, Adrian(2007), 『가이우스 율리우스 카이사르』, 백석윤 역, 서울: 루비박스.

Grandgent, C.H.(1991), 『Introducción al latín vulgar』, Madrid: C.S.I.C.

Guasch, P. Antonio(1947), 『Antología latina』, Vol.I, Buenos Aires: Todocolección.

Gwynn, David M.(2015), 『로마 공화정』, 신미숙 역, 파주: 교유서가.

Hans H. Ørberg (ed.) (2003), 『Commentarii de bello gallico』, Newburyport, MA: Focus Publishing & R. Pullins Co.

Harris, Martin & Vincent, Nigel(ed.)(1997), 『The Romance Languages』, London: Taylor & Francis Routledge.

Healy, Mark(2007), 『칸나이 BC 216: 카르타고의 명장 한니발, 로마군을 격멸하다』, 정은비 역, 서울: 플래닛미디어.

Heather, Peter(2006), 『로마 제국 최후의 100년: 문명은 왜 야만에 압도당하였는가』, 이순호 역, 서울: 뿌리와이파리.

Helbig, Gerhard(1984), 『언어학사』, 임환재 역, 서울: 經文社

Herman, József(1997), 『El latín vulgar』, Barcelona: Ariel.

Herodotus [기원전 430], 『역사』, 김봉철 역, 2016, 서울: 길.

Hirschberger, Johanes(2017), 『서양 철학사』, 상, 강성위 역, 대구: 이문.

Huss, Werner(2001), 『Cartago』, Madrid: Acento.

Jerney Jr, Charles, *et. al.*(1987), 『First Year Latin』, Newton, Massachusetts: Allyn and Bacon.

Josephus, Flavius(1987), 『요세푸스 III: 유대전쟁사』, 김지찬 역, 서울: 생명의말씀사.

Julius Caesar, Gaius(2005), 『갈리아 전쟁기』, 김한영 역, 서울: 사이.

________________(2009), 『갈리아 전기』, 엄미희 역, 파주: 느낌이있는책.

________________(2012), 『갈리아 원정기』, 천병희 역, 고양: 숲.

Karttunen, Hannu, *et. al.*(2012), 『기본 천문학』, 강혜성 외 역, 서울:시그마프레스.

Kitto, H.D.F.(2004), 『그리스 문화사』, 김진경 역, 서울: 탐구당.

Köhlmeier, Michael(2004), 『(토머스 볼핀치의) 그리스 로마신화』, 유혜자 역, 서울: 현암사

Krahmalkov, Charles R.(2001), 『A Phoenician-Punic Grammar』, Leiden, Boston, Köln: Brill.

Lamprecht, Sterling P.(1992), 『서양 철학사』, 김태길 외 역, 서울: 을유문화사.

Lancel, Serge(1992), 『Cartago』, Barcelona: Crítica.

____________(1999), 『Hannibal』, New Jersey: Wiley-Blackwell.

Lang, M.F.(1990), 『Spanish word formation』, London & New York: Routledge.

Lathrop, T.A.(1989), 『Curso de gramática histórica española』, Barcelona: Ariel.

Le Goff, Jacques(2008), 『서양 중세 문명』, 서울: 문학과지성사.

Leckie, Ross(2004), 『카르타고』, 이창식 & 고형지 역, 서울: 세종서적.

Liddell Hart, B. H.(1999), 『스키피오 아프리카누스』, 박성식 역, 서울: 마니아북스.

Lissner, Ivar(2007), 『로마 황제의 발견: 천의 얼굴을 가진 사람들의 이야기』, 김지영 & 안미라 역, 파주: 살림.

Lodares Marrodán, Juan Ramón(1992), "Los dos orígenes de manzana 'bloque de casas'", 『Boletín de la Real Academia Española』, Tomo 72, Cuaderno 255, págs. 51-62.

Lodge, R. Anthony(2015), 『프랑스어 사회언어학사』, 김현권 역, 서울: 에피스테메, 한국방송통신

대학교출판문화원.
Ludwig, Otto(2013), 『쓰기의 역사』, 이기숙 역, 서울: 연세대학교 대학출판문화원.
Marcos García, Juan José(2015), 『Historia del alfabeto y de las letras del abecedario romano』, Madrid: Dykinson.
Mariner Bigorra, Sebastián(ed.)(1985), 『Ab urbe condita』, Madrid: Gredos.
Martin, Thomas R.(2015), 『고대 그리스사』, 이종인 역, 서울: 책과함께.
Mena, Juan María de(1990), 『Leyendas y misterios de Madrid』, Llobregat: Plaza & Janes.
Menéndez Pidal, Ramón(1940), 『Manual de gramática histórica española』, Madrid: Espasa-Calpe.
Migliorini, Bruno(1971), 『Storia della lingua italiana』, 3ª ed., Firenze: Sansoni.
Migliorini, Bruno & Baldelli, Ignazio(1967), 『Breve storia della lingua italiana』, Firenze: Sansoni.
Moché, Dinah L.(2008), 『천문학』, 오규동 & 형식 역, 광주: 전남대학교출판부.
Nash, Alexander (2015), 『The Proto-Indo-European Urheimat: the Armenian Hypothesis』, Salt Lake City: The University of Utah.
Nieto Ballester, Emilio(1997), 『Breve diccionario de topónimos españoles』, Madrid: Alianza.
Oliver Asín, Jaime(1959), 『Historia del nombre 'Madrid'』, Madrid: C.S.I.C.
Ouaknin, Marc-Alain(2008), 『알파벳의 신비』, 파주: 살림.
Ovidius Naso, Publius(2010), 『로마의 축제일』, 천병희 역, 고양: 숲.
Penny, Ralph(1991), 『Gramática histórica del español』, Barcelona: Ariel.
Pérez-Rioja, José Antonio(1971), 『Diccionario de símbolos y mitos』, Madrid: Tecnos.
Pharr, Clyde(1998), 『Aeneid』, Wauconda: Bolchazy-Carducci.
Pilate, Pontius(1998), 『빌라도의 보고서』, 구영재 역, 서울: 아가페.
Real Academia Española(2014), 『Diccionario de la lengua española』, 23ª, Madrid: Espasa.
Real Academia Española & Asociación de Academias de la Lengua Española(2009), 『Nueva gramática de la lengua española』, Vol.I, Madrid: Espasa.
Rendina, Claudio(2007), 『Roma ieri, oggi e domani』, Roma: Newton Compton Editori.
Richards, E.G.(2003), 『시간의 지도: 달력』, 이민아 역, 서울: 까치.
Roberts, Edward A. & Pastor, Bárbara(2007), 『Diccionario etimológico indoeuropeo de la lengua española』, Madrid: Alianza.
Rodríquez González, Julio(2003), 『Historia de las legiones romanas』, Madrid: Almena.
Roller, Duane W.(2010), 『Cleopatra: a biography』, Oxford: Oxford University Press.
Rubio Fernández, Lisardo & González Rolán, Tomás(1990), 『Nueva gramática latina』, Madrid:

Coloquio.
Russell, Bertland(2001), 『서양철학사』, 상, 최민홍 역, 서울: 집문당.
Salinas, Rafael(1963), 『Catalinarias』, México, D.F.: UNAM.
Scarre, Christopher(2004), 『로마 황제』, 윤미경 역, 서울: 갑인공방.
Schmoeckel, Reinhard(2013), 『인도유럽인, 세상을 바꾼 쿠르간 유목민』, 김재명 외 역, 서울: 푸른역사.
Segura Muguía, Santiago(2006), 『Diccionario por raíces del latín』, Bilbao: Universidad de Deusto.
Shakespeare, William(2019), 『줄리어스 시저』, 박우수 역, 서울: 한국외국어대학교 지식출판콘텐츠원.
Strauss, Barry S.(2010), 『트로이전쟁』, 최파일 역, 서울: 뿌리와이파리.
______________(2021), 『로마 황제 열전: 제국을 이끈 10인의 카이사르』, 최파일 역, 서울: 까치.
Taylor, Andrew(2007), 『메르카토르의 세계』, 손일 역, 서울: 푸른길.
Tuñón de Lara, Manuel, *et. al.*(1991), 『Historia de España』, Barcelona: Labor.
Väänänen, Veikko(1988), 『Introducción al latín vulgar』, Madrid: Gredos.
Valdés Fernández, Fernando(ed.)(1992), 『Maŷrit: estudios de arqueología medieval madrileña』, Madrid: Polifemo.
Valentí Fiol, E.(1987), 『Sintaxis latina』, Barcelona: Bosh.
Valentí, Eduard, *et. al.*(1990), 『Aurea dicta: Dichos y proverbios del mundo clásico』, Barcelona: Crítica.
Varela Ortega, Soledad(2005), 『Morfología léxica: la formación de palabras』, Madrid: Gredos.
Vàrvaro, Alberto(1988), 『Historia, problemas y métodos de la lingüística románica』, Barcelona: Sirmio.
Vergilius Maro, Publius(2001), 『아이네이스』, 유영 역, 서울: 예원.
Wartburg, Walther von(1979), 『La fragmentación lingüística de la Romania』, Madrid: Gredos.
Wright, Roger(1989), 『Latín tardío y romance temprano』, Madrid: Gredos.
권세라 & 임혜림(2019), 『The 바른 그리스어 첫걸음』, 서울: ECKBOOKS
김수권(2019), 『핀란드 역사』, 고양: 지식공감.
김원익(2011), 『신들의 전쟁』, 서울: 알렙.
김진경(2009), 『고대 그리스의 영광과 몰락』, 파주: 안티쿠스.
김진홍 외(2009), 『서양사의 이해』, 서울:학지사.
김하수 & 연규동(2015), 『문자의 발달』, 서울: 커뮤니케이션북스.
김형곤(2006), 『(새롭게 보는) 서양문화사』, 서울: 선인.

민석홍 & 나종일(2007), 『서양문화사』, 서울: 서울대학교출판부.

민영기 외(1994), 『교양 천문학』, 서울: 형설.

박기용(1997), 『희랍어·라전어 비교문법』, 서울: 한국문화사.

박홍순(2019), 『(인문학으로 보는) 그리스 신화』, 서울: 마로니에북스.

배영수 외(2000), 『서양사 강의』, 파주: 한울아카데미.

배은숙(2008), 『강대국의 비밀』, 파주: 글항아리.

서울대학교 종교문화연구소 편(2003), 『신화와 역사』, 서울: 서울대학교 출판부.

손일(2014), 『네모에 담은 지구: 메르카토르 1569년 세계지도의 인문학』, 서울: 푸른길.

시오노 나나미(1992), 『로마인 이야기』, 제10권, 제15권, 김석희 역, 서울: 한길사.

__________(1998), 『로마인 이야기』, 제7권, 김석희 역, 서울: 한길사.

__________(2003), 『로마인 이야기』, 제1-6권, 김석희 역, 서울: 한길사.

__________(2005), 『로마인 이야기』, 제13권, 김석희 역, 서울: 한길사.

안병철(1993), 『기초 희랍어』, 서울: 가톨릭대학교출판부.

양병무(2016), 『행복한 로마 읽기』, 서울: 21세기북스.

유재원(2015), 『유재원의 그리스 신화: 올림포스 신들』, 전2권, 서울: 북촌.

윤덕노(2020), 『(음식으로 읽는) 로마사』, 서울: 더난콘텐츠그룹.

이강국(2004), "접속법 불완료과거 -ra형과 -se형의 상호 비교체성 연구", 『스페인어문학』, 33, p.103-116.

_____(2006), "교양어와 준교양어의 음운론적 정의", 『이베로아메리카』, 8/2, p.211-230.

_____(2007), 『스페인어 역사음운론』, 서울: 한국외국어대학교.

_____(2013), "이베리아반도 서부 해안 도시들의 기원에 나타난 그리스 영웅 신화 연구", 『스페인어문학』, 68, p.97-124.

이문수 & 이창순(2006), 『유럽과 로망스어의 이해』, 서울: 신아사.

이정모(2001), 『달력과 권력』, 서울: 부키.

이창순(2000), 『프랑스어사 개요』, 서울: 신아사.

이화남(2001), 『(신약성서) 그리스어 문법』, 대구: 영한.

하성수 & 강지숙(2005), 『그리스어 문법』, 칠곡: 분도.

스페인 언어문화사 I
기원부터 서고트 시대까지

초판 1쇄 발행 2022년 2월 27일
초판 2쇄 발행 2023년 9월 26일

지은이 이강국
발행인 고윤성
기획 신선호 박경민
편집장 장혜정
도서편집 노재은
디자인 정정은 김대욱 최재영
인사행정 이근영
재무회계 김문규 정예찬
전자책·사전 이지현
캐릭터 변혜준
발행처 한국외국어대학교 지식출판콘텐츠원
02450 서울특별시 동대문구 이문로 107
전화 02)2173-2494~7
FAX 02)2173-3363
홈페이지 http://press.hufs.ac.kr
전자우편 press@hufs.ac.kr
출판등록 제6-6호(1969. 4. 30)
인쇄·제본 주)트윈벨미디어 02)2088-1810

ISBN 979-11-5901-891-6 [93920] 정가: 29,000원

* 잘못된 책은 교환하여 드립니다.

HUINE 은 한국외국어대학교출판부의 어학도서, 사회과학도서, 지역학 도서 Sub Brand이다. 한국외대의 영문명인 HUFS, 현명한 국제전문가 양성(International+Intelligent)의 의미를 담고 있으며, 휴인(携引)의 뜻인 '이끌다, 끌고 나가다'라는 의미처럼 출판계를 이끄는 리더로서, 혁신의 이미지를 담고 있다.